Fabrizia Ramondino
Blühende Mandelbäume

Fabrizia Ramondino
Blühende Mandelbäume

Frühe Jahre auf Mallorca

Aus dem Italienischen von

Maja Pflug

Arche

Für Elia, Anita, Carlito, Laurita

Verlag und Übersetzerin danken der Autorin für freundlichen Rat bei der deutschen Ausgabe und dem Deutschen Übersetzerfonds e. V. für die großzügige Förderung dieser Übersetzung.

Die italienische Originalausgabe erschien
u. d. T. *Guerra di infanzia e di Spagna*

Umschlag: Max Bartholl, Frankfurt a. M.
Umschlagmotiv: Pierre Bonnard, *Petite fille au chat* (1899)
(Privatsammlung, Fontainebleau)
Satz: Greiner & Reichel, Köln
Druck und Bindung: Clausen & Bosse, Leck
Printed in Germany
ISBN 3-7160-2331-0

Inhalt

Dritter Teil

Vierter Teil

Fünfter Teil

»Gott allein weiß, ob es eine Dulcinea in der Welt gibt
oder nicht oder ob sie ein Traumbild ist oder nicht;
dies gehört nicht zu den Dingen, deren Ergründung
man bis zum letzten Punkte durchführen darf.«

Cervantes, *Don Quijote de la Mancha*
2. Buch, Kap. XXXII

Ich danke Amparo Alemany für seine Durchsicht des Mallorquinischen.

Erster Teil

Affenschwanz

Es war der 13. Februar 1937. Der Konsul Luigi Ferdinando Baldaro schickte sich an, nach Spanien zu reisen, um auf Mallorca seinen Dienst anzutreten.

Weiß und blau gestrichen, lag eine Korvette im Hafen von Neapel und gab träge vor, ein Kreuzschiff zu sein: Doch in Wirklichkeit brachte sie mit starken, frisierten Motoren die Familie des Konsuls und eine Gruppe von Beratern und Spionen nach Mallorca.

Den Fuß in dem eleganten braun-grünen Schühchen mit sehr hohem Absatz schon auf der Treppe, beugte die Frau des Konsuls sich hinunter, um der dürren Amme das Kind aus den Armen zu nehmen, denn diese stand stocksteif am Kai und hielt es ihr nicht entgegen. Die Kleine schlief ahnungslos. Wegen mehrerer Trauerfälle war die Amme schwarz gekleidet, und als ihr das Kind aus den Armen gehoben wurde, starrte sie mit glühenden Augen auf die Korvette, wie sie auf die Särge gestarrt hatte, die ihr den Mann und einen Sohn genommen hatten. An ihrem Hals leuchtete eine Granatkette, bestechliches Emblem dieser letzten Liebe. Sie blieb mit erhobenen Armen stehen. Dann stürzte sie wie von Sinnen auf die Treppe zu und legte der Kleinen einen winzigen Beutel auf die Brust. Es war ein Bild der Schwarzen Madonna, der wundertätigen Madonna dell'Arco, achtmal gefaltet in ein Stückchen rotes Leinen eingenäht. »Sie möge dich beschützen!« rief die Amme aus, und die Glut ihrer Augen erlosch in Tränen.

Man pflegte damals in jenem Teil der Welt den Damen zur Begrüßung oder zum Abschied die Hand zu küssen. Es gab unendlich viele Nuancen des Handkusses, um alle Stufen des Empfindens auszudrücken, von der Gleichgültigkeit bis zur Leidenschaft. Drei Arten des Handkusses aber gab es, aus denen man unfehlbar auf die gesellschaftliche Schicht dessen schließen konnte, der ihn ausführte.

Manche vollzogen diesen Ritus mit einer Gemessenheit, einer Eleganz und einem Abstand, woran man sogleich erkannte, daß ihnen von Kindheit an all die Regeln eingeschärft worden waren, deren Probe aufs Exempel gewissermaßen der Handkuß darstellte. Noch nie in ihrem Leben hatten sie nämlich einer Dame die Hand gedrückt, vom Handkuß konnten sie nur zur Zärtlichkeit übergehen. Als die Mode aufkam, den Damen die Hand zu schütteln wie am Ende einer Tennispartie, verschmähten sie daher die Neuerung, wollten oder konnten sie gar nicht lernen. Und als die Mode sich zum Brauch wandelte, schlich sich in den Handkuß jener Herren eine Art pedantische Steifheit und feierliche Bestimmtheit ein, so als handle es sich nicht mehr um einen rituellen Akt der Höflichkeit, sondern um ein Glaubensbekenntnis.

Dann gab es den Handkuß der Parvenus: zu hoch oder zu tief oder zu hölzern, oder aber gewunden und lasch; jedenfalls konnte man daraus entnehmen, daß sie die guten Manieren erst kürzlich erlernt hatten und daß sich ihre Körper in ihrer Jugend nicht der Morgengymnastik oder dem Tennisspiel gewidmet hatten, ihre Seelen nicht der Kunst, in den Salons schöne Frauen zu umgarnen und bald auf der Höhe des Handgelenks, bald an den Fingerspitzen, bald im Grübchen zwischen den Knöcheln die Grenze zwischen Körper und Seele zu streifen.

Schließlich gab es noch den Handkuß des Konsuls, der weder der des geborenen Herrn war noch der des Parvenus, sondern eher der des Schauspielers. Das Auge lächelte ironisch, und mit ihm der ganze Körper in der Kurve der Verbeugung. Der Konsul nämlich hatte durch seine Lebenserfahrung und seinen Beruf Gelegenheit gehabt, gleichzeitig die Raffinesse der guten Manieren und die Arroganz der Privilegien, die sie bemänteln, zu lernen.

Als der Konsul auf der kleinen, weiß-blauen, als Kreuzschiff getarnten Korvette mit seiner Familie zur Insel aufbrach, machte er in den Salons die Bekanntschaft der Señora von Son Batle.

Der Señora gefiel der Handkuß des Konsuls.

Sie war damals so beleibt, daß ein Diener ihr helfen mußte, sich aus dem Sessel zu erheben. Sie war ganz in Weiß gekleidet, und ihre grauen Haare, dicht wie ein Taubennest, waren noch von blonden Fäden durchzogen. Ihr fettes bernsteinfarbenes Gesicht war zerfurcht von einem Spinnennetz aus Falten, die von Tränen und Schmerz erzählten, so wie in anderen Gesichtern die Pockennarben sprechen oder in denen alter Matrosen die von Sonne und Meer eingegrabenen Runzeln, und ihre leuchtendblauen Augen wirkten wie aus altem Porzellan, das sich, wer weiß wie, in einem Eisenzeitalter erhalten hatte. Es schienen jedoch keine Menschen-, sondern Puppenaugen zu sein, und nicht von Puppen, mit denen man spielt, sondern von solchen, die vergessen wurden. Ihre wegen der Hitze entblößten Arme und ihren Hals zierten kostbares Geschmeide aus Goldfiligran, wie ein Hauch jener orientalischen Länder, aus denen sie kam, und Perlen, die die Erinnerung an eine jungfräuliche Schönheit oder eine todbringende Hochzeit weckten. Es war, als lebten in der Señora von Son Batle zwei Frauen: das junge Mädchen, das sie gewesen war, und die unförmige Frau, die sie jetzt war. Genauso wirken auf den Archäologen vielleicht manche antiken Statuen von Göttinnen, wenn sie, mit Erdklumpen und Moos bedeckt, ans Licht kommen.

Mit einem Blick erkannte der Konsul – denn er war in der Welt erfahren – diese beiden Frauen: Unter dem Kleid aus weißer Baumwolle und dem ungesunden Zittern des Fettes bemerkte er die jungfräuliche Schönheit. Da nun kein Mann sie mehr ansah und jene, die mit ihr sprachen, sich niemals auch nur für einen Augenblick an sie zu wenden schienen, gefiel ihr diese Aufmerksamkeit an dem zufälligen Bekannten.

Sie saßen auf den Chaiselongues nebeneinander. Die Frau des Konsuls wiegte in der Kabine das Kind. Die Señora von Son Batle sah wie gebannt auf das Meer, das hinter dem Schiff zusammenglitt. Der Konsul dagegen schien bei diesem Anblick ungeduldig zu werden. Oft stand er auf und suchte mit dem Fernglas den Horizont ab, als wäre das Ziel nahe. Der Konsul trank Kaffee und die Señora Likör. Und von dem erzwungenen Müßiggang, der gegenseitigen Sympathie und der Betrachtung des Meeres in seiner Monotonie und Vielfalt angeregt, wurden tausenderlei Anekdoten und Geschichten wach.

Die Señora hatte bemerkt, daß der Konsul hysterisch und ein Heuchler war. Zu seiner Tochter, einem Säugling, hatte sie ihn wie zu einer Erwachsenen sagen hören: »Du belegst meine ganze Kabine. Wenn du so weitermachst, werde ich gehen müssen!« Bei einem ihrer Gespräche war ihr auch aufgefallen, wie sich seine Hände plötzlich, während er auf

das Schiffsdeck starrte, auf den Knien verkrampften, und als sie seinem Blick gefolgt war, hatte sie einen Passagier gesehen, der, unbesorgt um ihrer beider Gegenwart, einer Frau die Beine streichelte. Doch ihre Vorbehalte gegenüber dem Konsul schwanden eines Abends nach vielen Whiskys und unter dem Einfluß des Neumonds, als er ihr nach einer langen Pause, die die Erinnerung an seinen Aufenthalt in Peking unterstrich, und nachdem jeder Nachhall von Geziertheit und Ironie in ihm erloschen war, betrübt zuflüsterte: »Alles ist mir schon zugestoßen. Ich weiß nicht, warum das Leben an mir festhält. Gottes Wille geschehe!« Das war der Augenblick, in dem die Señora von Son Batle beschloß, sich ihm ganz zu öffnen und ihm eine wahre Geschichte zu schenken (der Müßiggang auf Seereisen regt in der Tat mehr zum Erzählen an als die Leidenschaft einer verliebten Frau, die einen Geliebten fesseln will).
Es sei mir gestattet, sie weiterzuerzählen, so wie auch ich sie, dreißig Jahre später, an einem endlosen, schwülen Nachmittag, der einen nächtlichen Sturm ankündigte, aus dem Mund der Tochter des Konsuls zu hören die Gelegenheit hatte.

Der alte Herr von Son Batle, der Bruder des Erzbischofs von Mallorca, lebte mit seiner Tochter in einem Landhaus, das »Haus des Bürgermeisters« genannt wurde; der Urgroßvater war nämlich Bürgermeister von Mallorca gewesen. Die Tochter, die Señora von Son Batle, damals ein anmutiges, stilles junges Mädchen, strahlte etwas Stattliches aus, nicht so sehr wegen ihrer Figur, die schlank blieb, als vielmehr wegen der Festigkeit des Blicks und der aufrechten Haltung, fast als würde auch sie wie die Bäuerinnen stets Amphoren und Körbe auf dem Kopf tragen. Sie sah allen, Männern und Frauen, Gleichaltrigen und Älteren, Niedrigen und Mächtigen, direkt in die Augen, als fürchtete sie sich nicht, ein Geheimnis zu erfahren oder zu enthüllen, sei es ein eigenes oder eines der anderen.

Sie hatte lange, lockige blonde Haare mit einem rötlichen Schimmer, die sie bis fünfzehn im Nacken zu einem langen Zopf geflochten trug, wie es auf der Insel Brauch war, die sie aber plötzlich, niemand wußte, warum, zu einem Knoten aufsteckte. Bräute vertauschten damals den Zopf mit einem Knoten, aber sie war keine Braut, und sie wollte auch keinen Verlobten. Nicht einmal ihrer Amme gelang es, sie zu überreden, ihre Frisur zu ändern, und auch der Vater wagte nicht, darauf zu bestehen.

Im Sommer konnte man das junge Mädchen in der Dämmerung bei den Bauern auf der Tenne sitzen sehen, wie sie den kleineren Kindern Märchen erzählte, oder morgens in der Kühle des *patio*, wie sie Geschichten auf Teppiche und Tischdecken stickte. An den schwülen Nachmittagen hielt sie keine Siesta im Halbschatten ihres Zimmers, sondern saß, in ein feuchtes Laken gehüllt, an einem Tischchen, wo sie Märchen schrieb oder sich Fabeln und Motive für ihre Stickereien ausdachte. Sie verschmähte es, nach den allgemeinen Sitten zu leben.

Erst seit wenigen Tagen hatte ihr die Amme die beiden kindlichen Zöpfe zu dem einen Zopf des jungen Mädchens geflochten, als eines Nachts der Vater in ihr Zimmer trat, und nicht wie ein Vater seine Tochter besucht, sondern wie ein Schimpanse zu seiner Gefährtin kommt. Von da an setzte sie sich in den Kopf, daß jedes menschliche Wesen zwei Gesichter habe. Durch eine Ironie des Schicksals kam, diese Einbildung noch verstärkend, ein beschämendes Geheimnis ihres Körpers hinzu. Zuweilen werden Kinder geboren, die am Ende des Rückens, auf der Höhe des Kreuzbeins, einen Auswuchs haben, der im Volksmund »Affenschwanz« genannt wird. Und so war auch sie geboren worden. Etliche Jahre zuvor hatte man sie in einer Klinik in Madrid operiert, und als einzige Spur war nur eine kleine Narbe geblieben: Auch die Wurzeln der Härchen waren zerstört worden. Dieses Geheimnis ihres Körpers und die schimpfliche Enthüllung in jener Nacht bildeten in ihr eine Kosmogonie, nicht einen dunkel bedrückenden Komplex. Das junge Mädchen begann zu denken, daß die menschliche Natur doppelt und daß hinter jedem Mann ein Affe verborgen sei oder lauere oder daß andersherum die armen Affen gezwungen seien, menschliche, zuweilen apollinische Züge anzunehmen, um ihrem Schöpfer zu gefallen. Die Reichen und Mächtigen wollten diesen Umstand beharrlich verbergen, weshalb die Empfänge, zu denen sie geladen wurde, ihr wie Maskeraden vorkamen, wie Parodien die Zeremonien in der Kirche, wie Verkleidungen die Uniformen der Offiziere und wie Lügen die Reden ihrer Lehrer. Nur die Künstler, schien ihr, hatten versucht, diese Wahrheit zu enthüllen; besonders aber trat sie ihr aus den Märchen entgegen. So stickte sie Zentauren, Esel, aus deren Haut Jünglinge schlüpften, Männer mit Ziegenfüßen, Edelfrauen, deren Spiegelbild äffische Gesichter offenbarte. Sie grollte dem Vater nicht und behandelte ihn weiterhin mit der gewohnten Achtung, wenn auch mit mehr Abstand. Doch unterließ sie es nie, die Tür ihres Zimmers abzuschließen. Vergebens umwarben sie, angezogen von ihrer Schönheit und ihrer Mitgift, Jünglinge und Herren reifen Alters, und es gab sogar jemanden, der verärgert im Freundeskreis das Gerücht in Umlauf brachte, sie hätte einen Affenschwanz. Der Vater wagte nicht, ihrer Entscheidung zu widersprechen, und darüber wunderten sich viele. Finster ging er, auf einen Stock gestützt, im Haus und im Garten umher oder setzte sich in einen abgelegenen Pavillon und las heilige Bücher. Auf dem Totenbett, nur wenige Jahre später, bat er sie, als sie im Zimmer allein waren, um Verzeihung, daß er ihr Leben ruiniert habe. Doch das junge Mädchen antwortete, eher müsse sie ihm danken, daß er ihr das Geheimnis der menschlichen Natur enthüllt habe. Und der Vater, der durchaus begriff, welche Verdammung diese Worte der Vergebung bedeuteten, wußte, um ihr kein unwürdiges Schauspiel zu bieten, nichts weiter zu sagen als: »Du bist eine Heilige.« Nach dem Begräbnis nahm der Onkel Erzbischof sie in einem Salon beiseite. Sie nutzte die Gelegenheit, um ihm die Verwaltung ihrer Güter anzutragen, doch das war es nicht, was dem Onkel am Herzen lag: Er fand den Mut, ihr zu sagen, es sei an der Zeit, sich einen Bräutigam zu suchen. Das Mädchen antwortete, daß dies nicht ihre Absicht sei. Und um ihre Ablehnung jeder weiteren Diskussion zu versüßen, bat sie den Onkel, zehn Prozent von ihren Einkünften abzuziehen und seinen Armen zukommen zu lassen. »Das«, sagte sie, »wird mein Tribut an die Welt sein.« Und in einem Aufblitzen grausamer Bosheit, die der Erzbischof nicht verstehen konnte, bat die Nichte, der Zehnte möge dem Gedächtnis des Vaters gewidmet werden, doch sollten, um seine Bescheidenheit zu ehren, nur die Initialen seiner vier Taufnamen eingetragen werden: S(imeò) I(gnasi) M(artí) I(vet). Nun bedeutet *simi* auf mallorquinisch Affe. Dem Mädchen dankend und in tiefster Seele betrübt, verabschiedete sich der Erzbischof.

Nachdem sie im Lauf der folgenden zwei Jahre ohne Hochmut, sondern mit höflichen Briefchen, in denen sie sich bedankte und entschuldigte, fünfzig Einladungen ausgeschlagen hatte, einmal zu einem Ball, ein andermal zu einem Bankett, zum Stapellauf eines Schiffes oder zu einer Hochzeit, wurde die Señorita von Son Batle in Frieden gelassen. Die Erinnerung an sie hätte sich in der feinen Gesellschaft verloren, wäre sie nicht ab und zu aufgefrischt worden durch die Nachricht von sonderbaren Dingen, die in der Villa vorgingen, wie man sich gegenseitig zuraunte. Die Señorita führte nämlich kein klösterliches Leben, wie ihr Onkel befürchtet hatte, sondern pflegte Umgang mit Künstlern. Und nicht etwa mit den reichen, berühmten Künstlern, einheimischen oder durchreisenden fremden, die in die Salons der Stadt eingeladen wurden, sondern mit den undurchsichtigsten und verschrobensten. Und die ärmsten ließ sie sogar in ihrer Villa wohnen, oft monatelang. Wollte einer das ausnutzen und sich unter dem Vorwand, ein armer Künstler zu sein, in jenes Haus einschleichen, wo man, wie er glaubte, ein lustiges und ausschweifendes Leben führen konnte, floh er nach kürzester Zeit, denn dort herrschte eine fast klösterliche Ordnung. Auch die echten Künstler hielten es nicht länger als ein paar Monate aus – die Zeit, die sie brauchten, um eine Arbeit zu beenden –, auch sie angezogen von der vielgestaltigen Außenwelt. Von Künstler zu Künstler verbreitete sich dann die Kunde, daß nichts die Ordnung jenes Hauses stören dürfe und daß die junge Frau offenbar ein schmerzliches Geheimnis hüte, an das man nicht rühren solle. Dennoch zerbrach sich mancher, von der Schönheit der Señora geblendet, über dieses Geheimnis den Kopf und versuchte, ihr Fragen zu stellen, doch sie wechselte lächelnd und gelassen das Thema.

Eines Tages lud der Onkel Erzbischof, da er nicht in der

Villa zu erscheinen wagte, die Nichte zu einem privaten Gespräch ein. Kaum hatte die junge Frau das Billett gelesen, beschloß sie, weitere zehn Prozent ihrer Einkünfte den Armen zu stiften, um eine Begegnung mit ihm zu vermeiden, die, vermutete sie, gewiß lästig sein würde. Doch das war es nicht, was der Onkel wünschte. Daher lehnte er das Angebot prompt ab und wies auch die Schenkung eines Teils ihrer Ländereien zugunsten seiner Armen weit von sich. Durch vorsichtige Nachforschungen, die er in jenen Jahren angestellt hatte, hatte er erfahren, daß seine Nichte kein liederliches Leben führte und der Ablauf ihres Tages eher dem einer Heiligen als dem einer Künstlerin glich, zumindest nach der gängigen Auffassung, die man damals auf Mallorca von Künstlerinnen hatte. Doch abgesehen von dieser heimlichen Untersuchung war dem Erzbischof, der ein sensibler Mann war, bei eingehender Betrachtung der Stickereien, die ihm die Nichte zu Weihnachten oder zu Ostern sandte, aufgefallen, daß ihre machtvolle Phantasiewelt eine überraschende, beinahe maliziöse Weltkenntnis enthüllte. Er, der Erzbischof, verstand nichts von Kunst, hatte aber sehr viele Klöster und Kirchen besucht und wußte wohl – von den Flachreliefs, den Statuen, den Gemälden, die er gesehen hatte, und zwar nicht nur in den verborgeneren Kapellen, sondern sogar auf Werken, die den Hauptaltar zierten, auf Steinfriesen an Portalen und Kanzeln –, bis zu welcher Komplizenschaft sich viele Künstler beim Beschreiben der Versuchungen durch den Teufel vorgewagt hatten und wie sie beim Darstellen männlicher und weiblicher Heiliger und der Gemeinde der Gläubigen oft die Möglichkeit gefunden hatten, das Profane zu zeigen. Keine Kirche und kein Sakralbau waren ihm anstößiger erschienen als die Gemächer von

Paul III. Farnese in der Engelsburg und als die Kapelle Sansevero in Neapel, wo die Statue der *Keuschheit* zur Schau gestellt ist, kaum verhüllt von einem Schleier und von der Gestalt der Mutter des Auftraggebers inspiriert. An seinem Geburtsort, einem Dorf im Innern der Insel, gab es sogar, an der entlegensten Stelle der Kanzel eingemeißelt, ein Flachrelief, auf dem sich im Grün eines Frieses aus Blattwerk und Früchten umschlungene Liebende verbargen – und er und die anderen Dorfbuben hockten sich während der Messe unter die Kanzel und zeigten sie einander. Nur die Kinder schienen, so wie er damals, klein, neugierig und respektlos, wie sie waren, diese Darstellung entdeckt zu haben und überlieferten sich ihre Kenntnis von Generation zu Generation.

Eine Arbeit der Nichte, eine Kreuzstickerei, die vor dem auferstandenen Christus kniende Gläubige darstellte, hatte ihn besonders beeindruckt. In der Menge der als Generäle, als Priester und als Fürsten gekleideten Gläubigen hatte er nämlich auch einen Affen entdeckt, der sich verneigte. Eine andere Stickerei zeigte, nach einem auf der Insel weit verbreiteten ikonographischen Vorbild, den Gläubigen an der Gabelung zweier Wege, von denen einer zum Tor des Paradieses führt, der andere zum Tor der Hölle. Während aber in der Tradition die beiden Tore verschieden waren – das eine zumeist schwarz und das andere weiß oder das eine rot und das andere blau gemalt oder auch das eine im maurischen Stil mit vielerlei Farben und Formen verziert, das andere dagegen mit dem schmerzensreichen Bild des Schweißtuchs Christi versehen –, waren auf der Stickerei der Nichte die beiden Tore gleich. Der Erzbischof nun las in diesen Handarbeiten mehr als nur eine freudige und naive Unwissenheit, er erkannte darin auch eine theologische List. Jedoch bewegte ihn nicht so sehr die Besorgnis um die Reinheit einer Seele dazu, die Nichte zu sich zu rufen, als vielmehr liebevolle Fürsorge. Daher schob er das Thema Schenkung sogleich beiseite und sagte zu ihr: »Ich muß dir eine Geschichte erzählen, die keiner je gehört hat. Damit du begreifst, daß ich nicht nur dein Onkel und der Erzbischof von Mallorca, sondern auch ein Mensch wie alle anderen bin. Das möge mir dein Herz öffnen.

Wie du weißt, wuchsen dein Vater und ich elternlos unter der Obhut eines Onkels auf, der uns in seinem Haus in Andratx Vormund und liebevoller Vater war. Eines Sommers, ich war siebzehn und hatte einen Monat Ferien vom Internat, schickte mich der Onkel nach Son Mas, um bei einem seiner Verwalter Erträge einzuziehen. Damals gab es nicht wie heute eine Straße, sondern nur einen Maultierpfad. Da ich den Maulesel, den ich für ein Reittier für Bauerntölpel hielt, verschmähte und kein Pferd nehmen konnte, weil der Pfad zu unwegsam war, ging ich lieber zu Fuß und brach im Morgengrauen auf. Auf dem Rückweg, gleich nach den Kaskaden, dort, wo der Maultierpfad am schmalsten und die Schlucht am tiefsten war, hatte ich eine Begegnung. Aus der entgegengesetzten Richtung kam auf einem Maulesel eine Frau auf mich zu, und ich muß dir sagen, daß sie mir erschien wie die Madonna aus dem Volksmärchen mit dem Titel *Die Muttergottes, der heilige Joseph, das Kind und der Esel.* Allerdings war die Frau allein, und der Maulesel stand am Rand des Abgrunds – da pflegen diese Tiere weiterzugehen oder zu bocken – und weigerte sich trotz aller bald harten, bald liebevollen Worte, sich vom Fleck zu rühren. ›Señor‹, sagte die Frau zu mir, ›vielleicht kennen Sie sich mit solchen Reittieren besser aus. Überzeugen Sie meinen Maulesel weiterzugehen, bald wird es Nacht, und ich muß noch bis Son Mas.‹ Obgleich ich Esel und Maultiere verachtete, kannte ich mich bestens mit ihnen aus, denn meine ganze Kindheit lang war ich auf ihnen geritten; doch mit keinem Mittel, weder mit Antreiben noch mit Drohungen noch mit der Rute, konnte ich etwas ausrichten. Dann plötzlich kniete das arme Tier sich hin und senkte den Kopf, als wollte es sagen: ›Macht mit mir, was ihr wollt, ich kann einfach nicht mehr weiter.‹ Da sagte ich zu der Frau, es bleibe ihr nichts anderes übrig, als umzukehren. Was jedoch ernsthafte Schwierigkeiten bereitete, weil der Pfad schmal war und der Maulesel an dieser Stelle nicht wenden konnte. Die Frau aber weigerte sich, das Tier zurückzulassen – sie hätte es dem Verleiher sonst bezahlen müssen. Ich mußte mein ganzes Geschick aufbieten, um den Maulesel zu bewegen, rückwärts bis zu einer kleinen Höhle zu gehen, wo er umdrehen konnte. Danach bot ich mich an, die Frau zu begleiten, wohin sie wollte. Sie aber begann zu klagen, sie wisse nicht, wohin sie gehen solle, es sei zu spät, um zu ihr nach Hause, nach Ciutat[1], zurückzukehren, von wo sie am Morgen aufgebrochen war. Und sie fragte mich, ob ich nicht einen Gasthof oder eine Pfarrei kenne, wo ich sie hinbringen könnte. Da ich keine Gasthöfe kannte und auch von dem sehnlichen Wunsch ergriffen war, ihre Gesellschaft nicht so bald zu verlieren, bot ich ihr spontan an, im Haus des Onkels zu übernachten.

Ich muß nun zwei Ereignisse vorausschicken, von denen ich an dieser Stelle der Geschichte noch nichts wußte.

Zum einen, daß die Frau nach Son Mas unterwegs war, um ihr Kind zu besuchen, einen Säugling, den sie gegen

1 So nannten die Bewohner die Hauptstadt der Insel, Palma de Mallorca.

Bezahlung einer weitläufig mit ihr verwandten Bäuerin anvertraut hatte. Und zum anderen, daß zwei Tage, nachdem sich das Tier so hartnäckig geweigert hatte, an den Kaskaden vorbeizugehen, ein Bergrutsch auf die kleine Brücke niederging: Der wundersame Maulesel hatte die Gefahr gespürt.

Ich werde mich nicht damit aufhalten, dir die tausend Einzelheiten der Begebenheit zu erzählen«, fuhr der Erzbischof fort. »In jenen wenigen Monaten habe ich erlebt, was vielen nicht in hundert Leben begegnen würde. Oft war mir, als könnte ich gar die nächsten fünf Minuten nicht mehr ertragen, dann wieder verflogen ganze Tage wie im Traum oder wie in einem Atemzug. Ich verliebte mich nämlich in die Frau und liebte sie. Es war die erste Frau, die ich erkannte, nicht nur in der Liebe, sondern auch in der Zuneigung, denn ich hatte ja weder Mutter noch Schwestern noch Spielgefährtinnen gehabt. Und sogar in unserer frühen Kindheit kümmerte sich ein männlicher Diener um uns. Mein ganzes Leben geriet dadurch in Aufruhr. Sobald ich konnte, eilte ich nach Ciutat, wo ich die Tage in ihrem Haus verbrachte, und manchmal auch die Nächte. Und so weigerte ich mich, als der Herbst kam, ins Internat zurückzukehren.

Die schöne Frau gab vor, sie sei Witwe und durch ihre Armut gezwungen, im Gasthaus einer alten Tante zu bedienen. Als ich sie einmal fragte, ob ich diese Tante besuchen dürfe, bat sie mich, das ja nie zu probieren, und behauptete, die Tante würde sie sonst fortjagen, da sie keinen Männerbesuch duldete; nur mit meinem Onkel könnte ich dort vorstellig werden, um um ihre Hand anzuhalten. Doch ich wußte, daß er niemals einer Heirat mit einer mittellosen Frau zustimmen würde. In Wirklichkeit war sie eine Prostituierte, ich aber, naiv und glühend, wenig erfahren in der Welt und vor Liebe blind, sah es nicht oder wollte es vielleicht nicht sehen. Der Onkel, besorgt wegen jenes Verhältnisses, von dem er zufällig erfahren hatte, holte Informationen ein und sagte mir schonungslos die Wahrheit. Ich wollte ihm nicht glauben. Er ließ mir auch anonyme Briefe schicken. Doch nachdem ich den ersten gelesen hatte, wollte ich die anderen nicht einmal öffnen. Zuletzt beschloß der Onkel, mir einen unmißverständlichen Beweis zu liefern. Unter dem Vorwand einer geschäftlichen Angelegenheit bat er mich, ihn nach Ciutat zu begleiten, und führte mich dann zum Übernachten in ein kleines Hotel am Hafen. Aus dem Nachbarzimmer drangen fröhliche Stimmen von Männern und Frauen, Gläserklirren. ›Da drinnen‹, sagte er zu mir, ›ist die Frau, die du liebst!‹ Ungläubig, ja herausfordernd, willigte ich ein, durchs Schlüsselloch zu sehen. Wie in einem Kaleidoskop setzten sich die verschiedenen Bruchstücke aus Kleidern und Gesichtern allmählich zu einem vollständigen Bild zusammen. Zwei Paare waren dort: unser Verwalter mit einer älteren Frau und die Frau, die ich liebte, mit meinem Bruder. Nun konnte ich den Blick nicht mehr abwenden. Und als das ältere Paar den Raum verließ, sah ich neben dem Gesicht meines Bruders – dem kräftigen Gesicht eines jungen Burschen, der auf dem Land aufgewachsen ist, mit einem Anflug von weinfeuchtem Schnurrbart – das Gesicht meiner Geliebten zum Kuß vorgestreckt; süß war der Blick und flehend der Mund.

Der Onkel, der mich nur von einem vorübergehenden Wahn heilen wollte, bedauerte es sehr, als ihm klar wurde, daß er mich für immer von den Versuchungen der Welt geheilt hatte. Um nämlich nicht meinen Bruder, die Frau oder

mich selbst oder alle drei zusammen umzubringen – meine innere Verstrickung aus enttäuschter Liebe und Zorn zeigte sich mir oft in dem Bild unserer drei umschlungenen Leiber –, zog ich mich in die Wälder in ein verlassenes Bauernhaus zurück. Abgemagert und bleich, aber ruhig kehrte ich zurück: Meinem Bruder würde ich die weltlichen Güter überlassen, mir würde ich die des Geistes vorbehalten. Dies war der Ursprung meiner Berufung.«
Als der Erzbischof schwieg, dachte die junge Frau noch eine Weile nach. Dann entschloß sie sich zu sprechen und sagte: »Nie hätte ich mir vorgestellt, jemandem, und um so weniger dir, meine Geschichte zu erzählen. Und es wird doppelt schmerzlich sein, denn sie betrifft nicht nur mich, sondern auch deinen Bruder, meinen Vater. Ihm hast du die weltlichen Güter gelassen, und er wurde davon überwältigt. Doch möge sich das ganze Schicksal unserer Familie erfüllen.« Und sie schilderte ihm ihr betrübliches Erlebnis. Am Ende des Berichts fügte sie hinzu: »Ich glaube, du kannst dir nun denken, warum ich, abgesehen von der unterschiedlichen Zeit, in der wir gelebt haben, und den unergründlichen Zeichen jedes Schicksals, dem Übel nach jener Enthüllung durch eine andere Entscheidung abgeholfen habe als du. Dir hat sich in der Tat das Tier in der Frau enthüllt, die man oft für dem Tier näher als dem Menschen hält, daher hast du Trost im Reich des Geistes finden können; ich dagegen habe das Tier im Mann entdeckt, und noch dazu in meinem Vater. Seitdem ist mir alles, was menschlich und väterlich ist, verdächtig geworden. Wenn ich es je wagen sollte«, fügte sie leicht überspannt hinzu, »mir Gott vorzustellen, könnte ich nicht umhin, hinter seinem göttlichen, vom Dreieck umschlossenen Auge einen unanständigen und lüsternen Tier-

schwanz auftauchen zu sehen.« Kein Wort des Trostes kam aus dem Mund des Erzbischofs, und als die junge Frau sich erhob, um sich zu verabschieden, und ihr die notariellen Urkunden vom Schoß fielen, bemerkte er es nicht. Am nächsten Tag befahl er dem Diener, der ihm die Papiere brachte, sie umgehend nach Son Batle zurückzuschicken. Die Nichte jedoch sandte sie ihm erneut, und da begriff er, daß er die Schenkung annehmen mußte. Sie trafen sich viele Jahre nicht mehr.

Es kommt im Leben vieler Menschen vor, daß der Trost, den man findet, wenn man sich von einem peinvollen Geheimnis befreit, die gleiche Wirkung zeitigt wie der Regen, der auf einen ausgetrockneten Boden fällt. Kurz nach diesem Gespräch verliebte sich die Señora zum erstenmal in ihrem Leben. Christian, so der Name des Auserwählten, war ein amerikanischer Künstler, den der Zufall an einem Abend in die Villa führte, als sich dort eine Gruppe Musiker versammelte; die Akustik des Salons im Erdgeschoß war nämlich besser als in allen anderen Palästen der Insel. Christian fragte, ob er am nächsten Tag wiederkommen dürfe, und angezogen von der außergewöhnlichen Akustik des Raums und vielleicht auch schon damals von anderem, ließ er sich bei ihr nieder.

Christian besaß eine seltene Gabe. Er war zugleich Komponist und Tänzer. Obwohl viele diese beiden Künste miteinander in Verbindung bringen, ist es doch schwierig, sie in ein und derselben Person vereint zu finden. Denn die Intelligenz des Körpers, die sich im Tanz ausdrückt, ist ja ganz anders geartet als die Intelligenz, wie man sie gemeinhin versteht. Im Tanz mehr als auf jedem anderen Gebiet scheint der Abstand zwischen dem Künstler, wie er im gewöhnlichen Leben ist und wie er dagegen bei der Ausübung seiner Arbeit ist, unermeßlich zu sein. Da der junge Mann aber auch Komponist war, fiel diese doppelte Identität bei ihm weniger auf.

Christian hatte noch eine weitere Eigenart: Er glich den Affen. Nicht dem schändlichen, wilden Affen, der sich ihr einmal offenbart hatte, sondern den Affen des Garten Eden. Wie diese nährte er sich von Früchten, rohem Gemüse, Haselnüssen und Walnüssen, Sonnenblumenkernen und Bananen; er trank nur Milch, war außerordentlich gelenkig und ging im Garten oft auf den Händen.

Er hatte, wie manche Menschen angelsächsischer Herkunft, eine leichte Stupsnase, Sommersprossen, einen rötlichen, bei der Berührung sehr weichen Flaum im Gesicht, feine kastanienbraune Haare. Die Augen jedoch, von intensivem Blau, tief und eingesunken, standen im Widerspruch zu seinen hübschen Zügen, aus ihnen sprach weder Heiterkeit noch Ruhe, sondern Mühe und Qual. Der Mund bebte oft, beinah als führte der junge Mann irre Selbstgespräche, das Lächeln war sanft, als wollte es für den Blick um Vergebung bitten.

Manchmal zitterten ihm morgens die Hände, die nervös gestikulierten, als müßten sie mit ihrer unablässigen Bewegung die Stimme stützen, die immer entstellt klang im Vergleich zu dem, was eine gewöhnliche Rede verlangte. Den Worten zog er häufiger das Schweigen vor. Die schöne Bewegung, mit der er sich die Haare aus der Stirn nach hinten strich, betonte seine Jugend, er wirkte dann mehr wie ein Junge denn wie ein Mann.

Es gab aber noch eine andere Seite an Christian, die die Señora von Son Batle beeindruckte. Sie, die eine instinktive, wenn auch gut kaschierte Abneigung gegenüber allen tierischen Zügen beim Menschen hatte, empfand keinerlei Unbehagen, wenn sie Christian beobachtete. Sogar, wenn er sich an den geheimsten, von einer ausgeblichenen Leinenhose bedeckten Stellen kratzte – in Son Batle gab es nachts viele Schnaken –, schien er nicht die lästigen Stiche auf der Haut heraufzubeschwören, sondern die konzentrischen Kreise des nächtlichen Gesumms.

Doch unerbittlich ist die Gerechtigkeit der Welt. Der junge Mann hielt den beiden Christians, die er war, bald Affe, bald Engel, nicht stand. Es gelang seinem Lächeln nicht, diese beiden Wesen zu vereinen. Wie von einem heimlichen Lockruf angezogen, verschwand er ab und zu aus dem Haus und von der Insel und kam nach einiger Zeit mit heftigen Schmerzen in den Beinen und im Rücken wieder. Er fuhr aufs Festland, um sich Morphium und andere Opiate zu besorgen. Herbeigerufen, um ihm zu helfen, sah die Señora von Son Batle ihn einmal wie Espenlaub zittern und die Hände ringen in dem kleinen Zimmer einer Klinik, in die er sich freiwillig begeben hatte. So geschah es, daß die Señora von Son Batle alle Stationen von Christians Leidensweg mitverfolgte. Beim Anblick seiner schmerzenden Glieder, die plötzlich zuckten, der Qual in seinen noch tiefer liegenden Augen, seinen schönen, von Pusteln bedeckten Gesichtszügen konnte die Señora von Son Batle in dem jungen Mann nicht mehr den Geliebten sehen, sondern nur noch einen Sohn. Darüber hinaus mußte sie nach der Entdeckung dieses Geheimnisses noch ein weiteres unaussprechliches Geheimnis mit dem Jüngling teilen. Er liebte nicht nur Frauen, sondern auch Männer. Zuweilen konnte man ihn in den verkommensten Lokalen tanzen sehen, um einen Geliebten anzulocken. Die Señora von Son Batle alterte schlagartig, sie schwoll

an, und wie um den Schmerz und die Schande zu verbergen, begann sie, dunkle Mantillen, Tücher und Schals umzulegen, zuvor aber pflegte sie einfache Kleider zu tragen, und unter den Farben war ihr Weiß die liebste. Sie sah den Menschen nicht mehr direkt in die Augen, sondern trug eine dunkle Brille, Tag und Nacht. Stumm saß sie im Vorzimmer luxuriöser Kliniken oder an einem abseits stehenden Tischchen in erbärmlichen Lokalen, man konnte sie sogar im Barrio Chino in Barcelona umherirren sehen, wo Drogenhändler und Zuhälter verkehrten.
Eines Nachts verlief sie sich in den Gassen rund um die Kathedrale, und in welche Richtung sie sich auch wandte, kurz darauf stand sie wieder davor. Erschöpft, verstört durch die Beleidigungen und die unflätigen Angebote, die sie bei jedem Schritt erhalten hatte, fast betrunken – sie trug nun stets ein Silberfläschchen mit Whisky in der Handtasche bei sich –, setzte sie sich zuletzt auf die Kirchenstufen, das Haupt gesenkt, in den Schal gehüllt. Plötzlich jedoch hörte sie zu ihren Füßen eine Münze klingeln. Unwillkürlich hob sie den Kopf. Voller Scham senkte sie ihn wieder. Doch der Augenblick, in dem sie den Kopf gehoben hatte – sie saß im Licht einer Laterne, der nächtliche Wanderer stand im Schatten –, genügte, um sie zu erkennen. »Ines«, rief der Mann aus.
Er war einer der von ihr abgewiesenen Freier. Länger als alle anderen hatte er sie bedrängt. Aber es gibt Arten von beharrlicher Liebe, die trotzigen Launen gleichen. Und so hatte ihn die Zurückweisung wie ein verzogenes Kind mit Groll erfüllt. Gerade er war derjenige gewesen, der in den Salons der Insel pikante Anekdoten über sie verbreitete, und er hatte zum Beispiel auch herumerzählt, sie sei mit einem Affenschwanz geboren.

Galant hob er die Señora von den Stufen auf. Er fragte sie, wohin er sie bringen solle. Sie schlug das Papallò vor, ein Lokal in der Nähe. Sie nahmen an einem Tischchen im Halbdunkel Platz. Trotz des Verwirrungszustands, in dem sie sich befand, merkte die Señora von Son Batle, daß die Fürsorglichkeit des Mannes ihr gegenüber eine boshafte Schadenfreude nicht verbergen konnte: die Frau, die Gegenstand seiner alten Liebe oder Laune gewesen war, an Leib und Seele zerstört zu sehen. Mit fieberhafter, morbider Neugier fragte er sie nach dem Befinden des Jünglings, dem sie nachjagte. Doch die Liebe zu Christian siegte über den Stolz. Sie ließ es zu, daß dieser abstoßende Mann sie die ganze Nacht von Lokal zu Lokal begleitete und sie zuletzt, nachdem alle Nachforschungen vergeblich geblieben waren, von ihm gestützt, weil völlig betrunken, dem Hotelportier übergab.

Als Christian am Ende mehr einer Larve als einem Menschen glich, brachte die Señora von Son Batle ihn in eine Klinik in der Schweiz. Drei Tage und drei Nächte wachte sie bei seinem Todeskampf.

Der Direktor des Bestattungsinstituts, der von ihrem Reichtum gehört hatte, verneigte sich schmeichlerisch vor ihr, doch sie bestellte eines der schlichtesten Begräbnisse, und als er ihr ein Blatt Papier reichte, damit sie die Grabinschrift aufschreibe, diktierte sie ihm bloß einen Namen. Und wollte, daß man einen Margeritenstrauch auf das Grab pflanzte, Blumen, die Tränen bedeuten.

Das aber wußte der junge Amerikaner nicht an jenem fernen Tag, an dem er die Señora kennengelernt hatte, als er auf dem Weg, der zu ihrer Villa führte, stolperte – seine freudig erregten Füße steckten in Sandalen – und sich, um nicht zu fallen, an einem Büschel Margeriten festhielt. Er mochte den herben Geruch der Blumen und pflückte einen Strauß davon. Er war ins Haus gekommen, die Blumen unter dem Arm wie ein Bündel, fast schon vergessen, und hatte sie ihr dann mit einem Lächeln überreicht. Nach Christians Tod hatte die Señora die Insel, auf die sie alle drei bis vier Jahre zurückkehrte, verlassen und begonnen, ruhelos durch alle großen Hotels der ganzen Welt zu reisen. Sie war aufgeschwemmt vom ständigen Alkoholmißbrauch, lebte wie von einer ungreifbaren Erregung an der Oberfläche gehalten. Sie schrieb und stickte keine Märchen mehr. Dennoch verriet ihr Verhalten eine Anmut und Bildung, die nicht Frucht hohler guter Manieren waren, sondern Frucht einer Disziplin des Geistes, die anderen Zeiten angehörte.

Am Tag, nachdem die Señora von Son Batle dem Konsul ihre Geschichte erzählt hatte, führte er sie in die Kabine, wo seine Gattin mit der Tochter untergebracht war. Seine Frau stillte gerade und schwieg versunken, während die beiden plauderten. Als die Kleine zu saugen aufhörte, begann die Mutter, ihr die Windeln zu wechseln. »Putze sie gut ab!« sagte der Konsul scherzend. »Dreh sie nur herum!« Beschämt gehorchte die Frau, und am Ende des Babyrükkens sah man einen kleinen Schwanz. »Bei der Geburt«, fügte der Konsul hinzu, »war sie am ganzen Körper behaart. Sie sah nicht aus wie ein Kind, sondern wie ein Affe!« Als die Kleine wieder angezogen war, wollte die Señora sie auf den Arm nehmen und küssen. Dann nahm sie sich ein Goldkettchen vom Hals und wickelte es dreimal um den Hals des Säuglings. »Gestatten Sie mir«, sagte sie zum Konsul und zu seiner Frau, »mich als ihre zweite Patin zu betrachten.«

An dem Morgen, als das Schiff in Mallorca eintraf, kam mit dem ersten Fährboot eine gebrechliche Alte an Bord, die von den Matrosen auf das Fallreep gehoben wurde, an Deck aber keine Hilfe mehr wollte. Sie ging langsam, aber ihr Schritt war fest. Sie war gekleidet wie eine Bäuerin, trug die alte Inseltracht. Eine schwarze Schürze mit starren Falten fiel über ihren weiten Rock aus grobem lila Tuch. Die Señora von Son Batle hob die Arme, als sie sie sah. »Anyeta! Anyeta!« rief sie aus. Und mit kindlichen Rufen der Verwunderung und Freude drückte sie sie an sich und küßte sie, die Wimpern tränennaß. Die Alte hatte trockene Augen, einen strengen Ausdruck im Gesicht. Sich an den Armen der Señora festhaltend, stieß sie hervor: *»Són tots morts … tots morts … Jordi, Delfí, Joanet … Creu, Caterina, Jaume …«* Alle tot. So erfuhr die Señora von Son Batle durch ihre alte Amme von dem Massaker, das im August auf der Insel stattgefunden hatte.

Daraufhin weigerte sie sich, an Land zu gehen. An Bord empfing sie ihren Verwalter und den Onkel Erzbischof. Am nächsten Tag reiste sie wieder ab, wie eine beleidigte Königin.

Beim Abschied nahm sie mit starrer Höflichkeit den Handkuß des Konsuls entgegen. Ihre Hand war kalt.

Doch das Versprechen der Patentochter gegenüber hielt sie. Immer, solange sie lebte, in welchem Teil der Welt sie sich auch befand, schickte sie ihr Geschenke und erkundigte sich nach ihr.

Die verzauberte Insel

Als wir Ende Februar auf der Insel eintrafen, blühten schon die Mandelbäume, und das Weiß ihrer Blüten mischte sich mit dem der bleichen Knochen auf den Feldern. Im Hinblick auf unsere Ankunft hatte man nämlich alle unsere Feinde getötet.

Es gibt Inseln, die haben die Form von Fischen, eines Delphins zum Beispiel oder eines Zitterrochens, andere haben die Form von Korallen, andere von Sirenen. Sie sind heute durch vielfältige Kanäle mit dem Festland verbunden: Strom- und Telefonkabel, Gasleitungen, sogar Wasserleitungen. Meine Insel dagegen hatte der Schöpfer nach der Legende – durch tiefe unterirdische Adern, die unter dem Meer verliefen – mit Wasserarmen an das Festland gebunden, so daß sie sich vergeblich bemühte, frei dahinzusegeln. Wie um sie zu trösten, entsprangen überall in ihren Ebenen Quellen, die sie grün und fruchtbar machten, doch die Insel bäumte sich auf einer Seite auf, nahm die Form eines Drachen an, so als wollte sie sich von der flüssigen Materie befreien, an die sie gefesselt war, um durch die Säulen des Herkules aufs Meer hinauszuschwimmen. Und eben aus dem Auge des Drachen, hieß es, sei der große Seefahrer zur Entdeckung Indiens aufgebrochen.

Rund um die Insel tummelten sich Krebse, Langusten, Schwertfische, Sardinenschwärme, Seepferdchen, Zitterrochen, Meerteufel, Hornhechte, Polypen und Tintenfische. In prächtigen Farben gestrichene Boote fuhren rings herum, die – wenn die vom Atlantik her kommenden Winde höher waren als die Kordilleren und sich einen Weg bahnten durch die laue, lastende Luft, die über der Insel hing wie eine Kristallkugel – rasch mit Treidelmanövern in die Bootshäuser der am Meer liegenden Dörfer zurückgebracht wurden.

In Form zerbrochener Statuen oder noch triumphierender Bildnisse von Kriegsgöttern beobachteten Steinschleuderer, Kondottieri, Feldherrn und Kalifen, aus ihrem jahrhundertelangen Schlaf geweckt, die Flugzeuge, die über die Insel flogen, und die großen, im Hafen liegenden Kriegsschiffe. Die Kanonen der fünfzig an der Küste gegen die Seeräuber errichteten Türme waren aufs Land gerichtet, und den blaugekleideten Wachen war eingeschärft worden, ein Auge auf die unters Volk gemischten Briganten zu haben.

In den Städten der Insel erhoben sich gotische Kathedralen, Gefängnisse, Burgen, Renaissancepaläste mit barocken Innenräumen. Maurische Zinnen schmückten das Rathaus, und katalanische Bögen stützten die Mauern, die das Geheimnis der *patios* umschlossen. Kolonien von Ausländern, Künstlern und alten Exzentrikerinnen dagegen zogen die Beschaulichkeit der Villen vor.

In den Dörfern waren die Häuser der Bauern und Fischer in den gleichen prächtigen Farben gestrichen wie die Boote, während auf dem Land die Häuser außen wie innen weiß waren. Mehrmals im Jahr wurden sie von den Frauen frisch gekalkt, und die Mädchen fegten mit Ginsterbesen das Wasser fort, das eimerweise auf die Steinböden gegossen wurde.

Weiße Sandstrände und Pinienhaine umschlossen die Insel, während auf der Ebene im Innern Korn, Mais, Gerste, Pfefferschoten, grüne Bohnen, Saubohnen, Kichererbsen, Knoblauch, Tomaten und Zwiebeln üppig wuchsen. Aus den niedrigen Pflanzungen ragten Aprikosenbäume, Kirschbäume, Feigenbäume, Weinstöcke, Mispelbäume, Pfirsichbäume, Ölbäume, Granatapfelbäume, Johannisbrotbäume.

Die Dichter haben Wälder zuweilen mit Heeren verglichen. Auch die Insel besaß ein eigenes Heer mit nackten Händen, ein Heer von Mandelbäumen, die sie, so schien es, mit ihrer verzehrenden Schönheit wie ergebene Soldaten vergeblich vor dem Krieg schützen wollten.

Es gab keine Behausung, ob Palast, *patio*, Kloster, armselige Hütte oder Villa, die nicht von Blumen umstanden und bis ins Innere bewohnt war: Rosen, Geranien, Orchideen, Calla, Kresse, Fuchsien, Bougainvillea, Jasmin. Und von den Mauern hingen in dichtem Geflecht die fleischigen Krallen der Mittagsblume herab, und auf den Dächern blühten Löwenmäulchen und Levkojen.

Viele verschiedene Haustiere bevölkerten die Insel: Schafe, Hähne, Spatzen, Tauben, Fasane, Schwäne, Ziegen, Katzen, Kaninchen, Schweine, Pfauen. Myriaden von Glühwürmchen schmückten in den Juninächten Gärten und Felder, um die Belästigung wettzumachen, die ihre Schwestern, die Fliegen und Schnaken, mit sich brachten.

Esel und Maultiere trotteten die Pfade entlang und schienen die Menschen vergebens zu mahnen, es ihnen an Geduld und Sanftmut gleichzutun.

Vom Wind hergeweht oder vielleicht nur als Zeichen für die Sehnsucht der Bewohner wuchsen auf der Insel Bananenstauden und Palmen, und die aus den Gärten der Reichen entflohenen Affen, Papageien und Wellensittiche vermehrten sich frei auf den Feldern.

Hier trugen die Frauen keine Miniaturen von Ornamenten, Türmen oder Früchten, sondern den zunehmenden Mond am Ohr.

Meine Eltern legten mich in einem kühlen Zimmer in eine Wiege.

Durch die Ritzen der Fensterläden drang Sonnenschein, und der Duft der blühenden Mandelbäume hüllte die Insel in Schwaden ein. Am Himmel aber hörte man das Dröhnen der Flugzeuge, die aufgestiegen waren, um Burgen oder Kasernen zu bombardieren.

Mein Vater ging morgens fort, ins Büro, und Mama stökkelte durchs Haus und bereitete Empfänge vor, weil man sich bei den Familien derer, die zählten, bekannt und beliebt machen mußte.

Ein kleines Flugzeug brachte aus Italien, zusammen mit Aktenbündeln und Dokumenten, Brot und weißes Mehl, doch in den härtesten Zeiten blieben diese weißen Brötchen bei den Empfängen unsichtbar, und statt dessen wurden kleine Maisbrote serviert, um zu betonen, daß die neuangekommenen Herrschaften sich denen der Insel nicht überlegen zeigen wollten.

Und auch die Damen der Insel neigten dazu, ihren Wohlstand zu verbergen, um sich nicht von den einfachen Frauen aus dem Volk zu unterscheiden – sie kamen ohne Hut zu uns. Doch vor ihnen waren schon die Dienerinnen mit den Hutschachteln eingetroffen, die sie im Vorzimmer abgestellt hatten. Kaum eingetreten, ergriffen die Damen jede ihre Hutschachtel, und vor dem großen, modernen Spiegel im Badezimmer, der die ganze Wand einnahm, halfen sie einander, die Hütchen auf dem Kopf zurecht-

zurücken, und streiften die schlichten Mäntel ab, unter denen changierende Seidenkleider schimmerten. Dann, festlich in den Garten ausschwärmend, legten sie auch das Mallorquinische ab und machten Mama auf kastilisch Komplimente. *»¡Que maravilla!«* riefen die alten Diener, und mancher trocknete sich eine Träne, die eigene Jugend mit der üppigen Pracht der Eingeladenen verwechselnd.
Die Lehrer, die zuvor auf katalanisch unterrichtet hatten, strengten sich derweil an, besser Kastilisch zu lernen, wachten bei Laternen- oder Kerzenlicht über Wörterbüchern und Grammatiken und schrieben morgens in Riesenlettern an die Tafel: DIOS, ESPAÑA Y FAMILIA. Auch wenn es ihnen so vorkam, als gliche die Arroganz jenes *Dios* angesichts so viel mörderischen Bruderkriegs eher einem Fluch als einer Anrufung.
Der Herzog von Villalonga wiederum lud die Damen ein, das Museum zu besuchen, in das er, seit er zurückgezogen in einer abgelegenen Villa in der Sierra lebte, aus Furcht vor den Wirren der Zeit und dem Neid der Armen seinen städtischen Palast verwandelt hatte, wo er vorher wohnte. Und eigenmächtig hatte er am Tor seines alten Wohnsitzes ein Schild angebracht: MUSEO MUNICIPAL. Dann hatte er bei der Gemeinde eine offizielle Anerkennung beantragt, doch waren die Beamten und Angestellten noch zu sehr damit befaßt zu begreifen, von welcher Seite der Wind wehte, um seine Forderung zu befriedigen. Mehrmals in der Woche begab er sich in sein Museum und tat, wenn andere Besucher da waren, so, als würde auch er Eintritt bezahlen. Er hatte seinen Dienern graue Kittel nähen lassen, ähnlich denen der Gefängniswärter, da er sich, unsicher, wie er war, welche der beiden Kriegsparteien siegen würde, nicht für die Uniformen aus blauem Tuch der mu-

nizipalen Pförtner entscheiden konnte. Eines aber wußte man mit Sicherheit: daß es auf jeden Fall immer Gefängniswärter geben würde. Der Herzog hatte die Gelegenheit des Bürgerkriegs genutzt, um sich einen alten Wunsch zu erfüllen, den er seine dreißig Ehejahre über hegte. Er hatte nämlich, um seinem Titel Substanz zu verleihen und seine Villen und Paläste restaurieren zu können, eine sehr reiche Frau geheiratet, die Tochter eines Konvertiten, der mit Perlen handelte, doch in den frisch renovierten Sälen war die hehre Pracht seiner Familie vom prahlerischen Luxus seiner Frau und Töchter verdrängt worden – Grammophone, Silberzeug, moderne Sofas anstelle der auf den Speicher geräumten antiken Einrichtung –, und nun, da er dank des Krieges seine Frau und die Töchter aufs Land hatte verbannen können, hatte er endlich all die Raritäten wieder abgestaubt und mit einem gedruckten Schildchen versehen. Die Lehrer aus der Provinz, die Bäckerinnen und sogar die Fischhändlerinnen bezahlten Eintritt, um sein Museum zu besichtigen und mit eigenen Augen zu sehen, wie ein Herzog lebte; und die düstere Atmosphäre jener Räume trug vielleicht mehr dazu bei, jeden revolutionären Geist auszulöschen, als die Gewehrsalven. Versteckt in einem Pavillon im Garten, voller Wasserspiele nach dem Vorbild der Alhambra, amüsierte sich der Herzog derweil wie ein Kind damit, die Knöpfe zu drücken, mit denen die Fontänen der verschiedenen Brunnen reguliert wurden, und die Besucher plötzlich naßzuspritzen, vor allem die fetten Frauen, die gezwungen waren, die Röcke zu heben, um sich abzutrocknen.

Dann gab es auf der Insel noch einen Dichter, der sich, je nach dem Gang der politischen Ereignisse, versteckte und wieder auftauchte. Doch die Probleme, die ihn bedrängten, konnte er nicht nach Belieben verbergen oder wieder hervorholen, nein, sie begleiteten ihn in jedem Augenblick seines Daseins, sowohl, wenn er im Heuschober der Großeltern versteckt war, als auch, wenn er mit seinen Freunden diskutierte, nachts, in den Hafenkneipen. Eine seiner Fragen betraf das Problem der Existenz Gottes. Er dachte nicht, Gott habe sich selbst erschaffen, sondern vielmehr, er sei von den Menschen erschaffen worden. »Wenn aber die Menschen Gott gemacht haben«, sagte er sich, »heißt das, daß es Gott gibt. Hätten ihn nicht die Menschen erschaffen, würde sich die Frage nicht stellen.« Und noch ein weiteres Problem beschäftigte ihn: ob er seine Gedichte auf kastilisch, katalanisch oder mallorquinisch verfassen sollte. Es ist wahr, sagte er sich, daß Kastilisch die Sprache der Herrschenden ist, jedoch entstand das Mallorquinische selbst seinerzeit aus einer Kreuzung zwischen der Sprache der römischen Eroberer und der Sprache, die von den Bauern und Fischern gesprochen wurde. Das Katalanische möchte wiederum Barcelona, das Madrid gegenüber Anspruch auf den Gebrauch dieser Sprache erhebt, unseren Inseln aufzwingen.

Dies die Fragen, mit denen er sich plagte. Doch wenn er sie beiseite schob und sich der Inspiration überließ, schrieb er bald philosophische Poeme auf kastilisch, bald Gedichte auf mallorquinisch. Mit einem geheimen Telegraphen schließlich sandte er Botschaften in kastilischer Sprache an seine Kampfgenossen auf dem Festland.

Trotz der Grübeleien des Dichters und trotz des Krieges gab es in unserem wie in vielen anderen Häusern unablässig Feste und Empfänge.

In den Fremdenführern wird bei den typischen Gerichten der Insel an erster Stelle die Mayonnaise genannt. Man er-

zählt, daß Kardinal Richelieu, als er während eines Krieges in Mahon an Land ging, in einer armseligen Wirtschaft Mayonnaise mit Schnecken kostete und, von der Sauce begeistert, diese in der Küche der französischen Könige einführte, was sie an den Tafeln der Aristokratie bekannt machte, bis sie nach und nach die Luxusrestaurants und dann erneut die Gasthäuser von Mallorca erreichte, wo der Bauer, in die Stadt gekommen, um seine Waren zu verkaufen, sie probierte und ausrief: »Also ist die berühmte Mayonnaise nichts anderes als das, was wir gewöhnlich essen?«
Nun gut, kurz nach unserer Ankunft ereignete sich die »Posse mit der Mayonnaise«, von der noch heute auf Mallorca erzählt wird und deren Schauplatz unser Haus war, anläßlich eines der Empfänge.
Sogar die oberflächlichsten Familien der Insel, solche, die der politischen Parteilichkeit am fernsten standen, die nicht einmal wußten, wie viele Waffen von unserem Land für ihren Krieg zur Verfügung gestellt wurden, eilten in Scharen zu den Empfängen des Konsuls, und sogar solche, die sich rühmten, eine ihrer Ahninnen stehe kurz vor der Heiligsprechung. Doch der schmeichlerischen Eroberung der Insel, die in unserem Haus vorangetrieben wurde, fehlte noch die Anwesenheit des Erzbischofs. Nicht, daß er Zweifel hegte, auf wessen Seite er sich stellen solle, doch er zögerte, offen Partei zu ergreifen, da er die Niederlage derer fürchtete, die seine wahren Freunde waren. Daher zog er es vor, stellvertretend den brillanten Jesuiten Don Luís de Cacaredo zu unseren Empfängen zu schicken, einen hervorragenden Kenner der Mystik und der mittelalterlichen Dichtung.
Es kam jedoch der Tag, an dem der Erzbischof beschloß, unser Haus mit seiner Gegenwart zu beehren. Ihn zu

überzeugen half einerseits ein dem apostolischen Nuntius abgerungenes und prompt mit einem italienischen Flugzeug eingetroffenes Sendschreiben, andererseits das Argument, das ein Vertreter der großen Familien der Insel anführte: Es handele sich ja nicht um einen offiziellen, sondern um einen privaten Empfang. Und ausschlaggebend für seine Entscheidung war nicht zuletzt auch die Erinnerung an die Señora von Son Batle, seine Nichte, der er regelmäßig einen Scheck in ihr Exil schickte, nach Havanna ins Hotel Nacional, über den Betrag der Miete unserer Villa.

Es kam also die Ankündigung, daß der Erzbischof zum Empfang erscheinen werde.

Für diesen Abend wurde eine Tafel mit fünfzig Gedecken hergerichtet. Auf Geheiß der Señora von Son Batle – das war eine Bedingung gewesen, um das Haus mieten zu können – mußten bei offiziellen Abendessen immer zwei Gedecke mehr aufgelegt werden, um alle Anwesenden an die beiden verächtlichen Gespenster zu erinnern, die dem Fest fernblieben.

Nach einer Schildkrötensuppe folgten mehrere Gänge, von sieben Kellnern aus einem Restaurant der Stadt serviert, die für diesen Abend zur Arbeit in die Villa geholt worden waren. Man hatte auch mit einem kleinen Flugzeug mehrere Flaschen Lacrima Christi und Wein von den Castelli Romani kommen lassen.

Liebenswürdig erklärte unser Vater dem Erzbischof, daß ein bestimmter Teil des Huhns bei uns »Kardinalsbissen« genannt werde, und legte ihm diesen, nachdem er sein Glas erhoben und ihm zugeprostet hatte, auf den Teller, freilich zusammen mit einem Schenkel, aus Furcht, er möge ihm nicht munden.

Der Clou jenes Essens sollte aber ein russischer Salat auf einem fünf Meter langen Fisch sein. Und auf der Mayonnaiseschicht, die ihn bedeckte, sollte rot, aus Streifen von roter Bete zusammengesetzt, die Aufschrift prangen: ¡AMISTAD ITALO-ESPAÑOLA! Wegen der Größe hatte man die Fischplatte extra in einer Majolikafabrik anfertigen lassen, und sie wurde auf einem Wägelchen in den Empfangssalon hereingerollt. Ihr Erscheinen wurde mit Lächeln und Applaus begrüßt, der eisig verstummte, als die am nächsten sitzenden Gäste die Aufschrift lesen konnten: ¡VIVA LA REPUBLICA!

Mein Vater erhob sich. Seine Serviette fiel zu Boden. Einige Damen sprangen erschrocken auf, mit kleinen Schreien, und in dem Getümmel fielen ein paar Stühle um. Jemand befürchtete, gleich werde eine Bombe explodieren, wie man es kürzlich in einem Film über die Französische Revolution gesehen hatte.

»Wer war das?« fragte mein Vater, wie er es mit uns Kindern zu tun pflegte. Alle Bediensteten liefen herbei. Sie schienen das Vorgefallene nicht zu begreifen und sahen sich um. *»¿Que pasa?«*[1] fragten sie. Als sie nach mehreren Erklärungsversuchen begriffen hatten oder so taten, als ob, antworteten sie im Chor: »Wir können nicht lesen, verehrte Herrschaften!«

»Ich habe dich gesehen«, sagte Don Manuel Vargas, Notar, zu einem der Kellner, »wie du im Casino Palmesano auf deinen Block die Bestellung aufgeschrieben hast!«

»Tut mir leid, mein Herr«, sagte der Kellner, »aber ich tue so, als würde ich schreiben, und merke mir die Bestellung. Ich bedaure wirklich außerordentlich, mein Herr, aber

1 Was ist los?

mein Vater war Ziegenhirte, er hatte zehn Kinder, und ich war der Älteste.«

»Bringt die Platte hinaus«, sagte unser Vater. Und er entschuldigte sich beim Erzbischof und allen Anwesenden. »Es wird eine Untersuchung eröffnet«, erklärte er. Er ließ Pedrón rufen, den ranghöchsten der Dienstboten. Doch gerade eine Viertelstunde, bevor die Platte mit dem Ehrengericht aufgetragen wurde, hatte Pedrón überprüft, daß mit dem Wägelchen alles in bester Ordnung war, hatte mit Genugtuung die Aufschrift ¡AMISTAD ITALO-ESPAÑOLA! gelesen – das jedenfalls erklärte er – und sich danach in den Salon begeben, um die Liköre bereitzustellen. Dann fragte er, ob die Mayonnaise, wenn die infame Aufschrift beseitigt war, erneut aufgetragen werden solle. Er bemerkte auch noch, daß einer der sieben Kellner in der Zwischenzeit verschwunden war. Der Konsul überlegte einen Augenblick, bevor er sich setzte. Mit einer Geste, die eher den Feldherrn als den Diplomaten in ihm enthüllte, flüsterte er dann dem Majordomus einen Befehl ins Ohr. Kurz darauf erschien der russische Salat wieder, aber anstelle der Aufschrift ¡AMISTAD ITALO-ESPAÑOLA! prangte da nun ¡ARRIBA ESPAÑA!, was er ursprünglich verworfen hatte, um den Erzbischof nicht in Verlegenheit zu bringen, der sich vielleicht noch nicht äußern wollte. Als das Wägelchen vor dem Tisch stand, erhob er sich und präsentierte den Gästen die Platte mit einer Verbeugung. »Jetzt«, sagte er zu den Kellnern, »könnt ihr sie wieder hinausbringen.« Und erneut den Gästen zugewandt, fügte er hinzu: »Denn es ist unhygienisch, noch davon zu essen.« Während die Platte entschwand wie eine Diva nach dem großen Auftritt, blieb unser Vater reglos wartend stehen. Vom Tisch erhob sich ein Applaus. Da verbeugte sich der Vater wie ein Impresario und setzte sich wieder. Das Bankett ging weiter, als wäre nichts geschehen. Seit vielen Monaten nämlich hatten all diese Herrschaften sich schon damit abfinden müssen, so zu leben.

Der Mond, der seit drei Nächten sanft und rund am Himmel leuchtete, war an jenem Abend von rötlichen Wolken verdunkelt, und der junge Andreu, der zu Karneval Masken aus Pappmaché und den Rest des Jahres Nougat herstellte, machte sich, ohne zu rennen, damit ihm die Hunde nicht nachliefen, aber mit kräftigem Schritt querfeldein aus dem Staub.

Die Gärten

Die Fassade des Hauses glich der einer ländlichen Kirche. Darüber thronte ein Kreuz. Im Innern dagegen erinnerte der Grundriß an den eines Klosters, bei dem die Räume auf den *patio* hinausgingen. Und dieses Haus in Form von Kirche und Kloster, aus dem mir Regeln und Fürsorge zuteil wurden, stand im Widerspruch zu der Welt des Gartens, in dem ich wie die Blumen und Pflanzen heranwuchs.

Der Garten hatte keine richtige Einfriedungsmauer. Seine üppige Vegetation, gefolgt von kleinen Terrassen voller Zwergpalmen, wuchernder Mittagsblume und Feigenkakteen, trennte ihn von den versengten Feldern, wo die Erde so trocken war, daß beim Darübergehen der Staub aufwirbelte, und vom Meer, das man in der Ferne erkannte, so als hätte ein magischer unterirdischer Wasserkreis ihn zum Garten Eden erkoren.

Noch mehrere andere Zeichen unterschieden die Gärten vom umliegenden Land. Die Brunnen, stets voll, hatten Deckel aus Eisen und nicht aus Holz, und darüber erhoben sich schmiedeeiserne Girlanden, an denen klirrende Eimer hingen. Das Wasser darin schien begierig, aus der Tiefe der Erde aufzusteigen. Die Brunnen auf dem Land dagegen schienen geizig zu sein, da mußte man ständig am Seil ziehen, die Winde drehen, sich plagen mit Eimern, die an

Ketten hingen und von Hand zu Hand weitergereicht wurden.

Den Kindern war es verboten, sich über den Brunnenrand zu beugen, aber ich tat es, ich spielte das Spiel »Vom Spiegel und vom Tod«. Und während es mir bei den Landbrunnen vorkam, als kauerten Hexen, Gnome und Zwerge darin, bereit, mich zu packen, schienen in den Brunnen in meinem Garten, mit gelösten Haaren, die schönen Hände erhoben, lockende Undinen zu wogen. Die Stimme, die als Echo aus dem Brunnen zu mir zurückkehrte, nannte ich »Stimme der Seele«, und »Stimme der Seele« nannte ich auch das gluckernde Geräusch in meinen Eingeweiden, wenn ich zuviel getrunken hatte. Doch die Seele des Brunnens war anders als die der Eingeweide, letztere behandelte ich mit Herablassung, ich fühlte mich als ihre Gebieterin. Die Seele des Brunnens aber war größer als ich und machte mir angst.

Ich warf Steine in den Brunnen, und wenn er sie verschluckte, bekam ich jedesmal Herzklopfen, mir war, als hörte ich ein »Ham!« und hätte unvermittelt einen gierigen Drachen vor mir, den ich mit Brotstückchen besänftigte, damit er mich verschonte. Ich beugte mich über den Rand, und der Brunnen stahl mir mein Gesicht; ich drehte mich um, um nachzusehen, ob der Baum, den der Brunnengrund zusammen mit meinem Gesicht gestohlen hatte, noch dastand, und dachte: Wenn der Baum noch da ist, bin ich auch noch da. Aber gänzlich beruhigte mich meine Überlegung nicht.

Außerdem gab es noch einen beängstigenderen Unterschied zwischen den Brunnen in meinem Garten und denen auf dem Land: Stand ich vor ersteren, fühlte ich mich im Rücken abgesichert, vor den zweiten nicht – jeden

Moment hätte mich jemand hineinstoßen können. Denn wo der Garten endete, waren unsere Feinde.

Prozessionen von grünen Raupen und Schnecken zogen unter den Bougainvilleen vorüber, an der Grenze des Gartens, und verschmähten es, den feuchten Schatten für das kahle, sonnenbeschienene Feld zu verlassen. Diese Raupen und fetten Schnecken weckten in mir die Vorstellung, unser Garten sei wie eine reich bestückte Vorratskammer.

Aber mir die Eßbarkeit von Blättern und Blüten auszumalen erschreckte mich. Wenn nämlich im Garten alles eßbar war und jedes Ding, wie ich wußte, für jedes andere eßbar war, dann war auch ich es; und je mehr Kräuter und Beeren ich kaute, um so überzeugter war ich davon, daß ich, wenn ich zu den Essern gehörte, meinerseits gegessen werden konnte. Ich verband diese Angst mit der Geschichte der Großmutter über die Toten, die unter die Erde kamen, und mehr als alles andere fürchtete ich die Gefräßigkeit der Erde: Darum beruhigte es mich, als man mir Märchen über Menschenfresser erzählte. Hinterher schrieb ich die gefürchtete Gefräßigkeit einem in den Wäldern hinterm Haus versteckten Oger zu. Und als ich den Rosenkranz beten lernte, milderte ich den Schrecken, der mich angesichts der Raupenprozessionen überfiel, indem ich sie mir als Rosenkranzperlen vorstellte: Für jede Raupe betete ich ein Ave Maria, doch wenn ich sagte: »Heilige Maria«, dachte ich: »Heilige Erde«, und trieb so die Bedrohung, die ihr Vorhandensein darstellte, aus.

Zuweilen schien es mir, als wachten die riesigen Feigenkakteen, die ganz hinten wuchsen, über den Garten wie die Sarazenentürme entlang der Inselküste. Ich stellte mir vor, daß der Oger aus den Wäldern gegen sie kämpfen müßte, bevor es ihm gelänge, in mein Hoheitsgebiet einzudringen; und ihre stacheligen Früchte, die ein so köstliches Fruchtfleisch bargen, kamen mir vor wie ein Sinnbild ihrer kriegerischen Präsenz, mit der sie über die Schönheiten meines Reiches wachten. Doch eines Tages, als ich am Rand des Gartens saß, überfiel mich die Angst, daß die überwältigende Süße einer Bonbonschachtel mit Erdbeer-, Aprikosen- und Zitronenfondant, einzeln in duftendes, himmelblaues oder rosa Seidenpapier gewickelt, die mir der Erzbischof zur Taufe ich weiß nicht mehr welchen Geschwisterchens geschenkt hatte, für mich und das Haus eine Bedrohung darstelle. Mir war, als sei ich ganz in den Duft jener Schachtel gehüllt – die gleichzeitig nach Keksen, nach Zimt und nach Erzbischof roch und zart und fein war wie die Struktur des Papiers –, und ich kam zu dem Schluß, daß der Oger dieser Verlockung nicht widerstehen könnte. Ich lief in mein Zimmer, wo ich die Bonbons versteckt hatte, wußte mir aber keinen Rat. Und wenn ich sie alle aufesse? dachte ich. Mir schien jedoch, als komme ihre Süße weniger vom Zucker als vielmehr von dem Papier, das an den Enden zwei zierliche Fächer bildete. Und wenn ich sie anzünde? dachte ich. Doch dazu fand ich nicht den Mut. Da flüchtete ich mich, die Schachtel fest in der Hand, unters Bett, wickelte mir auch eine Decke um den Kopf und schlief dort ein, am Daumen lutschend vor Entsetzen. Denn, hatte ich mir gesagt, wenn es im Haus so viel Süße gibt, wo sind dann die schützenden Stacheln? Und werden sie mich vor dem Oger retten können, der sich vielleicht im Schrank versteckt?

Auf den Wegen, die den Garten von den Feldern trennten, neben den Gräben, auf dem schon urbar gemachten, aber noch nicht gesäten Grund wuchsen kleine Blumen, die ständig von Menschen und Maultieren zertreten wurden. Ich nannte sie »die armen Blumen«, und wenn ich bei einem Spiel, in dem die Personen von Blumen, Beeren oder Blättern dargestellt wurden, »Arme« brauchte, ging ich diese traurigen Blumen pflücken. Da mir der Boden, wo sie lebten, zu trocken vorkam, goß ich sie manchmal in der Hoffnung, daß auch sie so leuchtend und prall würden wie die anderen Pflanzen.

Während im Garten jede neu sprießende Blume von Mama freudig begrüßt wurde, waren auf den Feldern Mohnblumen und Kornblumen den Bauern ein Dorn im Auge, weshalb sie sie ausrissen und büschelweise am Wegrand liegenließen. Die Haufen abgeschnittener Mohnblumen symbolisierten für mich den Kindermord von Bethlehem. Denn neben jeder Blüte gab es Knospen, die ich gern aus ihrer grünen Hülle holte: Ich nahm den toten Müttern die neugeborenen Blumen weg, während die Blütenblätter der geöffneten Kelche schon schwarz wurden und erschlafften, bevor sie dann vertrockneten. Diese schönen pulsierenden Blumen vergingen nämlich sofort, das Leben tat nicht so, als verharrte es noch lange in ihnen, wie in der zähen Geranie.

Auf der Erde auf allen vieren oder manchmal auch stehend, erschien meinem Blick aus nächster Nähe der Unterschied zwischen Pflanzen und Insekten wenig klar; die Pflanzen insbesondere unterschieden sich kaum vom Reich der Tiere und Mineralien.

Es gab nämlich Pflanzen, die sich bewegten wie kleine Tiere: Bestimmte Mimosen zum Beispiel senkten, wenn ich sie berührte, ihre fransigen Blättchen, bis sie aufeinandertrafen. Mich auf dem Arm haltend, zeigte Mamita mir eines Abends die züchtigen Mimosen. Sie streifte sie leicht: Die Blättchen neigten sich, genau wie meine Wimpern sich senkten, wenn ich müde wurde, so wie jetzt gerade, sagte Mamita zu mir und brachte mich ins Bett. Die Schönen der Nacht dagegen öffneten ihre Blütenblätter am Abend. Sie gingen zum Ball, ich aber durfte nicht mit, weil ich schlafen mußte. Wie neidisch ich war! Im Gewächshaus züchtete Mamita lebendige Steine, Kakteen, die wie Kiesel aussahen. Wenn ich die Hecken entlanglief, griffen Bougainvilleahände nach mir. Und zahllos waren die Bosheiten der Kletten und der Brennesseln. Klar war außerdem, daß die Hortensien so gierig tranken wie Pedróns Esel, wenn er hinter dem Haus ankam, und wenn ich sie im *patio* ermattet sah, begann ich zu schreien, rief nach jemandem, der käme, um sie zu gießen, weil ich es mit meiner kleinen Gießkanne nie geschafft hätte, ihren Durst zu stillen. Dann kehrte ich zurück, um zu prüfen, ob sie getrunken hatten; und sah ich sie wieder bei Kräften, sagte ich: »Bravo, so ist es recht.« Genau wie Pedrón, wenn er mit dem Esel sprach.

Sie machten sich den ganzen Tag den Hof, Pflanzen und Insekten. Die Insekten, hatte man mir gesagt, saugten in den Blüten und bissen hinein. Die Speise, von der sie sich ernährten, schien ebenfalls lebendig zu sein. Als ich darüber nachdachte, fiel mir zu meiner Überraschung ein, daß ich gesehen hatte, wie das Schwein freudig mit dem Schwanz wedelte, bevor es ergriffen und geschlachtet wurde – an jenem Tag hatte man uns Kindern verboten, den Hof zu betreten, doch wir hatten durch die Ritzen im Lattenzaun gespäht und lange den qualvollen Schrei vernommen. Das Schwein war lebendig, bevor es Preßsack wurde. Dann erhielt ich einmal die Bestätigung, daß auch die Blume lebendig war und etwas Schmutziges tat. Ich sah ein Insekt in dem Schleim im Kelch einer Knabenkrautblüte. Und im Gewächshaus zeigte mir Mama die Kannenpflanzen, die die Insekten packten, und Orchideen, die, so sagte sie mir, die Insekten sogar auffraßen. Wie konnte etwas so Ungeheuerliches geschehen? Erneut quälte mich die Vorstellung, daß ich meinerseits verspeist werden könnte. Und als ich noch einmal über die Sache nachdachte, schien mir, als könnte das Verhältnis zwischen Blumen und Insekten doch nicht ganz so ähnlich sein wie das zwischen denen, die essen und gegessen werden. Zu festlich wirkte ihr Mahl, wie ein Tanz. Solchen Grübeleien hing ich nach und fand keine Antwort. Dann, als ich eines Tages auf der Erde saß, träge, der Spiele müde, den Blick verloren auf das Muster von Licht und Schatten eines Tunnels aus Kletterpflanzen gerichtet, erkannte ich auf einmal in jenem Muster Schemen, wie von einander genäherten Gesichtern: Sie essen nicht, sie küssen sich! sagte ich mir. Küssen und Essen waren damals für mich in der Tat nicht sehr weit voneinander entfernt.

Dennoch unterschied ich mich in vielem von Pflanzen und Tieren. Vor allem sah ich, wie Pflanzen und Insekten geboren wurden, doch woher ich kam, wußte ich nicht. Mamita hatte mir gezeigt, daß Ableger von Geranien und Fuchsien, wenn man sie einpflanzte, nicht vertrockneten, sondern wuchsen und sich zu neuen Pflanzen entwickelten, daher malte ich mir aus, Mamita habe ein Stück von sich selbst eingepflanzt, um mich in einem schönen Garten in Neapel wachsen zu lassen, wenn ich sie aber betrachtete, bemerkte ich keine fehlenden Teile an ihr. Danach sagte mir jemand, daß man die Kinder kaufe. Ich fragte Dida, meine Amme: »Warum kaufst du dir kein eigenes Kind?«

Dida zog mich gerade an und sagte lachend: »Weil ich kein Geld habe.« Als sie mir dann ankündigten, daß ich einen Bruder bekäme, bat ich Mama, sie solle mit mir zum Kindermarkt gehen, um ihn auszusuchen. Mama erwiderte, daß nur die Großen dort kaufen könnten. Gleichwohl fielen mir viele Widersprüche auf. Es gab Frauen, von denen Mama sagte, sie seien sehr arm, und die, wenn sie ihnen unsere abgelegten Kleider schenkte, die Sachen mit Kindern auf dem Arm und an der Hand abholen kamen. Da fragte ich: »Wenn sie so arm sind, wie können sie sich dann so viele Kinder anschaffen?« Mama lachte, ohne zu antworten, und ich verließ beleidigt das Zimmer.

Bestürzung empfand ich, als mir der Gedanke kam, wenn man Kinder kaufen könne, könne man sie auch verkaufen. Und mein Schrecken wurde noch dadurch verstärkt, daß man mir häufig androhte, mich zu verkaufen. Sogar mein Schlaflied handelte davon:

Ninnananna ninna na
Wem gebe ich das Kindchen da?
Geb ich es der bösen Fee,
Behält sie's eine Woch, o weh.

Ninnananna ninna na
Wem gebe ich das Kindchen da?
Geb ich es dem schwarzen Mann,
Ist es gleich ein Jahr lang dran.

Ninnananna ninna na
Wem gebe ich das Kindchen da?
Geb ich es dem Waldkauz gar,
Behält er es gleich hundert Jahr.

Auch wenn es von einer liebevollen Stimme gesungen wurde, war es nicht sonderlich beruhigend. Und das war, glaube ich, unter anderem der Grund, warum ich so lange nicht einschlafen konnte. Ich dachte: Sobald ich schlafe, bringen sie mich auf den Markt. An die böse Fee verkauft zu werden hatte ja etwas Fürchterliches und Verführerisches zugleich, aber unglaublich schien es mir, an den schwarzen Mann verkauft werden zu können, der so gemein war – ich hoffte, da würden meine guten Eltern doch zögern. An den Waldkauz verkauft zu werden erschreckte mich am meisten, erschien mir aber zugleich am wahrscheinlichsten. Den Waldkauz stellte ich mir nämlich genau so vor wie den Dienstboten, der einmal in der Woche kam, um die Fußböden zu putzen. Er hieß Joan und hatte einen dichten schwarzen Bart, und beim Weggehen trug er stets ein Bündel unter dem Arm, mit einer Flasche Wein oder einem Käselaib oder einem alten Pullover von Papito. Ich wußte, daß dieser Joan, den ich innerlich »Waldkauz« nannte, viele Kinder hatte, mehr als zehn, und einmal hatte ich ihn mit Dida streiten hören: Aus dem schier mit Wasser überschwemmten Salon drangen Beschimpfungen, Schreie, Flüche. Unerschütterlich war Mamita auf die Schwelle getreten, hatte gesagt: »Wir sind doch hier nicht auf dem Markt!«, und auf dem Absatz kehrtgemacht. Das Wort »Markt«, zusammen mit Joans Schiebereien, dem Kindermarkt und alldem Wasser auf dem Boden – einmal hatte Dida mich zum Fischmarkt mitgenommen, kurz bevor er schloß, und ich hatte gesehen, wie dort zum Saubermachen eimerweise Wasser auf den Boden geschüttet wurde –, beunruhigte mich und bestärkte mich in der Idee, daß man Joan mißtrauen müsse, daher versteckte ich mich jeden Donnerstagvormittag in einer Hütte im

Garten, und wenn sie mich zum Mittagessen holen kamen, sagte ich, ich wolle unter dem Feigenbaum essen und nicht im *patio* oder in der Küche.

Daß viele Blumen und Pflanzen die Namen von Tieren oder anthropomorphen Wesen tragen, erhöhte meine Neigung, die verschiedenen Reiche zu verwechseln. Zahllose Hahnenkämme, Hundszähne, Löwenmäulchen, Natternköpfe, Tigerlilien gab es, und auch Wolfsmilch, Christusauge, Mariendistel und Teufelsabbiß.

Auf der Blüte der Passiflora, auch Passionsblume genannt, waren die Dornenkrone, die Wundmale und die Nägel des Kreuzes Christi abgebildet. Und Großmutter schickte dem Erzbischof am Gründonnerstag einen Strauß davon für die Kathedrale. Die vier Passionsblumen an den vier Ecken des Kissens aus Blumen und Ähren, das unseres Herrn Grab darstellte, vermittelten mir, zusammen mit dem religiösen Eifer der Großmutter, die Vorstellung, daß Jesus, einmal auferstanden, unter allen Häusern von Ciutat das unsere erwählen würde, um sich am Pfingsttag mit den Aposteln zu vereinen. Und ich malte mir aus, daß Mamita an diesem Tag einen schönen Empfang geben würde und daß ich wach bleiben und durchs Schlüsselloch zuschauen würde.

Die Blütenblätter der Zinnien und der Hauswurz sahen trotz ihrer lebhaften Farben vertrocknet aus, tot und lebendig zugleich, und erinnerten mich an die kleine Leiche der heiligen Thérèse von Lisieux in ihrem Glassarg, in dem auch sie lebendig und tot wirkte.

Zwei einzeln stehende Bäume im Garten schließlich stellten für mich zwei Kategorien der Erwachsenenwelt dar, von der ich ein sehr ungenaues Bild hatte. Es handelte sich um die Korkeiche, die ich »Baum der Arbeit« nannte, und den Judasbaum, den ich »Baum des Verbrechens« nannte. Es überraschte mich, daß die Korkeiche etwas schon Fertiges hervorbrachte, das die Menschen so verwendeten, wie es war, während die Stücke anderer Bäume selbst trocken und zersägt noch pflanzlich aussahen. »Melchior Dureta«, sagte ich zu dem Schreiner, der ins Haus kam, um die Möbel zu reparieren, »du arbeitest so viel, um etwas herzustellen, und die Korkeiche macht gleich Bötchen und Schwimmer!« Melchior Dureta lachte und machte mir aus den Korkstücken, die ich in der Hand hielt, schön geformte Bötchen, schön gedrechselte Korken, an den Rändern schön geglättete Schwimmer mit einem Loch in der Mitte, dann sagte er: »Siehst du, daß ich es besser kann als die Korkeiche!« Der Judasbaum wuchs einsam auf einem Feld. Judas hatte sich daran aufgehängt, nachdem er Christus verraten hatte. Und der Baum, sagten sie zu mir, bezeuge die Schande. Oder sie sagten: »Wer gesündigt hat, muß dann in Einsamkeit büßen.« Dennoch blühte der Baum jedes Jahr wie die anderen. Seine schönen roten Blüten kamen mir jedoch nicht festlich vor, sondern traurig und schrecklich. Beim Abbrechen, befürchtete ich, würden Blutstropfen daraus hervorquellen. »Warum haben sie den in unseren Garten gepflanzt?« fragte ich. Die Antwort lautete: »Weil der Judasbaum in keinem Garten fehlen darf, um die Menschen an ihr Verbrechen zu erinnern. Nicht in allen Gärten ist Platz für ihn. Aber dieses war einmal der Wohnsitz des *batle.*«

Zu uns ins Haus kamen weitgereiste Gäste aus verschiedensten Ländern, die von seltsamen, märchenhaften Welten erzählten und einen Tonfall in der Stimme, einen Akzent, Kleider und Manieren hatten, die mir nicht vertraut

waren. In unserem Garten gab es auch »weitgereiste Blumen«, wie diese Herrschaften, die uns besuchten.
Die Chrysanthemen kamen aus Japan, die Rosen aus Babel, der Flieder aus Asien, der Kaffeestrauch, der Pfefferbaum, die Bananenstauden, die Palmen, zahlreich in unserem Garten, aus Afrika; und noch viele andere Blumen stammten von weit her: Zinnien, Dahlien, Tagetes, Tulpen, diese hatten die gleiche Form wie das Häubchen der Frau, die mit einer dampfenden Tasse in der Hand auf den Kakaoschachteln Marke Droste abgebildet war. Die »weitgereisten Blumen« glichen den Postkarten, die uns die Señora von Son Batle bald aus Asien, bald aus Amerika, bald aus Afrika schickte. Manche adressierte sie auch an mich: Darauf waren Tänzerinnen in Gewändern, die mit echtem Faden auf den Karton gestickt waren, oder mit Goldbronze kolorierte Paläste oder Fächer aus echten, bunt gefärbten Federn. Als Kommentar zu diesen für mich bestimmten Karten sagte Mamita zu Papito: »Wie geschmacklos!«
Doch mehr als alle anderen Pflanzen machten mich die Pilze neugierig, sowohl weil sie plötzlich hervorschossen, als auch wegen ihrer Formen. Ich nannte sie »Zwerge der Pflanzen«, und sie waren tatsächlich genau so, wie ich sie in einem Buch gesehen hatte: klein, braun oder schmutzigweiß, verwachsen und warzig, und das Geflecht auf der Unterseite des Schirms war schrumpelig wie ihre Haut. Die Stinkmorchel insbesondere hatte ein Käppchen auf, und als mein Freund Paco zu mir sagte, wenn er groß sei, wolle er Papa werden und daß nur Jungen das werden könnten, stellte ich mir diesen Papa ganz ähnlich wie die Stinkmorchel vor. Später, durch andere Jungen, entdeckte ich den unzüchtigen Charakter dieses Pilzes und dachte

sofort an jenen monströsen Papa und an Paco, der sich so viel darauf einbildete, ein Junge zu sein.

Wie es oft in der Kindheit geschieht, bekam ich, als schwankte ich zwischen Weiterwachsen und Innehalten, verschiedene und manchmal ernste Krankheiten, so daß der Garten, der mir dann verboten war, die Gesundheit und die Gefahr verkörperte. In den akuten Phasen meiner Leiden durfte ich selbst seine Luft nicht atmen, doch während der Genesung wurde es mir in Maßen gestattet. Dann setzte Dida mich neben einen blühenden Weißdornstrauch und sagte zu mir, ich solle tief atmen, weil dieser Duft guttue. Während der ganzen sieben Jahre auf der Insel löste dann der Blütenstaub oder eine andere, nie entdeckte Ursache periodisch Nesselfieber bei mir aus, und ebenso wie die Ärzte, die mit mehrfach wiederholten kleinen Schnitten an meinem Arm testeten, gegen welche Substanz ich allergisch war, suchte ich zwischen den Düften, Blütenblättern, Härchen, Beeren und Insektenfragmenten, wer denn mein Feind sein könne. Sogleich schloß ich die Pflanzen aus, von denen ich wußte, daß sie allen schadeten, wie Brennesseln, Aloe – mit Aloesaft bestrichen sie mir die Daumen, damit ich nicht lutschte, und später alle Finger, damit ich nicht an den Nägeln kaute –, giftige Pilze, stinkende Nieswurz, Mäusedorn. Ich bildete mir ein, mein Feind sitze in der Erdbeerpflanze, einerseits, weil die reifen Erdbeeren aussahen wie meine Haut, wenn sie vom Ausschlag befallen war, andererseits, weil man mir beigebracht hatte, mit jeder Süßigkeit etwas Bitteres zu verbinden. So wie das süße Daumenlutschen durch die bittere Aloe verhindert wurde. Da nun Erdbeeren das Obst waren, das ich am liebsten mochte, waren sie auch das Obst, das mir am meisten schadete. In dieser Überzeugung bestärkte mich noch das Wissen, daß es Pflanzen gab, die für manche schädlich waren, für andere aber nicht. Man sagte mir, die roten Beeren des Mäusedorns seien für alle giftig, nur für Schlangen nicht, die sogar ganz wild darauf waren. In meinen Phantasien, in denen ich die anderen haßte, stellte ich mir vor, daß alle, die mich umgaben, Schlangen glichen, weil sie Erdbeeren essen durften, und daß nur ich allein, da ich keine essen durfte, gut und überlegen war, vom selben Wesen wie die Engel. Vielleicht dachte ich das, weil sie mir, wenn ich Nesselfieber hatte, ein besonderes Nachthemd anzogen, das unten in einem Hosenrock endete und an Hand- und Fußgelenken mit Bändern zugebunden wurde, um zu verhindern, daß ich mich kratzte, und weil zum Scherz dann immer jemand zu mir sagte: »Da ist unser Engel!« Meinen Einbildungen haftete jedoch etwas Widersprüchliches an. Während der Anfälle von Nesselfieber kam es mir nämlich so vor, als sei mein Körper wie vergiftet, zugleich hatte ich aber den noch stärkeren Eindruck, mich vergifte mein eigener Haß auf die anderen. Daher war das konfuse und nicht zu benennende Gefühl, das ich empfand, in Wirklichkeit nicht, daß ich ein Engel war, sondern daß ich im Vergleich zu den anderen größere Chancen hatte, einer zu werden. Hätte ich damals schon die Philosophie gekannt, hätte ich sagen können, ich sei ein potentieller Engel. Dank dieser Idee, für die Gifte des Gartens und der Welt besonders empfindlich zu sein, fühlte ich mich nicht nur der Sphäre der Engel näher, sondern auch der der Schlangen. Und manchmal abends, wenn ich die Fäuste ballte, um mich nicht an meinem brennenden Körper zu kratzen, wünschte ich mir verzweifelt eine Welt ohne Engel und Schlangen. Bis mir eines Tages die Großmutter zu Hilfe kam, als sie mir vom Lim-

bus erzählte, in dem zwischen Himmel und Hölle schwebende Wesen herumirrten. Da stellte ich mir vor, Zugang zu jener Welt könne mir eine Pflanze aus dem Garten verschaffen, die ich *mamita buena* nannte: die Kamille.
Wenn mir Mamita abends, bevor sie mich allein ließ, einen Kamillentee brachte, war mir, als sei eine böse, strahlende Mama aus dem Zimmer entschwunden und als nehme dafür im Dampf der Tasse eine gute Mama Gestalt an. Ich schloß die Augen und versuchte, durch den aufsteigenden Duft und den noch in meinem Mund vorhandenen Geschmack des Löffelchens voll Kamillentee, das Mamita mir, darauf pustend, zusammen mit der Ermahnung, die Tasse ganz auszutrinken, verabreicht hatte, bevor sie hinausging, ihr Bild heraufzubeschwören: Die Mama, die ich dann vor mir sah, glich bald einer Amme, gekleidet in ein weißes Kleid mit gelben Blümchen, die mich wickelte und mit Talkumpuder bestäubte, mich in Flanelltücher hüllte, mich wiegte, bald einem festlichen Schmetterling, der sich in jenem perlmuttfarbenen Limbus auf mir niederließ und mich küßte, bis ich – vielleicht, weil der Kamillenduft im Zimmer verflogen war oder sich die Kraft meiner Phantasie, in der ich mir vorstellte, jene gute Mama sei noch bei mir, erschöpft hatte – zuletzt die Augen aufriß und losschrie.
»Frau Kamille«, sagte ich im Garten zu den Pflänzchen, »macht, daß meine Mama so gut wird wie ihr.« Und die Pflänzchen raschelten, als wollten sie mir Hoffnung machen.
Zu Weihnachten gaben meine Eltern ein Fest. Nach einem nordischen Brauch, der sich allmählich auch bei uns verbreitete, stellten sie im Salon einen großen Weihnachtsbaum auf, behängt mit Mandarinen und Glitzerschmuck.

Fast eingeschlafen im Arm der Großmutter, den flimmernden Glanz noch in den Augen, fragte ich: »Gibt es im Limbus Weihnachtsbäume? Gibt es rote Kugeln und Mandarinen?« Die Großmutter sagte zu mir: »Im Limbus ist alles genauso wie auf der Welt, nur weiß.« So kam es, daß der Limbus mir langweilig wurde. Und so nahm ich, ohne allzuviel Bedauern, meine Phantasien über Engel und Schlangen wieder auf.

Manchmal setzten sie mich in einen Winkel des Gartens, umgeben von meinen Spielsachen: einer Puppe, einem bunten Ball, einem Schaukelpferd, einem Teddybären, einer Gießkanne, einem Schäufelchen und einem kleinen Rechen. Ich schimpfte die Puppe aus, weil sie ihr weißes Spitzenkleid mit Erde beschmutzt hatte. Am liebsten von allen Spielsachen mochte ich jedoch die Gießkanne und den Rechen, denn sie waren wie Miniaturen der Geräte der Großen. Aber der Garten war zu abenteuerlich, um lange stillzusitzen. Daher überließ ich meinen Platz häufig der Puppe, und wenn ich, ein Spiel mit Pflanzen, Blüten oder Tieren unterbrechend, zu ihr und den anderen Spielsachen hinüberschaute, überkam mich Bestürzung, da ich sie so reglos sah auf der steinernen Bank. Sie wirkten fern und tot, ähnlich wie Kirchen- und Kultgegenstände, aber sperriger, weil es mir nicht gelang, ihr Wesen auszumachen. Ebenso fremd erschienen mir die verschiedenen über den Fußboden verstreuten Spielsachen in meinem Zimmer, wenn man mich aufräumen hieß. Nie dagegen habe ich den Blüten, Pflanzen und Insekten gegenüber eine solche Bestürzung empfunden: War das Spiel aus, wurden sie nämlich wieder zu Blüten, Pflanzen und Insekten wie zuvor.

Oft spielte ich Familie und stellte mir vor, die Erbsenblüten wären Säuglinge, so ähnlich wie meine Geschwister, die ich, rosa und hellblau gekleidet, als Neugeborene gesehen hatte. Ich legte Dutzende von diesen Neugeborenen, die ich mir in zunehmendem Alter vorstellte, von Blaßrosa bis Violett, von Himmelblau bis Indigo, in leeren Nußschalen nebeneinander und gab ihnen Milchtropfen zu trinken, gewonnen aus einer giftigen Wildpflanze, von der ich dann den ganzen Vormittag klebrige Finger hatte. Die Bohnenschoten dagegen waren Kanus und Boote. Die Kapseln der Jungfer im Grünen, in denen die Samen rieselten, waren Rasseln, um die Säuglinge zu unterhalten. Manchmal dagegen tat ich so, als gäbe ich Empfänge wie Mamita. Geladen waren dann die Fuchsien, die mir ihre schaukelnden Köpfchen und Stimmen zuwandten.

Ich rauchte Lakritzwurzeln, trank aus Blumenkelchen, bohrte den Löwenmäulchen herausfordernd den Finger in den Rachen, als wären es wilde Tiere, lutschte aber sogleich, das Spiel vergessend, ihren süßen Nektar. Ich grub in der Erde und legte lebendige und tote Insekten hinein, die Erbsenblüten-Säuglinge, die Dornenzweiglein, die für mich Soldaten waren: Ich spielte »Gräber«. Angeregt wurde ich zu diesem Spiel vielleicht durch die Eifersucht auf meine Geschwister und das Wüten des Krieges rund um uns.

Mit Spreu flocht ich Matten und Dächlein, doch vor allem spielte ich Markt mit Blumenzwiebeln, Schnittlauch, Zierpfefferschoten, kleinen Granatäpfeln, mit den Zapfen der Zypressen, den Schalen der Roßkastanien.

Ich spielte mit den Pusteblumen, und der nicht formulierte Wunsch glich dem leichten Flug jener feinen Härchen. Ich glaubte damals, daß »Wunsch« nicht bedeutete, sich

etwas Bestimmtes zu wünschen, sondern eins sei mit jenem Pusten und Davonfliegen. Ich war erstaunt, wenn Mamita oder Dida mich neugierig fragten, woran ich gedacht hätte. Wünsche auszudrücken fiel mir genauso schwer, wie Jahre später vor dem Priester meine Sünden aufzuzählen.
Mit den Margeriten spielte ich »Liebt mich, Liebt mich nicht«. Doch den Sinn dieses Spiels begriff ich erst später. Damals kam es mir vor wie eine Art Schaukel, so als bezeichnete »Liebt mich, Liebt mich nicht« nur einen geheimnisvollen Rhythmus.
Es gab in meinem Garten Igel, Schildkröten, ein Pfauenweibchen und Katzen, mit denen ich schwierige Beziehungen unterhielt. Die Igel und die Schildkröten zogen sich bei jeder versuchten Liebkosung in sich selbst zurück, der Igel wurde eine stachelige Kugel, und nur, wenn man ihn still beobachtete, konnte man ihn wieder loslaufen und zum Tierchen werden sehen. Die Beziehungen zu dem Pfauenweibchen und den Katzen aber prägte gegenseitiger Respekt. Die Katzen, die sich mit Vorliebe an der Küchentür herumtrieben und sich vor mich setzten, während ich einen Keks aß, entfernten sich verächtlich, wenn ich ihnen ein Stückchen hinhielt, da sie Fisch- und Fleischreste gewöhnt waren. Vom Zucken einer Schnur oder eines Halms, den ich in der Hand hielt, fühlten sie sich jedoch offenbar angezogen, und während ich mir ihnen gegenüber wie eine Art Riese oder Puppenspieler vorkam, der sie nach Belieben am Faden in Bewegung setzte, fühlte ich mich zugleich wie eine von ihren Krallen bedrohte Maus. Ich dachte nämlich, man könne, genauso wie man wuchs und groß wurde, andererseits auch immer kleiner werden. Spielten die Katzen dann mit einem echten Mäuschen, fühlte ich mich bald als Katze, bald als Maus. Wenn

ich Maus war, hörte das Spiel – zu grausam – auf, ein Spiel zu sein; und immer war ich Maus, wenn das Tierchen blutete und nichts mehr mit der Aufziehmaus gemein hatte, die Carlito gehörte. Die Katzen, schwebend in einer unbestimmten, märchenhaften und zugleich häuslichen Zeit – »Es war einmal ein gestiefelter Kater …« – oder eingetaucht in eine überwältigende, krude Gegenwart – wenn sie ständig Junge bekamen und sie säugten im Korb unter den Arkaden des *patio* oder ihre Liebeskämpfe ausfochten – besaßen außerdem, so schien mir, eine Doppelnatur: sowohl die Unverwundbarkeit und den Gleichmut von Helden- und Rittergestalten als auch die Zartheit und das Leid von Kreaturen, die verletzlicher sind als der Mensch. Der Kater, am Pfötchen blutend, schien diese beiden Naturen auf sich zu vereinen, verwundbar die eine, unverwundbar die andere, und ich sagte zu ihm: »Don Felipe, dein Pfötchen ist wie neu geboren. Bald heilt es und wird kräftiger. Dann ziehst du dir einen Stiefel an und kehrst an den Hof zurück.« Beim Klang seines Namens hob Don Felipe den Kopf und leckte sich weiter die Pfote. In dem Sonnenfleck, wo er sich niedergelassen hatte, glänzte sein Fell seidig und dicht, und ich zitterte vor Freude, als ich dieses Schimmern sah, während ich, mit einem Eimerchen auf dem Kopf, das als Helm diente, mich rüstete, ihm nach seiner Genesung an den Hof des Königs zu folgen.

Jedesmal, wenn das Pfauenweibchen radzuschlagen begann, hatte ich erneut das Gefühl, das ich morgens empfand, wenn ich nach dem Frühstück in den Garten kam und der ganze Tag sich vor mir entfaltete wie ein Fächer. Es war der gleiche Zauber wie bei dem »Es war einmal«, ausgesprochen von der Großmutter, von Dida oder Ignasi, das die Tür zur rituellen Märchenwelt öffnete. Die Augen auf den Schwanzfedern des Pfauenweibchens starrten mich an wie die der Menschenfresser und der Prinzessinnen, während es steif und aufdringlich dahintrippelte oder wenn es an einer für seinen Schwanz zu schmalen Stelle hindurchwollte und ich mich näherte, um die Federn zusammenzuschieben. Sofort drehte sich das Pfauenweibchen um und hackte nach mir. Ich ließ es gehen. »Dummes Ding«, rief ich, »du wirst schon sehen, was dir passiert!« Und ich rief um Hilfe. Das dumme Pfauenweibchen, das vorher wie eine Tragödin oder ein Matador ohne Publikum auf dem Vorplatz herumstolziert war, verwandelte sich unfreiwillig in einen Komiker, umringt von Zuschauern, die ihn auslachten. Jemand befreite ihm den Schwanz aus den Dornen, und ich, eine schillernde Feder in der Hand, sagte, um es zu trösten: »Wie schön du bist.« Wenig später, auf den Vorplatz zurückgekehrt, schlug es Rad. Und alle klatschten zum Spaß und spornten es an: »Olé, tanz für uns!« Doch das Pfauenweibchen entfernte sich gravitätisch, und die Augen auf den Schwanzfedern glänzten schon hinter dem Gitter aus Licht und Schatten eines Pfades, bis der Fächer sich schloß wie die Glücksmomente, die ich erlebt hatte.

»Senyora Isabel«, sagte ich zu dem Pfauenweibchen, wenn ich nach dem Mittagessen wieder hinauskam. »Senyora, schlag noch einmal Rad, klapp deinen Fächer wieder auf.« Doch schon packten sie mich am Ärmel. Darüber hinaus verhöhnte mich Mama: »Du nennst es Isabel, aber die Pfauenweibchen schlagen nicht Rad.« Ich erwiderte: »Papito ist ein Mann und tut es nicht, aber du immer mit deinem Rock vor dem Spiegel.«

Aus dem Schatten des Gartens herausgetreten, verletzte das Licht auf dem Kies des Vorplatzes meine Augen, grausam und gemein wie die Stimmen der Erwachsenen, die zu mir sagten: »Jetzt ist Schluß!« Sie brachten mich in den häuslichen Schatten des *patio*, der mir wie der Vorraum zu dem abgedunkelten Zimmer vorkam, wo sie mich bald ins Bett legen würden für die Siesta.

Auf dem Dach unseres Kirch-Hauses kämpfte das Kreuz, das an Gewittertagen als Blitzableiter diente, mit der Sonne. Manchmal konnten sich die Licht- und Schattenspiele des Gartens aus dem Dämmerzustand in den Schlaf hinüberretten, doch öfter erschienen mir Kreuze und Menschenfresser im Krieg; oder es gähnte der Schacht eines Brunnens oder der lichtdurchflutete Hof eines Gefängnisses vor mir, ähnlich dem Vorplatz vor dem Haus, über den sie mich eben geführt hatten.

1 Typisch mallorquinisches Möbelstück, bestehend aus einem langen, schmalen Tischchen mit Schubladenaufbau. Anm. zu S. 67

Mamita, die gefiederte Königin

Das Innere des Hauses war ein Wunder. Wie auf einem Perserteppich setzte sich jede Linie und jede Form in einer anderen fort, so daß es unmöglich war zu begreifen, wo der Anfang war und wo das Ende. Die Wände waren weiß, die Decken gewölbt. Außerdem waren Nischen in die Mauern eingelassen, und Teile der Wände schienen in Form von Sitzgelegenheiten und Mäuerchen auf den Fußboden überzugreifen.

Farbige Teller, die in den Empfangsräumen hingen, oder altes Bauerngerät, das auf den Truhen aufgestellt war, erweckten den Eindruck, es gebe im Haus eine Verquickung von Empfangsräumen und Küche. Und überall verlängerten bunt bestickte oder bemalte Kissen, Teppiche, Gobelins, Stickereien der Señora von Son Batle die Schlafzimmer bis in die Salons. Die Gräser und Tiere, die auf diesen Stoffen dargestellt waren, erinnerten an den Garten der Villa, an die Gärten Afrikas und die der Märchen. Elektrische Knöpfe und Sprechanlagen, Lastenaufzüge und Schächte schufen Verbindungen zwischen einem Zimmer und dem anderen und verknüpften das Haus mit der unterirdischen Welt. Mönche, Tierkreiszeichen, Heilige und Kreuze, die als Intarsien Truhen und *arquillas*[1] schmückten, trugen das Haus in feierliche Geschichten hinein. Die Luft und die Sonne, die jeden Morgen zusammen mit den

Düften von draußen durch weit geöffnete Fenster und Balkons hereinströmten, schienen es in einer Aura von leuchtenden Stäubchen in den Himmel zu heben, während die langen Reihen blühender Mandelbäume, die sich von Ende Februar an bis zum Meer hin erstreckten, einem Wolkenteppich glichen, auf dem das Haus davonflog.

»Und sie lebten glücklich und zufrieden«, so endeten fast alle Märchen. Dida oder die Großmutter, die sie mir erzählten, setzten manchmal hinzu: »So wie deine Eltern.« Dann stampfte ich mit den Füßen auf, schrie und kratzte. Beleidigt und schweigend ging ich anschließend davon. Beim erstenmal ließ mich der Satz erstarren, mir war, als hörte ich das Kratzen von Mamitas noch nicht lackiertem Fingernagel auf der Feile aus Sandpapier – jede Körperpflege war bei ihr nämlich Auftakt zu einer Abwesenheit –, oder das metallische Geräusch, von mir selbst verursacht, als ich einmal mit einer großen Schere ein Kleid von ihr zerschnitten hatte, um sie am Ausgehen zu hindern. Diese Geräusche, endgültig und entschieden wie das der Schere oder regelmäßig und aufreizend wie das des Fingernagels, an dem Mamita feilte, schienen mir der Kontrapunkt und nicht einfach das Gegenteil der Empfindung zu sein, die sich in mir regte bei der Anfangsformel – fast einer geheimen Verkündigung – »Es war einmal«.

Seitdem sprachen Dida und die Großmutter, unbewußt grausam, diesen Satz zum Scherz unweigerlich nach jedem Märchen, wie um meine Enttäuschung zu genießen. Und das nachfolgende Ritual, mit Kratzen und Schreien, gab mir die Möglichkeit, meine Bestürzung zu besänftigen. Vielleicht war es auch nur ihre Art, sich meinem unstillbaren Märchenhunger zu entziehen, denn kaum war eines zu Ende, verlangte ich nach dem nächsten; und ich

wollte, daß, wie auf den Perserteppichen, die Erzählung nie abbrach, daß die abfallende Kurve, deren Tiefpunkt ebendieses »Sie lebten glücklich und zufrieden« darstellte, wieder ansteigen und in das nächste Märchen münden sollte und dann in noch eins und immer so weiter. Genau das, was an Tagen des Großreinemachens geschah, wenn die Teppiche aufgerollt wurden und ich mit Bangen darauf wartete, daß auf ihr Farbenwunder das der Kacheln folgte, aber jedesmal fürchtete, daß nicht mehr die bunten Darstellungen auf den Fliesen darunter wären, obwohl sie doch unweigerlich zum Vorschein kamen, sondern Leere oder Schlamm. Während bei den Märchen der Großmutter oder Didas der Zusatz »wie deine Eltern« die Fabelwelt regelmäßig zerbrach und ihre doppelte Verbindung zum Innersten und den Träumen durchtrennte.
Doch auch aus anderen Gründen wollte ich nicht, daß das Märchen mit dem Leben, das meine Eltern führten, gleichgesetzt würde. Zum einen, weil die Hauptperson der Märchen, die Prinzessin, keineswegs Mamita war, sondern ich. Und außerdem schien mir, daß unser Dasein weit von jenem glücklichen Epilog entfernt sei und daß darin tagtäglich solche bösen Zauber und Verwünschungen wirkten, die jegliche Lösung unmöglich machten.

Ich hatte mir zum Beispiel in den Kopf gesetzt, daß Papito sich wünschte, Mamita wäre so wie die Señora von Son Batle. Und da Mamita dieser nicht im geringsten glich, versuchte er aus Rache und zur Strafe, sie in einen Affen zu verwandeln. Papito berührte sie nämlich oft am Po, kniff sie in die Wange oder zog sie an sich, ganz so wie es Signor Facchi machte, wenn er mit seinem Äffchen spielte. Und manchmal schien er es zu bedauern, daß Mamita keinen Schwanz hatte, an dem er sie ziehen konnte. Um ihm zu entkommen und nicht in einen Affen verwandelt zu werden, nahm Mamita die Gestalt anderer Tiere an. Zuweilen erschien sie mit schwarzen Ponyfransen, einem Federhütchen und einem glänzenden Kleid, das mit Pfauenfedern bedruckt war, oder mit einem Fuchs am Hals, der sich in den Schwanz biß, oder auch ganz in Weiß, mit einem weißen Cape, im Begriff, auf ihren hohen Stöckelschuhen davonzufliegen wie eine Taube. Stets trug sie einen Diamanten am Finger, und es war ein Zauberring, weil er sie davor schützte, sich in einen Affen zu verwandeln. Und wenn ich sie mit dem Diamantring und der Feder auf dem Kopf sah, zum Ausgehen bereit, dachte ich: Mamita ist eine gefiederte Königin, sie kann kein Affe werden, und blickte Papito herausfordernd an. Dieser Gedanke tröstete mich über ihr Verschwinden hinweg.

War ich dann allein, wandte ich mich in Gedanken, wie zwischen zwei sich gegenüberstehenden Spiegeln, den Bildern von Königin und Affe zu und fragte mich: Wo ist Mamita? Und immerzu wiederholte ich diesen gesichtslosen Namen, nur warm vom Atem, den ich ausstieß, und dann hauchte ich, hauchte auf meine Hände und formte sie zu einer Mulde, als wollte ich darin die zarte Essenz bergen, einmal in Form eines Kükens, dann wieder eines Flämmchens.

Hatte Mamita in jenem Haus ein Zimmer oder nicht? Das, was sie »ihr Zimmer« nannte, sah nämlich wie eine Garderobe aus, in der sich eine bis aufs I-Tüpfelchen angezogene Schneiderpuppe herumtrieb, die Kleider in die Schränke legte oder hervorholte, sich parfümierte, sich die Augenbrauen zupfte, sich vor dem großen Spiegel puder-

te, aus einer Schmuckschatulle Ohrgehänge und Ringe auswählte. Im angrenzenden Zimmer, das Papito gehörte, verbarg sich dagegen dessen Körper ganz ohne Kleider und sogar ohne Schatten – jenem Finger in dem goldenen, mit blauem Samt ausgeschlagenen Schrein ähnlich, den ein böser Zauberer einem König gesandt hatte, um ihm zu beweisen, daß er den Prinzen in seiner Gewalt hatte.
Blau und braun glänzten die Möbel in Papitos Zimmer; und in einer seiner blauen Schubladen lag unter den Hemden versteckt der Revolver. Papito lachte, wenn er ihn mir zeigte, ließ mich das Klicken hören und sagte, daß ich ihn nicht anfassen dürfe. Mamita hob beunruhigt und raschelnd die Arme, sie kleidete sich dann in Zittern und Beben wie ein Nachtfalter.
Einmal saß ich hinter dem Gazevorhang, und um Mamita dazu zu bringen, sich vor Angst in Zittern und Beben zu kleiden, wie ich es bei diesen Gelegenheiten gesehen hatte, zündete ich ein Streichholz an und steckte den Vorhang in Brand. Die Flamme, zuerst unsicher wie ein Tier, das vorsichtig Witterung aufnimmt auf der Suche nach Beute, sprang dann plötzlich nach oben. »Das war ich«, sagte ich. »Das war nicht Titita.« Und in diesem Augenblick hatte ich zum erstenmal das volle Bewußtsein, daß »ich« und »Titita« dieselbe Person waren, so daß der Klang des Personalpronomens in der ersten Person und meines Namens sich in der spitzen Form des Zündhölzchens verbanden.
Unter allen Kose- und Verkleinerungsformen, mit denen die Erwachsenen meinen Namen zu verunstalten pflegten, hatte ich den gewählt, mit dem Dida mich am häufigsten rief. Die Aufdringlichkeit und Beharrlichkeit der Zahnlaute und die Wiederholung der ersten Silbe bedeuteten vielleicht, daß es nicht leicht gewesen war, meinen ursprüng-

lichen Namen durchzusetzen. Darüber hinaus suggerierten sie etwas Spitzes, einen belehrend erhobenen Zeigefinger oder die Spitze eines Bleistifts, gezückt zum Unterstreichen von Fehlern. Wegen der bekannten Schwierigkeit von Kindern, F und Z auszusprechen, hätte ich meinen Namen oder die Spitznamen, die ihn verbargen, mit größerer Wahrscheinlichkeit in Tabita verwandeln oder, aus Sympathie für den mittleren Labial, die beiden Zahnlaute diesem anpassen können, in Form von Babiba etwa, oder ich hätte auch Tatita verwandte Formen wie Titilla, Titina, Titipa wählen können. Statt dessen beschwor ich wohl mit dem Namen Titita irgend etwas Scharfes, Entschlossenes und Aufstrebendes, reihte mich also unbewußt in jene philosophische Richtung ein, die auf diese Weise Bewußtsein bildet. Darüber hinaus mußte dieser Name sich dann sogleich mit einem Adjektiv verbinden, dessen Zahnlaute emphatisch betont wurden und das häufig, bald ernst, bald scherzhaft, auf mich angewandt wurde: *cattiva* – böse.
Cattiva, quasi absichtlich und bewußt als Gemeinheit gesagt, genau wie meine Tat des Vorhanganzündens Absicht gewesen war.
Cattiva, im Gegensatz zu *mala* und *dolenta*, wie Dida zu mir sagte, doch diese beiden Wörter bedeuteten etwas Konsubstantielles mit mir als Ganzes und mit meinem Gefühl von der Natur der Welt, etwas, das mich im gleichen Moment freisprach, in dem es mich verurteilte; während *cattiva* mich nur verurteilte und zugleich heraushob.

Doch zu all den bösen Zaubern und Verwünschungen im Haus kam noch etwas hinzu: das ständige Sich-Verwandeln der Wörter und damit der Welt beim Übergang von einer Sprache zur anderen. Das fast mechanische Wesen bestimmter Spielsachen, das ich, vielleicht wegen der Alliteration mit *bambola*, was Puppe bedeutet, in mir spürte, wenn ich mich *bambina* nennen hörte, verwandelte sich in eine märchenhafte, beinahe eßbare Substanz, wenn mich jemand als *niña* bezeichnete, und das lag an dem Zauberzeichen in der kastilischen Sprache, der Tilde, die auch in dem Adjektiv *cariñosa* vorhanden ist, was häufig zu mir gesagt wurde. Wenn dagegen Signora Facchi zu Mama sagte, ich sei *carina*, kam ich mir vor, als würde ich mit der Pralinenschachtel gleichgesetzt, die an ihrem Finger baumelte.

Meine Eltern glaubten, sie gäben mir zwei Namen für jedes Ding, und wußten nicht, daß sie mir vielmehr zwei Dinge für jedes Ding gaben. So war das *cuscino* – das Kissen – dunkel und das *almohada* war hell; ins *cuscino* vergrub ich mein Gesicht, um zu weinen, hineinzubeißen oder das Dunkel zu sehen, während ich mich aufs *almohada* legte, um Farben und Visionen zu sehen. Und da aufgrund der verschiedenen Namen jedes Ding nicht eins, sondern zwei war, konnte jedes Ding folglich viele zugleich werden. Daher war die Zweisprachigkeit ein Werkzeug und Vehikel für meine Phantasie, nährte aber gleichzeitig meine Manie, mich immerzu beleidigt und bestohlen zu fühlen, so als würden mir ständig die intimsten und liebsten Dinge entrissen. Häufig nämlich schmälerte der Name eines Dinges in einer Sprache den Sinn, den ich diesem in der anderen gegeben hatte. Der Schwung und die Kühnheit der Großmutter mit ihren wie Jett funkelnden Augen zum Beispiel, ihre Kraft eines alten Baums, die, so schien mir, in den Wörtern *abuela* und *vieja* voll zum Ausdruck kamen, schienen zu schrumpfen bei der Bezeichnung – eine wahrhafte Offenbarung für mich – in der italienischen ABC-Fibel, aus der mir ab und zu jemand vorlas: *la vecchia nonna*, die alte Großmutter, auch weil auf der Seite über den Worten eine hinfällige, runzlige alte Frau abgebildet war, die sich auf einen Stock stützte. Daher weigerte ich mich zu akzeptieren, daß der stolze Klang des J sich in einen weggeworfenen Laut verwandeln könne, einem Lumpen oder Spucke gleich, wie der I-Laut in dem Wort *vecchia*; und wenn jemand zu mir sagte, die Großmutter sei alt, *vecchia*, so antwortete ich: »Alt bist du.« Das Attribut *vieja* dagegen nahm ich an wie ein Kompliment. Außer dem Kastilischen und dem Italienischen, die ich mit meinen Eltern gemeinsam hatte, gab es noch eine Geheimsprache, von der sie nichts wußten und die ich dagegen mit den Dienstboten des Hauses teilte, mit meinem Freund Paco, mit den Leuten in Didas Hof und zuweilen auch mit meinen jüngeren Geschwistern: das Mallorquinische.

Das stellte meinen Reichtum und meine Macht gegenüber meinen Eltern dar, aber es bezeichnete nicht nur die unüberbrückbare Distanz zu ihnen, sondern auch eine Gemeinsamkeit mit der Welt der Armen, die meine Eltern, schien mir, gar nicht kannten. All dies war für mich gewiß eine Quelle der Widersprüche, enthüllte mir aber gleichzeitig die Dynamik der gesellschaftlichen Klassenverhältnisse; eine Entdeckung, die seither, glaube ich, mein Leben mitbestimmt hat.

Die Verwandlung eines Wortes in ein anderes und eines Dinges in ein anderes, wie sie sich in der Zweisprachigkeit gezeigt hatte, war Teil einer sehr viel längeren und komplexeren Kette von Metamorphosen. Die Essenz dieser Verwandlungen schien mir das bekannte Spiel zu enthalten, bei dem man einen Kinderreim aufsagt oder singt und das Kind dabei im Rhythmus auf den Knien reiten oder vor und zurück schaukeln läßt, während man es an den Händen hält. Der schwingende Rhythmus des Kinderreims und der Bewegung des Erwachsenen vermittelt ein Gefühl von ewiger Dauer, verkehrt sich aber plötzlich in einen brüsken Fall.

Die Ankündigung dieses plötzlichen Endes klang verschieden, je nach Reim. Zum Beispiel in

Entre las matas, entre las flores
Hay un niñito de cien colores.
¿Como está Usted? Muy bien, ¿y Usted?
¿Como está Usted? Muy bien, ¿y Usted?[2]

verwandelte sich der langsamere Rhythmus der beiden ersten Verse bis *colores*, der dieses Gefühl unbegrenzter Dauer vermittelte, dann mit *¿Como está Usted?* in eine ungestümere Gangart, die ebenfalls endlos hätte dauern können, deren brüskes Ende aber, vom Erwachsenen willkürlich beschlossen, immer eine Überraschung war. Der *niñito de cien colores* – wegen der Unendlichkeitsmerkmale, die der Zahl Hundert anhaften, und weil ich tendenziell ein Bild aus meinem Buch dazu assoziierte, auf dem in einer Reihe und in unterschiedlichen Farben die Kinder aller Rassen der Erde abgebildet waren – vervielfachte sich dann wiederum in den Begrüßungsworten einer Gruppe Kinder, die zu Besuch gekommen waren und ihn, zwischen Pflan-

2 Inmitten der Pflanzen, inmitten der Blumen / Liegt ein Kindchen von hundert Farben. / Wie geht's? Sehr gut, und Ihnen? / Wie geht's? Sehr gut, und Ihnen?

zen und Blumen versteckt, aufgestöbert hatten. Daher sehnte ich jenes unvermittelte Ende beinahe herbei, nicht nur wegen des leichten, genußvollen Schauers, sondern weil ich auch die beharrliche Wiederholung abstellen wollte, die wie ein hängengebliebener Mechanismus klang:
¿Como está Usted? Muy bien, ¿y Usted?
Beim folgenden Reim dagegen

Pin Pin Saramacatín
Debajo la cama está Martín
Tocando la gaita y el violín
Pin Pin![3]

wurde der Augenblick des Endes durch die Worte selbst bestimmt, alles stand schon vorher fest, und man wußte, daß man beim zweiten *Pin* zu Boden fallen würde. Martín nahm das Aussehen meines Spielgefährten Paco an, eines Bauernjungen, den ich mir – so sehr wünschte ich mir seine Gegenwart im Hause, das er nicht betreten durfte – unter meinem Bett versteckt vorstellte, wo er sang und musizierte; und *Saramacatín* war eine Art Zauberwort, ähnlich dem »Sesam, öffne dich«, so mächtig, daß es bewirken konnte, daß Martín, anstatt bei ihm zu Hause auf der Tenne, bei mir unter dem Bett saß. Der Höhepunkt des Spiels bestand also nicht nur in dem brüsken Ende, bei dem ich, wenn auch von zwei Armen gehalten, zu Boden fiel, sondern in der Unterbrechung jener magischen Nähe von Martín, der vorher so weit weg gewesen war.
Bei einem anderen Reim

3 Pin Pin Saramacatín / Unter dem Bett, da ist Martín / Spielt Dudelsack und Violin / Pin Pin!

Quien néspolas come
Y aspárragos chupa
Y besa una vieja
No come, no bebe y no besa.[4]

war das Ende nicht brüsk, sondern allmählich; nach *no come* begann man ein wenig hinunterzurutschen, nach *no bebe* noch ein bißchen, und bei *no besa* berührte man den Boden. Diese Verlangsamung des Rhythmus hatte gewiß mit der beunruhigenden Gegenwart der Alten, die geküßt wurde, zu tun, und ihr Bild, unterstützt vom ganzen Ablauf, war offenbar so mächtig, daß Mispeln und Spargel seitdem für mich *alte* Früchte wurden – gewiß auch wegen des kargen und säuerlichen Safts der Mispel und wegen der unzerkaubaren holzigen Fasern des Spargels.

Zur Kette der Metamorphosen gehörten auch einige Spiele, die keine Wortspiele waren. Das Puzzle zum Beispiel – bestehend aus Holzwürfeln, die mit buntem Papier beklebt waren, und dem heutigen Spiel der Rekonstruktion von Erinnerungen so ähnlich – war das Spiel der Verwandlung des Chaos in Form. Angedeutet von einem Aststück, einem roten Stoffetzen, einem Knopf, dem einsamen Blinzeln eines Auges, schien die Form von jenem Bruchstück aus über Leere und Schatten hinaus nach Vollständigkeit zu suchen, und dann probierte diese Phantomform, auf anderen Seiten der Würfel Gestalt anzunehmen. Die Faulheit drängte mich zuweilen, die Würfel aufs Geratewohl rollen zu lassen, aber selbst wenn das Schicksal mir

4 Wer Mispeln ißt / Und Spargel schlürft / Und alte Frauen küßt / Ißt nicht, trinkt nicht und küßt nicht.

die richtige Seite bot, wäre es doch unmöglich gewesen, sie ohne gezielte Auswahl und Unterscheidungsvermögen als solche zu erkennen.
Jenes Gefühl einer nicht mehr vervollkommnungsfähigen Vollkommenheit, das ich am Ende des Spiels empfand, wenn das ganze Bild zusammengesetzt war und genau der Vorlage entsprach, empfinde ich heute selten, während ich die Ereignisse meiner Kindheit zusammensetze. Ich spüre vielmehr bei dieser Recherche dieselbe Unzulänglichkeit wie damals, wenn ich mich an die schwierigeren Puzzles wagte, vor denen ich mich dann manchmal geschlagen gab oder in stiller Raserei Fetzen des bunten Papiers von den Holzwürfeln abriß, um darunter eine graue, poröse Oberfläche zu entdecken, jener geistigen Leere ähnlich, die mich zuweilen überkommt, beinahe wie eine körperliche Empfindung, daß mir scheint, als berührte ich sie, so porös, als sähe ich sie vor mir, so grau. Dennoch vermittelte mir, wenn das Puzzle gelang, auch diese nicht mehr vervollkommnungsfähige Vollkommenheit ein Gefühl von Leere und Ärger, denn einerseits gab es nichts mehr zu tun, andererseits entsprach jene Rekonstruktion genau einem vorgefertigten Modell, das Dritte erdacht hatten, weshalb ich mich bei dem Spiel, wie immer es ausging, im nachhinein stets in einer Falle gefangen fühlte. Und wollte man das Gesetz durchbrechen, der Falle entkommen, so fand man sich im Chaos oder in der Leere wieder: einer anderen Falle.

Die grün-weiß-roten Kegel und Pinocchio – »damit spielen alle italienischen Kinder«, sagten sie zu mir – kamen mit dem Flugzeug direkt aus Italien. Vielleicht haftete ihnen wegen ihrer Ankunft im Flugzeug etwas Mechanisches und Mineralisches an, dessen Geschmack ich wahrnahm, wenn ich die leuchtendbunten Lackpartikel kaute, die sich gelegentlich davon lösten. In dem Spielzeugpaket lagen auch zwei Karten von Italien, eine topographische und eine politische, die mir die stiefelähnliche Form des Landes offenbarten. Der Stiefel auf der topographischen Karte, auf der Brauntöne vorherrschten, kam mir recht ausgetreten vor, und da man mir gesagt hatte, Italien sei ein armes Land, entsprach er genau dem Bild, das ich mir vom Stiefel des Lazarillo gemacht hatte. Ich konnte mir aber nicht erklären, wieso ich aus einem so heruntergekommenen Land so glattpolierte Geschenke erhielt, lackiert in lebhaften, grellen Farben, nämlich denen seiner Fahne, auf der in der Mitte wie eine Wespe auf einer Lilie die savoyische Krone prangte. Aus all diesen Gründen wurde Italien für mich zu etwas, das Armut und Anmaßung vereinte, denn es erinnerte mich besonders an ein Bild von Lazarillos Stiefel, der, auf einer Illustration in meinem Buch, aus dem Fenster eines Bauernhauses schaute, in das der junge Bursche eingebrochen war, um Käse und Zwiebeln zu stehlen. Dieses Land, für das sie in der Familie manchmal die Koseform »Italietta« verwendeten, wurde durch diesen Diminutiv von mir noch stärker mit diesen Spielsachen und überhaupt allen Spielsachen assoziiert, die nach dem Prinzip der Miniatur gestaltet sind. Die *birilli*, die Kegel, Pinocchio und Italien, schmal und lang wie die I in der ersten Silbe der drei Namen, hatten etwas unwiderstehlich Komisches an sich, so wie jemand, der sich um jeden Preis durchsetzen will, es aber nicht schafft, weil er zu schmächtig dafür ist, nicht anders eben als die kerzengeraden, starren Kegel, die die Kugel sofort umwarf, oder Pinocchio, der sich darauf versteifte, kein Kind aus Fleisch und Blut zu sein, und dem übel mitgespielt wurde.

Pinocchio eignete sich zudem kein bißchen dafür, ein Teil meiner selbst zu sein, weich und warm, wie die Stoffhunde oder sogar die lebendigen und neugeborenen Tiere, und auch nicht als ein anderes Selbst von mir wie die Puppen, sondern er war mir fremd und mein erbitterter Feind. Da er aus sehr hartem Holz gefertigt war, eignete er sich zudem zu keiner Form von Intimität, während die Bleistifte zwischen dem mineralischen Herz und dem kalten, bitteren Lackmantel ein warmes, mürbes Holz erahnen ließen, das sich, wenn man darauf herumkaute, beinahe im Mund auflöste und einen Geschmack nach Wald hinterließ. Deshalb glich Pinocchio für mich Carlito, der hart und kantig war, wo immer man ihn anfaßte, und mich wegen dieser Härte beim Kämpfen besiegte, bis ich schließlich ganz außer mir war und ihn biß und kratzte. Und mit dieser kantigen und mechanischen Härte prahlte Carlito, indem er die Muskeln an seinem Oberarm spielen ließ. Doch ebenso wie die Holzpuppe, wenn sie menschlich wurde, erschien mir auch Carlito recht unglaubwürdig – das ging so weit, daß mir sogar das Blut unecht vorkam, wenn er sich manchmal an Ellbogen und Knien verletzte, oder der Klagelaut, mit dem er sich an Dida wandte.

Auch als ich dann die Geschichte von Collodi hörte, schien mir Bosheit das Wesen der Holzpuppe zu sein, und wenn sie zu mir sagten, ich sei böse, fürchtete ich, mich in Pinocchio zu verwandeln und in einen Mann. Zu Anita sagten sie nämlich ständig: »Du siehst aus wie eine Puppe und wirst bald eine kleine Frau«, zu mir hatte das noch keiner gesagt, fast als wäre ich schon eine Frau – und die Frauen, das wußte ich, lagen immer im Streit mit den Männern.

Ein geheimes Gesetz machte die meisten Spiele faszinierend und beunruhigend: das Gesetz der Metamorphosen. Der Ball zum Beispiel verwandelte Ferne in Nähe – mit ihm berührte ich die gewölbte Decke des Zimmers und traf manchmal sogar die Mitte, die mir mit dem Ball in die Hand zu fallen schien –, blitzschnell gelangte er dorthin, wo ich gern gewesen wäre, verschwand an meiner Stelle im dichten Gebüsch oder in der Tiefe der Brunnen, rollte, wenn angestoßen, mit unglaublicher Geschwindigkeit über eine glatte Oberfläche, Fußboden oder Pflaster des *patio*, und kehrte, kaum war das Ziel berührt, wieder in meine Hände zurück, und dann schien mir, als hätte ich nicht einen Ball gepackt, sondern ein Knäuel reiner, sausender Geschwindigkeit.
Die Farben und Umrisse des Kreisels dagegen verschwanden auf dem Höhepunkt seiner Geschwindigkeit, verwandelt in rasende gestreifte Umdrehungen oder in Luftwirbel. Der Reifen wiederum, den ich immer schneller um einen Stock kreisen ließ, floh genau dann, wenn er seine Form verloren hatte, weit weg, als könnte er diese Wandlung einfach nicht ertragen. Mir wurde schwindlig bei diesem Spiel, aber es war ein kalter Schwindel, wie in einem wiederkehrenden Traum von mir, in dem ich in einen bodenlosen Abgrund fiel.
Ich besaß auch mit Buntpapier beklebte Pappschachteln in abnehmender Größe, die man ineinandersteckte. Die Verwandlung der Vielheit in Einheit und umgekehrt bestürzte mich, weil die Freude, die ich empfand, während ich die Schachteln nach und nach herausnahm und auf dem Fußboden aufreihte, verschwand, wenn es Zeit wurde, sie wieder ineinanderzustapeln. Denn obwohl ich mich beim Hineinsetzen als Beschützerin fühlte – in der Vor-

stellung, verletzliche Wesen in ein Nest oder eine Wiege zu legen –, war mir, wenn ich zuletzt vor der einzigen großen Schachtel saß, die alle anderen verschluckt hatte, als hätte ich ein kaltes, erbarmungsloses Ungeheuer vor mir. Vielleicht war deshalb von all den Schachteln die größte, die ich »Nummer zehn« nannte, mir verhaßt. Dagegen verzärtelte ich die kleineren, nur bedauerte ich diese Grenze des Kleinseins, die mir der Faulheit des Spielzeugmachers geschuldet zu sein schien.

Neben diesen Verwandlungen, die mit Geschwindigkeit und Zahlen zu tun hatten: wie beim Spiel mit dem Ball, dem Kreisel, dem Reifen, dem Stock, den Schachteln; oder auch mit dem Chaos und der Form: wie beim Spiel mit dem Puzzle oder mit Bauklötzen – letztere waren nicht lackiert, ihr Holz war getränkt mit wässerigen Farben, dunkelgrün, gelb oder violett (so ähnlich wie verriebene Marmelade oder Sirup), oder aber weiß mit roten und blauen Streifen, um Backsteine zu simulieren und eine architektonische Ordnung vorzugeben, betont durch Klötze in Form von Architraven, Bögen und Giebeln im Stil des Architekten Piacentini –, daneben gab es die Verwandlungen in den Märchen.
Am allerbesten gefiel mir das Märchen von Hänsel und Gretel, nicht nur, weil sich darin Bäume, Dächer und Fenster in Zuckerwerk und dann in Täuschung verwandelten, sondern weil Hänsel, d. h. Carlito, der vorher im Wald der Führer des Schwesterchens gewesen war, zum Gefangenen wurde und Gretel, zuerst folgsame Schülerin, sich als Retterin entpuppte. Deshalb wurde das Bild von Gretel, mit erhobenen Röcken über den Kessel gebeugt (um die Hexe ins kochende Wasser zu werfen? Um Wäsche zu waschen?

Um die Suppe umzurühren?), für mich zu einem Sinnbild ruhiger, verborgener Kraft.
Neben den Verwandlungen, die sozusagen rein und unvermittelt waren – die des Anfangs in das Ende, wie ich es bei den Kinderreimen erlebt hatte und leider nicht nur da (denn man lehrte mich, das sei ein Gesetz des Lebens: »Jedes schöne Spiel dauert nur kurz«), die einer Sprache in eine andere und eines Dinges in ein anderes –, gab es noch verschiedene, die langsamer waren: die Verwandlungen durch Zerfall und Umformung, wie ich sie im Traum erlebte, bei der Verdauung oder in Zeiten der Krankheit. Und den Vorsitz bei all diesen vielfältigen Verwandlungsprozessen führte, ähnlich einer Zauberin oder einer Fee, Mamita.
Mamita zog sich aus, wurde ein Affe, zog sich zum Ausgehen an, wurde eine gefiederte Königin oder eine Taube. Sie streichelte mich sanft, erteilte streng Befehle an Dida. Sie kaufte ein Kind, drohte, mich zu verkaufen. Sie wurde rund wie eine Henne, mager wie ein Elch, sie zerfloß in Küssen, verhärtete sich in Kommandos.
Auf der Kommode an der Wand vor meinem Bett stand ein Puppentheater. Mamita kam abends, als Königin gekleidet, vor dem Ausgehen, um mir gute Nacht zu sagen. Wenn sie dann die Schwelle überschreiten und verschwinden wollte, rief ich sie zurück, und diesmal nicht, um einen letzten Kuß zu erflehen. Ich sagte vielmehr herrisch zu ihr: »Zieh den Vorhang zu!« Mamita zog an der roten Kordel, die nicht gut funktionierte. Unbeholfen wegen der Handschuhe, versuchte sie dann, die Vorhänge mit den Fingern zuzuziehen. Ich hörte das Geklingel der Eisenringe. »Bitte sehr«, sagte sie und verschwand, ich blieb zurück und starrte auf den geschlossenen Vorhang.

Steh auf und geh

»¿Almendras o pistachos?«
»¿Té con leche o con limón?«
»¿Prefiere un café?«
»Sí, si es muy cargado.«
»¡Que preciosas estas cucharitas! Mire el mango en forma de ostra y la perla dorada en el centro.«
»¡Violetas confitadas! ¡Que maravilla! Me recuerdan el primer regalo de mi novio.«
»¿Estos turrones vienen de Italia?«
»¡Virgen santísima! Y sólo por una cuestión de ›préséance‹?«
»El marqués de Sollera está aún en Tenerife.«
»¿Tiene miedo del capitán Bayo? ¡Que viejo ridiculo!«
»El domingo hacemos un picnic en la finca Rosada. Vamos a festejar el bautismo de fuego de mi hijo y de otros jóvenes aviadores de Pollença.«
»No se la diga a nadie, es una información muy reservada. El general Cervera quiere que la flota y la aviación se trasladen a Cartagena. Nos quedaremos sin defensa.«
»¿Almendras o pistachos?«[1]

1 Mandeln oder Pistazien? – Tee mit Milch oder mit Zitrone? – Möchten Sie lieber einen Kaffee? – Ja, wenn er sehr stark ist. – Was für schöne Löffelchen! Sehen Sie nur den austernförmigen Stiel mit einer vergoldeten Perle in der Mitte. – Kandierte Veilchen! Wie herrlich! Sie erinnern mich an das erste Geschenk meines Verlobten. – Kom-

Diese Gesprächsfetzen drangen zu mir, während ich halb verborgen hinter einer Hecke saß. Wenn im Garten ein Empfang nur für Damen stattfand, war es mir in der Tat erlaubt, in der Nähe zu sein.

¿Almendras o pistachos? fragte auch ich mich wiederholt, denn ich kannte zwar nur einen der beiden Begriffe und den anderen nicht, übertrug aber die gesamte Alternative, unabhängig von ihren wörtlichen Bedeutungen, auf die Frage, die mich gerade bewegte: Gehen oder bleiben. Gehen, wohin? Bleiben, warum? Ich langweilte mich nämlich. Nicht allzuweit von Mamita entfernt zu sein genügte mir nicht. Und ich wußte aus Erfahrung, daß mich, hätten die Damen mich entdeckt, einige Augenblicke lang neue, verständlichere Gesprächsfetzen umgeben hätten, ein Reigen von Sprüchen über meine Augen, meine Locken, die Rüschen meines Kleides, die schließlich in der für mich wenig reizvollen Wahlmöglichkeit: *¿Caramelos o bombones?* gegipfelt hätten, denn da es im Haus alles im Überfluß gab, verweigerte ich oft das Essen, und die zu vielen Ersatzangebote für die Muttermilch, die meinem Bruder vorbehalten war, erfüllten mich mit einem Ekel, der fast an Grauen grenzte, einem Gefühl, das ich immer in großen Kaufhäusern empfunden habe und das alle, auch wenn sie

men diese Nougatpralinen aus Italien? – Heilige Muttergottes! Und alles nur wegen einer Protokollfrage? – Der Marqués von Sollera ist noch auf Teneriffa. – Fürchtet er sich vor Kapitän Bayo? Was für ein lächerlicher alter Mann! – Am Sonntag veranstalten wir ein Picknick auf dem Rosenhof, um die Feuertaufe meines Sohnes und anderer junger Flieger aus Pollença zu feiern. – Sagen Sie es niemandem, es ist eine sehr vertrauliche Information. General Cervera will die Flotte und die Flugzeugstaffel nach Cartagena verlegen. Dann bleiben wir ohne Verteidigung zurück. – Mandeln oder Pistazien?

Tauben und Ameisen mögen, bei deren aufdringlicher Vielfalt empfinden.
Während ich noch träge dasaß – und die Hündin mich zärtlich leckte, womit sie es auf ihre Weise den Damen gleichtat –, fiel mir der Befehl ein, den man mir vor langer Zeit gegeben, den ich aber nie vergessen hatte, weil er den Inbegriff aller mir täglich gegebenen Befehle darstellte – so wie auch meine besondere Antwort auf diesen Befehl der Inbegriff aller anderen täglichen Antworten war.
»Steh auf und geh!« hatte Mamita mich angeherrscht, als ich sie damals, auf dem Boden liegend, anflehte, mich auf den Arm zu nehmen. Ich hatte keine Wahl, alles Weinen, Kreischen, Treten, Schreien und Zerren wäre vergeblich gewesen, ein Nahkampf mit ihr. Auf den Stummheit gefolgt wäre. Es war schon so oft geschehen, und es wäre erneut geschehen, falls ich je die grundsätzliche Entscheidung jenes Tages wieder vergessen hätte. An jenem Tag nämlich stand ich sofort auf. »Ein Wunder!« rief Mamita. Ich stand auf und ging mit finsterem Gesicht, nicht, wie sie es vielleicht deutete, um sie für meine Unterwerfung teuer büßen zu lassen, sondern weil ich bis ins kleinste, so deutlich wie später nie mehr, die verborgene Bedeutung meiner Entscheidung erkannte. Ich sollte gehen? Nun gut, ich würde gehen. Das heißt, ich würde leben. Ich lehnte Mamitas Hand ab. Nicht aus Bosheit, wie sie vielleicht glaubte. Wenn ich denn gehen mußte, würde ich allein gehen.
Nun glichen die auf dem Empfang versammelten Damen, die ich von der Hecke aus undeutlich sah, mit ihren Kleidern und dem Geplapper zwar eher Schmetterlingen und Vögeln aus dem Land der Riesen, doch hatten sie etwas Starres und Gefühlloses, Düsteres und Stummes an sich,

das ich viele Jahre später in den Wachsfigurenkabinetten wiedergefunden habe; und obwohl sie sich bewegten und sprachen, war es, als würden ihre Gesten und Stimmen von einem Mechanismus gelenkt. Um so grauenhafter oder beunruhigender wirkten einzelne lebendige Details: ein zu langes, von einem Phantasiegehänge herabgezogenes Ohrläppchen, das Filigranmuster der Haare unter den Seidenstrümpfen, ein dreieckiges Hühnerauge, eingezwängt zwischen zwei Riemen einer Krokosandale mit hohem Gesundheitsabsatz; das in einem Pferdelächeln entblößte Zahnfleisch und das Glitzern der Goldplomben, mit denen die Kariеslöcher gefüllt waren; ein Arm, auf dessen schwammige Unterseite die Zellulitis ein Bienenwabenmuster gezeichnet hatte; und vor allem das geheimnisvolle Seufzen, das ab und zu im Hintergrund das Geplapper begleitete wie ein quälendes Leitmotiv und das sich vielleicht allein durch die Wiederholung in einem *trompe-l'œil*-Effekt zu einer Klage ausweitete, zu einem Röcheln verzerrt wurde.

Kraft eines Zaubers war meine Mutter bei solchen Gelegenheiten wie ihre Gäste, und deshalb vermied ich es, sie auch nur mit dem Blick zu streifen, da ich es nicht ertragen hätte, an ihr ein ähnliches Detail zu entdecken wie an den anderen.

Die Faszination, die eine solche mögliche Enthüllung ausübte, und der Verzicht darauf hielten mich fest und machten mich unentschlossen wie eine Nadel zwischen zwei Magneten. Eine nützliche dritte Kraft aber, enthalten in dem Zauberspruch »Steh auf und geh!«, riß mich von den beiden Magneten los. Leise erhob ich mich, ging auf die Felder zu und schlug den verbotenen Pfad ein, der zu einer armen, von Kindern und Tieren bevölkerten *finca* führte,

wohin Dida mich manchmal hinter Mamitas Rücken heimlich mitgenommen hatte.
Die Bäuerin bot mir ein frisch gelegtes Ei zum Trinken an. Ihre Enkelkinder beobachteten mich staunend, ein mir gleichaltriges kleines Mädchen voller Neid. Ich gab ihr die rosa Schleife, die ich im Haar trug, und dann standen wir voreinander – ich die ganz gebliebene, ausgeschlürfte Eierschale in der Hand wiegend, sie die Schleife –, jede verloren im Geheimnis des Lebens der anderen. Wir sahen uns in die Augen, ohne zu lächeln, aber auch ohne Feindseligkeit, und betrachteten dann wieder die Gegenstände, die wir in Händen hielten – empfindliche, zarte Symbole unserer Verschiedenheit, die jedoch durch ihre neue Natur als Spielsachen verbunden waren.
Ich ging mit dem leeren Ei davon, bedacht, es nicht zu fest zu drücken, und malte mir lange aus, welche Gaben es enthielt, Wunder über Wunder, die das kleine Mädchen und ich würden tauschen können, denn auch sie, stellte ich mir vor, würde ihrerseits Wunder erschaffen, indem sie das Seidenband auf- und wieder entrollte. Und da das Ei im Haus nicht sicher gewesen wäre, versteckte ich es in der Hecke.
Dann setzte ich mich wieder an den gleichen Platz wie zuvor. Ohne innere Regung bemerkte ich, daß Mamitas Bauch rund war wie mein Ei. »Da werden keine Wunder rauskommen«, sagte ich mir, denn ich wußte nicht, daß derartige Bäuche ein neues Kind enthalten, daß aus einem Ei ein Küken schlüpfen kann, wußte ich dagegen genau.
»Steh auf und geh!« sagte Mamita einladend zu mir, als sie mich bemerkte, da ich mich inzwischen vor die Hecke gesetzt hatte.

Sogleich begannen die Damen mit dem erwarteten Ritual, dessen zufälliges Kultobjekt nun meine Person war.
Ich identifizierte mich so gut mit meiner Rolle, daß ich zwei Silberschälchen ergriff, von einer Chaiselongue zur anderen wanderte und fragte:
»¿Almendras o pistachos?«

Die Dienstboten

Fünf Dienstboten gab es im Haus, und ihr Chef war Pedrón, der Gärtner. In seiner Jugend war er Pferdedieb in Andalusien gewesen. Bei den Familien auf der Insel war es Brauch, Personen in Dienst zu nehmen, die mit dem Gesetz in Konflikt geraten waren, um ihnen zu ermöglichen, ihr Leben zu ändern und sich zu rehabilitieren. Pedrón wurde auf Empfehlung des Erzbischofs bei uns eingestellt und brachte auch seine Frau Dida, die Amme, und drei weitere Frauen ins Haus: Antònia, Inés und Francesca.

Antònia war das Erste Dienstmädchen. Bevor sie zu uns kam, hatte sie viele Jahre lang bei einem jüdischen Arzt gearbeitet, bis zu dessen Tod. Ihre Aufgabe war es, bei Tisch zu servieren, die Gäste zu empfangen – so wie sie früher die Patienten des Arztes empfing –, die Betten zu machen, aufzuräumen und abzustauben. Die schweren Putzarbeiten hingegen, Fußboden wischen, Fenster putzen, Spinnweben beseitigen, Silberzeug und Messinggriffe polieren, waren Sache der kleinen Inés. Antònia war im mittleren Alter, trug stets ein adrettes weißes Schürzchen mit Spitzenbesatz, hatte Dauerwellen im Haar und eine Kette aus künstlichen Perlen. Alle zwei Monate ging sie in die Stadt zum Friseur. Der Friseurgeselle zwickte sie in die Arme, fuhr ihr mit der seifigen Hand den Nacken hinunter bis ans Ende des Rückens, ließ seinen Ring in den Ausschnitt ihrer Bluse fallen. Tief erschauernd lachte Antònia, täuschte dann würdevoll Abwehr vor und verscheuchte ihn. Dida hatte in ihrem Nachttisch eine Sammlung von Madonnenbildern, Antònia dagegen hatte eine Sammlung von Fotografien junger Männer, Toreros und Schauspieler, die sie als ihre früheren Verlobten ausgab. Sie war die einzige unter den Dienstboten, die nach getaner Arbeit stets zum Schlafen zu uns nach Hause zurückkehrte.

Am Sonntagnachmittag kam es häufig vor, daß Antònia und ich in der Villa allein blieben. Beide hatten wir Angst. Antònia zog es vor, sich in ihr Zimmer einzuschließen, ich aber fürchtete mich mehr im Haus und blieb im Garten. Einmal, als es regnete und blitzte, flüchtete ich mich zu ihr ins Zimmer. Dort war ein Mann zu Besuch. Er hatte einen Schnurrbart, Koteletten, dunkle Locken; seine olivfarbene Haut glänzte fettig. Er legte Hut, Jacke, Schuhe ab, streckte sich auf dem Bett aus und gab mir zwei Bonbons. In dem dunklen Zimmerchen stand ein Stockbett. Antònia und der Mann machten im unteren Bett Sprünge und Purzelbäume, und ich tat es ihnen im oberen Bett nach. Ab und zu zog ich Antònia und den Mann von oben an den Haaren, und die beiden lachten. Doch an einem bestimmten Punkt wollte ich auch hinunter. Der Mann schimpfte mich aus; ich kletterte wieder nach oben und dann erneut hinunter. Der Mann packte mich, drehte mich um, legte mich aufs Bett, zog mir die Unterhose herunter und steckte mir einen Finger in den After. Plötzlich kam es mir vor, als sei ich dort auf der Matratze festgenagelt; dieser Nagel aus Fleisch schien mir viel schlimmer zu sein als ein echter Nagel – wie ich ihn mir zum Beispiel bei Christus an Händen und Füßen vorstellte – oder auch als das, was ich gespürt hatte, wenn ich mich manchmal tief an Stecknadeln, Dornen, Stachelschweinen und Seeigeln gestochen hatte. Denn es war, als verlangten seine weder mineralische noch hölzerne Natur, sein Eindringen in eine sozusagen eigens dafür geschaffene Öffnung, die Absicht selbst, die ihn leitete, ein geheimes Einverständnis und eine Antwort. So verdichteten sich von jenem Tag an alle Empfindungen, die ich bei dieser Begebenheit gehabt hatte, zu dem Wort »Folter«, das ich oft in unterschiedlichen Erzählungen hörte – die Großmutter zog diesem Wort ein anderes vor, nämlich »Qualen«, wenn sie die Geschichte vom heiligen Lorenz auf dem Rost oder die vom heiligen Sebastian, der durch Pfeile getötet wurde, oder die von den jungfräulichen christlichen Märtyrerinnen und den Nonnen von Barcelona erzählte, und die Abschwörung, die von diesen edlen Heiligen verlangt worden war, glich ganz der gemeinen und unbedingten Komplizenschaft bis ins Innerste des Fleisches, zu der man mich hatte zwingen wollen.

»Deixa-la estar! Deixa-la estar!«[1] schrie Antònia außer sich. Ein fiebriges Rot hatte ihre Wangen überzogen, fast glänzten Tränen in ihren Augen. Der Mann ließ mich los, und Antònia zupfte mir die Kleider zurecht. *»Fora d'aquí!«* befahl der Mann. *»I no ho diguis a ningú, sinó t'ho faré una altra vegada!«*[2] Die arme Antònia führte mich zur Tür hinaus, gab mir eine Handvoll Bonbons. Der Mann rief sie unterdessen zurück, zog ungeduldig an ihrem Rock, und Antònia verschwand, schloß mit einem schüchternen, glühenden Lächeln die Tür. Ich wartete draußen eine Weile

1 Laß sie gehen! Laß sie gehen!

2 Raus hier! […] Und sag es niemandem, sonst mach ich es noch einmal!

darauf, daß sie mich riefen. Sie taten es nicht. Ich ging in die Küche. Blitze peitschten gegen die Scheiben, ich öffnete die Tür, um die Gerüche des *patio* zur Gesellschaft zu haben, Regenböen spritzten den Fußboden naß, reichten fast bis zum Tisch. Ich stellte mich auf die Schwelle, es gefiel mir, die Nässe zu spüren. Der Wind legte sich, der Regen fiel nun ruhig und leicht. Sein Rauschen war dem Geräusch ähnlich, das von dem Teig zu kommen schien, der, mit einem Tuch bedeckt, zum Aufgehen auf dem Tisch stand, und mir war, als müßten es zugleich mit mir geheimnisvolle, seltsame Wesen vernehmen, die sich in den Kupferkesseln oder auf dem Grund der Schöpflöffel verbargen. Zwischen wütendem Stolz und Furcht gefangen, zur Ohnmacht verurteilt wie in einer Zelle, begannen meine Gedanken wie der verhangene Himmel oder der Brotteig zu gären in stiller Auflehnung, die schließlich in diesen Satz mündete, laut und deutlich ausgesprochen: *»Mala gent!«*[3]

Außer Pedrón, Dida und Antònia gab es im Haus, wie schon erwähnt, noch zwei Schatten, das Dienstmädchen Inés, eine Zwergin, und Francesca, die Köchin. Wie sie mit Pedrón verwandt waren, wo sie lebten, welche Farben und Formen sie in der Welt annahmen, wußte ich nicht. Inés, die Zwergin, war so winzig, dünn, demütig und still, daß sie mit den Gegenständen zu verschmelzen schien, die sie putzte. Auf dem feuchtglänzenden Fußboden zusammengekauert, verwechselte man sie mit dem Widerschein des Kronleuchters oder dem Flecken des Wischtuchs; beim Abstauben eines Stuhls wirkte sie in dem sonnendurch-

3 Gesindel!

fluteten Zimmer wie dessen Schatten, neben der turmgekrönten und schreckenerregenden Madonna mit dem Stier glich sie, wenn sie mit zusammengeknülltem, mit Essigwasser angefeuchtetem Zeitungspapier das Glas putzte, das diese schützte, einem jener dienstbaren Engel, die die Vorhänge beiseite schieben oder der Madonna den Mantel halten und die man erst bemerkt, nachdem man sattsam die beunruhigende zentrale Figur ergründet hat. Wie bei bestimmten Mauereidechsen oder den Smaragdeidechsen, die getarnt zwischen Steinen und Rinden oder im Gras liegen, konnte man sie nur durch Zufall oder genaues Hinsehen bemerken. Mir kam der Zufall zu Hilfe.

Eines Tages spielte ich »Verkehrte Welt«, indem ich den Kopf zwischen die gespreizten Beine hielt und von unten nach oben schaute. Inés staubte die Nippes auf der Truhe vor dem Spiegel ab, darin erkannte ich, zurückgeworfen, ihr Lächeln. Wie der unsichere Ausdruck einer kindlichen Mutter oder die Verwunderung des Mondes bei der ersten Liebeswerbung, so war das dem Spiegel geraubte Lächeln von Inés. Von da an verehrte ich unter allen menschlichen Wesen die Zwerge.

Aber ich fürchtete mich auch vor ihnen. Einmal, als ich durch eine lange Krankheit ans Bett gefesselt war, kam Inés, um Dida an meinem Lager abzulösen. Ich mußte eingenickt sein. Beim Erwachen oder vielleicht noch im Halbschlaf sah ich sie, im dämmrigen Halbschatten, der das Zimmer schon fast verschluckte, wie sie sich, dem Fenster zugewandt, mit einer Bürste die langen Haare kämmte. Rollenden Wellen gleich knisterten sie und sprühten

4 Wenn ich ein Vogel wär / pickte ich dir die Augen aus wie Körner. Anm. zu S. 95

Funken. Inés sang, wer weiß, warum, im Falsett, ihre Stimme kreischte wie die Säge der Sieben Zwerge. Ein Satz ängstigte mich: »*Si jo fos ocell / els ulls com blat et menjaria.*«[4] Sofort schloß ich die Augen, damit Inés sie mir nicht verschlänge. Und wartete dennoch darauf, daß etwas Kleines und Schreckliches geschähe. Doch Inés schwieg. Und wurde nach jenem Tag wieder zum Schatten.

Eine dunkle Drohung lag über dem Leben der Köchin Francesca. Manchmal hörte ich, wie Pedrón und Dida ihr Vorhaltungen machten: bald scherzhaft, bald finster. Francesca hatte zehn Kinder, und Pedrón und Dida drohten, sie aus dem Haus zu jagen, falls sie sich noch weitere anschaffen würde. Auch Mamita stimmte zuweilen in den grausamen Scherz mit ein. Sie reichte ihr zum Beispiel ein Bündel abgelegter Kleider für ihre Kinder und sagte: »Aber krieg ja nicht noch mehr!« Francesca senkte beschämt den Kopf, doch konnte ich es, weil ich noch so klein war, zwischen ihren Wimpern maliziös glitzern sehen. Dann kauerte sich Francesca am Spülstein nieder oder verschwand in den Dämpfen des Kessels.

Ich empfand unsäglichen Neid auf die zehn Kinder von Francesca, die ich nie gesehen hatte; am liebsten wäre ich eines von ihnen gewesen. So stritt ich eines Tages mit Dida und Mamita und sagte: »Ich will euch nicht mehr! Francesca hat sich noch ein Kind angeschafft, mich!« Den ganzen Tag lang klammerte ich mich an ihren Rock. Dida kam ab und zu, um mich zu necken, und tat so, als wollte sie mich losreißen.

Francescas Röcke rochen nach dem Rauch von Holzfeuer, ihr Gesicht und ihre Hände aber waren gebleicht von Küchendämpfen und Waschsoda. Wenn sie einen nach dem anderen die bis obenhin gefüllten Wassereimer aus dem *patio* hereintrug, spiegelten sich auf der Wasseroberfläche verschwommene Formen und Farben, in denen ich die Gesichter ihrer Kinder zu erkennen meinte, und im Klappern der Henkel vernahm ich ihre Stimmen. *»Tos fills et criden!«*[5] flüsterte ich Francesca zu.

Eines Tages, so erzählten sie mir, löste sich ein Blutpfropf aus ihrer Leiste und drang ihr ins Gehirn, und sie blieb gelähmt. Mamita schickte ihr einen Schaukelstuhl und nahm an Francescas Stelle deren älteste Tochter ins Haus, die der Mutter in allem glich und lange im Casino Palmesano als Küchenmädchen gearbeitet hatte. Im Klirren des Eimers meinte ich nun nicht mehr die Stimmen der zehn Kinder zu hören, sondern die Klagen von Francesca, daher sagte ich zu ihrer Tochter: *»Ho sents! Ta mare et crida!«*[6] Und in den verschwommenen Formen auf der Wasseroberfläche sah ich undeutlich das Schaukeln ihres Sessels.

Pedrón, behauptete Mamita, ging mit den Blumen um, als wären es Pferde. Er goß Dünger und Wasser in die für die Pflanzen ausgehobenen Gräben wie in Futtertröge und sagte zu den Setzlingen: *»Camina!«* Oder: *»Endavant!«*[7] Und *»Arri! Arri!«*[8] schrie er die Kletterpflanzen an, wenn er sie von der Mauer löste. *»Quin pèl més preciós que tens!«*[9] rief er, zu den Begonien gewandt. Und er striegelte und polierte auch die Blätter der Magnolienbäume, wenn der Schirokko sie mit Staub bedeckt hatte.

5 Deine Kinder rufen nach dir!
6 Höre! Deine Mutter ruft nach dir!
7 Los! […] Vorwärts!
8 Halt! Halt!
9 Was für ein schönes Fell du hast!

Pedrón war klapperdürr und dunkelhäutig, seine einmal rabenschwarzen, dichten, krausen Haare waren mit zunehmendem Alter ganz weiß geworden, der Schnauzbart dagegen war noch schwarz und reichte ihm gekräuselt bis über das Kinn. Launische und widerspenstige Haare wuchsen ihm aus der Nase und aus den Ohren. Er hatte auch lange struppige Koteletten und versuchte ständig, sie zu glätten, wobei er klagte, die weißen Haare würden einfach spinnen. Pedrón schien über alle Dienstboten zu herrschen, seine Frau Dida eingeschlossen, und sogar, zumindest im Garten, auch über Mamita. Bald aber merkte ich, daß in Wirklichkeit Dida herrschte, und zwar über alle.

Sollte Pedrón zum Beispiel bei einem Empfang – im Garten, im Salon oder bei Tisch – servieren, trat er, von Kopf bis Fuß herausgeputzt, aus der Garderobe: mit brillantineglänzenden Haaren, im Frack, unter dem anstelle des gewohnten roten Halstuchs eine kleine weiße Krawatte prangte, mit sorgfältig polierten, spitzen feinen Schuhen, am kleinen Finger mit dem auffällig langen Fingernagel einen unechten Ring aus Gold und Rubinen, über dem Arm eine blütenweiße Serviette, so gut gestärkt und gebügelt, daß sie aussah wie aus Papier … *»Mirau el gall! Mirau el gall d'indi!«*[10] verhöhnte Dida ihn dann, vor allen mit dem Finger auf ihn zeigend, die andere Hand in die Seite gestemmt. Oder sie schrie ihn an, wenn sie den Nagel an seinem kleinen Finger sah: *»Amaga-la almanco, sinó la madona dirà que mai fas feina!«*[11] Pedrón senkte den Kopf und ging beschämt hinaus, schlich leise davon und knickte den Finger ab, damit der Nagel nicht auffiel.

10 Schaut den Gockel an! Schaut den Truthahn an!
11 Versteck ihn wenigstens, sonst sagt die Herrin, daß du nie arbeitest!

Zuweilen bockte Pedróns Esel, der den Dünger brachte, und weigerte sich störrisch weiterzugehen, dann lachte Dida, die Hände in den Hüften, und sagte: »*I bravejava que sabia colcar i domar esl cavalls salvatges! Quan ni tant sols l'ase l'obeeix!*«[12] Wenn Pedrón später, während Ignasi, der Wächter, nach dem Mittagsimbiß einnickte, auf dem alten Grammophon einen Flamenco auflegte und tanzte, schrie Dida ihn an: »*Marieta!*«[13], wenn sie ihn zufällig dabei ertappte. Der arme Pedrón wechselte die Platte, legte die übliche Musik auf, die Ignasi gefiel, und ging still und leise an Dida vorbei aus dem Zimmer. Doch kaum wandte Dida sich ab, machte er eine Pirouette, als wollte er weitertanzen, oder er hob eine Hand und entfernte sich hüftenschwingend auf Zehenspitzen, als trüge er hohe Absätze, wobei er mir, die ich mich hinter der Tür versteckt hatte, um nicht gesehen zu werden, einen Gruß mit den Händen sandte, als schlüge er Kastagnetten. Wehe, wenn Dida das bemerkte. Dann zischte sie hinter ihm her: »*No t'escup a la cara per no malgastar la meva saliva!*«[14]

Für die Näharbeiten kam außerdem eine Cousine von Dida und Pedrón ins Haus, die in einem Kloster lebte, Maria. Einige Jahre zuvor hatte man ihren Mann und ihre vier Kinder umgebracht, und die barmherzigen Schwestern hatten sie aufgenommen; sie weigerte sich nämlich, das Land zu bestellen, um sich zu ernähren, und strich bis spät in die Nacht um den Friedhof herum, die Arme lie-

12 Und da prahlte er, daß er wilde Pferde reiten und zähmen konnte! Dabei gehorcht ihm nicht einmal der Esel!

13 Tunte!

14 Ich spucke dir nicht ins Gesicht, um meinen Speichel nicht zu vergeuden!

bend ausgestreckt oder zornig erhoben. Im Kloster hatten sie sie gefüttert wie ein kleines Kind, hatten sie erneut beten und sticken gelehrt. Als sie wieder bei Verstand war, sagte sie, sie wolle nicht mehr sticken, es käme ihr vor, als mache sie Spitzen aus Tränen, und statt dessen nähte sie dann Kleider, Jacken und Hosen, Uniformen für die Dienstboten der vornehmen Häuser und für die Küchenschwestern der Klöster. Zu uns ins Haus kam sie auf Empfehlung der Nonnen und von Dida. Sie wurde in die Dachkammer einquartiert, wo die Nähmaschine stand. Und ich sah manchmal hinter Stapeln von schwarzem Tuch ihre dünnen weißen Arme hervorragen wie gestutzte Taubenflügel. Unter dem Vorwand, sich an einer Jacke oder einem Hemd einen Knopf annähen zu lassen, stieg Papito manchmal in die Dachkammer hinauf und drückte ihr einen Schein in die Hand, damit solle sie sich Nougat kaufen, sagte er. Im Haus nannte man sie *La Desgraciada*[15] und verehrte sie, vielleicht wegen ihrer ermordeten Kinder oder in ihrer Eigenschaft als Wahnsinnige oder weil sie in einem Kloster lebte. Ich hockte jenseits der Tuchstapel auf dem Boden, angezogen von der geheimnisvollen Aura, die sie umgab. Ich wiegte mich zum Rattern der Nähmaschine hin und her oder spielte Krieg beim metallischen Geräusch der Schere, oder aber ich erzählte mir vom gleichförmigen Klappern der Nadel auf dem Fingerhut heraufbeschworene Märchen. *»Vine aquí, que t'ensenyaré a cosir«*[16], forderte Maria mich auf, wenn sie mich bemerkte, schnitt mir ein Stück Stoff für eine Puppenjacke zu und heftete es zusammen, zeigte mir dann, wie ich mit der Na-

15 Die Unglückselige
16 Komm her, ich bring dir das Nähen bei.

del hineinstechen und ganz kleine Stiche machen sollte, und gab mir zuletzt einen farbigen Faden, gelb oder himmelblau, damit ich die Stiche besser sah.
Eines Tages schenkte sie mir einen kleinen Fingerhut. Ich liebte diesen Fingerhut, trug ihn immer in der Tasche, steckte ihn an den Finger, damit er mir Gesellschaft leiste. Wenn ich im Garten war, tat ich ein bißchen Wasser hinein und trank daraus, und mir war, als tränke ich ein wundersüßes Elixier. Manchmal klopfte ich mit dem Fingerhut auf den Tisch, und dieses Geräusch schien mir ein Schicksal voll Emsigkeit und Weisheit heraufzubeschwören, und so, als hätte ich alle Etappen meiner Existenz übersprungen, stellte ich mir vor, ich wäre eine märchenhafte Großmutter. Oder ich hielt ihn an die Lippen und saugte die Luft heraus: Der Fingerhut lag dann fest an und fiel nicht herunter. Solange der Fingerhut so bleibt, dachte ich, kann mir nichts Böses geschehen.
In der Dachkammer hing ein Geruch nach verbranntem Stoff – Maria vergaß häufig das Eisen auf dem weißen Tuch, das das Bügelbrett bedeckte. Ich mochte diesen Geruch, besonders wenn es draußen regnete und er intensiver wurde. Ich hatte das Gefühl, daß er mich mehr als die Mauern vor Unwettern schützte, wie ein Modergeruch in jahrhundertealten Häusern, der beißend und gedämpft zugleich alles durchdringt, von den Spinnweben bis zu dem wurmstichigen Holz und den gelblichen, staubigen Fenstern.
Eines Tages, als Maria ganz versunken nähte, zog ich mein Taschentüchlein heraus, noch vierfach gefaltet, wie Dida es mir zugesteckt hatte, breitete es auf dem Bügelbrett aus und stellte das glühende Eisen darauf: Der Brandfleck, den das Eisen hinterließ, glich dem Bug eines sinkenden Schiffes. Maria sang derweil leise ein Wiegenlied. Es ist ein

Kriegsschiff, dachte ich. Dida hatte mir einmal erzählt, daß ich noch in Windeln mit einem Kriegsschiff auf der Insel angekommen war. Ich knüllte das Taschentuch zusammen und versteckte es unter den Stoffresten. Das Schiff ist untergegangen, dachte ich, legte mich auf den Boden und spielte »Toter Mann«, zwang mich, den Atem anzuhalten. Dann wurde ich von den Löchern der Porzellansteckdose angezogen. Ich steckte die Finger hinein und bekam einen Schlag. Ich begann zu schreien. Maria hob den Kopf von der Arbeit. Ich spielte wieder auf dem Fußboden, machte noch einmal den Toten Mann. Nach einer Weile erklang hinter den Kleidern matt und sehr sanft Marias Stimme: *»Si et claves les tisores, no et faràs res.«*[17] Ich steckte die Spitzen der großen schwarzen Schere in die Steckdose. Wieder schrie ich. *»Mentidera!«*[18] brüllte ich weinend. Maria lachte sehr leise hinter den Kleidern, ich sah die Stoffalten zucken. Ich erzählte es niemandem, ging aber von da an nie wieder in die Dachkammer. Und den Fingerhut, den Maria mir geschenkt hatte, warf ich in den Brunnen.

Dida, die Königin über alle, Dienstboten und Herrschaft, Pflanzen und Tiere, Innenräume und *patios*, Sterne und Planeten, war dick und mächtig. Sie hatte schweres langes Haar, blond und ergraut zugleich, fest geflochten und oben auf dem Kopf zu einem Knoten geschlungen, in dessen Mitte ein hoher Kamm steckte, besetzt mit kleinen falschen Diamanten. Um Schuppen und Fett auszutrocknen, rieb sie das Haar mit Zitrone ein. Eine Dame hatte einmal

17 Wenn du die Schere reinsteckst, tust du dir nichts.
18 Lügnerin!
19 Deine Haare sind wie Seide. Anm. zu S. 102

zu mir gesagt: »*Tens uns cabells que semblen de seda.*«[19] Und so sagte ich zu Dida: »*Els teus cabells no són de seda, sinó de vellut.*«[20] Sie trug eine dünne Goldkette um den Hals und halbmondförmige Ohrringe. Etwas Himmelblaues im Weiß ihrer Augen erinnerte an den Mantel der Muttergottes, die sie immer anrief. Ihre Zähne waren schneeweiß und ebenmäßig; deshalb und auch, weil ihre kleinen, rundlichen und geröteten Hände aussahen wie zwei Äpfel, dachte ich, Dida sei eßbar und so schmackhaft, daß sie sogar sich selbst Appetit machen müsse. Also erklärte ich mir Didas Wutausbrüche damit, daß sie sich wohl auf diese Art und Weise gegen alle wehrte, um nicht aufgegessen zu werden. Das verblichene Wollhemd, das vielleicht einmal hellblau gewesen war, vom vielen Waschen eingelaufen und verfilzt, lag an Ellbogen, Brust und Schultern eng an, so daß eine größere Wärme von diesen runden Körperzonen ausging, die ich gern mit den Händen umfaßte, genau wie die fetten Tauben, die Dida mir ab und zu bei sich zu Hause im Hof in den Schoß setzte.

In der Faust, ins Taschentuch eingeknotet, im Brustwickel oder im wollnen Ärmel versteckt, trug Dida stets zu verschieden großen Zylindern zusammengerollte Geldbündel bei sich; diese zerknitterten, körperwarmen Geldscheine waren für mich das erste konkrete, beinahe eßbare Bild von Geld, sie sahen wirklich aus wie Tütchen mit Eßkastanien, getrockneten Feigen, Haselnüssen. Die Geldscheine dagegen, die ich, akkurat gefaltet oder glattgestrichen, in der Brieftasche meines Vaters und der anderen Herren sah, kamen mir vor wie unwichtiges Papier. Dida leuchteten die Augen, wenn sie die Geldscheine zusammenrollte oder

20 Deine Haare sind nicht aus Seide, sondern aus Samt.

entrollte, und wenn sie jemanden bezahlen mußte, bot sie ihm das Geld mit freimütiger Geste an, legte es ihm auf die ausgestreckte Hand, wie sie mir die Bohnensuppe reichte, wenn ich sie gelegentlich in ihrem Hof besuchte. Bei den Herren dagegen war es, als gäben sie das Geld heimlich, fast als schämten sie sich. Dida steckte die Scheine dann mit ruhigem Besitzerstolz wieder in den Busen, die Herren dagegen ließen ihr Portemonnaie lässig in die Innentasche ihrer steifen Jacketts gleiten, fast als handelte es sich um eine Belanglosigkeit.

Wenn Dida das Geld in meiner Gegenwart aus dem Wollhemd hervorzog, ließ ich es mir in die Hand geben: Die Scheine waren warm, zart duftend wie heiße Maroni. Legte man sie auf den Tisch, entrollten sie sich von selbst, langsam, wie leicht keuchend, und man bekam den Eindruck, als hätte die ständige Atemnot, an der Dida wegen ihrer Beleibtheit und einer seltsamen Anämie litt, sich auf sie übertragen. *»Tenc la sang blava«*[21], scherzte Dida, und erneut sah ich den Mantel der Muttergottes um sie und küßte ihr ehrfürchtig die Fingerspitzen. Wenn sie kein blaues Blut hätte, dachte ich, würde sie mich nicht so liebhaben. Nur ich wußte, daß Dida zerbrechlich, zart und himmlisch war, und da ich immer an ihr lehnte, kannte nur ich ihre leichte Atemnot. *»Em fa falta l'alè«*[22], sagte sie zu mir. Und ich blies ihr in den Mund, um ihr Atem einzuhauchen.

Der Kittel aus weißem Pikee, den sie anziehen mußte, sobald sie das Haus betrat, nahm mir all die laue Wärme des Fleisches und der Wolle. Didas unverhältnismäßig kleine,

21 Ich habe blaues Blut.

22 Ich kriege keine Luft.

runde und rote Händchen lagen auf all diesem Weiß wie auf einem Teller – zwei eben vom Baum gepflückte Äpfelchen. Die großen weißen Knöpfe an ihrem Rücken kamen mir vor wie die Deziliterzeichen auf der Milchflasche, mit der sie meine kleine Schwester Anita fütterte; die ganze Dida war eine große Nuckelflasche. Die drei großen Sicherheitsnadeln, die sie stets an die Brust gesteckt trug, wuchsen in meinen Augen ebenfalls maßlos, je länger ich sie anstarrte, und wurden zu den seltsamen Waffen einer mächtigen Kriegerin oder Chirurgin. Anita brüllte, wenn ihr die Flasche aus dem Mund rutschte. »Dida«, sagte ich, *»cosi-li la boca amb l'agulla!«*[23] *»Quina nina més dolenta!«*[24] antwortete Dida.

Während Anita weitersaugte, stellte ich mich hinter Dida und versuchte, ihr am Rücken die letzten Knöpfe aufzuknöpfen. Der Stoff um das Knopfloch war so gespannt, daß ich Mühe damit hatte. *»Ara et descord«*[25], sagte ich. *»Deixa'm«*, sagte Dida, *»deixa'm, que em fas pessigolles!«*[26] Dann fügte sie lachend hinzu: *»Aquests dits tan freds em semblen ous d'ocell sense mare.«*[27] Dann steckte ich mir die Finger in die Ärmel, und wenn sie warm geworden waren, legte ich sie ihr wieder auf den Nacken. *»Davant tothom ets de n'Anita«*, sagte ich zu Dida, *»però darrera ets tota meva!«*[28] Carlito spielte derweil allein in einer Zimmerecke. Er verachtete Dida und uns Schwestern.

23 Dida, näh ihr den Mund mit der Nadel zu!
24 Was für ein böses Kind!
25 Jetzt mach ich dir die Knöpfe auf.
26 Laß mich, [...] laß mich, du kitzelst mich!
27 Diese kalten Finger kommen mir vor wie Vogelknöchelchen ohne Mutter.
28 Vorne gehört sie ganz Anita, [...] aber hinten gehört sie ganz mir!

Villen und Empfänge

Nackt stolzierte ich hin und her, mit einem Tuch um den Kopf. Man hatte mich soeben abgetrocknet und gepudert. Der Raum war voller Dampf, der sich an den Scheiben niederschlug oder, von der frischen Luft angezogen, zur Tür hinaus verschwand, wie ich es auch gerne gemacht hätte. Meine Haut brannte, aber ich fühlte mich wohl, wie von neuen Energien durchströmt. Ich schlüpfte Dida, die mich anziehen wollte, aus den Händen. Es war Sommer, und sie ließ mich gehen. Durch die, obwohl es bald neun Uhr war, noch halb geschlossenen Fensterläden fiel schon warmes Licht, und der Gesang der Zikaden mischte sich schon mit diesen schimmernden Streifen.

Warum eigentlich trug ich ein Tuch um den Kopf? Vielleicht weil die Kopfbedeckung für mich die Quintessenz von Kleidung war. Wenn Mamita sagte: »Ich gehe mich anziehen«, kam sie anschließend immer mit irgendeinem ihrer Federhütchen aus dem Zimmer, und wenn sie zu Dida sagte: »Zieh dich an«, setzte sich Dida die Haube auf. Die Großmutter trat herein. Im Spiegel sah ich sie kommen. Ohne mich umzuwenden, sagte ich: »Schau mal deine Prinzessin an!«

»Schamloses Kind!« rief sie, und ich verstand nicht, ob sie es ernst meinte oder scherzte. »Ziehen Sie sie doch an!« sagte sie zu Dida, die gebeugt die Wanne putzte. Die Großmutter hatte sich unterdessen in ihren Korbsessel gesetzt, und ich wollte auf ihren Schoß klettern. »Zieh dich an«, sagte sie auch zu mir. Ich aber drängte: »Nimm mich auf den Arm, ich bin deine Prinzessin.« Und ich rieb mich an ihr, bis ihr schwarzer Rock voll Talkumpuder war. Die Großmutter packte mich. »Ich kann es allein«, log ich, flüchtete aus ihren Armen, hob das Tuch vom Boden auf, das mir vom Kopf gefallen war, und lief wieder vor den Spiegel. Die Großmutter klopfte zweimal mit der Spitze ihres Schühchens auf den Boden. Dida ließ sich Zeit beim Wanneputzen. Eigensinniger Trotz lag in der Luft. Die Großmutter ging zur Kommode, nahm die Bürste und bürstete sich den Puder vom Kleid, dann betrachtete sie sich im Spiegel, fuhr sich mit dem Kamm durchs Haar, steckte die Haarnadeln oben auf dem Kopf wieder fest, puderte sich mit einer Quaste die Nase. Auf einmal drehte sie sich in einer plötzlichen Eingebung um, sah mir fest in die unverschämten Augen, als zwinge sie sich, nicht auf meinen Körper zu blicken, nahm ein gesticktes Deckchen von der Kommode, legte es sich auf den Kopf und sagte: »Ich bin auch eine Prinzessin.« Sie ergriff meine Hand und fing an, mit mir im Zimmer hin und her zu gehen. Dreimal verneigte sie sich vor dem Spiegel, und auch ich mußte mich verneigen. Ganz verschwitzt, mit geröteten Wangen stand Dida auf der Schwelle zum Bad, trocknete sich die Hände und rief: *»Que bonica!«*[1] Fügsam ließ ich mir die bunte Spielhose und die Schuhe anziehen. Ich trat aus dem Zimmer, die Großmutter hielt mich an der Hand. Wir gingen in den Garten.

Wenn sie mir die bunte Spielhose anzogen, wußte ich nämlich schon, daß es in den Garten gehen würde. Zogen

1 Wie reizend!

sie mir dagegen die weiße Spielhose und das weiße Leinenhütchen mit der breiten Krempe an, war ich sicher, daß sie mich ans Meer brachten. Jeden Morgen fragte ich mich: Was werden sie mir heute anziehen? Was werde ich heute sein müssen?
Ich besaß in der Tat eine Unmenge Kleider. Spielanzüge, Kleider aus weißem Pikee, aus Organdy, mit Volants, gesmokt, verschieden gemustert, mit hellblauen und gelben Häschen, dichten Tulpen, grünen und roten Kreiseln, blauen Hündchen mit in freudigem Jaulen aufgerissenem Maul. Manchmal öffnete ich den Schrank und dachte: Wofür wollen sie mich trösten mit all diesen Kleidern? Oder aber: Wenn ich wirklich eine Prinzessin wäre, wie sie behaupten, würden die Kleider bis auf meine Füße reichen. Dann wieder fragte ich mich: Von wem sind die eigentlich? »Es sind deine«, antwortete ich mir selbst und fügte hinzu: »Deine bedeutet ich.«

Alle besonders schönen Kleider waren mit einem Anlaß, einem Fest, einer Villa verbunden.
In die Pfauenvilla brachten sie mich in dem Kleid mit Volants. Die Villa gehörte dem Marqués de Albuquerque. Papito und der Marqués de Albuquerque waren Freunde geworden wegen der Inkunabeln. Sie machten gemeinsam eine Untersuchung über eine Inkunabel, die *Blume des Heiligen Landes* hieß.
Der Marqués de Albuquerque hatte keine Erben – seine einzige Tochter war am Stich einer Wespe erstickt, die das Kind in den Hals gestochen hatte –, und als Anita auf die Welt kam, wollte er ihr das Taufkleid der Frauen seiner Familie schenken. Papito machte ihm als Gegengabe eine Inkunabel zum Geschenk.

Die Marquesa de Albuquerque war gelähmt und konnte nicht zu uns nach Hause kommen. Eines Tages äußerte sie den Wunsch, uns Kinder kennenzulernen; sie sprach so leise, daß Mamita ihre Worte mit dem Rauschen des Fliederstrauchs verwechselte, unter dem die Marquesa saß, und so mußte sie den Wunsch zweimal wiederholen, zwei Fächer bildeten ein Hindernis für die Stimme.

Mamita und Papito fuhren in ihrem Auto voraus, und wir folgten ihnen in einem Leihwagen. Pedrón fuhr, neben ihm saß Dida mit Anita im Arm, hinten saßen Carlito und ich. Dida stopfte zwei Kissen zwischen uns, damit sich unsere Arme und Beine nicht berührten, sonst hätten wir gestritten. Auf der großen Straße wirbelte der Staub auf, das Auto wurde ganz weiß. Sah Pedrón einen Esel entgegenkommen, bremste er, um das Tier nicht zu erschrecken. Begegnete er Hühnern, verwünschte er sie mit lustigen Schimpfwörtern. Begegnete er den Bauernbuben, die mit erhobenen Stöcken grüßten, sagte er zu Dida: *»Tira-li les monedes.«*[2] Und Dida kramte Münzen aus ihrer Tasche und warf sie hinaus, während Carlito und ich auch ein paar wollten, um sie der nächsten Gruppe zuzuwerfen.

An einer Kurve stand ein schmiedeeisernes Kreuz. Pédron hielt das Auto an, stieg aus, bekreuzigte sich, dann fuhren wir weiter.

Dann sahen Carlito und ich eine Vogelscheuche mitten im Kornfeld. »Was für ein komischer Mann!« sagten wir wie aus einem Munde. Dida lachte. Pedrón erging sich in Erklärungen. »Warum verscheuchen die Männer die Vögel?« fragte Carlito.

»Quina calor!« sagte Dida, um das Thema zu wechseln. *»La*

2 Wirf ihnen Münzen zu.

falda se l'hi ferra al cul, la nena està tota ella ben suadata!«[3] Anita schlief, hochrot im Gesicht, und Schweißperlen standen ihr auf der Stirn. *»Em sembla una rosa amb la rosada«*[4], sagte ich zu Dida, weil ich vor kurzem das Wort für Tau, *rosada*, gelernt hatte und es dauernd anwenden wollte. Dida bat Pedrón, kurz anzuhalten, er aber erwiderte, sie solle warten, denn er sei sicher, daß weiter vorne ein Brunnen stehe. Wir kamen zu dem Brunnen, am Beginn der Macchia – Doña Perez de Aluna hatte dort eine Tränke bauen lassen, weil sie Mitleid mit den schwer arbeitenden Eseln hatte. Carlito und ich waren völlig verschwitzt. Wir hatten nicht einmal die Kraft zu trinken, so schläfrig waren wir.

Dida hieß Pedrón, nachdem er getrunken hatte, auf einem Stein Platz nehmen und legte ihm Anita in den Arm. Pedrón saß starr, seine Arme glichen den Armlehnen eines Sessels. *»Mira com li penja el cap«*[5], tadelte ihn Dida, über ihn gebeugt, und bemühte sich, seine Armhaltung zu lokkern und den Kopf des Babys in der Armbeuge zu stützen. Dann kümmerte sie sich um uns. Sie zog mir das Volantkleid aus, hängte es zum Trocknen an einen Baum, nahm Carlito das Hemd weg. *»És una llàstima!«*[6] jammerte sie. »Die Kleider sind völlig durchnäßt. Schaut nur, wie schmutzig und verschwitzt ihr seid, kommt her, ich mache euch sauber.« Und sie wischte uns mit dem wassergetränkten Taschentuch Beine, Arme und Gesicht ab und fuhr uns mit dem Kamm durch die Haare. »Schau, wie verknittert dein Kleid ist!« sagte sie und versuchte, die

3 Was für eine Hitze! […] Der Rock klebt mir am Hintern, das Baby ist ganz naßgeschwitzt.

4 Sie sieht aus wie eine Rose mit Tautropfen.

5 Schau, wie ihr Kopf herunterhängt.

6 Zu schade!

Volants mit den Fingern glattzuziehen. »O weh, was, was werden die ausländischen Nationen über uns sagen!« Es gelang ihr nicht, den Knopf an der Leinentasche zu öffnen, in der sie Brot und Wurst verwahrte. »Das kommt, weil ich geschwollene Finger habe wegen der Hitze«, sagte sie. *»Vine a ajudar-me, nina, amb els teus dits!«*[7] Und ich schob den Finger unter den Knopf und drückte. »Richtige Feenfinger«, seufzte sie. »Wirst sehen, was du mal für Stikkereien zauberst!« »Ich werde dein Gesicht sticken«, antwortete ich, »und ich werde Pedrón sticken, der Anita auf dem Arm trägt wie auf einem Tablett!« Und mit größtem Vergnügen stellte ich mir Pedrón vor, wie er Anita auf dem Arm trug wie auf einem Tablett, so würde sie von allen gegessen. »Bind mir den Schuh zu«, sagte Pedrón zu Carlito. »Ich kann noch keine Schleife binden«, murmelte Carlito beschämt. »Dida«, sagte ich, »ich will auch ein Brot mit Wurst, nicht die Kekse von Francesca.« »Der Appetit wird dir vergehen, du wirst Bauchweh kriegen! Wir fahren zum Marqués de Albuquerque, und beim Marqués gibt es kein Wurstbrot, da ißt man Nierenpastete, Aprikoseneis, Erdbeertorte.« Doch ich ließ nicht locker. »O mein Gott«, rief Dida, »du wirst aus dem Mund nach Wurst riechen. Was wird der Marqués de Albuquerque dazu sagen?« »Nur ein bißchen, Dida.« Und Dida gab mir ein Stückchen ab, während Pedrón Carlito bedachte. »Anita ist viel braver als ihr«, sagte Dida dann. »Wenn Anita groß ist«, höhnte ich, »wird sie Berge von Brot mit Wurst vertilgen, um dich zu ärgern. Die wird sich nicht mit einem Scheibchen begnügen!« »Mein Gott!« sagte Dida. »Soll niemand sagen, ich lasse die Kinder verhungern!« Sie öffnete die

7 Komm und hilf mir, Kleine, mit deinen Fingerchen!

Tasche, holte mehr Brot heraus, belegte es mit Wurst und reichte es Carlito und mir. Und Carlito griff zu, ich aber sagte: »Ich will nichts, damit du dich nicht ärgerst. Ich werde beim Marqués de Albuquerque Nierenpastete essen. Aber, Dida, was sind eigentlich Nieren?«
Wir stiegen wieder ins Auto. Es war nicht mehr weit bis zur Villa. Der Staub auf der Straße war nun feucht, er wirbelte nicht mehr festlich. Die Äste der Bäume, die die Straße säumten, hingen in einem Bogen herab, bildeten eine Hütte. Anita erwachte, weinte aber nicht. Ich wollte, daß Anita weinte, damit Dida wütend wurde und zu ihr sagte: »Böses Ding!« Gleichzeitig wollte ich, daß Anita nicht weinte, damit Dida nicht wütend wurde. Von diesen starken, gegensätzlichen Wünschen lenkte mich das Tor der Pfauenvilla ab.
Aufgeregt sprangen Carlito und ich auf. Über das Kissen hinweg gaben wir uns die Hand, um uns festzuhalten. »Pedrón«, sagte ich, »wo sind die Pfauen?« »Sie haben Angst vor dem Auto«, erwiderte er, »sie haben sich versteckt, später gehen wir sie suchen. Ich glaube aber, wenn ihr geduldig auf den Wegen spazierengeht, werdet ihr ihnen bestimmt begegnen.«
Sie brachten uns in das Dienstmädchenzimmer, weil Dida Anita wickeln und ihr die Flasche geben mußte. Noch einmal trocknete sie uns Gesicht, Beine und Arme mit dem angefeuchteten Taschentuch, glättete uns die Haare, dann band sie meine Schleife neu, reichte mir den gestärkten Unterrock. Anita, hungrig auf dem Bett abgelegt, brüllte. »Geh vor den Spiegel und schau dich genau an«, sagte Dida und ging Anitas Windeln wechseln. Sie kannte die Macht, die der Spiegel auf mich ausübte. Überrascht betrachtete ich mich darin, wie wenn man nach langer

Zeit einen Bekannten trifft. Ich fühlte mich, wie es häufig geschah, gezwungen, jemand oder etwas zu sein. Ich schnitt mir Grimassen, lächelte, ging hin und her, blieb stocksteif stehen, bis der Spiegel, gesättigt, zuletzt all diese Bilder verschluckte und vor meinen Augen nichts als ein artiges kleines Mädchen übrigblieb: ich. Ich war bereit, mich in den Salon zu begeben. Doch im Spiegel sah ich Mamita hereinkommen. Sobald ihr Bild darin auftauchte, war ich nicht mehr das artige kleine Mädchen, ich war wie ein anderes Ich; alle Launen, Grimassen, Trotzregungen von vorher kehrten zu mir zurück. Es dauerte nur einen Augenblick. »Komm«, sagte Mamita, »ich stelle dich der Marquesa vor.« Sie zog die weißen Baumwollhandschuhe aus, die ihr bis zum Ellbogen reichten, und begann mir die Träger und die Volants aus Organdy zurechtzuzupfen.

Mit Dida waren wir über eine schwarze Treppe heraufgekommen, Mamita und ich dagegen schritten eine weiße Treppe hinunter. Ich hörte nah an meiner Wange ihr Kleid aus Shantungseide rascheln; mir war, als raschelten die barocken Marmorverzierungen. Die Marquesa war unter dem Fliederstrauch eingenickt. Von ihrer Lippe fiel ein Lächeln. Der Marqués de Albuquerque spazierte mit Papito durch die Villa, die Hände auf dem Rücken. Es war, als sei er durchsichtig. In seinen weißen Haaren spielten die Sonnenstrahlen, und durch die transparente Haut sah man die Adern an den Schläfen. Nur seine Augen durchdrang das Licht nicht, seine Pupillen fingen es vielmehr auf, bündelten es, und es brach sich in ihnen.

Ich ging auf ihn zu und fragte: »Wo sind die Pfauen?« »Geh lange auf den Wegen im Park spazieren«, sagte er zu mir, »dann findest du sie schon.« Die gleiche Antwort, die mir Pedrón gegeben hatte. Also würde die Begegnung mit den

Pfauen eine Begegnung der Geduld mit dem Zufall sein, herausgehoben aus der profanen Sphäre von Wollen und Zupacken.

Während ich mit Carlito auf dem Weg davonging, hörte ich, wie Papito den Marqués fragte: »Und was ist Ihrer Meinung nach meinem Sohn Carlito bestimmt?« »Er hat so schöne Augen«, sagte der Marqués, »die werden es ihm schwermachen, ein Mann zu sein.«

»Laß uns Augen tauschen«, sagte ich zu Carlito. »Nein, ich will nicht, meine sind schöner«, antwortete er.

Am Ende des Weges kamen unterdessen drei Pfauen auf uns zu, und auf einem anderen Weg stolzierten noch mehr Pfauen in unsere Richtung. Ihre Räder waren grün und schillerten, einer aber hatte ein schwarzes Rad mit roten Kreisen. »Unser Pfauenweibchen«, sagte ich zu Carlito, »sieht im Vergleich aus wie eine Henne.«

Wir fanden das Pfauenhaus. Der Wärter, der sich gerade mit Pedrón unterhielt, als wir kamen, zeigte uns die Regale, wo Pappschachteln mit den schönsten Pfauenfedern standen. »Was macht ihr mit all diesen Federn?« fragten wir. »Die verkaufen wir an die Tänzerinnen der Oper in Madrid und an die Modistinnen.« »Schenk mir eine«, sagte ich. »Ich will auch eine«, sagte Carlito.

Stolz gingen wir davon, mit den Federn in der Hand. Gerade wie Kerzen trugen wir sie vor uns her. Mir war, als hätte ich nie etwas so Kostbares besessen. Ich betrachtete meine Feder im Gegenlicht und pustete darauf. Ich strich mir damit über die Augen, über die Wangen. Als wir die Pfauen wiedertrafen, schwenkten wir triumphierend die Federn. »Wir sind auch Pfauen«, riefen wir ihnen zu. Sie aber ignorierten uns stolz. »Mal sehen, ob ihr uns erkennt.«

Und wir schlugen Rad. Mit einem Stich ins Herz dachte ich: Sie haben so viele Kostbarkeiten und scheinen es gar nicht zu wissen. Was bin ich, die ich nur eine Kostbarkeit habe und weiß, daß ich sie habe? Doch Carlito beklagte sich: »Warum erkennen uns die Pfauen nicht als einen der ihren?«
»Laß nur, es ist besser so«, sagte ich zu ihm. »Komm, wir gehen!« Ich hatte irgendwie Angst bekommen, die Pfauen könnten uns mit ihresgleichen verwechseln. »Laß uns abhauen«, fügte ich hinzu. Wir flüchteten, die Federn gerade vor uns haltend, verwandelt in Fahnen und Lanzen.

Für Carlito und mich war ein Tisch unter einer Pergola gedeckt worden. Wir mußten uns einander gegenübersetzen. Eine kleine Frau legte uns freundlich lächelnd ein glühendheißes, knuspriges Gebäck auf den Teller. »Was ist das?« fragte ich. *»Vol-au-vent.«* Obenauf sah man ein paar Erbsen, bedeckt von einem schräg aufgesetzten, duftenden Teighütchen. Es war heiß, ich war müde, ich wartete, daß die *Vol-au-vents* abkühlten. Dennoch richtete ich mich auf meinem Stuhl auf, rückte mit einer Hand meinen Träger zurecht. Vor einem *Vol-au-vent* mußte man gerade sitzen. Ab und zu berührte ich ihn mit der Fingerspitze, er war immer noch heiß und außerdem fettig. »Er wird mit Messer und Gabel gegessen«, sagte die Frau. Als sie sich zum Gehen wandte, flüsterte Carlito mir zu: »Was da wohl drin ist?« Aber die Frau hatte ihn gehört: »Pilze«, sagte sie, »Béchamelsauce, Ragout mit Fleisch und Erbsen.«
Ich mochte keine Pilze, sie schmeckten nach faulen Blättern im Wald. Dennoch war ich hin- und hergerissen, eine Pastete, die *Vol-au-vent* hieß, mußte etwas Besonderes sein. Daher sagte ich mit gequälter Miene zu der kleinen Frau:

»Ich habe Volants an meinem Kleid.« »Das ist Französisch«, erwiderte sie. »Die *Vol-au-vents* kommen aus Frankreich und die Volants auch.« Der Klang der Nasallaute mischte sich mit dem fettigen Geruch des *Vol-au-vent*, der allmählich abkühlte; der Blätterteig war nicht mehr knusprig, sondern eben fett und weich geworden. »Leben diese Franzosen in Höhlen«, fragte ich die Frau, »daß sie so reden?« »Nein«, sagte die Frau. »Die Franzosen sind vornehme Leute und leben in Palästen, sie sprechen nicht nur mit dem Mund, sondern auch durch die Nase.«

Mit der Gabel nahm ich drei Erbsen oben von dem *Vol-au-vent*. Ich aß das Hütchen, kratzte den Blätterteig rund herum ab. Carlito, gegenüber, ahmte mich nach. Aber man mußte auch die Füllung der Pastete essen. Ich schloß halb die Augen, schluckte, öffnete sie wieder. Es war heiß, der Garten vor mir schwankte, als wäre ich auf einem Schiff. »Signorina«, sagte ich, »ich muß mich übergeben.«

Dida wurde gerufen. Dann wurde ich in einem kühlen Zimmer auf ein schmales Bett gelegt. Dida wiegte neben mir Anita. »Und wie hieß das komische Zeug«, fragte sie mich flüsternd, »das du essen solltest?« *»Vol-au-vent«*, antwortete ich hoheitsvoll. »Das ist etwas Französisches.« Dida legte Anita auf ein anderes Bett und griff nach meinem ganz beschmutzten Organdykleid. »Mein Gott«, sagte sie, »ich geh's dir waschen. In der Sonne trocknet es sofort. Schlaf jetzt.«

Wenn Dida mir befahl zu schlafen, konnte ich kaum widerstehen: Es war, als hielte sie, nachdem sie ihre rote, rauhe Hand auf mich gelegt hatte, alle meine Ängste und Sorgen in der Faust und verwahrte sie am Busen, worauf sie mich im Halbdunkel des Zimmers frei schwebend zurückließ. Wie schön war dieses Halbdunkel am frühen

Nachmittag! Nicht von der nächtlichen Finsternis bedroht. Es kam mir vor wie eine Oase in der Glut des Lichts und der Zikaden.
Ich empfand immer noch ein Gefühl der Übelkeit, aber so leicht, daß es mich nicht quälte, sondern fast tröstete, wie ein geheimnisvolles Zeichen des Körpers. Ich stellte mir den Garten hinter den Fensterläden vor wie einen riesigen, mit Pfauen gefüllten *Vol-au-vent*, aus dem oben meine wundervolle Pfauenfeder herausschaute. Ich überprüfte, ob die Feder noch neben meinem Kopfkissen lag. »Was für ein Glück«, sagte ich und schlief ein.
Beim Erwachen lag das Organdykleid auf dem Stuhl, gewaschen und gebügelt, eine hellblaue Durchsichtigkeit. Auf der Haut vermeinte ich schon die leichte Reizung zu spüren, die dieser kratzige Stoff auslöste. »Zieh dich an«, sagte Dida, »unten warten sie auf dich mit dem Tee.«
Wieder begann die Qual der Zeremonien, verschärft durch die unangenehme Berührung des Stoffes mit der Haut. Und auch das Lampenfieber fing wieder an.

Die Villa der Affen war die der Familie Facchi. Die Facchis waren Italiener, aber Italien war ihnen schon so fern, daß Signora Facchi Italienisch mit spanischem Akzent sprach. Die Affen, die frei im Garten herumturnten, bohrten mir ihre Finger in die Haare, in die Augen, in den Mund, in die Smokstickerei meines Kleides.
Signora Facchi hatte eine stattliche, schöne Tochter, die auf Mamitas Empfängen nach der neuesten Mode gekleidet war, und einen großen, dicken Sohn, der mit Carlito und mir im Garten auf Affensuche ging und ab und zu ein dikkes Fleischanhängsel aus seiner Hose holte und pißte. »Was machst du da?« fragten wir ihn. »Pissen«, antwortete er, er

sagte nicht »Pipi machen« wie Carlito und ich. Wenn man groß war und männlich, dann pißte man offensichtlich. Lang schüttelte er zart dieses Stück Fleisch, bis der letzte Tropfen herunterfiel, betrachtete es mit seinen sanften, in dem großen Kopf mit Bürstenhaarschnitt versunkenen Augen, dann verstaute er es wieder in der Hose, die er sorgfältig zuknöpfte. Er lief vor uns her, blieb kerzengerade unter den Laubengängen stehen und stieß seltsame, kreischende Rufe voller Rs und Is aus, um die Affen anzulocken.

Signora Facchi liebte das Sticken sehr, hatte aber keine Kinder, für die sie etwas hätte sticken können. Linda, ihre Tochter, wollte nicht einmal eine bestickte Aussteuer, sie bevorzugte Frotteehandtücher. Darum stickte Signora Facchi für uns, und vor allem für ihre großen Puppen. Sie hatte nämlich Lindas Puppen aufgehoben und noch weitere gekauft und sie allesamt in einem Zimmer auf Sofas und Sesseln aufgereiht. Wenn ich sie besuchte, durfte ich damit spielen, doch ermahnte sie mich, mit den Porzellanpuppen die Ränder des Teppichs nicht zu überschreiten, da sie befürchtete, sie könnten zerbrechen. Signora Facchi verbrachte ihre Zeit also damit, für ihre und meine Puppen eine Aussteuer zu sticken, und suchte nach Modellen für Mamita und mich in einer italienischen Zeitschrift, die *Feenhände* hieß.

Aber wie dem auch sei, Mamita langweilte sich bei Signora Facchi; und auch ich langweilte mich bei den Puppen, die mir wie Ebenbilder toter kleiner Mädchen vorkamen, obwohl sie die Namen lebender Personen trugen: Eine hieß Linda und eine Ermenegilda wie Signora Facchi, eine andere Ersilia wie Signora Facchis Schwester und wieder eine andere Eugenia wie Signora Facchis Mutter, die in

Italien gestorben war. Und einmal kaufte Signora Facchi eine Puppe mit schwarzen Locken. »Die nenne ich nach dir«, sagte sie zu mir. »Bitte nicht«, flehte ich. Ich wollte mich nicht tot sehen.
Signor Facchi war stets in weißes Leinen gekleidet, hatte große, gebräunte Hände und am Finger der Rechten einen goldenen Ring mit zwei gewundenen Schlangen. Ein Glück, daß er so große Hände hat, dachte ich jedesmal, wenn er in eine Schachtel griff und eine Handvoll Bonbons herausholte, um sie mir zu schenken. »Die sind etwas Besonderes«, sagte er, »die kommen aus Italien.«
Es waren rechteckige Bonbons, eingewickelt in stumpfes weißes Papier: Darauf war jeweils die Frucht abgebildet, die dem Geschmack entsprach. Mamita benutzte diese Papiere, um mich die Obstnamen auf italienisch wiederholen zu lassen. »Italienisch ist eine sehr weiche Sprache«, sagte Antònia zu mir, und ich nickte in Gedanken an jene Bonbons. Und *pera*, *mela*, *cotogna*, *lampone*[8] zergingen mir auf der Zunge wie Gelee. Es gab auch glänzende Bonbons, auf deren Einwickelpapier ein lachendes Negerlein abgebildet war, die schmeckten nach Kaffee. Und es gab ganz übermütige, rot-gelb gestreifte, darauf waren Figuren gezeichnet, die wie Ballettänzerinnen aussahen.
Signor Facchi, der mit dem Hafen von Genua Geschäfte machte, erhielt aus Italien auch Wurstwaren, Weine und Käse. Wenn seine Kiste eintraf, schenkte er Mamita einen Parmesan und einen Bel Paese. Wie Pinocchio beim Spielzeug, so war der Bel Paese beim Käse für mich der Inbegriff Italiens. Und jedesmal, wenn man mir sagte, Italien sei ein *bel paese* – ein schönes Land –, konnte ich nicht um-

8 Ital. für: Birne, Apfel, Quitte, Himbeere

hin, es mir genau so vorzustellen wie diesen Laib Käse mit meerblauem Etikett, geschmückt mit Medaillen mit Bildern von Königen und großen Herren, der sich weich und geschmeidig aufs Brot streichen ließ. Dennoch schien mir, nach den Erzählungen der Großmutter, als könnte meine Geburtsstadt Neapel nicht Teil dieses aus Bel Paese und Pinocchios und Fruchtbonbons bestehenden Italien sein. Neapel, das ich mir einmal vorstellte wie einen vergoldeten Pfeil, auf die Sonne gerichtet von einer blonden Gottheit, die mein Onkel war – der Sohn der Großmutter –, dann wieder wie ein Fest der Glühwürmchen über dem Meer oder aber den Klöppelspitzen ähnlich, die den Kragen meiner Großmutter zierten, und ihrer Stimme, wenn sie mir Märchen erzählte.

Jedesmal, wenn wir von Signora Facchi nach Hause kamen, beklagte sich Mamita im Wohnzimmer bei Papito darüber, daß keine der Damen sich für Literatur interessiere und man nur über eitle Dinge sprechen könne.

Sie holte die *Feenhände* aus der Tasche und warf sie verächtlich auf den Tisch. Mit großer Behutsamkeit dagegen wickelte sie aus einem Stück Zeitungspapier den Ableger einer seltenen Sukkulente, den Signora Facchi ihr geschenkt hatte, und sagte zu Papito: »Begleite mich in den Garten, ich will ihn gleich einpflanzen.« Papito lächelte froh und folgte ihr. Wenn er so lächelte, glich sein sorgfältig rasiertes Gesicht mit der glatten Haut dem des Jadebuddhas, den er aus China mitgebracht hatte und der auf der Marmorplatte seines Nachttischs stand, obwohl Mamita sagte, er sei schrecklich geschmacklos.

Ich suchte meinen Rechen und mein Schäufelchen, um Mamita zu helfen, fand sie aber natürlich nicht. Was werden die »ausländischen Nationen« über mich sagen? dachte ich. Als ich wiederkam, hatte Mamita das Pflänzchen schon in die Erde gesteckt. »Gib ihm ein bißchen Wasser«, sagte sie zu mir. Ganz langsam ließ ich das Wasser aus meiner Gießkanne rinnen, um so lange wie möglich bei dem Pflänzchen zu sein und bei Mamita.

Ich fand, Mamita hätte nur das tun dürfen: sich um Blumen und Pflanzen kümmern, mit mir an ihrer Seite. Statt dessen kehrte sie sogleich ins Wohnzimmer zurück. Sie und Papito saßen einander gegenüber, rauchten und lasen Zeitung. Sie sprachen über den Krieg. Sie sprachen über den Krieg und lächelten; und jedesmal, wenn ich bei diesen Gesprächen dabei war, flüchtete ich aus dem Zimmer. Nur mit der Großmutter konnte ich über den Krieg sprechen, während ich mein Gesicht in ihren Röcken verbarg.

Die Oleandervilla gehörte Doktor Pynia. Für Besuche dort mußte ich immer ein Wolljäckchen anziehen, weil die Villa wie unter Grün begraben war und es früh feucht wurde. Man erreichte sie über eine schmale Allee, gesäumt von dichtstehenden Oleanderbüschen. Und besonders die Oleanderbüsche, vor denen ich mich, so wurde mir gesagt, in acht nehmen sollte, weil sie giftig waren, schienen mir wahrhaftig geeignet, die Allee zum Haus eines Arztes zu schmücken. Doch diese Allee hatte noch eine andere Eigenheit: Sie war nicht gerade wie alle anderen Alleen, die direkt zur Eingangstür führten. Vom Tor an der staubigen Nationalstraße aus schlängelte sie sich wie eine Spirale um das ganze Haus herum, dessen Fassade der Lage wegen zu der von der Nationalstraße abgewandten Seiten hin ausgerichtet war. Diese spiralförmige Allee vermittelte mir zusammen mit dem tiefen Schatten und den in die Felsen über der Villa gehauenen Höhlen, die in alten Zeiten von

Einsiedlern bewohnt waren, den Eindruck, in ein Schneckenhaus einzudringen. Und von innen war das Gebäude genauso, wie ich mir das Haus einer Schnecke vorstellte, die ja ein nachdenkliches, seßhaftes Tier war. Nichts erinnerte darin an die weißen, sonnenhellen Zimmer von Son Batle. Außen war die Villa in einem gotisch-arabischen Stil gehalten, und die Fensterscheiben aus gelben, roten und blauen Sechsecken erfüllten die Zimmer mit regenbogenfarbenem Halbschatten. Das Haus war in viele kleine Zimmer unterteilt, und überall gab es niedrige Diwane mit Fransen, schwere Vorhänge an den Türen, Kissen und Kaschmirstoffe, Tische und Stühlchen mit gedrechselten Beinen, getriebene Messingtabletts voller seltsamer Tassen und Schalen. Außerdem waren ganze Wände mit Büchern bedeckt.
Die Blumen, Kräuter und Pflanzen in den Vasen waren nicht frisch, sondern getrocknet, es schien, als durchwehte sie der Klang des Herbstes.
Der Doktor war nie zu Hause, das wußte ich schon, bevor wir aufbrachen, sonst wäre ich gar nicht mitgegangen, da ich befürchtete, ich würde mit List zu einer Untersuchung gezwungen. Doch er untersuchte mich nur in meinem Zimmer oder in seiner blaßgelben Praxis in Ciutat.
Die Frau des Doktors war sehr fett und quirlig. Sie hatte eine dunkle, glänzende Haut, die Augen waren mild und so vorstehend, daß es aussah, als wollte sie sie den Besuchern zum Geschenk anbieten. Deshalb empfand ich, wenn sie mir ein Löffelchen voll mit einer ihrer Konfitüren reichte, einen leichten Ekel, weil mir war, als sähe ich auf dem Löffelchen eins ihrer Augen. Obwohl die Señora einer niedrigeren Schicht angehörte als die Leute, mit denen meine Eltern gewöhnlich Umgang pflegten, sah Mamita sie sehr gern, weil sie mit ihr über Literatur sprechen konnte.

Die Señora hatte nämlich in ihrer Jugend Philosophie studiert und sogar ein paar *ensayos* geschrieben.
Einmal hörte ich, wie Señora Pynia zu Mamita sagte: »Ich habe gerade einen Essay fertiggestellt, aber die Zensur erlaubt mir nicht, ihn zu veröffentlichen, weil der Titel lautet: *España como preocupación.*«
Ein andermal hörte ich dagegen Mamita zu Señora Pynia sagen: »Mein Cousin hat mir in einem Päckchen, das er dem diplomatischen Kurier mitgegeben hat, aus Neapel ein gerade erschienenes französisches Buch geschickt, *Die großen Friedhöfe unter dem Mond* …«
»Still, still«, unterbrach Señora Pynia sie, »das Buch ist verboten …«, und warf einen Blick in meine Richtung.
Ich tat, als hätte ich nichts gemerkt. Denn ich wußte schon, daß Mamita bei Señora Pynia immer über verbotene Sachen redete. Vielleicht besuchte ich sie deswegen so gern. Jedenfalls verbanden sich ihre *ensayos* in meiner Wahrnehmung lange Zeit mit ihrem bizarren Gebäck – trocken, aber gehaltvoll: mit Mandelsplittern, Feigenstückchen, Sultaninen, Pistazien –, mit den aromatischen Konfitüren, dem harten und weichen Nougat, den widerlichen, in Oblaten gewickelten Bonbons, die sie selbst machte.
Señora Pynia hatte eines Tages geäußert, daß ich in dem weißen Kleid, das ich anhatte, aussähe wie »eine soeben aus der Bibel entsprungene Tochter von Rahel«. Und um ihr eine Freude zu machen, kleidete mich Mamita von da an für die Besuche bei ihr immer in weißen Pikee.
Dann schenkte sie mir einmal einen Messingarmreif in Form einer gewundenen Schlange, der mir am Handgelenk zu weit war. Sie schob ihn an meinem Arm hinauf bis fast unter die Achsel und sagte: »Wenn er nicht mehr herunterrutscht und am Ellbogen hängenbleibt, wirst du

ein junges Mädchen sein. Und wenn du ihn nur noch am Handgelenk tragen kannst, wirst du eine erwachsene Frau mit vielen Kindern sein.«

Ihre Gelees und Sirupe hatten es auf die Reinheit meines Kleides abgesehen, mehr als alles andere aber bedrohte der schöne Obstgarten hinter dem Haus die Makellosigkeit meiner Garderobe, in den sie mich schickte, um Pfirsiche und Kirschen zu pflücken. Ich machte mich schmutzig. Am gemeinsten von allen waren die Pfirsichflecken, am beunruhigendsten die von Kirschen, am unschuldigsten die Grasflecken. Señora Pynia begleitete mich hüpfend in ihre Küche, die einem Labor glich – überall Regale voller Gläser mit Eingemachtem, in Weingeist eingelegten Früchten, Pülverchen und Salzen –, und rieb den Stoff mit einem angefeuchteten Lappen. Für jede Sorte Flecken wußte sie ein anderes Mittel – dessen Rezept sie dann an Mamita weitergab –, so daß es mir vorkam, als übte sie, wenn auch auf andere Art, den gleichen Beruf aus wie ihr Mann, und darum nannte ich sie »die Kleiderdoktorin«.

Der Sohn der Pynias, der Arzt in Barcelona war, ging dort, wie ich Papito Mamita hatte zuraunen hören, einer geheimen und verabscheuungswürdigen Tätigkeit nach, die »subversive Propaganda« hieß. So bildeten die ärztliche Kunst, die subversive Propaganda und das Entfernen von Flecken auf Kleidern, zusätzlich zu dem Herstellen seltsamer Süßigkeiten und dem Verfassen von *ensayos de Filosofia*, für mich ein einziges zähes Geheimnis, ähnlich dem, das in Schneckenhäusern und in jener Villa verborgen war.

In die Villa Van Loo brachten sie uns dagegen im Spielanzug und mit weißen Hütchen. Im Auto standen zwischen Carlito und mir immer zwei große Taschen mit Handtüchern, Bademänteln, Badeanzügen, Kleidern zum Umziehen, Pullovern. Auf dem Boden vor dem Sitz zwischen unseren Beinen lagen Eimerchen und Rechen, Bälle und Schwimmreifen. Wir fuhren frühmorgens los, weil die Villa auf der anderen Seite der Insel lag, so weit draußen, daß es dort nicht einmal mehr Pinien gab, sondern nur Felsen: Die Villa stand steil über dem Meer.

Die Van Loos, sagte Mamita zu mir, waren »moderne Herrschaften«. Die Wände ihres Hauses waren fast ganz aus Glas, große gelbe Leinenvorhänge schützten die Räume vor der Sonne. Die Kinder machten ihre Betten selbst und fegten ihre Zimmer mit kleinen Reisigbesen; sie hatten jeder einen kleinen Eimer, einen kleinen Putzlappen für den Fußboden und einen kleinen Flederwisch zum Staubwischen. Bei ihnen wurde nicht im Eßzimmer gegessen, sondern in der großen Küche, die sich an einem Ende sogar in ein Wohnzimmer verwandelte. Sie legten auch keine Tischdecke auf, sondern jeder hatte ein Rechteck aus Bast unter seinem Teller. »Ja«, sagte Mamita, »das ist eine moderne Familie. Holländer.« Die Kinder der Van Loos waren blond und sommersprossig, sie trugen gelbe oder grüne Söckchen und Gummisandalen. Alles dort schien von anderer Art, anderer Rasse, aus anderem Material gemacht. In einem großen Tonkrug standen drei Sonnenblumen, die fast bis an die Decke reichten. In den Keller ging man mit einer elektrischen Taschenlampe. Ich hatte noch nie eine solche Taschenlampe gesehen. Signor Van Loo besaß einen Gummianzug zum Tauchen.

Als ich zum erstenmal zu den Van Loos kam, servierte Signora Van Loo uns Kindern eine Tapiokasuppe. Mir war, als schluckte ich ihre im Wasser zerlaufenen Sommersprossen; und die leicht gummiartige Brühe ähnelte all den neuen Gegenständen – elektrisch, aus Glas oder Gummi –, die über das Haus verteilt waren. Danach gab sie uns ein Brötchen mit Käse und Schinken und eine gelbe Rübe.

Nach dem Essen legte sie uns in blaue Stockbetten, übereinander. Sie ließ einen Rolladen herunter, der wie ein grüner Wasserschleier lautlos herabglitt, und schloß die Tür. Alles in diesem Zimmer schloß so hermetisch, daß es wirkte, als sei tiefe Nacht. »Carlito!« flüsterte ich. »Schhhh!« machte eins der Van Loo-Kinder. »Wir müssen jetzt schlafen!« Und dieses unumstößliche »müssen« zerriß das geheime Einverständnis, das ich in dem sachten, zischenden »Schhhh« zu erkennen gemeint hatte.

Ich leckte mir mit der Zunge über den Arm, um etwas zu schmecken. Aber die Haut war nicht salzig. Ich hatte vergessen, daß sie uns nach dem Baden im Meer geduscht hatten. Sie schmeckte auch nicht nach Brunnenwasser – dieser leicht faulige Geruch nach Tiefe. Sie schmeckte nach nichts. »Carlito!« flüsterte ich erneut. Niemand antwortete. Draußen begann ein Motor zu dröhnen. Jetzt schrauben sie einen Propeller ans Haus, dachte ich, und bringen es fort. Das ganze Meer und der Himmel des Vormittags brausten und schäumten rund um den Propeller. Dieses Himmelblau und dieser weiße Schaum waren schlimmer als die Dunkelheit, sie waren keineswegs gefräßig, sondern nur dumme, aufgeblasene Haltlosigkeit. Wie ein Affe glitt ich an der Stange des Stockbetts hinunter, blieb vorsichtig stehen, der schmale Lichtstreifen unter der Tür leitete mich. Ich drückte die Klinke herunter.

»Mi niña es un poco nerviosa«, sagte Mamita zu Signora Van Loo, als sie mich sah. »Leg dich auf den Teppich und schlaf«, befahl sie mir dann. Ich machte mich auf dem orangefarbenen Teppich so flach, daß ich fast darin verschwand, um

nicht aufzufallen. Ich tat so, als schliefe ich lange. Das starke Licht schmerzte mich in den Augen. Hier ist alles gelb oder schwarz, dachte ich, ich will mein Zimmer, das aus Spitze ist.
Um fünf wurden wir angezogen, Anita und mich steckten sie in Kleidchen aus bedruckter Baumwolle, auf Anitas waren kleine Hunde, auf meinem Tulpen. Sie setzten uns an den Küchentisch, bewirteten uns mit Orangensaft und Apfelkuchen. Wir hatten alle einen Sonnenbrand. »Ihr dürft jetzt nicht in den Garten«, sagten sie zu uns, »später, wenn die Sonne untergeht, könnt ihr hinaus.« Und sie legten uns mitten auf den Tisch ein Spiel mit komplizierten Regeln, die eines der Van Loo-Kinder uns erklärte. Anita dagegen gaben sie bunte Holzringe, die man übereinander auf einen Stift steckte. Signora Van Loo strickte mit dicken Nadeln und dicker Wolle. Mamita rauchte. Sie sprachen über den Prado. *»¡Extraordinario!«* sagte Mamita. *»¡Que maravilla!«* sagte Signora Van Loo. Das Licht, obgleich von den gelben Vorhängen gedämpft, war noch stark, meine Haut brannte, mich ärgerte das komplizierte Spiel, und Schauer liefen mir über die Beine, ich dachte an diesen *prado*, von dem sie sprachen, sah vor mir einen frischen, grünen Rasen im fernen Madrid und glitt darüber hin wie eine Feder, die die Brise übers Meer trägt. Ich schied aus dem Spiel aus: Während ich wartete, daß die Reihe wieder an mich kam, legte ich einen Moment lang den Kopf auf den Tisch. Mamita weckte mich, indem sie mich leicht am Arm schüttelte, wobei sie zu Signora Van Loo sagte: »Wie Sie sehen, ist meine Kleine ein bißchen launisch.«
Am Ende des Besuchs schenkte Signora Van Loo Mamita einige besondere Pflänzchen, die auf den Felsen am Meer wuchsen. Signor Van Loo hob vor unserem Auto eine

weiß-rot gestreifte Stange, die das Ende der Allee anzeigte. Er lächelte still, mit der Pfeife in der Hand. »Signor Van Loo«, sagte Mamita im Auto, »ist ein moderner Mann, er deckt den Tisch, und morgens macht er den Toast für die Kinder.«

Mehr oder weniger lief alles immer so ab wie bei diesem ersten Mal. Eines Tages dann begann Papito, gleich hinter der Kurve auf der geraden Strecke mit dem Lenker Faxen zu machen. Durch alle Fenster kam der Staub herein. Mamita kreischte erschrocken. »Hör auf, hör auf, die Kinder sind dabei!« schrie sie. Carlito und ich dagegen feuerten ihn begeistert an. Die Müdigkeit, die mich im Hause Van Loo immer überkam, war verflogen. Mamita hielt sich fest, wo sie konnte, doch auch sie lachte. Dann wurde Papito wieder ernst. »Jetzt, da Italien in den Krieg eingetreten ist, werden wir die Beziehungen zu den Van Loos abbrechen müssen«, sagte er zu Mamita. »Wieso?« fragte ich. »Weil ihr Land nicht zu unseren Verbündeten gehört.« »Wirst du mir dann ein Gewehr kaufen?« mischte sich Carlito ein. Ich fühlte mich plötzlich aus dem Gespräch ausgeschlossen. Ich sah die Van Loo-Jungen mit Helmen auf dem Kopf vor mir, die ihnen über die sommersprossigen Wangen rutschten. »Glaub bloß nicht«, sagte ich zu Papito, »daß ich Krankenschwester werde.« »Und was willst du sonst machen?« fragte mich Papito. »Ich werde mich im Dunkeln unter Großmutters Bett verstecken.«

Dann unterhielten sich Mamita und Papito weiter über den Krieg. Carlito tat, als würde er mit einem Gewehr schießen. Bei jedem Holpern des Autos war mir, als streifte ein Engelsflügel, kalt und metallisch, das Blech des Dachs. »Ich friere«, sagte ich zu Mamita, die mir einen Pullover reichte.

In einem himmelblauen Wollkleidchen mit Glockenrock, in dem ich mich lange in der Eingangshalle im Kreis drehte, um mich aufzuwärmen und zu fliegen, weil Mamita noch nicht fertig war, und einem Mantel nahmen sie mich am 24. Dezember zum Fest der Italiener mit. »Wer weiß, was es für schöne Geschenke gibt!« sagte ich im Auto zu Carlito. »Es gibt nur Bonbons und Mandarinen«, sagte Mamita. »Warum nur Bonbons und Mandarinen?« fragte ich. »Weil auch die Soldaten kommen, und die sind arm«, sagte Mamita. »Wir können nicht zeigen, daß ihr so viele Geschenke bekommt.«

Ich hatte eiskalte Füße. Noch nie war der Winter in Ciutat so kalt gewesen. Seit Tagen schwärmten die Leute, es werde schneien – das hatte ich noch nie gesehen und wartete begierig darauf. »Wird der Krieg uns wenigstens Schnee bringen?« fragte ich Mamita mit Tränen in den Augen. Aber Mamita sagte: »Sei still und sitz gerade. Und benimm dich auf dem Fest, mach deinem Vater Ehre.«

Mit rotem Ölpapier verkleidete Lampen erleuchteten die Festräume, die voller Menschen und voller Rauch waren. Signora Facchi und Linda lächelten den Offizieren und Soldaten zu. Auch die winzig kleine Italienischlehrerin war da, mit einer grünen Feder am Hütchen und violett angemalten Lippen, die Handtasche unter den Arm geklemmt, als wüßte sie nicht, wohin damit. »Liebes Kind«, sagte sie und kramte aus dem Klapptäschchen eine Anstecknadel in Form einer Schleife hervor, die sie mir an die Brust heftete. Carlito dagegen gab sie einen kleinen Zinnelefanten.

Hand in Hand schlüpften Carlito und ich zwischen den Beinen hindurch wie durch einen Wald, unter einer Wolke von schimmerndem Rauch. »Laß uns zum Baum gehen«, drängte ich. Der Weihnachtsbaum stand hell erleuchtet in einer Ecke des dunkelsten Zimmers, behängt mit bunt eingewickelten Bonbons, Pralinen, Mandarinen und Glitzerschmuck, und Glaskugeln in allen Farben schimmerten wie gefrorene Früchte. Als wir unter dem Baum standen, beugte ich mich zu Carlito und gab ihm einen Kuß. Er drehte sich um und küßte mich auf die Nase. »Carlito«, sagte ich, »versprich mir, daß du nicht Soldat wirst.« Carlito lächelte blöde. Ich ergriff eine Kugel aus weißem Glas. »Wenn du es mir nicht versprichst, zerdrück ich sie«, drohte ich. Carlito sagte: »Ich will Soldat werden.« Ich preßte die Finger zusammen, die Kugel zerbrach, die Hand blutete. Ich nahm eine andere Kugel. »Carlito«, sagte ich, »versprich, daß du nicht Soldat wirst.« Carlito sah sich erschrocken um, niemand war da, wir waren allein im Zimmer. »Ich verspreche es dir«, murmelte er und fing an zu weinen. In Tränen lief er jemanden holen, sagte zu der Italienischlehrerin, ich hätte eine Kugel kaputtgemacht, um ihn zu ärgern. Mamita kam ins Zimmer und wollte mich ohrfeigen, hielt sich aber zurück aus Furcht, ich würde schreien. »Gehen Sie nur, Signora, gehen Sie«, sagte die Lehrerin, »ich kümmere mich darum.« Und sie nahm mich mit auf die Toilette, um mich zu waschen; mit spitzen Fingernägeln zog sie die Glassplitter heraus, die sich ins Fleisch gebohrt hatten. »Du freches Ding!« flüsterte sie. »Ich dachte, es wären Schokoladenkugeln«, versuchte ich, mich herauszureden. »Du Naschkatze!« sagte sie.

Während des ganzen Fests nahmen uns die Soldaten immer wieder auf den Arm. Das Uniformtuch kratzte mich an den Beinen. »Ich«, sagte ein Soldat, »habe auch drei Kinder zu Haus, in Sizilien.« Sein Atem roch nach Zahn-

pasta. Seine Stimme aber klang nach Erde und fernen, eifersüchtig gehüteten Dingen.
Signor Facchi klopfte den Soldaten unentwegt auf die Schulter, geleitete sie zum Büfett, drückte ihnen Gläschen mit Wermut in die Hand.
»Und wen hast du in Italien?« fragte mich plötzlich ein Soldat. »Die Großmutter«, erwiderte ich. »Was macht deine Großmutter?« »Sie betet«, antwortete ich. Und er: »Alle Frauen in meinem Dorf beten.« »Werden wir den Feind besiegen?« fragte Carlito dazwischen. »Natürlich«, antwortete ihm ein Flieger. »Und wenn du groß bist, machen wir einen noch viel größeren Krieg.«
Ich hörte Linda Facchis Lachen, es klang wie ein Glas Wermut, das zerspringt. Sie sei ganz verrückt nach den Offizieren, sagte Mamita. Ich stellte mir Linda vor, wie sie ganz verrückt mit einem Offizier auf ein dröhnendes Flugzeug zurannte, der Offizier schwenkte die italienische Fahne, Linda dagegen ein Frotteehandtuch. »Das Mädchen ist zu flink«, sagte Mamita zu Papito. Und ich stellte mir Linda vor, wie sie flinker rannte als der Offizier und ihn mit großen Gesten von der Gangway aus rief, der Rock reichte ihr bis zum Knie, und die langen und weichen gebräunten Beine sahen aus wie zwei seltsame, beunruhigende Meeresgeschöpfe vor dem blauen und glänzenden metallischen Hintergrund.
Dann zogen sie uns Mäntel, Handschuhe, Mützen und Schuhe an. »Gib mir einen Kuß«, sagte ein Soldat zu mir. »Mach den Römischen Gruß«, sagte ein Offizier zu Carlito. »Frohe Weihnachten! Frohe Weihnachten!« riefen alle.
Im schwarzen Tuchanzug war Papito im Zimmer mit dem Baum stehengeblieben. Mit seinem Buddhalächeln sagte er: »Bitte, bedienen Sie sich!« Und Weihnachten, mit sei-

nem Sack voll Schnee, in Erwartung der Nacht, um ihn über der Welt auszuschütten, verteilte einstweilen im Rauch farbenfrohe Bonbons und Mandarinen.
Auf der Straße, während wir auf das Auto warteten, kuschelten Carlito und ich uns eng aneinander, um uns zu wärmen. Traurig geworden, sah ich mich um. Der Schnee war nicht gekommen.

Die Ankunft der Großmutter

Was für Seelen waren die Knöpfe? Das fragte ich mich lange, denn daß die Knöpfe Seelen waren, stand außer Zweifel, vor allem die runden mit ihrem kleinen Schimmern. Die quadratischen mit den Farben, die Schachbrettmuster bildeten, oder auch die sechseckigen oder dreieckigen waren belanglose, verstümmelte Seelen, wie ich mir die der Damen vorstellte, die Mamitas Salon bevölkerten. Waren es Holzknöpfe, in Form kleiner blauer Elefanten zum Beispiel, waren es Miniaturseelen, ähnlich denen von Kindern in Anitas Alter. Es gab auch welche mit rot-weißen Kreisen: Seelen von Kindern, die Stierkampf spielten. Und rote in Herzchenform: Seelen von kleinen Mädchen aus dem Märchen. Manche hatten zwei einfache Löcher in einem Kreis in der Mitte und sahen aus wie Seelen von Margeriten, die nach dem Regen auf dem Feld keimten. Es gab winzige Knöpfchen, die dicht an dicht aneinandergenäht waren, vom Nacken den ganzen Rücken hinunter, Knöpfchen in Form kleiner Perlen, die wie eine Schulklasse auf dem Weg zur Messe aussahen, angeführt von einer alten Lehrerin. Und die waren die Seelen der fünf Schwestern, von denen mir die Großmutter immer erzählte.

Eigentlich hatte die Großmutter vier Schwestern, aber wenn sie von sich selbst als Mädchen sprach, war es, als redete sie von einer anderen, und obgleich sie leibhaftig

neben mir saß, verwandelte sie sich in eine jener fernen Schwestern. Die Großmutter, behaupteten ihre Schwestern, sei »verrückt«, sie entfessele Stürme im Wasserglas. »So reden sie über mich«, beklagte sich die Großmutter. Tante Egle, die schönste, die eleganteste von allen, hatte beschlossen, den Mitmenschen ein Schauspiel zu bieten, wie auf einer Bühne. Sie sagte: »Das Leiden müssen wir verstecken, wir müssen lächeln, immer lächeln. Wenn wir einen Raum betreten, müssen wir immer so tun, als brächten wir einen Korb voll Blumen, voll Rosen.« Tante Celeste dagegen war wie aus Spitze, eines jener komplizierten Spitzengebilde, denen eine Frau ihr ganzes Leben widmet, so daß die Spitze am Ende der Arbeit nicht mehr weiß und leuchtend ist, sondern hier und da vergilbt. Tante Ada war in ihrer Jugend ein schöner Schwan, der übers Wasser glitt, aber das Wasser war gefroren, und sie war steckengeblieben. Mir schien es, als hätten diese Frauen, die in den Erzählungen der Großmutter die Gestalt von Wassergläsern, die Stürme bannen können, von Rosenkörben, Spitzen und Schwänen annahmen, ihre Seelen in Form kleiner, bemalter Hornknöpfchen übers Mittelmeer bis zu mir fliegen lassen, um mich kennenzulernen, denn ich wurde ermahnt, diese Knöpfe nicht zu verlieren, wenn sie vom Kleid abgingen.
»Haben alle diese Tanten auch Kinder?« fragte ich die Großmutter. »Die sind schon erwachsen«, antwortete sie mir, »so wie deine Mutter.« Darum, dachte ich, waren die Seelen dieser Tanten freundlich, weil sie, obwohl sie seit langer Zeit von ihren Kindern getrennt waren, ihnen immer noch Küsse und Zärtlichkeiten sandten.
Auch Dida hatte eine Mutter, die bei ihr im Hof in einem Zimmer wohnte. Doch deren Seele konnte sich nicht in

einem Knopf versteckt haben, denn als ich einmal versuchte, den Knopf, der ihre Wolljacke schloß, zwischen die Finger zu nehmen, fauchte sie mir ins Gesicht wie eine Hexe, da sie glaubte, ich wolle ihn abreißen, und zog die Jacke noch enger um sich. Sie fror nämlich ständig und stellte sogar im August ein Kohlebecken neben ihre Füße. Sie schenkte mir sehr trockene, selbstgebackene Plätzchen mit wenig Zucker und viel Mandeln. Sie bot mir auch kleine, überaus süße Aprikosen an, die von einem Baum hinter dem Hof stammten. Ich reihte die Kerne auf einer Treppenstufe auf und öffnete sie mit einem Stein. Ab und zu war ein Samen dabei, der nicht bitter schmeckte. In diesem Kern war die Seele der Alten. In den bitteren Samen dagegen steckte die Seele von drei alten, längst verstorbenen Frauen aus Ciutat, bei denen Didas Mama beinahe »einen Rosenkranz von Jahren« gearbeitet hatte und die ihr, als sie sie fortjagten, nicht einmal ein Taschentuch geschenkt hatten.

Die Knopflöcher oder die Schlaufen aus Nähseide, die dazu dienten, die Reihen von Knöpfchen an meinen Kleidern zu schließen, erinnerten mich dagegen ständig mahnend daran, wer ich war, wer meine Großmutter und meine Tanten waren und wie man lernen mußte, sich zu unterscheiden, um sich vor den »ausländischen Nationen« nicht zu blamieren. Mamita, auf dem Sofa sitzend, spielte immer an meinen Knöpfen herum, während ich vor ihr stand und ihr etwas erzählte. Und für mich klang das Klappern ihrer Fingernägel auf den Knöpfen wie ein Glöckchen. Ich drehte mich um, die Tür ging auf, ein Herr trat ein und sagte: »Guten Tag, wie geht es Ihnen?« »Und wie geht es Ihnen, mein Herr?« Meine Gespräche mit Mamita verwandelten sich immer in diese Litanei aus Floskeln.

Wenn ein Knopf fehlte, war ich hoch erfreut. Ich dachte: Durch diese Lücke kann ich immer davonlaufen. Ich werde davonlaufen, dachte ich, und in den Garten gehen, mich mit Erde schmutzig machen und mit Carlito spielen, daß wir uns gegenseitig naß spritzen.

Einmal brachte mir die Großmutter aus Neapel ein schönes Kleid mit. Es war so schön, daß sie es nicht in den Koffer quetschen wollte, sondern es sorgsam in eine lange, mit Bindfaden verschnürte Pappschachtel packte. Um es besser tragen zu können, hatte sie in der Mitte einen Griff aus geflochtenem Bindfaden angebracht. Die Großmutter traf abends in Son Batle ein. Ich hatte mich geweigert, ins Bett zu gehen, und erwartete sie auf dem Balkon. Es war Februar. Es war Vollmond. Das ganze Land unterhalb von Son Batle schimmerte weiß; der Mond verwandelte die blühenden Mandelbäume in eine über die Felder gebreitete Mantille. Die in den Bäumen hockenden Käuzchen wachten an der Straße, um mir Großmutters Ankunft anzukündigen. Das Auto kam mit brennenden Scheinwerfern hinter den Zypressen hervor, zeichnete auf dem Vorplatz eines jener umgekehrten Fragezeichen, die in der kastilischen Sprache verwendet werden. Ich dachte: Wenn ich jetzt runterrenne, schaffe ich es nicht, die Großmutter aus dem Auto aussteigen zu sehen. Ich blieb noch ein paar Augenblicke auf dem Balkon stehen. Ich sah, wie Pedrón den Koffer aus dem Kofferraum holte. Papito trug einen zweiten, kleineren. Die Großmutter stieg aus dem Auto. Sie war so schwarz, daß sie sich kaum von dem Schatten der Zypressen abhob, aber in ihrer Hand leuchtete die weiße Schachtel, die allein in der Nacht auf mich zuzuschweben schien. Dann trat die Großmutter aus dem Schatten der

Zypressen heraus, auf meinen Ruf hin hob sie das Gesicht, es war unter dem Hutschleier verborgen, doch kam es mir vor, als sähe ich ihre Augen glitzern wie zwei Fische im Netz. Ich eilte die Treppe hinunter. An der Tür zum *patio* hielten sie mich auf: Ich durfte mich nicht erkälten. »Großmutter«, brüllte ich, jemand zog mich heftig am Arm. »Großmutter!« Die Os und Ms zerstoben im leichten Echo des *patio* wie die Pusteblumen, wenn ich darauf blies. Ich lief zu ihr und stieg triumphierend an ihrer Hand die Treppe hinauf. Mir war, als ginge ich wie im Traum und als würde die Treppe niemals enden.

Im Schlafzimmer stand Antònia. Mamita hatte sie geschickt, damit sie der Großmutter half, den Mantel auszuziehen, den Schleier abzunehmen. Die Großmutter wehrte sich, sie glich einem stolzen, großen Vogel auf einem Ast: »Ach was«, sagte sie, »ich komme allein zurecht.« Sie öffnete die Handtasche, nahm aus einem knisternden Papier eine Handvoll Dragées und gab sie Antònia. »Geh nur, geh!« sagte sie. »Geh dich ausruhen!«

Dann begann die Großmutter, mit Mamita zu tuscheln. Ich hörte, wie Mamita sagte: »Nein, nein, nicht heute abend.« Sie wollte nicht, daß die Großmutter die Schachtel aufmachte, da sie fürchtete, ich würde mich noch mehr aufregen. Aber die Großmutter hatte einen Fehler gemacht, als sie ins Haus trat; bevor wir die Treppe hinaufgingen, hatte sie mit dem Zeigefinger auf die Schachtel gedeutet und mir zugelächelt. Mamita beharrte auf ihrem Nein. »Gib Großmutter einen Kuß und geh schlafen.« Doch ich sagte: »Ich will bei Großmutter schlafen.« Ich wußte, daß Großmutter, sobald wir allein im Zimmer waren, die Schachtel öffnen würde. Ich wußte, daß mich nur Großmutters fieberhaftes Geplauder beruhigen konnte.

Mamita gab nach. Ich ging mit den beiden hinunter ins Eßzimmer.
Antònia hatte für die Großmutter eine konzentrierte Hühnerbrühe zubereiten lassen. Mamita war wie immer in großer Verlegenheit wegen dieses Abendessens. Die Großmutter aß abends Brotsuppe, doch Mamita erschien es ungehörig, sie mit einem so bescheidenen Gericht zu empfangen. Und wenn sie inzwischen auf ihr Gelübde verzichtet hätte? Oder, launisch, wie sie war, ihren Geschmack geändert hätte? Doch die Großmutter war eine geistreiche Frau. Sie nahm eine Scheibe Brot, brach sie in Stückchen und gab sie in die Brühe; das Huhn, den Salat und den Käse wies sie zurück. »Das genügt«, sagte sie, »du weißt doch, daß ich nur Brotsuppe esse.«
Nach dem Mahl diskutierte sie mit Mamita über den Krieg. Mamita sprach von Opfern und die Großmutter von Barbarei. Papito lächelte mit übergeschlagenen Beinen, rauchte, hielt mich im Arm und kitzelte mich unter dem Kinn, er nahm dieses Gerede nicht allzu ernst. »Was für eine Barbarei!« rief die Großmutter noch einmal, hob den Kopf und sah mit starrem Blick stolz vor sich hin, als wollte sie die Schuldigen herausfordern. Um sie zu trösten, sagte Mamita unvermittelt zu ihr, daß Papito zum *Commendatore d'Italia* ernannt worden war. Kokett wandte sich die Großmutter Papito zu, auch wenn sie gegen den Krieg war, gefielen ihr doch Uniformen, Auszeichnungen, Medaillen, das Theater gefiel ihr. Papito lächelte undurchdringlich. Aber er blies Rauchkringel in die Luft. Er ließ mich auf seinen Knien reiten und sagte:

Bauch, Bauch, Bäuchlein
Papa hat ein Töchterlein

Das plappert den lieben langen Tag
Ein Mundwerk wie ein Mühlenrad.

»Mach ein Gedicht für die Großmutter«, sagte ich zu ihm. »Laß mich mal nachdenken«, antwortete er. Und während er überlegte, machte er mit der Zigarette wieder Kringel, und ich steckte den Finger hinein. Dann plötzlich blies er mir den Rauch ins Gesicht und sagte:

Trägt lange Röcke, ißt nie Butter
Wer mag das sein? Die …

»… Großmutter!« antwortete ich. Und er fuhr fort:

Bringt Geschenke
Ist nicht Weihnacht
Ist wohl der Nikolaus da?
Nein, die Großmutter …

»… Luciana«, antwortete ich. Und Papito wieder, mit dem Finger auf Mamita und die Großmutter deutend, die sich unterhielten:

Kein Wort zu verstehen, reden, ohne zu rasten
wie hinten auf dem …

»… Postkutschkasten.« Das war ein beliebtes Spiel zwischen uns, Papito amüsierte sich, wenn ich mich bei diesem schwierigen Wort versprach. Während er jedoch so mit mir scherzte, hatte er einen Zettel aus der Tasche gekramt und kritzelte, strich aus, schrieb erneut. Dann wandte er sich, den Zettel erhoben, zu Großmutter und Mamita und sagte:

So schläfrig und so müde lehnt
Unsre Großmutter im Sessel nach all der Hast
Nun ruft das Bett zur verdienten Rast
Nach süßem Schlaf sich der Körper sehnt.

»Bravo!« rief die Großmutter aus. Mamita lächelte nachsichtig, aber verächtlich.

Endlich waren Großmutter und ich allein im Zimmer. Um sie nicht zu ermüden, zog ich mich ohne ihre Hilfe aus, und die Großmutter hatte, um mich zu ermuntern, ins Bett zu gehen, die Schachtel dort abgelegt. Erwartungsvoll setzte ich mich unter die Decken. Im Morgenrock und mit einem kleinen weißen Umhang über den Schultern zog sich die Großmutter die Haarnadeln heraus. Dann begann sie, ihre weißen, elektrisierenden Haare zu bürsten, die wie Rauch nach oben strebten. »Was hast du die ganze Zeit gemacht?« fragte sie mich. »Ißt du? Sagst du deine Gebete auf? Morgen werde ich eine Puppe für dich basteln und dir auch Kartoffelkroketten machen.« Sie schob mir ein schmales, langes Dragée in den Mund. »Da ist Zimt drin«, sagte sie, »nicht ausspucken. Die kommen aus Neapel.« Unterdessen hatte sie eine gewölbte, geschwungene, ziselierte silberne Schere ergriffen, und mir fiel die Musik ein, die man, wie mir erzählt worden war, im Zimmer des Verlobten der Señora von Son Batle vernahm. Sie schnitt den Bindfaden durch, hob den Deckel, das Seidenpapier knisterte, das Kleid kam zum Vorschein. »Aber das ist ja ein Brautkleid!« rief ich aus. »Es ist kurz«, sagte sie, »es ist kein Brautkleid.« Dann lächelte sie und fügte hinzu: »Es ist ein Ballkleid! Es ist tief ausgeschnitten!« Es war ein Kleid aus weißer Spitze, mit einem überaus feinen Unterkleid. Eine alte Frau hatte es gemacht, der die Großmutter eine Wohltat erwiesen hatte. »Schau nur, schau!« sagte sie. »Das ist kein Werk des Schweißes oder der bloßen Dankbarkeit, sondern der Liebe!« Und zur Erläuterung dieses Gedankens zeigte sie mir die winzigen Stiche, mit denen das Futter an den Seiten mit unsichtbarem Seidenfaden zusammengenäht war, und die Stoffkanten, so sorgfältig mit dichten Überwendlingsstichen versäubert, daß dort kein Fädchen hätte ausfransen können, und dann noch das Band, das den Ausschnitt des Kleides säumte und mit einer Schleife die Schulterträger miteinander verknüpfte. »Sieh dir das an«, sagte sie, »das ist kein Taft, kein Baumwollsamt, kein Damast, es ist hauchzarte Seide. So etwas habe ich noch nie gesehen, ich weiß nicht, wo in ganz Neapel sie das aufgetrieben hat. Aber vielleicht auch deshalb«, erklärte sie, »weil ich noch nie, für niemanden, so ein Band gesucht habe ... ich habe noch nie so viel Liebe gefühlt. Nur die Armen sind zu solcher Liebe fähig, vielleicht, weil sie das Leiden kennen«, fügte sie hinzu. »Und schau die Futterseide an! Sieh nur, welche Qualität!« Und zum Beweis hob sie die Spitze auf einer Seite ganz hoch, nahm den Unterrock in die Hand, knüllte ihn in der Faust zusammen und drückte fest. »Siehst du«, sagte sie, »er paßt in eine Faust. Und siehst du«, fügte sie hinzu, nachdem sie die Faust wieder geöffnet hatte, »er ist genau wie vorher, er knittert nicht. Nur reine Seide besitzt diese Eigenschaft.«

»Wann werde ich es anziehen können?« fragte ich. »Ich bin noch zu klein, ich gehe doch nicht auf Bälle.« Die Großmutter lächelte. »Morgen ist Sonntag, morgen ziehst du es an, um mich in die Messe zu begleiten.«

»Ist das keine Sünde?« fragte ich.

»Alles wird auf mich zurückfallen«, sagte die Großmutter.

Dann begann sie, mir viele Dinge zu erzählen, unablässig, um mich in den Schlaf zu reden. Unverändert wechselte ihre Stimme von den Märchen zum Lesen der Gebete. Däumling und Heiligemariamuttergottes kletterten gemeinsam eine junge Erbsenranke empor.

Am nächsten Morgen erwachte ich früh. Die Großmutter war schon angezogen und ging auf Zehenspitzen im Zimmer umher.

»Großmutter«, sagte ich zu ihr, »du kannst aufhören zu fliegen, ich bin wach. Gehen wir zur Messe?«

»Jetzt nicht«, erwiderte sie. »Ich nehme dich mit in die Zwölf-Uhr-Messe. Nicht aus Eitelkeit, Gott bewahre, sondern weil da mehr Jubel herrscht, und ich bin heute so froh.« Sie zog ein Buch aus dem Koffer: »Ich habe dir eine Fibel mitgebracht.« Und dann, weil sie dachte, daß mich das Geschenk traurig machte: »Aber auch noch etwas anderes.« Sie gab mir ein in weißes Seidenpapier eingewickeltes Päckchen in die Hand. Es enthielt ein Meßbuch; auf dem Einband aus Perlmutt war eine sitzende Madonna im Profil eingraviert, und der Mantel, der sie umhüllte, verlieh ihr das elegante Aussehen eines Vogels. Ich öffnete den goldenen Verschluß. »Ich kann doch nicht lesen«, sagte ich. »So lernst du es, deshalb habe ich es dir gekauft«, und damit gab sie mir noch ein Päckchen, in dem ein Rosenkranz war. Seine Perlmuttperlen waren an beiden Enden von Kelchen aus Goldfiligran umschlossen. »Du mußt nicht nur damit beten«, stellte sie klar. »Wenn du willst, darfst du ab und zu auch damit spielen; das ist eine läßliche Sünde, und alles wird auf mich zurückfallen! Gott verzeih mir«, fügte sie hinzu, »aber man soll Berufungen nie erzwingen. Meine arme Tante, die jüngste Schwester meines Vaters, wurde mit dreizehn Jahren mit Gewalt ins Kloster gesteckt. Diese Sachen«, sie deutete auf ihre Geschenke, »habe ich in der Via Duomo gekauft, kurz vor dem Foria-Viertel. Als Kind ging ich häufig dort vorbei, weil ich in der Nähe wohnte, und bewunderte die schönen Meßbücher und Rosenkränze, aber ich wußte, daß Mama mir nie so etwas gekauft hätte. Sie war so streng! Sie kaufte uns nur schwarze Rosenkränze und Meßbücher. Einmal brachte sie uns aus Assisi ganz schreckliche Rosenkränze mit, aus Olivenkernen. ›So werdet ihr Demut lernen‹, meinte sie. Und ich konnte ihr nicht sagen, daß sie häßlich waren, weil sie ja heilig waren und ein Geschenk, und auch, weil ich Mamas flammenden Blick fürchtete. Du kannst dir nicht vorstellen, wie dieser Blick war. Wie blaue, lodernde Flammen. Mama hatte tiefblaue Augen. Sie sah aus wie der Racheengel, und das glänzende graue Kleid, das sie trug, war wie aus Metall. Diese Rosenkranzperlen glänzten nicht, glitten nicht durch die Finger, verleideten einem das Beten, aber Mama versicherte uns: ›Wenn ihr zehn Jahre lang eifrig betet, werden die Kerne glänzen.‹ Und ich dachte an diese zehn langen Jahre, die vor uns lagen, und sagte mir: Mama will uns keine jungen Mädchen werden lassen, sie will uns gleich alt. In der Tat wiederholte sie uns ständig: ›Die Rosen des Lebens sind nur eitler Tand.‹ … Ich sag's dir ins Ohr … Meine Güte, jetzt bin ich siebzig und muß flüstern, als wäre sie noch da und könnte mich hören … Nun gut, wenn du wüßtest, was für Rosen wir waren, wir fünf Schwestern. Das ganze Foria-Viertel sprach von uns, so schön waren wir, sogar Lieder wurden uns gewidmet. Wie auch immer, als ich losgegangen bin, um diese Geschenke für dich zu kaufen, schien die Sonne, doch als ich aus dem Geschäft herauskam, hat sich der Himmel verdunkelt, man hörte es vom Meer her donnern, und wenig später gab es einen Wolkenbruch. So ist das Wetter in Neapel in der zweiten Februarhälfte und im März. Der Frühling kämpft mit dem Winter, die Wärme mit der Kälte, und gewinnen tut das Wasser. Ich hatte keinen Schirm dabei. Bevor ich losging, hatte dein Onkel zu mir gesagt: ›Nimm einen Schirm mit, es wird so werden wie gestern.‹ Ich habe geantwortet: ›Ja, gut‹, damit er sich nicht aufregt. Weißt du, dein Onkel, der Mann meiner Tochter, ist ein Pedant, ein Unglücksrabe, ein Piemonteser, und die Piemonteser, weißt du, die haben Italien ruiniert; wenn's nach ihnen ginge, müßten alle Italiener mit Uhr und Schirm herumlaufen! Hätten sie Garibaldi machen lassen, wär's ein Fest gewesen!

Kaum hatte er das Vorzimmer verlassen, habe ich den Schirm wieder in den Ständer zurückgestellt; ich, ich hasse Schirme. Wenn außerdem die Sonne scheint, warum das schlechte Wetter herbeirufen! Es bringt Unglück, mit Schirm herumzulaufen, wenn die Sonne scheint. Unheil gibt es schon genug!«

So plauderte die Großmutter, und ich hörte verzaubert zu. Mir schien, als wäre es das erste Mal, daß jemand mit mir sprach, denn die Großmutter redete nicht einsilbig mit mir, sie verstümmelte die Wörter nicht kindisch für mich, sie gab mir keine Befehle, sie schmeichelte mir nicht, sondern wandte sich wirklich an mich wie an eine Freundin. Vielleicht, weil sie sich inzwischen mit niemandem sonst mehr unterhalten konnte.

Dann, während wir den Feldweg entlanggingen, der zur Kirche führte, sagte ich zu ihr: »Schau, wie viele Schokoladenkügelchen!« »Aber das ist doch Schafmist!« antwortete sie. Ich beugte mich hinunter, als wollte ich ihn aufheben, zwischen Spiel und Verstellung. Die Großmutter wurde zornig. »Geh«, herrschte sie mich an. »Tritt nicht darauf, spring von Stein zu Stein.« Aber ich machte weiter. »Genug!« schrie die Großmutter plötzlich. »Ich habe eine Idee; wenn ich das nächste Mal aus Neapel komme, bring ich dir Pralinen in Kackeform mit. Ich bestelle sie bei Gay Odin. Aber wie soll ich das fertigbringen, ich weiß schon, daß ich mich schämen würde! Ich werde Onkel Chinchino darum bitten, der ist ein frecher Kerl. Oder ich mache sie selbst, aus Kastanien. Weißt du, daß sie in Neapel auch Bonbons in Form von Steinchen herstellen und Kohle aus Zucker und Häuschen mit Biskuitdach?«

So wurde Neapel in meinen Augen immer mehr zum siebten Weltwunder. »Erzähl mir von dem Brunnen!« flehte ich. »In Neapel, auf dem Börsenplatz, steht ein runder Brunnen«, begann die Großmutter, »der strahlenförmig unterteilt ist. Wenn ich als Kind daran vorbeikam, dachte ich: Das ist mein Haus, hier ist das Schlafzimmer, hier die Küche, hier die Speisekammer, und es waren noch Zimmer übrig, die wollte ich meinen Schwestern geben, außer der, mit der ich an dem Tag gestritten hatte. Für Mama reservierte ich nie ein Zimmer, nicht ein Mal. Mein Vater und mein Bruder dagegen würden, malte ich mir aus, im königlichen Palast wohnen und uns mit der Kutsche besuchen kommen. Die Pferde liefen schnell, doch mein Vater brachte sie, kaum die Stimme hebend, genau vor dem Brunnen zum Stehen mit Schaum vor dem Maul und dampfenden Nüstern.«

»Großmutter, warum heißt dieser Platz ›Börsenplatz‹?«

»Weil man in Börsen das Geld aufbewahrt. Und dort steht ein großer Palast, wo mit Geld gehandelt wird. Siehst du, früher bauten die Menschen Kirchen, jetzt bauen sie solche Börsen, Paläste für das Geld, weil ihr Gott das Geld ist.

Oder Banken. Apropos, morgen muß ich nach Ciutat auf die Bank zum Geldwechseln. Weißt du, auf der Bank von Ciutat liegt alles Geld in Kisten im Keller. Wenn Diebe kommen, springt ein Mechanismus an, und das ganze unterirdische Gewölbe füllt sich mit Sand. Und dann brauchen sie Tage, um die Kisten aus dem Sand auszugraben.«
In der Kirche dann tat ich so, als läse ich in meinem Meßbuch, zupfte mir den Schleier auf dem Kopf zurecht, schlang den Rosenkranz um meine Handgelenke, paßte genau auf, was die Großmutter machte, um sie nachzuahmen, stand auf, kniete nieder. Die Großmutter blieb lange knien. »Setz dich«, sagte sie zu mir, »du mußt keine Buße tun.« Aber ich setzte mich nicht. Werde ich es schaffen, fragte ich mich, bis zum Ende stillzuhalten? Seltsame, unbeherrschte Gedanken schwirrten mir durch den Kopf. Ab und zu versuchte ich, sie zu verscheuchen, indem ich zu Boden sah und das Gesicht im Schleier verbarg. Ich dachte: Wenn die Kacke der Schafe die Form von Schokoladenkügelchen hat, was macht dann das Lamm Gottes für eine Kacke? Ich sah es ganz weiß im Arm eines Jungen liegen und dachte: Wahrscheinlich Zuckerkügelchen.
Und wie ist wohl, fragte ich mich, die Kacke der Virgen del Pilar? Und stellte mir vor, sie hätte die gleiche Form wie die Eiszapfen, die vom Eisschrank herabhingen. Und die von der Morenita? Und ich stellte sie mir in Form von Goldstücken vor. Und die Gottes? Und ich schmiegte mich eng an die Großmutter vor Furcht, daß Gott mich bemerken könnte. Gottes Kacke konnte ich mir nur als Wölkchen vorstellen, in keiner anderen Form. Aber dann ist es ja gar keine Kacke, dachte ich. Es sind lautlose Fürzchen! Und ich lachte bei der Vorstellung dieses großen

Gottes, der nicht fähig war, etwas anderes zu machen als Fürzchen. Wenn ich das der Großmutter erzählte, dachte ich, würde sie mit ihrem Stock auf den Boden klopfen oder sagen: »Schweig! Du Schwatzbase!«

Die Großmutter hatte vor der Messe nicht gebeichtet, um mich nicht allein in der Bank sitzen zu lassen. Sie sagte mir, sie habe drei Tage vorher in Neapel gebeichtet. Am Ende des Gottesdienstes jedoch bat sie den Priester um einen Beichttermin.

»Warum geht Mama nie zur Beichte?« fragte ich sie auf dem Heimweg.

»Dein Vater und deine Mutter sind Ungläubige!« sagte sie, mit dem Stock auf die Erde klopfend. »Alle meine Kinder sind so! Aber noch vor Ende des Jahrhunderts werden Sodom und Gomorrha zerstört werden!! Ein schrecklicher Krieg wird kommen, und alle werden bestraft werden! O Gott«, fügte sie hinzu, »warum begnügst du dich nicht mit meinen Gebeten!«

»Großmutter«, sagte ich, »paß auf, gleich fällst du in die Schlucht!« Denn in der Aufregung schien die Großmutter ihren Orientierungssinn eingebüßt zu haben.

»Wie soll der Priester deine Sünden verstehen«, fragte ich dann, »wenn du nicht Kastilisch kannst?«

»Ich schreibe sie auf und lese sie ihm vor«, antwortete sie und zeigte mir einen Zettel, bedeckt mit einer leichten, zierlichen Handschrift, die ihrem Gang ähnelte.

»Was steht da?« fragte ich, und angesichts ihres Widerstrebens bohrte ich nach: »Sag es mir.«

Die Großmutter errötete und wehrte voller Scham ab. Dann las sie mit Schwung den Zettel vor. »Du verstehst es ja sowieso nicht«, murmelte sie und machte eine spitzbübische Miene. Dann skandierte sie: *»Iracundia … concupi-*

scencia ... charladuria ... vanidad ...!«[1], und hob am Ende jedes Wortes Kopf und Hand.

»Das sind aber große Sünden, das sind ja Sünden aus Marmor!« rief ich aus. »Der Priester wird dir zur Buße so viel zu beten auftragen, daß du nicht mehr wegkannst.« Ich betrachtete den Zettel genauer. »Großmutter«, fragte ich, »was bedeutet diese schöne gemalte Rose hier, die Augen, Mund und Nase hat und wie ein junges Mädchen aussieht, und dieser Reiter daneben, der sie pflückt?«

»Weißt du, seit ich fünfzehn bin, gibt es einen Traum, der mich verfolgt. Und jedesmal weine ich beim Aufwachen, weil es nur ein Traum ist. Ich habe ihn hier aufgemalt, damit ich ihn dem Priester besser erklären kann. Aber so einen Traum verstehst du noch nicht, Lucciola mia, mein Glühwürmchen!« sagte die Großmutter mit Betonung auf dem Kosenamen, Lucciola, mit dem sie mich gerne rief, vielleicht weil sie ihn von meinem zweiten Namen, Luciana, abgeleitet hatte, der ja auch ihr Name war, oder vielleicht weil ich, wie sie sagte, klein war und leuchtende Augen hatte; und einmal hatte sie auch zu mir gesagt: »Wenn ich sterbe, werde ich eine Statue, und du wirst mich nachts mit deinen Glühwürmchen umtanzen. Und deine Kinder und Kindeskinder werden immer wie Glühwürmchen aussehen!«

»Es stimmt nicht, daß ich deinen Traum nicht verstehe, Großmutter«, sagte ich. »Ich habe auch von einer schönen Blume geträumt, und dann kam ein schreckliches Insekt und fraß sie. Und ich wachte voll Angst auf!«

Die Großmutter lächelte, machte ein sehnsüchtiges Gesicht, und es war, als würde sie bei jedem Wort, das sie aus-

1 Jähzorn ... Begierde ... Geschwätz ... Eitelkeit ...!

sprach, ein köstliches Bonbon schmecken: »Aber meine Rose und mein Reiter sind etwas anderes! Etwas anderes!!« sagte sie. Und die Wörter »etwas« und »anderes« wurden, während sie sie wiederholte, allmählich immer geheimnisvoller und süßer, doch hatte diese Süße nichts gemein mit der von Bonbons, sondern war von seltsamer, unbekannter Art. Die Großmutter versank einen Augenblick in ihren Gedanken, steckte den Zettel wieder in ihre Handtasche. »Auf«, sagte sie, »der Weg ist noch weit.« Und sie fügte hinzu: »Das Märchen ist aus, wir gehen nach Haus.« Dann blickte sie mich an, murmelte wie zu sich selbst: »Auch zu dir wird der Reiter nie kommen, er wird nur ein Traum bleiben!« »Aber der Reiter bin ich selbst!« rief ich aus. Die Großmutter starrte mich erschrocken an. »Ich werde auf dem Pferd reiten«, sagte ich, »und alle Rosen pflücken, die ich auf meinem Weg finde! Und die werde ich dir bringen!« Die Großmutter beschleunigte den Schritt, ich hatte Mühe mitzuhalten. Sie schwieg die ganze Zeit.

Verkleidungen

An Regentagen spielte ich mit Carlito im Zimmer. Wir spielten Familie, ich war die Mama, Carlito die Tochter. Wir spielten das Spiel erst »richtig herum« und dann »verkehrt herum«. Wenn wir richtig herum spielten, sagte ich: »Carlito, putz dir die Nase, sie tropft«, und gab ihm ein ordentlich zusammengelegtes und gebügeltes Taschentüchlein mit Stickerei aus Assisi, doch während er es auffalten wollte, nahm ich es ihm wieder weg und sagte: »Lieber nicht damit, das heben wir besser auf; nimm das hier«, und reichte ihm eins mit Hohlsaum. »Mit dem anderen Taschentüchlein«, sagte ich zu Carlito, »geht man die Damen besuchen und tut nur so, als ob man sich die Nase putzt.«

»Zieh dich an, wir müssen ausgehen«, sagte ich zu Carlito. Carlito setzte sich eine Wollmütze auf. »Dummkopf!« tadelte ich ihn. »Du bist jetzt groß, setz den Florentiner Strohhut auf, und nimm auch die Strohtasche, die dazu paßt. Bei uns muß immer alles passen, Ton in Ton. Siehst du diese Handtasche?« fügte ich hinzu. »Das ist eine Zaubertasche. Wenn du Lippenpomade hineintust, verwandelt sie sich in Lippenstift. Wenn du ein Stückchen Kreide reintust, wird es Nougat. Wenn du dich in dem Taschenspiegel betrachtest, wirst du wie Mamita.« Carlito stand still und stocksteif vor mir, die Tasche an der Hand baumelnd, als wäre es die Schnur einer Spielzeugeisenbahn. »Nicht so«, sagte ich zu ihm, »klemm dir die Tasche unter den Arm.« Ich setzte mich, schlug die Beine übereinander, drehte mir aus einem Stückchen Papier eine Zigarette und tat so, als rauchte ich. »Warte, bis ich die Zigarette zu Ende geraucht habe«, sagte ich. Dann überlegte ich es mir anders. »Setz dich«, sagte ich zu Carlito, »gib mir die Tasche, nimm den Hut ab, und halte ihn in der Hand.« Ich ließ das Stroh der Handtasche rascheln. »Reib du an dem Hut«, sagte ich zu ihm.

Draußen trommelte derweil der Regen leise an die Scheiben, es war, als klopften die Finger des Gartens ans Fenster. Und vermischt mit dem Geräusch des Regens, hörte man das Rascheln des geflochtenen Strohs. »Hörst du?« sagte ich zu Carlito. »Das ist das Geräusch Italiens.«

»Was meinst du, womit diese Blumen gestickt werden?« sagte ich zu Carlito, auf die Verzierung an der Hutkrempe deutend.

»Mit Garn«, antwortete Carlito.

»Nein«, sagte ich stolz, »mit Bast. Und jetzt paß auf, ›Bast‹ ist ein Zauberwort. Wer es ausspricht, verwandelt sich in die Großmutter. Ich bin jetzt nicht mehr Mamita, sondern die Großmutter.«

»Und wer bin ich?« fragte Carlito.

»Wer willst du denn sein?« fragte ich großzügig.

»Ich bin Cousin Cola, Großmutters Enkel. Ich bin ein Soldat, der in den Krieg zieht.«

»Nein«, sagte ich. »Hier bestimme ich, ich bin die Großmutter. Wenn du Cousin Cola bist, dann kriech unters Bett und warte, bis der Krieg vorbei ist. Wenn die Generäle dich holen kommen, sag ich, du bist nicht da.«

»Ich will nicht unters Bett«, protestierte Carlito.

»Dann spielen wir eben etwas anderes«, schnitt ich ihm das Wort ab.

Schmollend sahen wir uns an. Carlito sagte versöhnlich: »Spielen wir wie vorher. Du bist Mamita und ich bin deine Tochter.« »Jetzt mach ich dir eine Schleife«, sagte ich und öffnete die oberste Schublade der Kommode. In mehreren Reihen lagen darin, gefaltet und gebügelt, Bänder in allen Farben und Größen. Ich band Carlito eins davon ins Haar, betrachtete ihn. »Diese Schleife«, sagte ich, »sieht nicht aus wie ein Schmetterling, sondern wie eine wildgewordene Wespe. Warte, ich bring sie in Ordnung, dann kriegst du noch eine.« Und ich band ihm ein Band um den Hals. Dann schlang ich ihm eins um die Taille, je eins um die Handgelenke, je eins um die Fesseln, und eins band ich ihm unterm Kinn, als wäre es ein Hutband.

Carlito, mit all den Schleifen am Leib, war ganz begeistert. Er stolzierte wie ein Pfau durchs Zimmer. Da wurde ich neidisch: »Nimm die Schleifen ab«, sagte ich, »sonst schimpft Dida.«

»Jetzt spielen wir Soldaten«, flehte Carlito daraufhin. »Wenn du ein bißchen Anita bist, spielen wir danach Soldaten«, sagte ich zu ihm.

Carlito wollte nie Anita sein, weil ich ihn dann anschrie, ihm den Mund aufsperrte, um ihn zu füttern, ihm die Finger in die Augen bohrte.

»Ich will nicht Anita sein«, wehrte er sich hartnäckig.

»Heute«, lockte ich ihn, »wird Anita brav sein.« Aber Carlito weigerte sich trotzdem. So kam ich eines Tages auf eine Idee: »Spiel Anita, wenn sie groß ist«, schlug ich vor. Im Schrank hing ein Kleidchen aus weißem Tüll, dazu gehörte ein weiß-blaues Schultertuch aus Wolle, das man doppelt faltete, wie die Bäuerinnen es im Winter benutzen.

Ich zog Carlito an und brachte ihn ins Bad. Während er sich im Spiegel betrachtete, sagte ich zu ihm: »Ich gehe und verkleide mich als Mamita.«
Ich legte mir einen Schal auf den Kopf, hängte mir ein Handtuch über den Arm, als wäre es eine Mantille, in einer Hand hielt ich eine Seifenschale als Abendtäschchen, die andere hatte ich erhoben, und zwischen den Fingern steckte das zusammengerollte Papier als Zigarette. »Dida, Dida«, rief ich mit zorniger Stimme, »ist die Kleine fertig?« Und ich ging auf Zehenspitzen, als trüge ich hochhackige Schuhe. »Wie grauenhaft«, rief ich, das Bad betretend. »Wie grauenhaft! Wie haben Sie sie bloß angezogen! Dieses Kleid ist vulgär! Der Schal ist geschmacklos!« Carlito sah mich beunruhigt an. »Was bedeutet vulgär?« fragte er. »Etwas Vulgäres ist vulgär«, sagte ich. »Jetzt erkläre ich's dir genauer. Faßt du gern deinen Pimmel an?« »Ja«, antwortete Carlito. »Gut, das ist vulgär. Ißt du Brot mit Salami mitten auf der Straße?« »Ja«, antwortete Carlito. »Nun, das ist vulgär. Jetzt zeig mal deine Hände. Die sind nicht vulgär«, sagte ich, indem ich sie betrachtete. »Vulgäre Hände sind schmutzig, und der Nagel am kleinen Finger ist ganz, ganz lang. Dida«, befahl ich im Spiel, »zieh die Kleine sofort aus.« Das hauchdünne Kleid fiel Carlito zu Füßen, der vor Kummer beinah weinte.
»Diese Sachen«, sagte ich, »gehörten Antònias Enkelin, die gestorben ist. Antònia hat sie mir geschenkt, aber Mamita will nicht, daß ich sie anziehe.« »Dabei sind sie so schön«, sagte Carlito.
»Los«, schlug ich vor, »wir spielen verkehrt herum.«
Wenn wir verkehrt herum spielten, machten wir nämlich das Gegenteil von dem, was Mamita uns beibrachte.
Carlito hatte das Kleid wieder angezogen, saß vor mir und

tat so, als tränke er heiße Schokolade. »Mach dir keine Sorgen«, sagte ich, »wenn dir die Schokolade aufs Kleid tropft, komm, verschütte ein bißchen, wisch dir den Mund am Kleid ab, iß mit den Händen!«

»Bring mich zum Karussell«, sagte Carlito.

»Nein«, antwortete ich mit strenger Miene, aber Carlito lachte, weil er wußte, daß das Gegenteil zutraf. »Vorher kaufe ich dir ein Eis«, fügte ich hinzu. »Oder am besten ißt du das Eis direkt aus dem Behälter, soviel du willst, von jedem Geschmack.«

»Aber da kriege ich ja Bauchweh«, sagte Carlito.

»Bauchweh gibt es nicht«, beschied ich.

Fingen wir erst einmal an, verkehrt herum zu spielen, hörten wir nicht mehr auf. Wir verkleideten uns auf jede mögliche und vorstellbare Weise. Aus einer türkischen, mit Blech und rotem Damast ausgeschlagenen kleinen Truhe kramten wir abgelegte Kleider und Stoffstücke hervor und spannten eine Schnur durchs Zimmer, an der wir unsere Marionetten und Puppen aufhängten, damit sie uns als Zuschauer dienten. Und manchmal verkleidete ich mich sogar als Soldat und spielte Krieg, ein Kissen unter dem Bett stellte die Großmutter dar, die sich fürchtete, und ich schoß, tötete Feinde.

Einmal waren unsere Eltern verreist. Dida, Anita auf dem Arm, plauderte in der Küche mit Pedrón, Antònia und Inés. Sie tranken Limonade, aßen Oliven und hatten uns vergessen, die wir verkehrt herum in unserem Zimmer spielten. Es war schon Abend geworden. Noch hatten wir es nicht bemerkt. Plötzlich schaute Carlito aus dem Fenster, sah das Dunkel und sagte: »Ich fürchte mich.« Auch ich bekam Angst. Eine Angst, die den Rücken und die

Beine hinunterkroch wie ein kitzelndes Gespenst. Aber ich war noch zu aufgeregt, um mit dem Spielen aufzuhören. Ich zog die Laken vom Bett, schleifte sie über den Boden, hob sie hoch. »Verkleiden wir uns als Gespenster!« sagte ich. »Dann gehen wir in die Küche hinunter.«

»Mein Gott, schau, was sie mit den Laken gemacht haben!« rief Antònia, als sie uns sah. Pedrón dagegen tat so, als fürchtete er sich, schlug die Hände vors Gesicht, versteckte sich in einer Ecke, ließ sich durchs Zimmer scheuchen. Da kam Dida ganz rosig aus dem Bügelzimmer herunter: »*Que dolentes! Que dolentes!*«[1] schrie sie. »Alle Bänder, die ich gebügelt hatte, haben sie im Zimmer verstreut. Inés, komm, hilf mir.« Unterdessen verfolgten wir Pedrón immer weiter durch die Küche, warfen die Stühle um, und Pedrón seinerseits nahm einen Topfdeckel und einen Kochlöffel und mimte einen Krieger. Das Spiel nahm kein Ende. Doch Dida schlug plötzlich mit der Faust auf den Tisch. »Jetzt reicht's«, sagte sie. »Zwei ungezogene Kinder sind schon genug, da mußt du dich nicht auch noch dazugesellen, du Narr«, brüllte sie Pedrón an. Dida wurde immer wütend, wenn sie Pedrón spielen sah, das war etwas, das sie einfach nicht ausstehen konnte. Anita war aufgewacht und weinte. »Arme Kleine«, flüsterte ihr Dida zu, »du kannst nichts dafür. Und du geh hinauf und hilf den beiden armen Frauen«, herrschte sie Pedrón an. »Ihr zwei dagegen setzt euch! Und legt die Hände still auf den Tisch!« Und dann, während Pedrón die im Raum verstreut liegenden Laken aufsammelte und auf die Treppe zuging, schrie sie: »Ein Nichtsnutz bist du, nie denkst du an irgend etwas. Los, gib diesen beiden Unholden hier ein

1 Böse Kinder! Böse Kinder!

bißchen Limonade, und tu viel Zucker hinein, das ist süß auf der Zunge, dann fluchen sie nicht.« Wir wagten nicht zu mucksen, wußten nicht, ob wir lachen oder weinen sollten. Wir wußten nicht einmal, ob wir die Limonade anrühren durften. »Trinkt!« befahl Dida. »Und dann baut Kartenhäuser. Und seid still, ich muß Anita in den Schlaf wiegen.« Dabei ging sie im Raum auf und ab und schaukelte das Kind auf dem Arm. Carlito baute schöne Kartenhäuser, meine stürzten immer ein. Der Regen klopfte weiter an die Scheiben. Wie eine Hexe, die aufs Haus pustete. »Mir ist kalt«, sagte ich plötzlich. *»Pobre nina«*[2], murmelte Dida und legte mir, immer noch Anita wiegend, ein Tuch um die Schultern. Ich kauerte mich auf dem Stuhl zusammen, wickelte mich ganz in das Tuch ein, auch die Beine. Auf dem Tisch wuchsen derweil, erst nebeneinander, dann übereinander, Carlitos Kartenhäuser. »Darf ich pusten?« fragte ich.

»Nein«, sagte Carlito.

»Laß mich mal pusten, bitte.«

»Nein«, wiederholte Carlito.

»Tu mir einen Gefallen«, mischte sich Dida ein, um mich abzulenken, »knips das Licht an.« Nur mich bat Dida gelegentlich um einen Gefallen, Carlito nie. Ich stand auf und schaltete das Licht an. »Komm her«, flüsterte Dida dann. Ich hockte mich auf einen anderen Stuhl neben ihr. Und sie wischte mit einer Hand den Speichel ab, der Anita aus dem Mund floß, und streichelte mir mit der anderen die Knie. »Anita bekommt Zähne. Tu mir einen Gefallen«, sagte sie auf einmal, »nimm ein Stück Brot, hol das Weiche heraus, und gib mir die Rinde.« Als ich ihr das Brot reichte, steck-

2 Arme Kleine

te sie Anita die Rinde in den Mund, ich nahm das Weiche und begann, daran zu saugen.
Dann fing Dida an, auf dem Stuhl zu schaukeln. Ihr sich vor und zurück bewegender Ellbogen kitzelte mich am Ohr. Carlito pustete auf das Kartenschloß. Die Karten, die einen Augenblick vorher noch Städte und Schlösser gewesen waren, fielen flach auf den Tisch und wurden wieder zu einfachen Spielkarten.
»Warum«, fragte ich Dida daraufhin, »kann ich keine Kartenschlösser bauen und Carlito schon?«
»Du kannst mit deinem Mundwerk Schlösser bauen«, sagte Dida, »so hoch, daß sie das Dach durchstoßen und bis in den Himmel ragen. Und wer mit dem Mundwerk Schlösser bauen kann, kann keine mit den Händen bauen. Du bist wie Pedrón«, fügte sie hinzu. »Er würde mit dem Mundwerk Städte und Dörfer errichten! Na komm«, sagte sie, als wollte sie mich trösten, »nimm Antònias Strickjacke, und leg sie mir über die Schultern.«
Carlito hatte unterdessen den Kopf auf den Tisch gelegt und schlief. Auch Anita war eingeschlafen, die Brotrinde hing am Rand des Lätzchens, Brot und Speichel beschmutzten ihr Kinn. Dida wischte ihr den Mund ab und legte sie in die Wiege.
»Jetzt«, sagte sie dann, als sie sich von der Wiege aufrichtete, »braten wir Kartoffeln und Fisch!« Freude erfüllte die Küche. Verscheuchte die Müdigkeit. Rauch und Ölschwaden stiegen vom Herd auf. Die Kartoffeln brutzelten in einer Pfanne, der Fisch in einer anderen.
»Ich gehe hinauf und hole die anderen«, sagte ich hilfsbereit zu Dida.
»Nicht nötig, der Duft, der nach oben steigt, wird sie herbeirufen.«

In einer Ecke der Küche waren Äpfel auf Stroh ausgebreitet. Dida räumte die Äpfel alle auf eine Seite, breitete ein Tischtuch über das Stroh, nahm Carlito auf den Arm, legte ihn darauf und deckte ihn mit einem Pullover zu.
Er wird keine gebratenen Kartoffeln essen, dachte ich, und das machte mich traurig.
»Ich hebe ihm zwei auf«, sagte ich dann zu Dida und wikkelte die Kartoffeln in ein Stück Papier.
Pedrón, Antònia und Inés kamen herunter. Pedrón holte eine Flasche Wein und Gläser, Antònia eine Schüssel voll Oliven, gewürzt mit Peperoncino und Orangenschale, Dida türmte in der Tischmitte Teller und Besteck auf. Doch alle bedienten sich mit den Händen – und ich mit einem Stück Papier, um mir nicht die Finger zu verbrennen. Inés machte bei den Sardellen Köpfe und Schwänze ab, die aß sie nicht mit, davor grauste ihr, sagte sie.
»Ich esse alles«, brüstete sich Dida. Und auch ich aß alles, genau wie sie.
»Jetzt bring ich dich ins Bett«, sagte Dida unvermittelt zu mir.
»Ich will bei dir schlafen«, protestierte ich, »und ich will erst ins Bett, wenn das Fest aus ist! Und falls ich einschlafe, trag mich ja nicht heimlich in mein Bett!« Ich hatte solche Angst, hintergangen zu werden, daß ich alles tat, um nicht einzuschlafen.
Der Strom fiel aus. Mit einer Kerze stiegen wir die Treppe hinauf. Dida ließ mich auf der einen Seite des Bettes liegen, Pedrón legte sich auf die andere, und sie legte sich in die Mitte. *»Verge de Deu!«*[3] rief sie dann. »Wer weiß, wie viele Lichter noch brennen! Geh sie ausmachen!« sagte sie

3 Heilige Muttergottes!

zu Pedrón, aber Pedrón schnarchte schon. »Na gut«, seufzte Dida.
Ich war glücklich; wenn der Strom wiederkam, würde das Haus ganz erleuchtet sein. Dida seufzte noch ein bißchen, dann drehte sie sich auf die Seite zu Pedrón. »Ich kann mich nicht auf deine Seite drehen«, sagte sie zu mir, »mein Herz tut mir weh.« »Macht nichts«, antwortete ich. Auch ich wandte ihr den Rücken zu, um zu sehen, ob ein Lichtschein unter der Tür hindurchfiel. Ich kuschelte mich noch tiefer in die Decken, tastete nach Didas Füßen und legte meine Sohlen an ihre.

Carlino und ich spielten also Verkleiden. Papito und Mamita dagegen spielten mit uns Fotograf. Und wenn unser Spiel ungeordnet verlief – man verstand nie, wo es anfing und wo es endete –, so hatte das ihre feste Regeln.
Der Fotograf hieß Don José Araból. Manchmal kam er zu uns nach Hause, manchmal gingen wir in sein Atelier. Wenn wir zu ihm ins Atelier gingen, machte er Porträtaufnahmen von uns. Im unteren Teil des Porträts, wo das Kleid im Weiß verschwamm, stand in einer Ecke der Schnörkel seiner Unterschrift, der Jugendstilvase auf der einzigen Konsole in seinem schmucklosen Vorzimmer ähnlich. Anfangs hatte Don José freilich ein ganz anderes Vorzimmer gehabt. Darin standen zwei flammendrote Samtsofas, abgewetzt und speckig, deren Farbe an mehreren Stellen, an der Rückenlehne oder den Armlehnen, in ein unbestimmtes Braun überging, und dort war der Samt nicht mehr weich, sondern plattgedrückt und rauh. An den Wänden, übereinander, nebeneinander, lückenlos, in großen Holzrahmen, die geometrische Friese mit Reihen aus Kreisen und Dreiecken zierten, drängten sich Fotogra-

fien. Es war, als hätten sich alle Brautpaare, alle Mädchen, alle jungen Soldaten und Matrosen, alle Kinder von Mallorca bei ihm ein Stelldichein gegeben. Ganz oben, die Menge von einzelnen lachenden oder starr blickenden Figuren dominierend, hingen an einer Wand das Bild der Virgen del Pilar, an einer anderen, in größerem Format, die Fotografie des Vaters von Don José: *»Don Pedro Antonio Aról, varón ejemplar«*[4], lautete die Unterschrift, und zum Zeichen, daß es sich um einen Verstorbenen handelte, brannten davor zwei rote Lämpchen in Form gedrehter Kerzen.

Doch seit der Dolmetscher der deutschen Mission mit seiner Frau und drei Kindern, Mamita und Papito, die Offiziere der italienischen Luftwaffe und, ihrem Beispiel folgend, einige Persönlichkeiten des Ortes Don José aufgesucht hatten, um sich porträtieren zu lassen, war er zum Modefotografen geworden, und so hatte er, auf Anraten von Frau Schneider – der Gattin des Dolmetschers der deutschen Mission –, die ihm im Vertrauen gesagt hatte, daß sein Vorzimmer sehr kitschig sei, beschlossen, die Einrichtung zu ändern.

»Das Atelier eines Fotografen«, hatte Frau Schneider nämlich zu ihm gesagt, »muß der Praxis eines Röntgenologen ähneln. Der Röntgenologe fotografiert das Innere des Körpers, Sie dagegen fotografieren das Äußere.«

Also hatte Don José den Raum bis zu einer Höhe von zwei Metern mit einer gelblich weißen Ölfarbe streichen lassen und den Rest der Wände mit weißer Leimfarbe. Nur die Konsole war, frisch poliert, an ihrem alten Platz geblieben, während zwei sich gegenüberstehende dunkel-

4 Ein vorbildlicher Mensch

grüne Ledersofas die flammendroten ersetzt hatten. Das einzig Frivole in all dieser Strenge war die Jugendstilvase.
»Kann ich denn nicht wenigstens ein paar Porträts, einige Proben meiner Arbeit hängen lassen?« hatte der arme Don José, bestürzt über so viel Nüchternheit, Frau Schneider gefragt.
»Nein«, hatte sie trocken geantwortet. »Sie unterliegen sowieso der Geheimhaltungspflicht. Herr Schneider, zum Beispiel, sähe es gar nicht gern, wenn die Unterzeichnende hier ausgestellt wäre wie auf dem Markt!«
Doch es hieß, Don José habe sein altes Atelier in aller Heimlichkeit ins Hafenviertel verlegt – die kleinen roten Sofas, das Porträt des Vaters, das Madonnenbild und alle seine an den Wänden aufgehängten Fotografien – und fotografiere dort an bestimmten Wochentagen eine andere Klientel.
Wenn Don José zu uns nach Haus kam, verging der ganze Vormittag mit verschiedenen Zeremonien. Das Silber wurde poliert, damit es auf den Fotografien heller glänzte. Und dann wurden auf dem Tisch im Eßzimmer große Silbertabletts arrangiert, mit Silberschalen und -tellern, Kristallgläsern und gestickten Servietten an der Seite. Mich hießen sie das Spitzenkleid anziehen, das Großmutter mir aus Neapel mitgebracht hatte, Carlito eine lange weiße Hose und ein ebenfalls weißes Hemd; in diesem Aufzug, stocksteif, sah er aus wie der Soldat eines himmlischen Heeres.
Ich sagte es ihm. Dann fragte ich: »Und wem sehe ich ähnlich?«
»Weiß ich nicht«, antwortete Carlito.
»Du hast nicht genau hingeschaut«, drängte ich ihn. »Bevor ich herunterkam, habe ich mich im Spiegel betrachtet und gemerkt, daß ich wie eine Zuckermandel aussehe.

Die Zuckermandel, die gleich als erste mit zwei Fingern aus der Bonbonniere genommen wird.«

»Und wer ist es, der die Zuckermandel nimmt?« fragte er.

»Der Fotograf«, sagte ich. »Siehst du das nicht?«

Don José ließ sich derweil die Zuckermandel in den Mund gleiten und tauchte ein Löffelbiskuit in ein Gläschen Marsala. Er trug einen blauen Anzug, eine schräg gestreifte, blau-weiße, glänzende Krawatte, rund um die Koteletten hatte er kleine Schnitte vom Rasieren und am Hals Male wie von Bissen.

Sie setzten uns, Carlito und mich, jeden vor sein Tablett. Antònia legte ein Brötchen auf einen Dessertteller, etwas Schinken auf einen anderen, etwas Obst in eine Schale; doch wir sollten nur so tun, als äßen wir. »Wisch dir den Mund ab«, sagte Mamita; mit auseinandergefalteter Serviette rieb ich mir das Kinn, achtsam, daß die Spitze außen war, und sah den Fotografen maliziös an; ich wußte, daß die Fotografie, wenn ich mich bewegt hätte, nichts geworden wäre, daß ich mich, wie ein Kreisel, in Nebel und Schwindel verwandelt hätte.

Dann zog Don José mit seinem Fotoapparat in den Garten um. Carlito und mich brachten sie nach oben, entkleideten uns, zogen uns die gestärkten Spielanzüge an, führten uns in den Garten hinunter. »Spielt mit der Gießkanne und dem Eimerchen«, befahl uns Mamita. Oder: »Spielt mit dem Schaukelpferd.« Oder sie sagte zu mir: »Pflück diese Blume.« Und obwohl wir auch jetzt wieder nur so tun sollten, war es schön. Ich fühlte mich leicht, körperlos, eine Marionette, von anderen bewegt. Klick! Ich war schon die Fotografie. Und da ich die Fotografie war, gab es mich nicht mehr, und ich hätte später zum Beispiel nicht vor diesem Bild phantasieren können, wie ich es gewöhn-

lich vor denen der anderen zu tun pflegte. Doch mich packte auch ein unbestimmtes Angstgefühl: Ich glich einer Larve, einem Mittelwesen zwischen den Lebenden und den Toten. Und wie schrecklich! Ich wurde platt!
Sobald Don José gegangen war, bekamen Carlito und ich plötzlich großen Hunger. Wir stürzten uns auf den Imbiß. Und wenn wir satt waren, sagte ich zu Carlito: »Jetzt sind wir wieder lebendig, wir sind nicht mehr platt!«

Eines Tages ließ Mamita den Umschlag mit den Fotografien auf dem Tablett im Salon liegen. Ich nahm ihn und schob ihn mir in die Unterhose. »Gehen wir hinter dem Gewächshaus spielen«, sagte ich zu Carlito.
Ich verstreute die Fotografien auf der Erde. »Jetzt«, sagte ich zu Carlito, »spielen wir Friedhof.«
Man mußte die im Gewächshaus aufgestapelten Backsteine nehmen und ihre Oberfläche mit weißer Kreide anmalen, rundherum Zweiglein und Hölzchen sammeln, mit Draht zusammenbinden und Kreuze daraus machen, in mein Zimmer hinaufgehen, die Puppengläser, -täßchen und -vasen nehmen, sie mit Wasser füllen und Blumen hineinstellen, dann auf jeden Stein ein Foto legen.
»Ich mach mir einen Jasminkranz«, sagte ich zu Carlito.
»Ich auch«, sagte Carlito.
Auf dem Boden hockend, schoben wir die kleinen Blütenkelche ineinander.
»Für Mamita mach ich einen Kranz aus Geranien«, sagte ich, »und für Papito einen Efeukranz.«
»Los, wir weinen«, schlug ich Carlito vor, der es eilig hatte, dieses Spiel zu beenden, und eine Zwiebel holte, damit ihm die Tränen kamen. Ich betrachtete mein Porträt und sagte: »Siehst du, du bist tot! Selber schuld! Was wolltest du

da mit diesem Kleid? Nun zieh dich aus, und leg dich unter die Erde. Geh aber erst noch Pipi machen, sonst pinkelst du ins Bett!«

»Jetzt bringen wir Francesca die Zwiebeln in die Küche«, sagte ich unvermittelt zu Carlito.

Wir sammelten die Fotografien ein, steckten sie zurück in den Umschlag, den ich mir erneut in die Unterhose schob. In der Küche holte ich sie wieder heraus. Die Hände rochen nach Zwiebel, die Wangen waren salzig, den Fotografien haftete noch ein leichter Säuregeruch an, wie wenn sie frisch entwickelt waren, der Marmortisch, auf den ich sie gelegt hatte, war feucht; feucht oder fettig? Draußen war es schwül. Vielleicht würde es ein Gewitter geben. Die Gerüche und die Säfte stauten sich länger, wenn es schwül war. Alles war so vermischt! Ich fühlte mich wie auf den Leim gegangen. Die Schwüle hatte sich in Überdruß verwandelt. Doch mir kam ein glänzender Gedanke, als wäre eine Schwalbe in den Raum geflogen, aus Versehen, so als hätte sie Ort und Zeit verwechselt. Ich dachte: Um Fotos zu machen, müssen sich Licht und Finsternis mischen. Um uns zu machen, auch, sagte ich mir, in Erinnerung an Großmutters Worte. »Alles ist wirklich ganz gleich.«

Antònia kam mit einem Tablett herein. »Mein Gott! Wo habt ihr diese Fotografien her?« rief sie.

»Aus dem Gemüsegarten.«

»Lüg nicht.«

»Weißt du nicht, daß Don José nachts in den Gemüsegarten kommt, um Fotos zu pflanzen?« sagte ich. »Riech mal, sie riechen nach Zwiebel. Er hat sie neben die Zwiebeln gepflanzt. Und weißt du, warum? Weil du böse bist und mich nicht liebhast. Wenn ich tot bin und du mein Foto anschaust, wirst du keine Tränen haben, und um so zu tun, als weintest du, damit Mamita dich nicht fortjagt, wirst du dir mit Zwiebel die Augen reiben!«

»*Que folla!*«[5] sagte Antònia. »Sag mir, woher du sie hast, dann räum ich sie wieder auf. So merkt es niemand«, fügte sie hinzu. Dann trocknete sie sich die Hände an der Schürze ab und setzte sich. »Aber erst will ich sie anschauen. Du kannst dir nicht vorstellen, wie sehr mir Fotografien gefallen! Die Fotografien gefallen mir besser als die Menschen aus Fleisch und Blut!«

»Das ist sowieso ganz gleich«, sagte ich. »Wir sind auch Fotografien!«

Inés, Pedrón und Francesca kamen dazu. »*Que bonics!*«[6] sagten sie.

»Sieh mal, das hier«, sagte Antònia zu Inés. »Er hat sie vor der Efeumauer geknipst. Wer weiß, ob Don José das Efeu grün anmalt und die Wangen rosa … und das Kleid, auch wenn es weiß war, ich würde es hellblau anmalen, und hier oben müßte man ein bißchen Gelb hintupfen, wegen der Sonne … schau, hier unten, da ist alles ganz naß, lauter Wasser, vielleicht haben sie vergessen, den Hahn abzudrehen, sieht aus wie ein Teich, den müßte man blau anmalen …«

»Das sind nur Probeabzüge«, sagte Inés.

»Hast du diese schamlose Teresa gesehen?« fing Antònia wieder an, das Foto war schon vergessen. »Sie ist zu Don José gegangen und hat sich neben der Statue einer nackten Frau fotografieren lassen! Ich dagegen, wenn ich an meinem Namenstag zu ihm gehe, ich werde Don José bitten, ein Foto von mir neben dem Spiegel und vor dem japanischen Wandschirm zu machen …«

5 Verrücktes Ding!

6 Wie niedlich!

Pedrón mischte sich ein. »Ihr versteht nichts von Fotografie«, sagte er, »obwohl ihr in vornehmen Häusern bedient. Das ist die neue Fotomode … es sind moderne Fotografien, nach der Natur.«
Inés begann zu lachen: »Dann müßte ich mich deiner Meinung nach so fotografieren lassen, wie ich jetzt bin, ganz zerzaust und schmutzig, mit Schürze und aufgekrempelten Ärmeln? So sehe ich mich doch schon alle Tage, wozu soll das gut sein?«
»Und du«, fragte Antònia Pedrón, »würdest du dich etwa so verschwitzt ablichten lassen? Welchem Mädchen würdest du dich das Foto dann zu schicken trauen, laß hören!«
»Ich sehe auch ungeschminkt gut aus«, sagte Pedrón und setzte sich in Pose, mit erhobenem Kopf, eine Hand auf der Hüfte.
»Mach dich nicht lächerlich, du Narr!« brüllte Dida, die, Hemden zum Bügeln über dem Arm, die Treppe herunterkam. »Wenn ich eine Windel voll mit Anitas Kacke zur Hand hätte, würde ich sie dir ins Gesicht schmeißen!«
Antònia und Inés lachten, Pedrón ließ sich von Francesca ein wenig Limonade einschenken, trank sie auf einen Zug aus und verließ die Küche.
»So ein Narr!« brummte Dida, während sie in die Speisekammer ging. »Trinkt alles auf einen Zug aus, als wäre er zwanzig! Eines Tages wird ihm die Luft wegbleiben.«
»Warum haben sie dich nicht auch fotografiert?« fragte ich Dida.
»Was sollen sie denn mit mir anfangen!«
»Ich bin froh, daß sie von dir kein Foto gemacht haben, so bist du nicht auf dem Friedhof gelandet.«
»Was hat jetzt der Friedhof mit den Fotos zu tun!« brach es aus Dida heraus, die inzwischen zu bügeln angefangen

hatte. »Laß mich arbeiten, beinahe hätte ich das Hemdchen verbrannt. Mit deinem Geschwätz lenkst du mich ab! Los, geh spielen!«

Es kam eine Woche mit offiziellen Essen und Empfängen. Eins nach dem anderen trafen Flugzeuge aus Italien ein. Ich hörte sie manchmal übers Haus fliegen. Papito hob die Augen und grüßte. Mamita trat auf den Balkon, rauchte eine Zigarette. Im Hafen legten Kriegsschiffe an. Mamita ging mit uns auf die Terrasse des Café de la Unión, um sie uns zu zeigen. Jeden unserer Eisbecher krönte ein spiralförmig zusammengerollter Pistazienkeks, fast als wäre es ein Propeller, der den Schnee aus der Sierra in dieses Schälchen transportiert hatte. Die Schiffe glänzten kalt im Hafen. Mir war, als hätte das Eis einen Nachgeschmack wie von Eisen, überdeckt von Zucker und Aprikosenessenz. Der Pistazienkeks hatte die Farbe der Tarnanzüge von Fallschirmspringern.

»Quiero agua«[7], sagte ich zu Mamita.

»Du weißt doch, daß du Italienisch mit mir sprechen sollst«, tadelte sie mich, während sie die Asche von der Zigarette klopfte.

Ich schwieg. Ließ zu, daß das Eis zerfloß. Kaute an dem Keks. Diese trockenen, süßen Krümel im Mund beruhigten mich. Ich dachte: Jetzt zerfließen auch die Schiffe, werden ein grauer Fleck auf dem Wasser.

Zu Hause wurden für die eine Woche weitere Kellner eingestellt. Zu diesen wichtigen, für die Offiziere der Marine und der Luftwaffe ausgerichteten Empfängen würde, sagten sie, sogar der Sohn des Duce anreisen. »Ein *duca*«,

7 Ich will Wasser.

fragte ich, »ein Herzog?«[8] »Nein«, erwiderte mein Vater, »der Duce ist das Oberhaupt Italiens.«

Um fünf fuhr Pedrón mit dem Auto nach Ciutat, um zwei Kellner abzuholen, die schon ganz professionell gekleidet ankamen. Als sie aus dem Staub heraustraten, den die Autoreifen aufgewirbelt hatten, schienen der Garten und das Haus plötzlich ein riesiges Café de la Unión oder Casino Palmesano zu werden.

Für die anderen Arbeiten in der Villa wurden einige Frauen aus dem Hof, in dem Dida wohnte, eingestellt, unter anderem zwei Nichten von ihr, zwei vierzehnjährige Mädchen. Dida hatte jeden Tag Dutzende von Servietten zu bügeln, Hunderte von Deckchen, die als Untersetzer für die Gläser dienten. Daher waren es ihre Nichten Consol und Serafina, die Carlito und mich an- und auszogen. Sie waren braun und kraushaarig, dick und samtig. Man hatte sie in weiße Kleider gesteckt. Sie sahen aus wie Magnolien. Wenn sie vor Mamita standen, rührten sie sich nicht und antworteten einsilbig. Doch wenn sie allein oder mit uns Kindern zusammen waren, hörten sie nicht auf zu zwitschern. Es schien mir seltsam, daß aus so kurvenreichen Körpern solche Stimmen herauskamen: Stimmen von Vogelweibchen.

In jenen Tagen hatten wir per Flugzeug aus Italien ein soeben in Mode gekommenes Spielzeug erhalten, zwei Miniaturtelefone, eins weiß, das andere schwarz. Consol nahm das schwarze Telefon und Serafina das weiße; sie taten so, als würden sie miteinander sprechen. Einmal waren sie zwei Freundinnen, die Vertraulichkeiten austauschten,

8 Unübersetzbares Wortspiel mit *duce* und *duca*, ital. für Herzog (Anm. d. Übers.)

dann wieder ein Liebespaar. Ich verstand fast nichts von dem, was sie sagten: Ihre Sprache bestand, so schien es, nur aus Verkleinerungsformen, Seufzern, kleinen Schreien, Kichern und Ausrufen, die sich wie unterdrückte Vorwürfe anhörten oder in anhaltendem Staunen versanken wie Steine im Wasser oder aber hallten wie Rufe in einem Wald oder wie herrische, erstickte ärgerliche Pfiffe. Sie schickten einander Küßchen durchs Telefon, machten Ohrfeigengeräusche, indem sie sich auf die Wange schlugen, taten so, als bliesen sie auf eine Pusteblume, tranken geräuschvoll, damit man es am anderen Ende der Leitung auch hörte – jede hatte ein Glas Wasser mit einem Strohhalm neben sich stehen, eine von vielen Neuigkeiten, die sie in unserem Haus kennenzulernen Gelegenheit hatten.

Ich saß mitten im Zimmer wie ein allmächtiger Gott, der hört und sieht, über Wände und Entfernungen hinweg. Die Spielsachen, die um mich herum lagen und in die ich versunken zu sein vortäuschte, waren wie die geflügelten Putten, die auf populären Darstellungen Gott umgeben, die liebenswerten Wächter meiner Allmacht. Scheinbar ungerührt vernahm ich die Stimmen, die in der Telefonleitung das Zimmer durchquerten – Consol und Serafina hatten es in das sonnenbeschienene Land verwandelt, das Pantanet von Ses Salines trennt, die Städtchen, in denen die beiden Mädchen zu wohnen vorgaben, da sie sich andere, fernere und größere nicht vorstellen konnten.

»Malfeineres, vagus!« kreischte Dida, ins Zimmer stürmend. *»Encare heu de fer els llits i no heu netejat la cambra!«*[9]

9 Faulpelze, Tagediebe! […] Habt immer noch die Betten zu machen, habt immer noch nicht das Zimmer geputzt!

Und dieses *netejar*[10] war wie starker Wind, der über das Land hinwegfegte, die Telefonleitungen zerriß, den weichen Zauber dieses Liebesgeflüsters brach, das auf so seltsame Weise die Reize des Lebens im Wald und die der urbanen Zivilisation in sich vereint hatte. Die Mädchen sprangen auf, die Telefonhörer fielen zu Boden, und aus Magnolienblüten verwandelten sie sich in Schmetterlinge. Sie flogen durchs Zimmer: fegten, wischten den Fußboden, räumten die Spielsachen in die weißlackierten Fächer, zogen, jede an einem Ende, die Laken glatt und machten sich gegenseitig Vorwürfe, wenn sie nicht im Gleichklang arbeiteten.

Dann, als sie das Zimmer fertig aufgeräumt hatten, packten sie mich, jede von einer Seite, und begannen, mit mir zu spielen, als wäre ich eine Puppe. Consol fragte Serafina: »Willst du einen Jungen oder ein Mädchen, wenn du mal heiratest?« Serafina wollte einen Jungen und Consol ein Mädchen.

So öffnete sie den Schrank und sagte: »Wie viele Kleider!!« Eins nach dem anderen holte sie heraus, voll Bewunderung. *»Senyoreta, fi meva«*, sagte sie, *»se trïi un vestit.«*[11] Ich wählte eins aus. »O nein!« rief sie, »dir steht weder Grün noch Gelb. Rot und Weiß stehen dir gut. In Grün siehst du aus wie eine Olive, als wärst du krank, und in Gelb wie eine Zwergin, die nicht wachsen wollte. Wenn du groß und dick bist wie ich, wirst du vielleicht Gelb tragen können. Schau, Serafina, wie gut ihr Weiß steht, sie sieht aus wie eine Braut Christi … Oh, hätte er doch geheiratet, anstatt zu sterben! Was für ein Mann er gewesen wäre! Was

10 Putzen
11 Senyoreta, meine Tochter […], wählen Sie ein Kleid.

wäre dir lieber, ein junger Bräutigam oder einer mit dreiunddreißig?«

»Ich weiß nicht«, sagte Serafina. »Aber wenn es kein Junge ist, wie soll ich dann mit ihm reden? Wie soll ich denn mit einem erwachsenen Mann reden? Einem Mann kann man nur im Dunkeln zuhören.«

»Ich«, sagte Consol, »möchte lieber einen erwachsenen Mann.«

Consol zog mir das weiße Kleid aus und ein rotes, angekraustes und bauschiges an, das Mamita für mich hatte nähen lassen, als ich ihr während einer Krankheit im Fieberwahn gesagt hatte, zu Karneval wolle ich ein Dahlienkostüm. »Schau«, sagte Serafina, »rot gekleidet sieht sie aus wie die Braut eines Prinzen!«

Dann führten sie mich mit der Ausrede, ich solle mich im großen Schrankspiegel betrachten, in Mamitas Zimmer.

»Schau nur, die Seide, schau nur, Shantung!« sagten sie im Chor.

»Warum kriege ich kein Seidenkleid?« fragte ich.

Serafina und Consol urteilten: »Seide, Damast, Shantung, Krepp und Chiffon sind Stoffe für Frauen, nicht für Kinder.«

Eines Tages, als Carlito und ich mit Didas Nichten heimlich in Mamitas Kleidern stöberten, nahmen wir plötzlich einen Lufthauch wahr. »Vorsicht, da kommt jemand!« flüsterte Serafina. Sie schloß den Schrank. Mamita trat mit einem Herrn ein, der eine Ledertasche trug. Es war ein Friseur. Er sollte Carlito, der sich schon darauf zu freuen schien, die Haare schneiden. Carlito setzte sich auf den Hocker im Bad, ließ sich ein Handtuch um den Hals legen. Er lächelte erstaunt und wartete.

»Schneiden Sie ihm die Locken und den Pony ab«, sagte Mamita, »er soll aussehen wie ein kleiner Mann.« Dann wandte sie sich an Carlito. »Ab heute bist du ein kleiner Mann«, sagte sie. »Heute abend stelle ich dich im Salon den Fliegern vor.«

»Schade!« flüsterten Serafina und Consol einstimmig.

Kaum war Mamita gegangen, begannen sie, Carlitos Lokken zu liebkosen. Der Friseur versuchte, ihre Hände wegzuschieben, sie aber ließen nicht ab, ähnelten Heuschrekken.

Zum Schluß jedoch schnitt der Friseur alles ab, zog an einer Seite den Scheitel und fixierte ihn mit Brillantine.

Als er fort war, sagte Serafina zu Carlito: »Jetzt kannst du mich nicht mehr bitten, dir eine Schleife ins Haar zu binden wie deinen Schwestern.« Carlito begann zu weinen. Serafina trocknete ihm die Augen, ging zu Mamita hinunter und sagte: »Senyora, es sind keine Knabenpullover da. Ich kann ihm doch keine durchbrochenen Stricksachen anziehen.«

»Ich werde mich nachher in der Stadt darum kümmern.«

Carlito wartete unterdessen auf seinen Knabenpullover. Er zitterte vor Kälte, wollte aber weder einen Schal noch einen Pulli mit Lochmuster.

Ich sah seine Ohren aus dem Hals wachsen, fast als würden sie abstehen, so häßlich, ich war es nicht gewohnt.

»Selber schuld!« sagte ich boshaft. »Deine Ohren sind jetzt nackt. Du hast kein Recht, dein Gesicht zu ändern«, fügte ich hinzu, »ohne die anderen vorher zu fragen.« Carlito begann zu weinen: »Ich habe doch gar nichts gemacht, sie haben alles bestimmt.« »Wenn wir groß sind und selbst entscheiden, müssen wir, bevor wir unser Gesicht ändern, auch die um Erlaubnis fragen, die uns liebhaben, denken

wir daran.« »Hast du mich denn lieb?« fragte Carlito. »Ja«, sagte ich und streichelte ihm den Kopf, während ich dachte: Wer weiß, vielleicht habe ich dich gar nicht lieb, sondern satt.
Er sah mich traurig an.
Dann, vielleicht damit mir dieser Gedanke verziehen würde, beschloß ich, bei ihm zu bleiben, wo immer er hinging. Ich begleitete ihn sogar auf die Toilette.
»Geh weg«, sagte er. »Kleine Mädchen dürfen den Jungs nicht zuschauen.«
Ich wollte auch Pipi machen und hatte mich schon auf das zweite Klo gesetzt. »Geh du doch«, gab ich zurück, »Jungs dürfen kleinen Mädchen nicht zuschauen.«
Wir pinkelten gemeinsam und sahen uns von einem Klo zum anderen grimmig an.
Doch auf einmal hörten wir schallendes Gelächter jenseits der Badezimmertür. Und als wir herauskamen, sahen wir Serafina und Consol auf dem Bett liegen, die sich den Bauch hielten vor Lachen. Dann begannen sie, einander zu kitzeln. Wir warfen uns mit ins Gewühl. Der Vormittag verging im Nu, mit Kitzeln und Gelächter.
Am Nachmittag machten Serafina und Consol mit uns und zwei kleinen Mädchen, die zu Besuch waren, einen Spaziergang zu einer Wiese hinter dem Garten. Wie frisch diese Wiese war, mit kleinen Blumen, wie aus dem Märchen! Wir standen am Rand der Macchia, die bis zu den Felsen hinaufwuchs. Die beiden Mädchen trugen Spitzenkleider. Anita und ich dagegen Kleidchen aus Pikee mit Segelbooten darauf. Die beiden Mädchen trugen geschlossene Schuhe und weiße Strümpfe, wir Sandalen. Serafina und Consol setzten sich unter eine Eiche. Die beiden Mädchen begannen, Blumen zu pflücken, Anita

wollte es ihnen gleichtun, fiel aber öfter hin: Hinterhältige Steine ragten zwischen dem Gras hervor. Carlito beobachtete uns. »Jungen pflücken keine Blumen«, hatte er gesagt. Was machen Jungen dann? schien er sich jetzt zu fragen, während er sich mit einem Zweig am Bein rieb. Ich beobachtete die beiden kleinen Mädchen und dachte: Es sieht aus, als pflückten sie künstliche Blumen. Ich näherte mich Serafina, legte ihr die Hände auf die Augen, zog Consol an den Haaren und setzte mich schließlich neben sie.

»Schau deine Freundinnen an«, sagte Consol. »Die sind schon richtige kleine Damen! Pflücken Blumen und sprechen Kastilisch!«

Man hörte, wie eine der beiden zur anderen sagte: »Das hier ist keine Narzisse, diese Blume heißt ›Frauenschuh‹.«

In dem Augenblick wußte ich mit Sicherheit, daß ich nie eine kleine Dame werden würde.

»Mira quins bracets mès bonics té la nina!«[12] sagte Serafina dann zu Consol, während sie Anita den Träger hochschob. Ich kniff die Lippen zusammen und dachte: Mir hat noch nie jemand gesagt, daß ich hübsche *bracets* habe. »Man kriegt Lust hineinzubeißen«, fuhr sie fort und küßte Anita das Grübchen in der Armbeuge. Auch ich gab Anita einen Kuß. Doch Anita wies mich zurück: »Laß mich, du tust mir weh«, sagte sie. Ich küßte sie noch einmal. Sie schmeckte bitter. Anita sah mich erstaunt an. Sie verharrte einen Augenblick, wie nachdenklich, dann entfernte sie sich stumm, mit großer Würde. Ich biß mir in die Knöchel meiner Hand. Jetzt spiele ich Affe, dachte ich und biß mir in den Ellbogen. Ich war die einzige, die sich in den Ellbogen beißen konnte.

12 Schau, was für hübsche Ärmchen die Kleine hat!

Papito und Mamita hatten Freunde in allen Teilen der Welt. An jenem Abend besuchten uns ein Herr und eine Dame aus Südamerika. Papito brachten sie Tabak mit, Mamita einen bedruckten Stoff, Carlito, Anita und mir ein Tütchen mit Sonnenblumenkernen, noch anderen unbekannten Körnern, brasilianischen Nüssen und Erdnüssen.
Auf dem Stoff waren auf weißem Grund Affen, Bananen, Palmen und Hütten abgebildet. Vielleicht in sein exotisches Muster vernarrt oder vielleicht auf Anraten der Freunde beschloß Mamita, sich aus dem Stoff ein ausgeschnittenes Kleid mit Bolero nähen zu lassen, das in einem Hosenrock mündete. Ein Strandkleid. Aber es war viel Stoff; mit dem, was übrigblieb, könne man noch einen ganzen Stamm einkleiden, sagte Mamita. Und so beschloß sie, zum Vergnügen Anita und mir zwei ebensolche Kleider anfertigen zu lassen. Auch Carlito wollte etwas? Bitte sehr – und wie zur Fortsetzung ihres amerikanischen Wahns ließ Mamita ihm ein weites Hemd machen, das über der Hose zu tragen war. Wir gingen, alle in diesem Aufzug, zum Strand. Mamita war fröhlich. Unterwegs schien sie zu hüpfen, einmal lief sie sogar hinter uns her. Am Strand angekommen, sagte ich mir: Mit dem Hosenrock kann man die Schlüpfer nicht sehen. Carlito rannte in seinem Hemd über den Sand. Wir sind alle gleich, dachte ich, Große und Kleine, Männer und Frauen. Und es kam mir vor, als gehörten wir zu einer anderen als der normalen Menschengattung, eher Seiltänzern oder Affen ähnlich.
Auf dem Rückweg hatte Mamita Kopfweh. Sie war zu lange in der Sonne gewesen. Sie legte sich ins Bett.
»Mamita, darf ich mich neben dich legen?« fragte ich.
Sie war zu müde, um nein zu sagen. Ich streckte mich neben ihr aus. Sie schwieg und wandte mir den Rücken zu.

Ich betrachtete die bedruckte Baumwolle ihres Kleides, als hätte ich eine Landkarte vor mir. So schlief ich ein wie auf Reisen. Ich träumte, ich wäre auf einem Schiff, das in das Land der Affen und Bananen unterwegs war. Doch anstatt vorwärts, fuhr das Schiff mit großer Geschwindigkeit rückwärts. Ich lief zum Kapitän, um ihn zu verständigen, aber kein Laut kam aus meinem Mund. Mit Gesten wies ich ihn darauf hin, doch er schien nicht zu begreifen, er lachte und tätschelte mir die Wange. Ganz verschwitzt erwachte ich, stand leise auf, ging in mein Zimmer, wo Anita und Carlito spielten. Fügsam ließ ich mich umziehen.
»Es hat lauter Teerflecken«, bemerkte Dida, als sie mir das Kleid auszog.
»Die hat es auf dem Schiff bekommen«, sagte ich zu ihr.

Wenn ich Geschichten erfand, tat Dida so, als hörte sie nichts. Einmal hatte sie zu Inés gesagt, sie verhalte sich so, um »mich am Morgen keine Glühwürmchen sehen zu lassen«.
»Arm rein! Bein rein! Fuß rein!« sagte sie immer, wenn sie mich anzog. Und ich stellte mir meinen Körper in Stükken vor. Und diesen Körperstücken entsprachen Stücke der Kleidung: der Ärmel, das Hosenbein, der Schuh, das kleine Dreieck des Höschens.
Einmal hatte ich einen Mann gesehen, dem ein Arm fehlte. Er erschien auf dem Weg, der zur Rückseite des Hauses führte, wo eine der Küchentüren lag, und den wir »Judasweg« nannten, weil er das Feld durchquerte, wo einsam jener Baum stand. Der Mann, erfuhr ich später, ging über Land und bettelte um Almosen. Es war ein windstiller Tag, und Inés und Antònia hatten ihn genutzt, um die Federkissen aufzutrennen und zu lüften. Als der Mann nah bei

unserem Haus war, flogen, wie ihm zu Ehren, ein paar Daunen um ihn herum. Ich bemerkte sofort, daß etwas seltsam war, doch der leer herunterhängende Ärmel fiel mir erst auf, als der Mann Antònia die linke Hand reichte. Ich war voller Schrecken. Aber auch empört. Carlito machen sie immer Vorwürfe, wenn er die linke Hand benutzt anstatt der rechten, dachte ich, und hier ist einer, der überhaupt keine rechte Hand hat! Von da an dachte ich, wenn ich beim Anziehen den leeren Ärmel sah, bevor ich ihn mit meinem Arm füllte, immer an den Verstümmelten. Und es kam auch vor, daß ich mich standhaft weigerte, mir den Arm in den Ärmel stecken zu lassen. So verbrachte ich ganze Vormittage mit dem herunterhängenden Ärmel, den Arm so eng an den Körper gepreßt, daß er manchmal ganz lahm wurde und schmerzte.

Ein gebügeltes, auf dem Bett ausgebreitetes oder über einen Stuhl gehängtes Kleid beunruhigte mich am allermeisten. Ich hatte es plötzlich vor mir, wenn ich ins Zimmer trat oder von meinen Spielsachen aufblickte. Es fehlten die Beine vom Knie abwärts, die Arme und Hände, der Hals und der Kopf, damit ich es wäre. Ich betrachtete meinen Körper, sah aber nur Stücke davon, vor allem meine auf dem Boden stehenden Füße. Dann hob ich meinen Rock und den Unterrock und legte mir die Hände auf den Bauch. Wenn die Hände so warm waren wie der Bauch, war ich wirklich ich geworden. Nur die Hände auf dem Bauch erlaubten mir nämlich, meinen Körper ganz wahrzunehmen; oder die Wärme, die ich abends unter der Bettdecke empfand, wenn auch Hände und Füße und sogar die Nasenspitze warm geworden waren. Und wenn ich meine Haare berührte, dann fühlte ich, auch sie waren meine und nicht eine Plage, eine Überraschung, ein Schmuck oder eine Last.

Außerdem unterteilten die Kleider den Körper nicht nur in viele Glieder, sondern wiesen manchmal auch auf fehlende Dinge hin: die Brüste, die Hüften, den gewölbten Bauch, den die Abnäher maliziös andeuteten.

Einmal, als ich Nesselfieber hatte und alle meine Schlafanzüge mit Blutfleckchen beschmutzt waren, weil ich mich so sehr gekratzt hatte, zogen sie mir einen Pyjama von Carlito an. Und der Schlitz vorne erschien mir beschämend.

Auch in Mamitas Salon schien alles darauf hinzuweisen, daß der Körper kein Ganzes war, sondern aus vielen einzelnen Stücken bestand wie auf einem Markt. »Was für schöne Arme!« sagte Mamita zum Beispiel zu einer Dame. »Und was für Schultern!« sagten sie über Linda, die Tochter von Signora Facchi. Und Signora Facchi sagte zu einer anderen Signora: »Was für ein schöner Busen!« »Was für schöne Beine«, sagten schließlich die Damen zu Mamita. Selbst über die Großmutter sagte Mamita, daß sie in ihrer Jugend einen wunderschönen Hals hatte. Großmutter ähnelte nämlich einem Vogel.

Dann gab es Stoffe, die die Haut reizten. Andere, die sie streichelten. Manche Stoffe, zum Beispiel Seide, streichelten, waren aber kalt. Andere, zum Beispiel Wolle, waren warm, kratzten aber.

Wenn ich aus dem Garten kam, machten sie mir Vorwürfe wegen der Flecken auf den Kleidern. »Das sind doch keine Flecken«, antwortete ich. Und insgeheim war ich glücklich, daß ich sie hatte. Kurz vorher war ich Wasser, Obst, Gras, Erde gewesen. Und Wasser, Obst, Erde, Gras waren, nachdem ich mich von ihnen getrennt hatte, zu Flecken geworden.

Nur Blutflecken verwirrten mich. Mein Körper schien mir dann jenen geheimen Orten in den Märchen zu glei-

chen, die zu betreten absolut verboten war, und ganz besonders erinnerte er mich an das schreckliche Zimmer in dem Märchen von Blaubart. Blau war die Farbe des Blutes in den Adern, die die Haut durchzogen, und blau war die Klinge der Messer, mit denen Blaubart seine Frauen erstach, blau das Eisen der Ketten und Falltüren. Heimlich roch ich an den Blutflecken, wenn sie noch frisch waren, und meinte einen süßlichen, verdorbenen Geruch wahrzunehmen, faulig, wie nach Eisen, der mir Übelkeit und Schwindel verursachte. »Heißen Schwindel«, nannte ich das, im Gegensatz zu dem »kalten«, der mich überkam, wenn ich vom Balkon im obersten Stockwerk oder vom Karussell aus hinuntersah. Ich hatte nämlich das Gefühl, in meinem Körper abzustürzen, so als hätte sich irgendwo in ihm eine Falltür geöffnet. Es geschah auch, wenn ich Blutflecken betrachtet hatte und mich dann umschaute, daß mir die Welt um mich herum – ja selbst der schöne Garten – wie ein großes Krankenhaus vorkam. Dann erfaßte mich ein Mitgefühl mit allem, eine Lust, die Dinge gesund zu machen – und selbst gesund zu werden –, die dem Bedürfnis glich wegzugehen.
Es gab Kleider, durch die ich mich dank eines Verfahrens – anders als bei dem der Blutflecken, die mich durch den Körper und andere Greuel reisen ließen – vielmehr vom Körper löste und weit fortbewegte: Das waren die mit Mustern in lebhaften Farben bedruckten Kleider wie das, das Mama sich aus dem amerikanischen Stoff hatte machen lassen. Manchmal handelte es sich um geometrische Muster oder schlichte Farben, die meine Phantasie anregten, ohne Grenzen zu setzen, dann wieder um bildliche Darstellungen. Die Formen und Farben, in der bunten Welt verstreut und gebündelt – stets von Beben und Span-

nungen durchlaufen, stets im Begriff, zu erscheinen, sich zu wandeln oder zu verschwinden, hybride Mischformen anzunehmen –, waren auf dem Stoff nämlich gebannt, rein und unbeweglich. Sie wirkten wie der farbige Klang eines Löffelchens auf dem Rand eines Kristallglases.
Und wie beruhigend die ewige Wiederholung der aufgedruckten Motive war! Eines gab es zum Beispiel, mit weißen, roten und smaragdgrünen Viereckchen auf blauem Grund, die in regelmäßigen Abständen wiederkehrten, wie bunte Glasscherben, die man am Strand findet, oder wie Stückchen des durchsichtigen Meers, die man durch Piniendickicht schimmern sieht. Und auf anderen Stoffen fand sich mit magnetischer Unveränderlichkeit dasselbe Smaragdgrün wie auf Kreiseln, Teddybären, Eimerchen, Puppen und Kegeln wieder. Die Schottenstoffe dagegen sprachen von einer militärischen oder klösterlichen oder utopischen Ordnung, doch die Farben schienen diese Ordnung Lügen zu strafen. Das Universum, das die Schottenstoffe beschworen – vielleicht deshalb, weil ich zum Geburtstag gerade einen Schottenrock und *Alice im Wunderland* bekommen hatte und die Illustrationen der Geschichte, die ich las, mir im Vergleich zum Muster des Rockes fade vorkamen –, schien mir ganz aus Zimmern zu bestehen, ohne Felder oder Bäume, Tiere oder Himmel: Räume einer unterirdischen Zauberwelt.

Puppen und *muñecas*

Ich spielte mit den Puppen das gleiche Spiel, das die Erwachsenen mit mir spielten.
Ich besaß eine Unmenge Puppen und Püppchen, mit ihren Kleidchen, Hemdchen, Schühchen, Hüten, Lätzchen, Schals und Handschuhen. Die Erwachsenen wollten, daß ich eine Lieblingspuppe hatte. Ich wählte eine aus. Aber wenn keiner von ihnen dabei war, behandelte ich sie mit Verachtung. »Geh weg«, sagte ich zu ihr. »Du bist genau wie sie.« Insgeheim bevorzugte ich ein Jungen-Püppchen. Mit den Silben meines Kosenamens spielend, hatte ich es »Titi-tito« getauft. Mit ihm spielte ich nie Mutter und Sohn, also Anziehen, Ausziehen, Waschen, Füttern. Ich und Titi-tito lebten auf einem Baum. Die Nahrung der Menschen ekelte uns; wir aßen Nüsse und Bananen. Ich hatte es über lange Zeit, bis ich die Spielsachen einmal an der Gartenmauer liegenließ und die Zigeuner es stahlen, zusammen mit allem übrigen. Es schmerzte mich nicht. Ich dachte nur: Von nun an werde ich nichts mehr besitzen, was mir lieb ist. Niemand wird mich je wieder bestehlen können. Es war, als hätte ich immer gewußt, daß ich mich früher oder später von ihm trennen müßte. Ich nahm ein schwarzes Steinchen, das Titi-tito ähnelte – Titi-tito war ein Negerpüppchen –, wickelte es in ein Stück Papier und steckte es in die Tasche.

Jedesmal, wenn ich ein solches Steinchen verlor, dachte ich: Ich darf nichts besitzen, was mir lieb ist. Aber dann fand ich ein neues und steckte es wieder in die Tasche. Dieses Spiel dauerte vielleicht ein ganzes Jahr, bis sie mir im Internat Sagrado Corazón beibrachten, was die Seele ist. Die Nonne, erinnere ich mich, nahm das Steinchen zwischen zwei Finger, betrachtete es, um zu sehen, ob es sich nicht etwa um Familienschmuck handelte, und nachdem sie festgestellt hatte, daß es ein gewöhnlicher Stein war, steckte sie ihn ein mit der Ermahnung, ich solle mich nicht wie ein Heidenkind verhalten. Und dann erklärte sie mir, was die Seele ist.

Manchmal setzte ich alle Puppen und Püppchen in eine Holzkiste, stieg dann selbst hinein und begann, mit zwei Stöcken zu rudern; manchmal zog ich sie auch an einem Strick. Es war ein Schiff, das nach Italien fuhr, ins Land des »Was willst du werden, wenn du groß bist?«. Mit all den Puppen im Gefolge reiste ich dorthin, um groß zu werden. Doch pünktlich auf halber Strecke erlitt die Kiste Schiffbruch und kippte um. Puppen und Püppchen fielen ins Meer, ich bedeckte sie mit einem Tuch: Sie waren alle tot. Nur ich konnte mich retten und kehrte schwimmend zurück.

Nie würde ich groß werden, noch würde ich elend umkommen; eher würde ich eine Zwergin. Nun hatte Mamita in ihrer Kommode alle Wäschestücke zwölffach: zwölf Schlüpfer, zwölf Taschentücher, zwölf Nachthemden, zwölf Handtücher, zwölf Monatsbinden, zwölf Unterröcke; und sie achtete darauf, daß in meiner Schublade alles sechsfach vorhanden war, denn, sagte sie, für ein Kind, das noch wächst, sind zwölf Stück zuviel, es genügen sechs.

Ich aber dachte: Zwölf Stück werde ich nie haben, sondern sieben, wie die Zwerge.

Für die Puppen hatte ich zwei Bezeichnungen. Wenn ich damit spielte, nannte ich sie »Puppen«, wenn ich aber nicht damit spielte und sie plötzlich, auf der Truhe aufgereiht oder auf dem Boden verstreut oder noch auf einem Haufen im Korb, vor mir sah, nannte ich sie auf kastilisch *muñecas*. Dieses Wort klang für mich magisch, verhext, verhängnisvoll und klagend, passend, um Wesen zu beschreiben, die, wie ich schon sagte, Verstorbene oder Larven darzustellen schienen, zu anderer Zeit, an anderem Ort. Und manchmal, anstatt verächtlich und ratlos vorbeizugehen, aber mit einem leichten, unterdrückten Gefühl der Beunruhigung angesichts jener stummen und fernen Erscheinungen, spielte ich mit ihnen, jedoch nicht, als wären es Puppen, sondern eben *muñecas*.
Es war auch eine Stoffpuppe darunter, die mir die Großmutter genäht hatte. Gerade weil sie aus Stoff war, kam sie mir älter vor als die anderen, die aus Filz oder Zelluloid waren. Wenn Großmutter wieder abreiste, wurde diese Puppe für mich beinahe so etwas wie ihre Inkarnation. Es war die einzige lebendige Puppe, und die anderen, stellte ich mir vor, waren ihre Ahninnen und Verwandten.
»Großmutter«, sagte ich zu ihr, »erzähl mir Geschichten.« Und die Großmutter-Puppe antwortete, im Kreis ihrer Ahninnen sitzend.
Und da Großmutter eine Menge Geschichten kannte, bat ich sie: »Erzähl mir von der heiligen Theresa.« Und sie sagte: »Weißt du, auf die heilige Theresa fiel der Verdacht, daß sie nicht die Tochter von Christen sei, sondern von konvertierten Juden. Deshalb glaubte ihr, als sie ihre ersten

Visionen hatte, niemand, die Leute dachten, es sei nicht das Werk Gottes, sondern des Teufels. Ihr erschien ein Engel, der ihr einen Dolch ins Herz stieß. Es war aber nicht Schmerz, was sie dabei empfand ... du kannst das nicht verstehen ... es war Freude und Schmerz zugleich ...«
»Und jetzt erzähl mir von der heiligen Genoveva.« »Oh«, sagte die Großmutter, »Genoveva war eine Heilige, und doch schien sie Anstoß zu erregen! Sie lebte wie eine Wilde im Wald mit ihrem kleinen Sohn. Sie hatte kein Haus, keinen Herd, keinen Rosenkranz, kein Kleid, keine Schuhe. Sie lief nackt herum, und um sich zu bedecken, benutzte sie als Mantel ihre langen Haare, die reichten ihr bis zu den Füßen und dienten ihr als Haus, als Kirche und als Kleid.«
»Großmutter, erzähl mir von meiner Urgroßmutter, die Karten spielte.« Und sie begann: »Meine Großmutter, die Mutter meines Vaters, war eine schreckliche Frau, unbeugsam und streng, stolz auf ihre Abstammung. Doch sie hatte ein Laster, sie liebte maßlos das Kartenspiel. Eines Abends verlor sie drei Börsen voll Silberstücke. Sie erhob sich und verkündete: ›Ich schwöre, daß ich mein Leben lang keine Karten mehr anrühre!‹ Am nächsten Tag kamen die Freunde, mit denen sie gewöhnlich die Abende beim Spiel verbrachte, nicht zu ihr. Die Großmutter schickte einen Diener, um sie zu holen. Atemlos und verwirrt eilten sie herbei. Der Kühnste, denn alle zitterten vor ihr, sagte: ›Ihr hattet doch geschworen, daß Ihr keine Karten mehr anrühren wolltet!‹ ›Ja‹, antwortete die Großmutter, ›und das werde ich auch halten. Giuseppe‹, befahl sie dem Diener, ›mischen Sie die Karten, und richten Sie den Tisch her.‹ Und von da an ...«
»Großmutter, erzähl mir von damals, als du mit deinen Schwestern auf dem Meer gefahren bist.«

»Du mußt wissen, daß die Familie meines Vaters aus Umbrien stammte, aus Assisi, und papistisch war. Mein Vater begeisterte sich als junger Bursche für die Sache der Einigung Italiens, und als Garibaldi die erwählte Schar der Tausend zusammenrief, gehörte er dazu. In aller Heimlichkeit verließ er eines Nachts das Haus und ging nach Genua, und hier lernte er vor seiner Abreise nach Sizilien seine zukünftige Frau kennen, ein vierzehnjähriges Mädchen, Tochter eines Kaufmanns. Seine Mutter verfluchte ihn wegen seiner Entscheidung, sich den Aufständischen anzuschließen. Als die Einigung Italiens vollzogen war, kehrte er eines Abends mit unveränderter Zuneigung, in Unkenntnis jenes Fluchs, nach Hause zurück. Er überraschte seine Mutter, die ihn, hätte sie von seiner Ankunft gewußt, von den Dienern hätte verjagen lassen. Doch an jenem Abend waren die Diener ausgegangen, hatten sich alle nach Gubbio begeben, um am Kerzenfest teilzunehmen. Die Mutter erhob sich, als sie ihn sah: ›Signore‹, sagte sie zu ihm, ›verlassen Sie dieses Haus, in dem sie nicht willkommen sind.‹ Sie nannte ihn nicht beim Namen, fragte ihn nichts, erbarmte sich nicht seiner, da sie ihn so abgemagert sah, sprach ihn nicht einmal mit seinem Titel als ›Conte‹ an, um zu betonen, daß sie ihn verstoßen und außerdem enterbt hatten.
Fünfzehn Jahre vergingen. Mein Vater heiratete derweil seine junge Verlobte, ließ sich in Neapel nieder, wir fünf Schwestern und mein Bruder wurden geboren. Dann, eines Tages, zum Fest des heiligen Franziskus, versöhnten sich die beiden Familien. Und ich weiß, daß deine Urgroßmutter diese Versöhnung schweren Herzens akzeptierte, dazu gezwungen von ihrem Beichtvater, der, sagte er, ihr sonst die Absolution verweigert hätte. Meine Großmutter,

mein Großvater und einige ihrer Kinder und Enkel kamen dann zu Besuch, um auch unsere schöne Stadt und die Inseln zu bewundern. Groß waren die Vorbereitungen für dieses Ereignis. Wir Mädchen wurden zum Schlafen in die Dachkammern ausquartiert, die geputzt worden waren, um den Gästen die Zimmer zu überlassen. Zwei neue Dienstboten wurden eingestellt. Das ganze Haus wurde frisch gestrichen, sogar die Vorhänge wurden ausgewechselt, und eine Woche lang überwachte meine Mutter, unter Mithilfe meiner älteren Schwestern, die Arbeiten in der Küche: Es wurden Torten zubereitet, Konfitüren, Saucen, Tunken, Teigwaren, in Essig und Minze eingelegte Fische, Huhn in Aspik, Vitello tonnato in Gelatine.
Am Sonntag nach ihrer Ankunft mietete mein Vater sogar ein großes Boot, um ihnen die Küste und die Inseln zu zeigen. Das Boot erwartete uns gegenüber der Villa Reale. Voraus fuhren zwei Kutschen mit meinen Eltern und ihren Verwandten, und dahinter kam unsere, in der sich auch die Dienstboten und der Proviant befanden. Alles in allem waren wir achtzehn Personen. Wir erreichten das Kap von Posillipo, hier stiegen wir zwischen den antiken Ruinen einer römischen Villa aus. Die Sonnenschirme wurden aufgespannt, ein Zelt wurde errichtet, und wir nahmen alle gemeinsam ein Frühstück ein. Am Nachmittag, auf der Rückfahrt, folgten uns Fische in Schwärmen, weil wir Kinder ihnen Brotstückchen zuwarfen. Und auf die Fische stießen die Möwen herab …«
»Wollten sie auch Brot fressen?«
»Nein, nein. Die wollten die Fische fressen. Die Natur ist grausam. Doch hör zu. Mir war, als hätte ich auf offenem Meer Delphine gesichtet. Aber niemand glaubte mir, sie sagten, es seien Visionen … Die Stadt Neapel war,

vom Meer aus gesehen, sehr schön. Wie ist es möglich, dachte ich, daß die Stadt, in der ich lebe, wenn man sie vom Meer aus sieht, wie eine Märchenstadt wirkt? Nun mußt du wissen, daß beim Aussteigen ein Mißgeschick passierte …«

Pünktlich an dieser Stelle der Geschichte unterbrach ich die Großmutter jedesmal, weil das Wort »Mißgeschick«, das sie immer häufiger gebrauchte, nicht dasselbe war wie beim erstenmal, als sie mir die Geschichte erzählt und gesagt hatte: »Es geschah ein Unglück.« Zudem konnte ich auf diese Art auch den Höhepunkt noch etwas hinauszögern, die bange Erwartung verlängern.

»Sobald wir im Hafen einliefen, stiegen zwei Diener und mein Vater aus, um den Damen die Hand zu reichen und die Kinder auf den Arm zu nehmen«, fuhr die Großmutter fort. »Und mein Vater legte Wert darauf, seiner Mutter seine Hilfe anzubieten. Doch da, während er ihr den Arm reichte und sie ihn schon fast ergriffen und gleichzeitig den Fuß gehoben hatte, wer weiß, was geschah, ob sie den Fuß falsch aufsetzte oder das Boot sich plötzlich entfernte, jedenfalls fiel sie ins Meer, und alle ihre Röcke bauschten sich im Wasser.

Einige lachten, andere schrien, die Männer sprangen ins Wasser, um sie zu packen. Als man sie ans rettende Ufer gebracht hatte, sagte sie, aufrecht stehend, noch in den tropfnassen Kleidern, zu meinem Vater: ›Signore, das hätte nicht passieren dürfen. Bei dem langen Umgang mit Bauerntölpeln haben Sie die guten Manieren verlernt!‹ Und sie wollte nicht in unser Haus zurückkehren, sondern ließ sich ins Hotel bringen. Erst nach dem Tod der Großmutter schlossen die beiden Familien für immer Frieden, so daß mein Bruder sogar eine Cousine aus Assisi heiratete.«

»Großmutter«, bettelte ich weiter, »erzähl mir nun von damals, als ich noch klein war und als die Bomben fielen.«

»Die Bomben fielen nicht«, sagte die Großmutter, und auch dies war ein Ritual, eine Art Spiel, weil ich jedesmal »fielen« sagte, obwohl ich wußte, daß die Großmutter mich verbessern würde. Und sie vergaß es nie.

»Die Bomben fielen nicht vom Himmel, meine Tochter«, sagte sie, »sie wurden von bösen Männern abgeworfen. Die Roten aus Barcelona kamen bis hierher zu diesem Inselchen, um uns zu bombardieren. Du warst noch klein. Dein Bruder lernte gerade laufen. Sie kamen abends, wie Raubvögel, und bombardierten hier in der Nähe den Friedhof. Erde und Himmel färbten sich rot. Der Lärm war entsetzlich, und obwohl man es im voraus wußte, war es jedesmal wieder eine Überraschung. Vor der Explosion schien es, als brutzelte etwas in der Luft oder im Bauch der Erde. Ein einziges Brutzeln und Zischen, so als amüsierte sich ein Dämon, um seinen Hunger zu stillen, damit, Menschen in eine große Pfanne zu werfen, oder als erhöbe sich eine Riesenschlange aus den Dornenhecken. Deine Mutter und dein Vater zeigten keinerlei Verunsicherung, sie schienen sich eher auf einen Empfang oder ein Schauspiel vorzubereiten: Sie öffneten die Balkontüren weit, zündeten sich eine Zigarette an und begannen, sie, nach draußen gewandt, zu rauchen. Sie lachten sogar über meine Furcht. Ich nahm euch auf den Arm, eine rechts, einen links, trug euch in mein Zimmer, schloß Türen und Fensterläden, löschte das Licht, kroch mit euch unters Bett und wartete. Plötzlich umgab uns eine große Stille, tiefer als das Dunkel, in dem das Zimmer lag. Es schien die Stille des Universums zu sein, bevor die Planeten, die Sonne und die Sterne geschaffen wurden, und alles rundum war wie

in Erwartung. Du und Carlito, ihr weintet, und ich tröstete euch. Dein Vater riß die Tür auf, sagte mit einer ironischen Verbeugung zum Bett hin: ›Das Schauspiel ist zu Ende.‹ Ich aber fürchtete noch, es könne weitergehen, wagte mich nicht aus meinem Versteck heraus. Da ging er zu deiner Mutter zurück. An der Schwelle stehend, lachten sie laut, der Geruch ihrer Zigaretten drang bis unters Bett. Dann hockte sich deine Mutter auf den Boden, überredete mich herauszukommen. Sie nahm euch in den Arm. Danach führte sie mich auf den Balkon. ›Es ist vorbei‹, sagte sie.
Doch am Horizont sah ich noch Leuchten: Es war das Feuer, das sich ausbreitete. Und als ich wieder ins Zimmer ging, hörte ich, wie meine Tochter zu deinem Vater sagte: ›Sie ist die Irrationalität in Person!‹ Sie glaubten, meine Kleine, ich sei verrückt! Aber es gibt keinen Grund, Lucciola mia, daß ich dir erzähle, was Krieg ist.«
An dieser Stelle zog die Großmutter ihr Taschentuch heraus und weinte. Um nicht auch zu weinen, ging ich aus dem Zimmer und ließ meine Großmutter-Puppe zwischen ihren Ahninnen zurück; so wurde auch sie eine *muñeca*.

Die Narbe

Mamita und ich schauten uns in die Augen wie wilde Tiere, bereit, sich aufeinanderzustürzen.

Wo? Vor jeder Wand, vor dem Spiegel, vor dem aufgerissenen Schrank, vor dem Sonnenstrahl, der uns doch, so schien es, freudig ablenken wollte, oder in der Dämmerung, die sich wie ein Vorhang in einem leeren Theater ohne Beifall senkte.

Wann? Immer, solange wir auf der Insel lebten, und darüber hinaus, in anderen Ländern.

Als Säugling nämlich hatte ich ihr in die Brust gebissen. Ich biß sie, und sie stillte mich jammernd; und ich liebte sie nur um jenes bald süßen, bald grollenden Jammerlauts willen, den sie ausstieß, wenn sie von dieser weit zurückliegenden Zeit erzählte.

Niemand wußte, daß Mamita und ich uns in Tiger verwandelten. Sie glaubten, bei mir handele es sich um trotzige Launen; sie flüsterten, manchmal, Mamita sei ein wenig nervös. Von wegen Nerven und trotzige Launen! dachte ich.

Wenn ich dann reglos auf der Erde lag – ich warf mich nach jenem Streiten in einer Zimmerecke auf den Fußboden, denn nur dort, zwischen zwei Wänden, fühlte ich mich beschützt –, so glaubten sie, ich würde mich beruhigen. Das Ausmaß meines Schmerzes war ihnen nicht bewußt. Denn ich empfand großen Schmerz, wenn ich zum Tiger wurde. Der Gott der Verwandlungen hatte mich, um mich zu demütigen und zu bestrafen, dort hineingesteckt in jenes Gefängnis aus massigem Fleisch, Fell und Krallen. Mit den Augen nahm ich die Dinge nicht so wahr, wie sie waren; jede Bewegung war ein Zucken, jedes Geräusch eine Gefahr, die schönen Formen der Dinge gab es nicht mehr. Sobald ich aber jenen dumpfen Schmerz zu fühlen begann, geschah das Wunder: Nach und nach löste sich etwas in mir, ich war kein Tiger mehr, die Geräusche wurden wieder freundlich, und die Formen setzten sich eine nach der anderen wieder zusammen, getrennt von Geräuschen, Gerüchen und Bewegungen, schweigend und regungslos, wie in Erwartung, daß ich jeder ihren Namen gebe.

Während ich meine menschliche Gestalt zurückgewann, erschien Mamita mir, sobald ich an sie dachte, immer noch als Tiger.

Wer war bloß diese beschränkte, wütende Mamita? Ganz glänzend war sie. Glänzend oder leuchtend? Nein, einfach nur glänzend; sie strahlte nämlich kein eigenes Licht aus. Selbst die Augen glänzten wie im Fieber oder vor Zorn und leuchteten nicht, und ihr Glanz war oft ohne Transparenz, wie bei Atlasstoff.

Wenn ich die Tigergestalt schließlich ganz überwunden hatte und jener dumpfe Schmerz der Qual gewichen war, erschien Mamita mir anders, nicht mehr glänzend, in jenen gefährlichen Atlas gekleidet, sondern nackt, nur mit Federn bedeckt, eine Vogelfrau. Ich stellte mir vor, ich ruhte neben ihr in einem Nest, doch sie ließ mich nie unten zwischen den weichsten Federn liegen, sie wollte nicht, daß ich mich an ihren Bauch schmiegte; von weitem reichte sie mir die Nahrung mit dem Schnabel, und ihre Liebkosungen und Schnabelbewegungen waren spröde und warm. Ich dachte an ihre Hände. Ich stellte sie mir wie ein Nest vor, doch nur ein Vögelchen hätte hineingepaßt, nicht ich. Ich stellte mir vor, ich schöbe meine Finger in ihre, doch da spürte ich, daß etwas störte: die Ringe. Ich versuchte, ihr Gesicht zu küssen, aus Versehen streifte ich ihren Mund: O Gott! Der Lippenstift! Er war real wie der gerade vergessene glänzende Atlasstoff und roch nach zerquetschten Ameisen und den Parfüms auf ihrem Toilettentisch, wild und erlesen zugleich. Ich hätte trotzdem gern daran geleckt. Aber Mamita wollte nicht, sie drehte den Kopf zur anderen Seite. »Man gibt sich keine Küsse auf den Mund«, sagte sie. Also begnügte ich mich damit, still neben ihr zu sitzen. Um in geringem Abstand die besondere Wärme ihrer Hand zu spüren, die mich erreichte mit einer Glut, nicht der des Feuers, sondern gedämpft, fließend, ähnlich der Glut mancher sanfter Sonnenuntergänge, die zögerlich verlöschen. Und manchmal – ein seltenes Wunder – lag ihre Hand untätig im Schoß oder auf der Lehne, denn gewöhnlich zündete sie Streichhölzer an, führte Zigaretten zum Mund, trommelte auf jede Fläche. Sie verstand nicht, warum ich so regungslos verharrte.

»Erzähl mir davon, Großmutter, wie Mamita klein war« – so, stellte ich mir vor, würde ich die Großmutter fragen, die nicht da war … Wenn die Großmutter freilich dagewesen wäre, hätte sie nicht erlaubt, daß Mamita und ich zum Tiger werden.

»Wir lebten in Santa Maria Capua Vetere, als sie geboren wurde«, begann sie. »Bei Sonnenaufgang wurden die Schweine freigelassen, damit sie die Straßen säuberten.

Dein Großvater war Richter, ich verbrachte die Vormittage damit, die Bittsteller aus der Küche zu jagen, die mit Weinflaschen und Kapaunen vorsprachen; alles, alles lehnte ich ab. ›Ihr braucht keine Kapaune, damit ich ein gutes Wort für euch einlege‹, sagte ich zu ihnen, wenn sie hinter dem Rücken des Großvaters heimlich kamen und mich anflehten. Dein Großvater war ein unbestechlicher Richter, doch gab es keinen Menschen, für den ich nicht um Milde bat. Er verwies mich auf meinen Platz, ich sei nicht imstande, die Justiz zu verstehen; er weigerte sich sogar, mir von seinen Gerichtsurteilen zu erzählen, ich erfuhr jedoch alles von den Dienstboten. ›Nur Gott‹, sagte ich zu ihm, ›kann richten.‹ Und er antwortete: ›Gebt Gott, was Gottes ist, und dem Kaiser, was des Kaisers ist!‹ Darauf nannte ich ihn ›Pilatus‹. Und er war gar nicht beleidigt, glaub das nicht, im Gegenteil, in den ersten Jahren lächelte er … weißt du, ich war jung, ich war schön … später verscheuchte er mich ärgerlich wie eine lästige Fliege. Ständig hatten wir Meinungsverschiedenheiten. Weißt du, als junges Mädchen war ich in die Liebe verliebt, ich achtete nicht darauf, wie der Mann gemacht war, den man mir bestimmt hatte! Ich kannte die Welt nicht. Und außerdem, wer hätte zu mir gepaßt? Gab es vielleicht einen Mann, der so liebte, wie ich mir vorstellte, daß man lieben müsse? Ich war es, siehst du, die nicht paßte in die Welt.
Ich wollte nicht, daß deine Mutter in Santa Maria geboren würde, ich fuhr nach Neapel. Im Dorf traute ich den Hebammen nicht, ich traute niemandem dort, nur den Armen, die überall gleich sind.
Wir kehrten dann nach Santa Maria zurück, und ich weiß nicht, was es war, vielleicht die Beschwerlichkeit der Reise, mir blieb die Milch weg. Vielleicht lag es auch an der

Melancholie, die mich nach der Geburt erfaßte. Dir will ich es gestehen, mein Kind, ich habe es noch nie jemandem gesagt. Wenn ich nach dieser Geburt die Sukkulente sah, die auf meinem Balkon wuchs – eine Art, die die Form einer Rose hat, und du kannst dir nicht vorstellen, wie sie wuchert! In wenigen Monaten bildeten sich rund um meine Pflanze ich weiß nicht wie viele Röschen, und es wurden immer noch mehr –, nun gut, da empfand ich Ekel, mir war, als ähnelte ich ihr, ich fragte mich, was der Sinn all dieser Vermehrung sei, und in meinem Herzen, Gott verzeih mir, wuchs die Auflehnung. Vielleicht blieb mir die Milch auch weg, weil ich Santa Maria Capua Vetere nicht mochte, dieses traurige, finstere Dorf mit erbärmlichen Damen in erbärmlichen Salons. In Neapel, weißt du, da war das Teatro San Carlo. Zwar ging ich nicht häufig ins Theater, doch wenn mich abends die Melancholie erfaßte, dachte ich gern, daß es nicht allzuweit von mir einen Saal voll funkelnder Lichter gab; wenn ich nur gewollt hätte, hätte ich hingehen können!
Ich weiß also nicht, aus welchem dieser Gründe – oder vielleicht wirkten sie alle zusammen – mir die Milch wegblieb; etwas in mir erstarrte, und die Milch stockte. Die Kleine schien mir in Gefahr zu sein, ihr Bild vermischte sich im Traum mit dem meines ersten Sohnes, der gestorben war, der kleine Francesco. Er trug den Namen meines Vaters, der kurz davor von uns gegangen war. Sogleich wurde auf dem Land nach einer Amme gesucht. Doch weißt du, ich war eifersüchtig auf meine kleine Tochter, ich wollte keine Amme. Ich zog Eselsmilch vor. Eine Bäuerin bot mir an, mir jeden Morgen welche zu bringen, doch ich traute ihr nicht: Und wenn es gar keine Eselsmilch war, und wenn sie sie mit Wasser verdünnte, und

wenn sie nicht frisch gewesen wäre, wenn sie schmutzig gewesen wäre? ... Die arme Frau stank, Gott verzeih mir, schrecklich, sogar die Heiligen im Himmel hätten sich die Nase zugehalten. Deshalb ließ ich die Eselin jeden Morgen in unseren Hof führen und wollte, daß sie vor meinen Augen gemolken würde. Das sanftmütige Tier dort im Hof vermittelte mir bald ein Gefühl dumpfer Beschränktheit, bald den Eindruck, daß jedesmal ein Wunder geschähe. Du kannst dir nicht vorstellen, welche Schuldgefühle ich hatte! Jean Jacques Rousseau, der Philosoph – so hatte mich mein Vater gelehrt –, hatte gegen die Frauen gewettert, die ihre Kinder nicht stillten!
Doch nicht ich war verantwortlich für das, was geschah, sondern jene häßliche Stadt. Deshalb schickte uns dein Großvater zu Beginn des Sommers alle nach Francavilla a Mare. Am Anfang war mir, als sei ich von der Erde in den Himmel gekommen. Welche Luft, an der Küste! Und welch ein Friede, ohne ihn! Weißt du, er wollte auch mir gegenüber den Richter spielen; ständig kontrollierte er, ob ich zu den Kindern gerecht war, zu den Dienstboten und sogar zu den Dingen! Er war nicht geizig, nur schien er überzeugt, daß alles abgemessen werden mußte, in Zentimetern, in Gramm, in Dezilitern. Auf seine Weise war er durchaus großzügig. Er stammte jedoch aus einer Familie, in der ein Sinn für Sparsamkeit herrschte; Geld galt hier nicht als Segen oder Fluch Gottes, sondern war Frucht der Arbeit, ja gar der ›Tugend‹, sagten sie. Wenn er zufällig in die Küche kam, hatte er sogar etwas daran auszusetzen, wie die Kartoffeln geschält wurden, er behauptete, die weggeworfenen Schalen in der Schüssel seien zu dick; wenn ich einen Stoff zuschnitt, wehe, wenn an den Seiten zu viel übrigblieb. Ich schrieb zu jener Zeit Gedichte ...

ja, ich schrieb Gedichte, als ich jung war. Nun gut, ich benutzte nur eine Seite des Blattes, und hatte er nicht auch daran etwas auszusetzen? Ich sollte beide Seiten beschreiben. Mich dagegen störten die sichtbaren Zeichen auf der Rückseite: Die Länge der Verse schien durch, der Anfang der Strophen, die Schmucklettern; am meisten jedoch störten mich die Spuren der Ausrufungs- und Fragezeichen. So, mit Abstand, von der anderen Seite gesehen, waren sie sinnlos. Was gibt es da so viel auszurufen, so viel zu fragen? wunderte ich mich. Ganz zu schweigen von den Auslassungspünktchen. Die setzt man, dachte ich kalt, wenn man es nicht versteht, seine eigenen Gedanken gut auszudrücken. Und so gefror mir die Feder, ich schrieb nichts mehr. Zum Teufel mit den Geizkrägen! sagte ich mir, ließ die Seite voller Spuren und Schatten liegen und legte ein schönes neues Blatt vor mich hin.

Diese Dinge verstand er nicht. Er verstand nicht, daß es nicht das gleiche ist, ob man ein Urteil oder ein Gedicht schreibt … Was für ein schreckliches Wort: ›Urteil‹! Auch über mich hatte er sein Urteil gefällt. Wie konnte er sich dieses Recht anmaßen! Wenn er mit meiner ältesten Schwester sprach, sagte er, meine Schönheit habe ihn überwältigt … Ja, ich war schön, aber weißt du, in einer Ehe zählt das später nicht … Er sagte freilich auch, ich sei bizarr; was eine Art war, mich nicht zu verletzen. Was er nämlich meinte, war, ich sei verrückt.«

»Und Mama?« unterbrach ich sie.

»Du darfst nicht mit ihr streiten, du mußt sie sehr liebhaben, mehr als ich damals, denn weißt du, von den drei Kindern wurde sie am wenigsten geliebt. Der Älteste, nun, der war mein ganzer Stolz; und in die andere Tochter, die größere, hatte ich mich auch vernarrt. Und doch war viel-

leicht damals nur deine Mutter wirklich wie eine Tochter zu mir. Sie betete mich an, folgte mir auf Schritt und Tritt durchs Haus wie ein Hündchen oder wie ein naives kleines Dienstmädchen. Aus Liebe zu mir hob sie die Kleider und Spielsachen auf, die ihre ältere Schwester, Callista, überall verstreute. Sie bat mich nie um etwas, und ich merkte gar nicht, daß sie heranwuchs. Denk nur, als sie ihre Regel bekam, fiel es mir nicht einmal auf; und sie mußte allein damit fertig werden. Eines Tages, als ich sie so verantwortungsvoll, so erwachsen sah, sagte ich mir: Aber das Leben hat diesem Mädchen Jahre gestohlen! Du kannst dir nicht vorstellen, wie schrecklich so ein Gedanke ist, wenn er einer Mutter kommt. Denn für ein Kind ist das Leben nichts anderes als die Mutter. Ich … ich hatte ihr also Jahre gestohlen.
Sie war ordentlich, genau. Du hättest ihr Zimmer sehen sollen. Du weißt, ich bin unordentlich … von Callista gar nicht zu reden.
Wenn deine Mutter nähte, machte sie ganz kleine Stiche. Sie liebte karierte Stoffe, Hahnentrittmuster. Jedesmal, wenn ich sie sorgfältig, genau, ins Nähen dieser karierten Stoffe vertieft sah, dachte ich: Dieses Mädchen sperrt sich selber ein! Und wie um diese Neigung von ihr zu durchkreuzen, schenkte ich ihr einen geblümten Seidenschal mit langen Fransen, die fast den Boden berührten. Sie hob ihn zusammengefaltet in einer Schublade auf und trug ihn nie. Sie war keusch. Mochte es nicht, sich mit den Cousinen Liebesgeschichten auszumalen. Dann kam der Krieg, eine Zeit der Unordnung. Einmal überraschte ich einen schamlosen Diener, der ihr Bein streichelte, während sie schlafend auf dem Sofa im Wohnzimmer lag. Da ich wußte, daß sie dort schlief, war ich auf Zehenspitzen hineingeschli-

chen. In dem Dämmerlicht sah ich ihn nicht sofort. Am Tag davor hatte der Wind zwei lange Rosenranken abgebrochen, wir hatten sie neben das Sofa in eine römische Amphore gestellt, und der gebeugte Schatten des Mannes verschwamm mit den Formen der Ranken und der Vase. Als ich ihn bemerkte, schrie ich nicht. Mir stockte das Blut. Dennoch bewegte ich mich mit stummer Entschlossenheit. Augenblicklich entschied ich nämlich, daß ich die Kleine nicht wecken würde. Ich packte den Diener am Arm, wie in einer Schraubzwinge, er wollte losschreien, mit einer herrischen Geste ließ ich ihm den Schrei im Hals ersterben, führte ihn hinaus, schloß hinter mir die Tür. An der ruhigen Miene des Mädchens konnte ich dann erkennen, daß das Irreparable nicht geschehen war. ›Geh‹, sagte ich zu dem Diener, ›und setz keinen Fuß mehr in dieses Haus.‹ Er verschwand wie der Blitz, und ich versichere dir, die Hand, mit der ich ihn gepackt hatte, brannte mir noch tagelang. Denn nicht nur die Stirn, auch die Hände werden manchmal rot vor Scham … Wieviel Unordnung, wieviel Unglück, wieviel Schlimmes hat jener Krieg gebracht!«

»Dauert der Krieg schon lange, Großmutter?«

»Nein, mein Kind. Der von heute ist ein anderer Krieg. Und es werden noch weitere kommen. Anscheinend können sich die Menschen in diesem Jahrhundert nur bekämpfen und sonst nichts. Und Gott läßt sie machen, sekundiert ihnen, vielleicht, damit sie Vernunft annehmen oder um sie zu strafen. Mein Gott, warum begnügst du dich nicht mit meinen Gebeten? … Dein Großvater hatte eine Lähmung. Deine damals fünfzehnjährige Mutter pflegte ihn. Sie fütterte ihn und schimpfte mich jedesmal aus, wenn die Speisen zum Beispiel zu stark gewürzt waren.

Als würde der Krieg nicht genügen, gab es auch noch ein Erdbeben. Auch die Natur zürnte! Dein Großvater lag gelähmt im Bett, wir wußten nicht, was tun. Sie war es, die ihrem Bruder befahl, den Vater auf den Arm zu nehmen, und uns allen, uns unter den steinernen Torbogen der Kutscheneinfahrt zu flüchten.

Und es gab noch viel Arges in jenen Jahren! Wir mußten Ländereien verkaufen, und gleich nach dem Verkauf wurde das Geld entwertet, und wir waren gezwungen, noch mehr zu verkaufen. Dein Onkel Niní, ohne väterliche Führung, verbrachte die Nächte am Spieltisch. Wie ich ihn liebte, und wie ich mich seiner schämte! Einmal an Ostern – nein, es war nicht irgendein Ostern, es war das letzte Ostern mit meinem Mann … Es ging ihm von Tag zu Tag schlechter … Ich wußte nicht, wie ich ihm meine Zuneigung, meine Sorge zeigen sollte … Eines Morgens begann ich, in der Küche Gerichte für das Festmahl zuzubereiten, als wäre es ein Ostern wie viele andere und kein von Tod und Krieg überschattetes. Ich wollte Timbalen machen, Blätterteig, Huhn aus dem Backofen, *pastiera*, den neapolitanischen Osterkuchen. Auch die Köchin und die beiden Dienstmädchen waren ganz damit beschäftigt, meine Anweisungen auszuführen. Doch herrschte in der Küche nicht das festliche Durcheinander, das solchen Gelegenheiten eigen ist, es lag eher so etwas wie Besorgnis und Kummer in der Luft; es schien eine unheilvolle Hexenküche zu sein. Und da loderte plötzlich beim Fritieren eine Stichflamme aus der Pfanne auf. Meine Frisur war in Unordnung – einige Strähnen hatten sich aus den Haarnadeln gelöst –, die Flamme erfaßte sie, und das ganze Haar brannte lichterloh. Die Dienstmädchen schrien, und auch ich schrie. Deine Mutter, die streng in einer Ecke saß, so als wollte sie diese Betriebsamkeit überwachen, die sie mißbilligte, erhob sich, ohne die Fassung zu verlieren, nahm rasch und zielsicher eine Decke vom Bügeltisch und warf sie mir über den Kopf. Sie drückte fest. Das Feuer erlosch. Sie rettete mir das Leben.

Wie Gott es wollte, kam der Ostersonntag. Dein Großvater sorgte sich um mein Schicksal und das der Kinder. Verwirrt, wie ich war, tat ich etwas, das ich nie hätte tun dürfen. Callista war damals achtzehn und in voller Blüte. Keine Feldblume war sie, sondern ein Treibhausgewächs, kostbar, ein Luxus der Natur und auch des Geistes. Du kannst dir nicht vorstellen, wie gut sie zeichnete und auch schon mit Öl malte unter der Führung ihres Lehrers, des besten in Neapel zu jener Zeit. Aber sie kannte nichts von der Welt und, genau wie ich als junges Mädchen, auch sich selbst nicht. Vielleicht noch weniger als ich in ihrem Alter, denn ich war, wie man sagte, ›eine Romantikerin‹, während sie in ihren Gefühlen, entschuldige den Ausdruck, einer Stute glich. Ich überredete sie, sich zu verloben, da ich dachte, es würde meinen Mann freuen, ihn beruhigen, wenigstens was die Zukunft seiner Ältesten anging. Der Verlobte war eine gute Partie. Er liebte sie sehr, die Männer, weißt du, vernarren sich in die Frauen, die zu schlafen scheinen, die Idee, sie aufzuwecken, gefällt ihnen. Doch zuweilen gibt es ein bitteres Erwachen. Und so war es. Die beiden haben sich nie verstanden. Letztes Jahr wollte sie sogar nach Capri durchbrennen mit einem Wirrkopf, einem Gedichteübersetzer. Zufällig habe ich das Briefchen mit der Verabredung gelesen. Ich dachte, es wäre eine Rechnung über Farben. Ich bezahle ihr nämlich oft die Farben, weißt du, ihr Mann mag es nicht, daß sie malt. Geld für Farben auszugeben hält er für Verschwendung.

An jenem Morgen lief ich zum Hafen, riß sie aus den Armen des Liebsten und brachte sie wieder nach Hause ...«

»Und Mama?«

»Nun ja, mit dem Tod deines Großvaters, Callistas Hochzeit, den Spielschulden meines Sohnes beschäftigt, habe ich mich in jenen Jahren nicht viel um sie gekümmert. Sie, sie konnte gut auf sich selber aufpassen. 1920 gehörte sie zu den ersten, die sich die Haare abschneiden ließen. Sie sagte mir nichts, kam einfach so nach Hause; und ich muß zugeben, daß jener Schnitt ihr so gut stand, als wäre er extra für sie entworfen worden. Sie schloß sich einer Gruppe von Intellektuellen an, aber das beunruhigte mich nicht. Ihr Cousin begleitete sie immer. Zum Glück liebte sie den Tango nicht. Weißt du, in jenen Jahren wurden viele Frauen sehr dreist.

Wir lebten zusammen, allein im selben Haus, bis sie dann heiratete. Aber wir waren wie in zwei verschiedenen Welten. Nur selten trat ich in jenen fünfzehn Jahren in ihr Universum ein. Einmal zum Beispiel, als sie zyklisch zu erkranken begann. Sie bekam schrecklich hohes Fieber. Die Ärzte, die sie untersuchten, gingen kopfschüttelnd davon, keiner verstand, worum es sich handelte. Einmal schien es Hirnhautentzündung zu sein, dann wieder Typhus. Ich saß nächtelang an ihrem Bett, hielt ihr den Eisbeutel auf die Stirn, wickelte sie in kalte, nasse Laken wie in ein Schweißtuch. Es war Sommer, am Fenster ihres Zimmers hingen große weiße Vorhänge. Wir ließen es einen Spaltbreit offen, und abends, während ich bei ihr wachte, bewegten sich diese Vorhänge leicht in der Meeresbrise. Mir war, als wäre ich in einem Theater, mein Kind, wo eine Tragödie aufgeführt wurde. Der Tod, mußt du wissen, ist ein großer Schauspieler, vor der Aufführung probt er. Ver-

schiedene Ärzte wechselten sich erfolglos am Bett deiner Mutter ab, bis ich zuletzt Doktor Moscati rief, der schon damals nicht nur den Ruf eines großen Wundertäters, sondern eines Heiligen genoß (manchmal legte er die Hände auf, doch im allgemeinen genügte ihm ein Blick auf den Kranken. Es hieß auch, er erkenne die Krankheit am Geruch, der im Zimmer herrschte. Und er konnte sogleich sagen, ob die Person überleben, ob sie gerettet würde). Deine Mutter hatte an jenem Abend einundvierzig Fieber. Sie delirierte, war aber so schwach, daß es ihr kaum gelang, die Worte zu artikulieren. Doktor Moscati berührte ihre Stirn, sie schnitt eine Grimasse, die ein Lächeln sein sollte, und ich hörte sie hauchen: ›Es ist eine Lappalie!‹
›Sie wird genesen‹, sagte er dann im Vorzimmer. ›Es ist nur ein Wachstumsfieber!‹
›Aber Doktor‹, wandte ich ein, ›meine Tochter ist gestern neunundzwanzig geworden!‹
›Nicht nur der Körper wächst‹, erwiderte er, ›auch die Seele wächst.‹
Und als ich mich anschickte, ihm sein Honorar zu geben, sagte er zu mir, daß ihm nichts zustehe, ich solle den entsprechenden Betrag der Muttergottes spenden.
Nach dem dritten Fieberanfall dieser Art lernte sie deinen Vater kennen, und da sind wir nun alle zusammen hier auf diesem Inselchen.«

Während ich aus geringer Entfernung die besondere Wärme von Mamitas Hand spürte, wiederholte ich mir innerlich Teile dieser Geschichte, die die Großmutter mir oft erzählte. Doch am nächsten Tag wurde ich schon wieder bockig. Von neuem stellte ich mich auf die Zehenspitzen: biß, kratzte, stürzte mich auf die anderen. Ich schäumte so-

gar. Und die Augen verdrehten sich. Niemals, so schien mir, würde ich die Welt wiedersehen können.
Einmal, als ich meine Raserei nicht gegen die anderen wenden konnte – weil sie mich zu dritt festhielten –, kratzte ich mir mit den Fingernägeln tief in die Wange. Ich wußte, daß Mamita sehr auf die Unversehrtheit meines Körpers bedacht war. Wenn ich eine kleine Verletzung hatte, ermahnte sie mich nämlich immer, den Grind nicht abzureißen. »Sonst«, sagte sie, »wirst du häßlich, es bleibt eine Narbe.«
Mamita spürte vielleicht eine erwachsenere Absicht in dieser neuen Trotzreaktion, in dieser gegen sie und gegen mich selbst gerichteten Bosheit. »Sie ist groß genug«, sagte sie, »um die gerechte Strafe zu verdienen.« Und damit zerrte sie mich gewaltsam die Gartenwege entlang – das Pfauenweibchen schloß, als wir vorüberkamen, verängstigt sein Rad –, führte mich zu einer Abstellkammer, schob mich hinein und drehte mehrmals den Schlüssel im Schloß. Ich brüllte, bis das Geräusch ihrer Schritte verklang. Dann schwieg ich. Ich war weder wütend noch beunruhigt. Es war, als hätte ich immer gewußt, daß ich früher oder später an einem solchen Ort landen würde. Am Boden lag ein Haufen Säcke. Ich streckte mich darauf aus. Es war heiß. Ich schlief ein. Mamita weckte mich mit einer Umarmung. Vielleicht hatte es sie gerührt, mich wie ein Bettelkind dort auf den Säcken schlafen zu sehen. Ich erwiderte die Umarmung, überrascht von so viel Überschwang, von so viel zärtlichen, mitleidigen Worten. Doch zugleich dachte ich: An so einem Ort müßte ich immer bleiben!
Von jenem Tag an wurde ich bei jeder Bockigkeit in die Kammer gesteckt. Und im folgenden Jahr kam auch Carlito hinein.

Seit es einen Ort gab, wo man jemanden einsperren konnte, erwies sich die Organisation in jenem Haus, an der vorher etwas zu fehlen schien, als vollkommen. Denn jede Person und jedes Ding mußte an seinem Platz sein; man durfte nicht einfach nehmen, was einem paßte. Und wenn jemand nicht an seinem Platz gewesen wäre? Wenn er genommen hätte, was er nicht nehmen durfte? Getan hätte, was er nicht tun durfte? Der wurde fortgejagt oder eben in die Kammer gesteckt. Und wenn ein Feind gekommen wäre, ein feindlicher Pilot zum Beispiel? Oder ein junger Rebell wie der Sohn von Doktor Pérez? Oder der Menschenfresser aus dem Wald? Oder die Geister der Franzosen, die auf Cabrera umgekommen waren? Alle dort eingesperrt.

Auch wenn die Zigeunerkinder gekommen wären, wären sie in der Kammer gelandet: Sie hätten bestimmt genau das Gegenteil von dem getan, was man tun mußte. Und auch die Kinder von Francesca: In der Tat wurde ihr immer eingeschärft, sie nie zu uns ins Haus zu bringen.

So suchte ich von jenem Augenblick an, wo immer ich hinging, nach einer ähnlichen Kammer. Und einmal, in einer Villa, brachte ich Mamita sogar in Verlegenheit, weil ich die Besitzer fragte, wo die Kammer für die Bösen sei. Hinterher machte Mamita mir Vorwürfe. Da verstand ich, daß das Vorhandensein einer Kammer für die Bösen Verlegenheit und Schamgefühle auslöste, es war etwas, worüber man nicht sprechen durfte.

Dann fragte ich eines Tages die Großmutter, ob es auch bei ihr zu Hause eine Kammer für die Bösen gab. »O ja, die gab es«, sagte sie zu mir. Doch sie fügte hinzu, daß sie sich jedesmal, wenn sie eins ihrer Kinder dort eingesperrt hatte, so schlecht fühlte, daß sie es sofort wieder befreite.

Und dann, sobald sie konnte, ging sie selbst hinein: Es war der einzige Ort im Haus, wo es ihr gestattet war, in Frieden Buße zu tun oder zu beten.
Nach einer Weile begannen Carlito und ich, die Kammer heimlich einzurichten. Einmal brachten wir ein Bonbon hin, dann ein Stück Kreide, ein paar Kekse, eine Schnur, einen Spiegelsplitter – man mußte doch sehen, wie sich das Gesicht eines bösen Menschen veränderte –, eine Stecknadel, einige Tonscherben, die wir in den Ritzen im Stein versteckten; in eine Ecke stellten wir sogar eine Flasche und erneuerten für alle Fälle ab und zu das Wasser.
Es gab dort drinnen kleine Tiere, die die Dunkelheit liebten oder sich zumindest nicht davor fürchteten: Spinnen, Tausendfüßler, Schaben, Schnecken. Und sie alle führten ein mühseliges Leben, das sie sich Zentimeter für Zentimeter erarbeiteten. In ein Tellerchen gossen wir etwas Wasser, um die Eidechsen zu tränken. Sie hatten einen eigenen Ausdruck in den Augen, blickten uns überrascht an. Wir hielten ganz still, damit sie nicht erschraken. Und wenn durch ein Fensterchen hoch oben aus Versehen ein Schmetterling hereinflog, wurde die Lust hinauszulaufen unbändig. Denn der Schmetterling brachte das Reich der Farben mit herein, widersprach diesem Ort, der wie das Vorzimmer zur unterirdischen Welt der Schatten wirkte. Nicht daß dessen Kosmos eintönig gewesen wäre. Er war voller Nuancen, voll wimmelndem Leben. Und er schien mit dem fernen, dumpfen Aufprall des Eimers im Ziehbrunnen verbunden zu sein.
Ich bin eine Mörderin, dachte ich, wenn sie mich manchmal in die Kammer einschlossen, meine Narbe befühlend. Es war ja, und zwar zu Recht, eine Verletzung, die ich anderen hatte beibringen wollen. Und sie war auch, so schien

mir, die einzig wahre Spur meines Vorhandenseins auf der Welt. Manchmal streichelte ich sie. Die Narbe wurde meine monströse Tochter.

Es kam auch vor, daß ich, dort eingesperrt, vom Ausbruch träumte, auf fliegenden Teppichen oder Mänteln. Ramon Llull[1] war nämlich auf seinem Mantel von Mallorca nach Arabien aufgebrochen. Bei seiner nächsten Reise, dachte ich, wird er mich mitnehmen. Oder ich dachte: Er wird mich nicht wollen, weil ich weder Lateinisch noch Arabisch spreche.

Während ich über diese Dinge nachgrübelte, verfinsterte sich mein Gesicht. Doch die Sonne kam heraus, an der Mauer erschien der Schatten des Fenstergitters. Das Gitter war dunkel und die Rechtecke gelb. Jenes leuchtende, zarte Muster war wie das Positiv jenes Gitters, das kein Gitter mehr war. Es war ein Spiel, eine Zeichnung aus Licht und Schatten. Ich begann zu warten, daß sich auf eines der Rechtecke wiederum der Schatten eines Schmetterlings setzte.

1 Ramon Llull (1232–1316), Theologe, Mystiker, Philosoph und Schriftsteller aus Mallorca. Später heiliggesprochen. Er förderte den Kulturaustausch zwischen Moslems und Christen.

Sens vergonya

Nicht immer kratzte ich bei meinen Trotzanfällen die anderen und mich selbst. Zuweilen, gewiß, konnte ich nicht anders, als zum Tiger zu werden, häufiger jedoch überkam mich eine Art Überdruß angesichts jener Metamorphose, nach deren Anstrengungen und Qualen alles wieder so werden würde wie zuvor.

Dieses Bewußtsein enthielt einen harten Kern: Den mußte ich sofort festhalten, sonst ging er verloren; er war wie ein zuckender Fisch, man mußte blitzschnell die Hand ausstrecken und zupacken. Jedesmal, wenn es mir gelang, diesen Bewußtseinsschimmer zu erhaschen, war ich gerettet, konnte die peinvolle Verwandlung vermeiden. Zumindest eine weniger schmerzliche Verwandlung durchmachen.

Einmal zum Beispiel verwandelte ich mich in einen Hund. Auf allen vieren winselte ich im Zimmer herum und konnte nicht mehr aufhören. Die anderen lachten erst, dann waren sie beunruhigt, dann traten sie zu mir, um mich zu berühren, doch ich jaulte noch lauter oder leckte ihnen die Hand oder biß sie. Daraufhin versuchten sie, mich um jeden Preis auf die Füße zu stellen; ich, in eine Ecke gekauert, knurrte.

War ich ein Hund oder eine Hündin? »Du bist wie eine Hündin!« hatte ich nämlich, hinter dem Vorhang verborgen, Papito einmal zu Mamita sagen hören, während sie auf dem Bett weinte und jammerte. Darüber hinaus glichen die Tränen, die mir beim Winseln über die in Pfoten verwandelten Hände und Arme liefen, so schien mir, dem flüssigen Stöhnen von Pedróns Hündin, als sie Junge bekam. Hunde waren außerdem glücklich und stark, sie wurden nur zu Hündinnen, wenn sie litten oder verjagt wurden. »Arme Hündin«, sagte Dida zu einem verletzten Hund. »Häßliche Hündin!« brüllte Pedrón den Hund an, der eine Wurst gestohlen hatte. Hündinnen bissen vor Verzweiflung, sie wirkten verletzter als diejenigen, die sie verletzten. Hunde dagegen bissen voll Anmaßung.

Eines Tages, als ich mich in eine Hündin verwandelte, beschlossen sie, es zu übersehen, mich nicht zu beachten. Sie gingen in den Salon. Mamita tat so, als lese sie Zeitung, rauchte nervös eine Zigarette; Antònia tat so, als ordnete sie die Blumen in einer Vase. Ich betrat stumm das Zimmer, hob an der Tür ein Bein und pinkelte. Mamita packte mich und wollte mich ohrfeigen, da sie aber mein Gesicht nicht auf der gewohnten Höhe fand und mich vielleicht auch wirklich für einen Hund hielt, gab sie mir einen Tritt gegen das Schienbein. Ich flüchtete jaulend und auf allen vieren hinkend. Mamita kam, in Tränen aufgelöst, hinter mir her, schlug die Hände vors Gesicht. »Was habe ich getan! Was habe ich getan!« rief sie. Als ich sie weinen sah, rührte es mich, ich war kein Hund mehr. Voller Scham stand ich auf.

Andere Male zog ich mich aus, anstatt mich in irgendein Tier zu verwandeln. Ich blieb nackt. Sie ließen mich allein, glaubten sie, mit meiner Scham. Doch waren eher sie es, die sich schämten, über ihre Nutzlosigkeit und die ihrer Dinge.

Ich bin nichts, sagte ich mir, und ich habe nichts, wie der heilige Franziskus.
»Er war«, hatte mir die Großmutter erzählt, »wie üblich mittags auf den Marktplatz gekommen, gefolgt von seinen Freunden. Doch anstatt sich dort mit seinen Gewändern zu brüsten und seinen täglichen Geschäften nachzugehen, blieb er in der Mitte der Arkaden stehen und begann, sich auszuziehen. Alle liefen herbei, um zuzusehen, sie glaubten, er sei verrückt geworden, und wer ihn nicht kannte, hielt ihn für einen fahrenden Sänger oder Gaukler. Sein Vater überhäufte ihn derweil mit Schmähungen. Als er nackt war, verkündete er, er wolle sich von der Welt zurückziehen und in Armut leben, dann zog er davon, gefolgt von einigen seiner Freunde, die sich von Zechkumpanen in Schüler verwandelt hatten. Deshalb wurde unser Heiliger der ›Arme von Assisi‹ genannt ... Mitnehmen wollte er nichts ...
Hier in Spanien dagegen haben sie andere Heilige«, fuhr die Großmutter fort. »Es steht mir nicht zu, darüber zu urteilen ... Aber, siehst du, mir hat der heilige Ignatius nie gefallen. Er war unbarmherzig in seinem Urteil über die anderen und gründete einen schrecklichen Orden, den der Jesuiten. Gott verzeih mir, ich mag sie nicht. Das sind arrogante Herren, Machtmenschen ... Die heilige Theresa dagegen war eine großartige Heilige, anders jedoch als der heilige Franziskus ... Auch hier steht mir gewiß kein Urteil zu, doch ich ziehe den heiligen Franziskus vor. Die heilige Theresa hatte kein Gelübde der Nacktheit, der absoluten Armut abgelegt, sie war noch ganz mit Stolz bekleidet. Dieser Stolz beugte sich vor Christus und vor Gott, nie aber vor den Menschen, nie vor den Geschöpfen. Sie liebte die Armen nicht, wußte nicht einmal, was das

war, sie liebte weder Pflanzen noch Tiere, sprach nicht mit den Vögeln, liebte einzig und allein das Licht, das von Gott ausging. Und Christus liebte sie nicht, weil er Mensch geworden war, sondern nur, weil auch er Gott war. Franziskus dagegen liebte den Christus, gerade weil er nacktes, leidendes Fleisch geworden war, weil er sich darin unterschied vom Licht Gottes …

Franziskus, mußt du wissen, hatte nichts und war auch nichts. Was war Franziskus denn? Er war die Notleidenden, denen er beistand, die Vögel, mit denen er sprach, er war sogar der böse Wolf, der Schrecken der Einwohner von Gubbio, er war die Pflanzen der Schöpfung, war noch die dunkelste verborgene Wurzel. Er, siehst du, wollte sich nicht von allen anderen Geschöpfen unterscheiden, wollte nicht einmal er selbst sein …

Verstehst du? Ich kann es dir nicht gut mit Worten erklären. Ich habe viel darüber nachgedacht. Aber ich glaube, es gibt zwei verschiedene Arten von Heiligen. Die der heiligen Theresa ähnlichen, die nur das strahlende Licht Gottes lieben, wie der Prophet Elias, der auf einem Lichtwagen den Menschen und der Welt entführt wurde. Und dann gibt es die, die nicht nur Gott lieben, nicht nur das strahlende Licht, sondern auch das Licht, das sich verbirgt, sie verzeihen ihm, wenn es sich verbirgt, und siehst du, sie tun nicht nur für sich Buße, Gott verzeih mir für das, was ich sage, sondern für Gott selbst. Und diese sind meiner Meinung nach die heiligeren. Wie auch immer, denk daran, meine Tochter, man soll nichts haben, und man soll nicht einmal etwas sein. Nach dem Tod, weißt du, werden wir nichts sein als Asche.«

»Aber die Seele, Großmutter, kann gerettet werden!«

»Die Seele, mein Kind, ist etwas ganz anderes als das, was es bedeutet, jemand oder etwas auf dieser Welt zu sein. Auch wenn du ein Heiliger bist, kann Gott dich vergessen in den Augenblicken, in denen er sich verbirgt. Von allen Seelen werden nur die gerettet, die verstehen, daß Gott sich verbirgt, und die ihm verzeihen.«

»Dann ist die heilige Theresa nicht gerettet worden?«

»Red keine Dummheiten, mein Kind, lästere nicht! Selbstverständlich ist sie gerettet worden! Was für komplizierte Fragen du stellst! Auf jeden Fall, die Glückliche: Vor ihr hat Gott sich vielleicht nicht verborgen. Außerdem war sie eine Frau, weißt du; sie lebte in ein Kloster verbannt, genauso, wie die Frauen heute ins Haus eingeschlossen werden. Wie hätte sie das Elend der Welt kennen, mit Wölfen und Vögeln sprechen sollen? Sie wurde als junges Mädchen dort hineingesteckt. Sie durften nie heraus, die armen Frauen, gleich, ob sie nun verheiratet oder Heilige waren.«

»Und heute, Großmutter, verbirgt sich Gott heute?«

»Siehst du das nicht? Mehr denn je verbirgt Gott sich in diesen Jahren, mein Kind. Und wer weiß, ob er jemals wieder zum Vorschein kommen wird. Und das schlimmste ist, daß die Leute sich offenbar gar keine Sorgen darüber machen. Schau dein Zuhause an, seit meiner Ankunft gibt es jeden Tag ein Bankett, einen Ball, einen Empfang. Ich dagegen spüre einen Kloß im Hals, eine Wut im Kopf, eine Schlange in den Eingeweiden. Ich muß abreisen, mein Kind, ich muß nach Neapel zurück. Dort leiden die Menschen, es herrscht nicht die Unbeschwertheit wie in diesem Haus, wo alle über den Krieg reden, als handelte es sich um ein Pokerspiel, ein Vergnügen.«

Einige Tage nach diesem Gespräch reiste sie ab. Sie hatten beschlossen, daß sie mit einem Flugzeug reisen solle, dem, das uns das frische Brot aus Weißmehl brachte. Doch die Großmutter wollte nicht. »Ich bin weder ein Vogel noch ein Engel«, sagte sie. »Und außerdem … habe ich Angst vor euren Maschinen. Ihr scheint den Tod zu verlachen, ich aber fürchte ihn, ich tue nicht so, als gäbe es ihn nicht, wie ihr, die ihr immer, wenn die Rede darauf kommt, das Thema wechselt.«

Während ich bei mir diese Worte der Großmutter wiederholte, betrachtete ich meinen nackten Körper. Wo, dachte ich, mag die Grenze zwischen Leben und Tod sein? Mir schien nämlich, als seien nur die von Kleidung bedeckten Körperteile frei vom Tod, während die unbedeckten ihm schon verfallen waren. Dennoch, trotz jener schrecklichen Gedanken, beharrte ich darauf, nichts anhaben zu wollen und mit nichts spielen zu wollen. Ich durfte mich nicht ablenken lassen. Und eines Tages, als ich in Versuchung geriet, zur ABC-Fibel zu greifen, weil ich meinte, einige Seiten bezögen sich auf die Probleme, die mich umtrieben, strengte ich mich an und versuchte, mich auswendig an die Lektionen des Buches zu erinnern. Auf einer Seite zum Beispiel wurde das Verb *avere* (haben) erklärt. *Io ho* (ich habe), *tu hai* (du hast), *egli ha* (er hat) schrieb man mit H; und einmal war das H als Großbuchstabe dargestellt, so: H, wie eine Leiter mit einer einzigen Sprosse. »Diese Leiter«, sagte die Italienischlehrerin, »braucht man, um bis zum Wissen hinaufzusteigen; und das H hat diese Leiterform, weil es der schwierigste Buchstabe im italienischen Alphabet ist.« Wenig später war das h als kleiner Buchstabe dargestellt, in Form eines Stühlchens, und darauf saß ein Teddybär; ein Kätzchen streckte die Pfote nach dem hinteren Stuhlbein aus, als wollte es ebenfalls hinaufklettern. Wozu braucht der Teddybär den Stuhl? dachte ich. Die

Zigeuner, die nichts haben, haben auch keine Stühle, sie ruhen sich in der Hocke aus. Dann gab es noch ein großes H mit Schnörkel in einer Handschrift, die eindeutig an Pedróns *rúbrica*[1] erinnerte, denn dieser konnte zwar nicht gut schreiben, war aber zu einer so komplizierten und schwungvollen *rúbrica* fähig, daß alle staunten. *Abbiamo* (wir haben) und *avete* (ihr habt) hatten dagegen kein H. »Weil es«, sagte die Italienischlehrerin, »wenn alle etwas haben, so ist, als hätte keiner etwas; man hat nur dann etwas, wenn die anderen es nicht haben.« *Hanno* (sie haben) hatte wieder ein H, um sich von *anno* (Jahr) zu unterscheiden.
Verstimmt von all den H sagte ich zu der Lehrerin: »Aber wir sagen nicht *io ho*, wir sagen *io tiengo*[2].«
»*Io tiengo* sagt man nicht«, rief die Lehrerin, »das ist schlechte Kinderstube! Man hält die Dinge nicht fest wie eine Beute! Nur Arme tun das, und die sagen ja auch *io tiengo*!«
Ganz anders war das Verb *essere* (sein). Es brauchte weder Leitern noch Stühlchen noch Schnörkel noch sonstiges Blendwerk. *È* (ist) war zudem das hellste Wort, das es gab, kaum stellte man ihm etwas zur Seite, wurde es davon verdunkelt. Ich versuchte zu sagen: *È la stella.* (Das *ist* der Stern.) Aber das *È* hatte allein mehr Licht.
Die italienische Fibel enthielt außerdem lustige Abbildungen. Eine zum Beispiel stellte einen Bauernbuben dar, an ein Eselchen gelehnt, und um den Kopf des Tiers war eine Blumengirlande gewunden, darunter stand: »Giovanni hat einen Esel.« Daneben war derselbe Junge auf einer weiteren Zeichnung auf einer Schulbank dargestellt, mit Esels-

1 Schnörkel, der der Unterschrift folgt
2 *io tiengo* – neapolitanischer Dialekt für »ich habe«, von dem ital. Verb *tenere* = »halten, besitzen« (Anm. d. Übers.)

ohren am Kopf, und darunter stand: »Giovanni ist ein Esel.« Doch ich suchte nach Möglichkeit diese Bildunterschriften zu entkräften und sagte mir: Giovanni ist kein Esel, er hat nur Eselsohren. Und wie die Großmutter es mich gelehrt hatte, tat ich alles, um das Verb »sein« auf das Verb »haben« zu reduzieren.

Wie macht man das bloß, dachte ich, nichts zu haben und nichts zu sein? Und ich stellte mir vor, man müsse, um nichts zu sein und demnach wirklich nichts zu haben, grau sein und sich in Asche wälzen, um nicht zu glänzen und aufzufallen. Ich betrachtete meinen nackten Körper, der nicht einmal mit Wasser oder mit Talkumpuder bekleidet war wie im Badezimmer. Ich gleiche einem Wurm, dachte ich. Und häufig mußte ich dann lachen, weil unterdessen der Kater Don Felipe zu mir ins Zimmer gekommen war. Er strich mir um die Beine, schnurrte, kitzelte mich mit dem Schwanz an den Pobacken. Den Schwanz am Hintern zu spüren war nicht dasselbe, wie ihn am Bein zu spüren, wie es gewöhnlich war. Dann geriet ich in Versuchung, mich anzuziehen. Ich öffnete den Schrank, hielt aber plötzlich inne, sprach zu all den Kleidern:

»Ihr glaubt, ich könnte, indem ich euch anziehe, ein ordentliches kleines Mädchen werden, wie es sich gehört, ich könnte heute für einen Tanz bereit sein, morgen für das Meer, übermorgen für einen Spaziergang durch den Garten oder auch für eine Feier. Aber es ist alles vergeblich. Wie dumm ihr seid! Kürzlich habe ich gestritten, meinen Trotz ausgelebt; gestern bin ich zur Hündin geworden, vorgestern zum Tiger. Aber jetzt ist es vorbei!« Damit schloß ich den Schrank, fast als wäre es der Vorhang eines Operettentheaters. Dann wandte ich mich, wie um eine neue Versuchung zu bannen, dem Korb mit den Spielsachen zu und sagte: »Du, kleine Kaffeemühle, so vollkommen, so hübsch, der von Dida und Francesca so ähnlich, sogar mit einer Spur Kaffeepulver unten drin. Und die richtige Größe hast du auch für mich. Doch weißt du, es ist eine andere Person, der du so gut gefielst. Wie kann ein nacktes kleines Mädchen Kaffeemahlen spielen? Kaffee bietet man den Damen an, die zu Besuch kommen. Es ist ein anderes Kind, auf das du wartest, nicht ich. Doch wirst du ihm nichts sagen, wenn es kommt, du kannst ja sowieso nicht reden ... Und ihr, Püppchen, habt ihr noch nicht genug von meinem Geschwätz? Los, schlaft, werdet *muñecas*, macht eure müde, überdrüssige Grimasse«, sagte ich. Dann begann ich das Spiel des Schweigens.

Es gab auf Mallorca eine Dame, die war Theosophin und organisierte zweimal im Jahr in ihrer Villa ein kleines Fest für die Kinder ihrer Freundinnen, zu denen auch Mamita gehörte. Sie bildete sich nämlich ein, sich mit Pädagogik auszukennen. Auf der Hälfte des Empfangs, bevor wir richtig lostollten, forderte sie uns auf, das Schweigespiel zu spielen. Auf ein Zeichen von ihr – sie legte feierlich den Finger auf den Mund oder ließ ein Löffelchen gegen ein Porzellantäßchen klingeln – mußte man still sein; das Spiel gewann, wer am längsten schweigen konnte. Auch Lachen und Kichern zählten, auch unterdrücktes Glucksen, auch Hüsteln und Seufzen. Den Gewinner ließ sie auf einem Stühlchen Platz nehmen, sagte »Bravo!« zu ihm und gab ihm ein Bonbon. Doch aufgrund ihrer pädagogischen Überzeugungen sollte der Preis nicht durch eine Sache verkörpert werden, er war nur eine moralische Genugtuung. Deshalb durften sich auch die Verlierer auf das Stühlchen setzen, um ein Bonbon zu bekommen. Nur daß die

Signora diesen eine kleine Rede hielt, in der sie erklärte, aufgrund welcher Schwäche sie das Schweigen nicht respektiert hatten. Und zu dem einen sagte die Signora: »Dein Lachen war nicht echt, es war nur die Maske deiner Ungeduld. Wie so viele empfindest du ein dumpfes Unbehagen in dieser Welt und flüchtest dich davor in den Lärm, der dich betäubt. Du wirst vor nichts Angst haben, wenn du groß bist, du wirst ein Prahlhans werden; letztendlich wirst du dich vor ganz kleinen Dingen fürchten: zum Beispiel vor dem Einschlafen und davor, im Schlaf von Millionen Ameisen gefressen zu werden.« Zu einem anderen, der gehustet hatte, sagte sie: »Wenn du so weitermachst, wirst du Asthma oder Schwindsucht bekommen, du wirst am Atem erkranken. Atme tief ein und ganz langsam aus, lerne, in Harmonie mit dem Universum zu sein.« Und zu einem, der, nun gut, der einen Pups gelassen hatte, sagte sie einmal: »Du bist schlau! Die Tür mußte zubleiben, da hast du versucht, dich durchs Fenster davonzuschleichen! Doch wisse, unter dem Fenster ist ein Teich, will man da hinaus, darf man keine Angst haben, sich mit Schlamm zu besudeln.«

Während ich, in mein Zimmer eingeschlossen, das Schweigespiel spielte, geschah etwas Seltsames mit mir. Mein Körper erlebte eine rasche und schamlose Metamorphose: War er mir zuvor wie der eines Wurms vorgekommen, hatte ich kurz nach Beginn des Spiels das Gefühl, daß er sich in einen vollkommenen, strahlenden Menschenkörper verwandelt hatte. Ich spreizte die Zehen, und mein Fuß schien mir nicht mehr ein nutzloses, unförmiges Anhängsel zu sein, lang, schmal, schief und kränklich, sondern ein seltenes Juwel aus der Werkstatt der Natur, ähnlich dem Zahnrad eines Getriebes. Ich stellte mir vor, wie mein

Körper innen aussah: Da waren keine Falltüren und Greuel mehr, jeder Teil war mit einem System von Hebeln und Pumpen mit dem anderen verbunden, und alles war untrennbar und vollendet. Doch sein äußeres Erscheinungsbild war ganz anders, wandelte sich ständig, sowohl für mich als auch für die anderen. Ich berührte meine Haut, mir war, als berührte ich sie zum erstenmal. Wenn ich angezogen war, sogar wenn ich nur mit Wasser oder Talkumpuder bekleidet war, setzte sich mein Körper, so schien mir, in dem der anderen fort, in Didas, in Mamitas, in den Pflanzen sogar. Er wurde klein oder groß, breiter, länger, schwoll an, schwoll ab. Verschwand ganz, bei den seltenen Gelegenheiten, zu denen ich bei Mamita schlafen durfte. Und einmal, als sie Drachen steigen ließen, flog er zum Himmel hinauf.

Eines Tages lag ich da und spreizte die Zehen. Dann erhob ich mich. Ich weiß nicht, warum, aber plötzlich schien mir, daß so ein Ding wie mein Körper aufrecht stehen sollte. Und auch die Welt, so kam es mir vor, stand aufrecht. Zum erstenmal standen wir voreinander, ich und sie.

Ich stellte mich hinter die Glasscheibe der Fenstertür. Mein Körper leuchtete wie ein Himmelskörper, ja ich hatte sogar den Eindruck, daß seine hellsten Punkte eine Konstellation bildeten. Jetzt, dachte ich, zeige ich ihn herum. Mal sehen, ob auch die anderen ihn bemerken, ob auch sie mich von allen anderen Dingen unterscheiden.

Es war Erntezeit. Die Bäuerinnen arbeiteten auf den Feldern. Am Tag vorher war ich dort gewesen zum Zuschauen. Zu ihnen werde ich gehen, dachte ich. Ihre Körper schienen mir nämlich, mehr als jeder andere, so zu sein wie meiner, fertig, begrenzt und vollendet. Der von Dida zum Beispiel war das keineswegs, er schien im Körper von uns

Kindern weiterzugehen, vor allem in dem von Anita, die sie auf dem Arm trug. Bei Mamitas Körper wiederum war es, als ginge er in den Kleidern weiter, sogar in denen, die im Schrank hingen, und in denen in dem Fotoalbum aus der Zeit, als sie noch ein junges Mädchen in Neapel war.
Die Körper der Bäuerinnen waren vom Rhythmus der Arbeit geformt und begrenzt. Wenn sie einander am Ziehbrunnen die Eimer weitergaben, durfte der Arm nicht länger sein, als nötig war, um die Hand der Gefährtin zu erreichen. Wenn sie umgruben, durften sich ihre beiden Arme nicht über die Grenze senken, die der Griff des in die Erde gestoßenen Spatens vorgab. Und darüber hinaus setzten sich ihre Körper nicht in denen ihrer Kinder fort, die schon von klein auf mit eigenen Aufgaben beschäftigt waren: Sie enthülsten die dicken Bohnen, sammelten Holz oder Gras für die Kaninchen. Es kam mir auch so vor, als trügen sie gar keine Kleider, in dem Sinn, den man bei uns zu Hause diesem Wort beimaß. Ihre Kleider waren wie aus Blättern, aus Erde, aus Körper selbst gemacht, fast wie eine zweite Haut. Unter anderem verstand ich nicht recht, ob diese Kopftücher, die sie umgebunden hatten und mit denen sie geboren zu sein schienen, ihre Haare waren …
Ich durchquerte die menschenleeren Zimmer. Niemand sah mich. Die Rolläden waren heruntergelassen. Und plötzlich erinnerte ich mich an Christian, den König der Affen, und an Papito, der bei meiner Geburt gesagt hatte: »Sie sieht aus wie ein Affe!« Deshalb, dachte ich, ziehen sie mir alle diese Kleider an, um mich zu verstecken. Und es gelang mir nicht zu begreifen, warum Christian ein schöner Affe gewesen war und ich ein häßlicher. Im Garten angekommen, öffnete ich den Hahn an der Bewässerungspumpe und machte mich ganz naß. Ich erfand eine neue

Bewegung: die, heftig den Kopf zu schütteln, um meine Haare zu trocknen. Und die Sache beglückte mich und gab mir Kraft.

Von Wasser triefend, kam ich bei den Bäuerinnen an. Sie ernteten gerade die Artischocken an den Rändern des Feldes. In der Mitte der Parzellen zogen sie Bohnen, Kartoffeln, Kopfsalat, und an den Rändern pflanzten sie wie zur Zierde Artischocken. Vielleicht, weil diese Blumen glichen und feierliche Blätter hatten, die ihre Knospen umschlossen wie ernste, uneitle Rosen. Gott, dachte ich, ist doch nicht ganz *foll*[3]. Er hat nicht, nach dem Bilde der Wolken, in denen er lebt, nur Wattebäusche und Blumenspritzer über die Welt verstreut. Das heißt, er weiß nicht nur lautlose Fürzchen zu lassen, er kackt tatsächlich! Und diese Artischocke war wirklich eine perfekte Kacke, in geordneten, zierlichen Schichten, wie ein gut aufgebauter Gedanke.

Als die Bäuerinnen mich bemerkten, begannen sie, mich zu betrachten. Sie fixierten mich, und ihre Augen schienen wimpernlos zu sein, nicht bekleidet wie die von Mamita und deren Freundinnen. Die Wimpern, dachte ich da, dienen dazu, die Scham zu verbergen oder die Wahrheit zu verschleiern, wie die Wimpern von Papito. Papito hatte nämlich sehr lange Wimpern und immer irgendeine Wahrheit zu verbergen.

Eine Bäuerin hörte auf, Artischocken zu ernten – sie saß in der Hocke –, stemmte die Hände in die Seiten, musterte mich mit ihrem nackten Blick und sagte mit fester Stimme zu mir: *»Sens vergonya!«*

Die Freude über meinen wie neugeborenen, ganz mir gehörenden, vollkommenen und begrenzten Körper, der

3 Verrückt

wegen der Wassertröpfchen glänzte, verflog nicht, sondern verwandelte sich eher in ein lachendes Ausrufezeichen.
»No som un poca vergonya, no sóc res!«[4]
Die anderen Bäuerinnen fingen an zu lachen. Die aber, die zu mir gesprochen hatte, fügte, mir starr und tief in die Augen blickend, streng hinzu: *»No és que no tinguis res, tens la teva consciència de cristiana. Te han batejat.«*[5]
Die anderen lachten leise weiter, gedämpft; sie hielten sich die Hände vor den Mund, beinahe als schämten sie sich ihres Gelächters und der Gründe dafür. Sie sahen offenbar nur ein komisches Tier in mir. Einzig die Frau, die mit mir gesprochen hatte, schien mich dagegen wie einen Menschen zu behandeln.
Mit gesenktem Kopf kehrte ich um. Sie glaubten, ich schämte mich. Dabei kniff ich die Lippen zusammen vor Empörung. Sie sind alle gleich, dachte ich. Wenn sie mich aufziehen oder mir Zärtlichkeiten sagen, klingt es, als wendeten sie sich an ein kleines Tier. Nur wenn sie mich ausschimpfen, betrachten sie mich als Menschen.
Dennoch stimmte es mich nachdenklich, was die Bäuerin zu mir gesagt hatte. Ich blickte auf meine Füße. Es waren die Füße einer Getauften. Wie mögen die Füße eines Mohren sein? fragte ich mich. Ich war bekümmert. Denn meine Füße waren nicht weiß, sondern tief braun, wie bei den Mohren eben. Ich nahm ein Stück Kreide, das wir bei den Hortensien liegengelassen hatten, als wir mit den Fotografien Friedhof spielten, und malte mir ein Kreuz auf den Fuß.

4 Ich bin nicht schamlos, ich bin ohne alles!
5 Du bist nicht ohne alles, du hast dein christliches Gewissen. Du bist ja getauft.

Zweiter Teil

Papito macht Titita den Hof

Eine Lungenentzündung entschied sich damals innerhalb von neun Tagen, danach lebte man entweder, oder man starb. Diesen neunten Tag überstanden Mamita und ich gemeinsam. Wir waren im »Zimmer der Gefahr und des Schweißes«. Mamita hielt mir nicht fest die Hand, um deren Hitze nicht zu vergrößern. Statt dessen strich sie mir mit zitternden Fingern über die Stirn, die Wangen und die Brust. Sie betete nicht, es hätte nichts genützt. Sie flüsterte mir die zärtlichsten Worte zu: »Hasenöhrchen, Silbermond, Boot auf dem Meer, nächtlicher Jasmin, Welpenschwanz, Zauberkatze ...« Ich schwitzte, und diese Worte kühlten. Der Arzt kam. Seine Stimme klang wie das Murmeln eines Tontopfs voll dicker Bohnen auf dem Feuer. »Das Fieber muß sinken«, ordnete er an. Sie legten mir einen Eisbeutel auf den Kopf, hüllten mich in ein eiskaltes Laken. Ich zitterte wie Espenlaub. Mamita flatterte gegen die Fensterscheiben wie ein Nachtfalter. Dida und der Arzt hielten mich. Sie wickelten mich fest ein, damit ich nicht in Flammen aufging. Ich hörte meine Zähne klappern. Es war ein schreckliches Geräusch, aber schön. Das reinste aller Geräusche. Wenn einer davor erschrickt, dachte ich, macht er es nicht mehr lange und stirbt vielleicht. Ich gab mir alle Mühe, nicht zu erschrecken. Das ganze Leben war mir in die Zähne gestiegen, und diese klapperten heftig,

um es zum Klingen zu bringen. Der Arzt wertete dieses entschlossene Zähneklappern als gutes Vorzeichen.
Sie ließen mich noch einige Tage im »Zimmer der Gefahr und des Schweißes« liegen – in einem weißen Bettchen, das in der Ecke stand. Gleich neben dem Nachttisch war eine Tür, durch die alle, die aus dem Leben kamen, ein und aus gingen. Durch sie kam, heimlich, auch Carlito. Ich erkannte ihn am Geruch seiner Hände. Sie rochen nach Vogeldreck. »Ich habe auch deinen Käfig saubergemacht«, sagte er zu mir. Wie viele zärtliche Worte hätte ich bei dieser Nachricht an ihn richten mögen, wenn ich nur gekonnt hätte. Doch mein Atem drang nicht bis zu den Lippen. Ich lächelte ihm nur zu. Sie mußten ihn am Arm hinausziehen. Und mir war, als zöge man auch mich am Arm. Einmal erschien, auf jemandes Arm, Anita – sie weinte, erschrocken über das Dunkel, das in dem Zimmer herrschte. Sofort trugen sie sie hinaus. Ich versuchte, ihr Weinen nachzuahmen, doch war es zu schwach, und wahrscheinlich hörte es niemand. Durch diese Tür trat auf Zehenspitzen auch Signora Facchi ein, aber ihre hochhackigen Schuhe knarrten, ihre Armreifen klirrten, ihr keuchender Atem duftete nach Veilchenpastillen. Sie legte ein Päckchen Bonbons auf den Nachttisch. Das Rascheln des Papiers war süß und durchdringend wie ein schüchterner Lockruf, und mir schien, als sähe ich in dem bunten Papier, das das Geschenk umhüllte, die Helle eines Lichts am Ende des Tunnels.
Eines Tages schließlich hoben sie mir den Kopf auf die Kissen, öffneten halb die Fensterläden. Sie schoben mir einen Löffel Grießbrei in den Mund. Der Teller dampfte, in seiner Mitte bildete der Grießbrei einen Kreis, der etwas dunkler war als das Porzellan, an den Rändern schäumte ein wenig zerlassene Butter. Werde ich je wieder essen

können? dachte ich. Schon vom bloßen Anblick war ich satt, bemerkte aber, daß die Zunge, ein blinder und mechanischer Muskel, der einem anderen als dem bewußten Willen gehorchte, den Brei schmeckte. Auch die Kehle mochte ihn, und im Bauch hörte ich ein Gluckern der Erwartung und des Sich-Setzens. Ich aß vier oder fünf Löffel voll. Rundum hörte ich freudige Stimmen: »Sie ist wieder gesund!«

Das Zimmer war schmal und lang wie sonst Badezimmer und Abstellkammern. Ganz hinten war ein stets geschlossenes Fenster, das unter vielen Vorsichtsmaßnahmen nur geöffnet wurde, um zu lüften, nachdem man mich unter den Decken begraben hatte. Als ich den Grießbrei gegessen hatte, machten sie es weit auf. Der Himmel war blau und leer, ohne eine Wolke, einen Zweig, eine Taube. Ich fürchtete, ihn zu beschmutzen.

Am nächsten Tag verlegten sie mich in ein anderes Zimmer. Es war Mamitas Schlafzimmer. So kam nach dem »Zimmer der Gefahr und des Schweißes«, das lang und schmal war wie ein Sarg, das »Zimmer der Glückseligkeit«, das groß und quadratisch war. Auf dem Bett lag eine weiße Spitzendecke. Wenn ich mich für etwas anderes zu schwach fühlte, phantasierte ich und steckte dabei die Finger in die Löcher, fuhr dem Muster nach oder erfand ein neues. Oder aber ich schob die Hand unter Mamitas Kopfkissen – Papito schlief nun in einem anderen Zimmer, und ich lag auf seinem Platz – und ließ mich von ihrem Nachthemd streicheln, das aus Seide war.

Verschieden sind die Arten des Streichelns. Das von Mamitas Nachthemd glich Spiralen und flüchtigen Wellen, die manchmal knisterten, wenn es keine reine, sondern Kunstseide war, mit Rayonfaser gemischt.

Das neue Zimmer, in das sie mich verlegt hatten, ähnelte den wundervollen alten Landkarten, die Papito besaß. Viel Wasser war da und Länder, die daraus auftauchten wie nachdenkliche Stirnen: das Bett, ein großer Kontinent; die Kommode mit den verschiedenen Spielsachen und Süßigkeiten darauf, die ich geschenkt bekam, ein exotisches und dichtbesiedeltes Land; Inselchen, lächerlich klein und vergessen, die Stühle; eine gefährliche Klippe mit einem Leuchtturm darauf der Nachttisch, auf dem noch einige Medikamente standen.

Auf Papitos alten Karten wirkte das Meer grenzenlos, ähnelte nicht einem Teich oder einem Becken wie auf den modernen Landkarten, und die Erdteile erhoben sich daraus nicht aufgeblasen oder müde, sondern leicht und glücklich. Alles war, so schien es, erst kürzlich entdeckt worden oder noch zu entdecken. Genauso entdeckte ich während meiner Genesung die Welt neu, in einer lichten, wäßrigen Glückseligkeit, in der die Dinge noch unvorbelastet waren.

Abends kam Papito, und das Theater begann.

Er trat immer anders auf. Einmal schlich er auf Zehenspitzen herein, ohne Schuhe, damit man ihn nicht hörte; einmal drückte er sich flach an die Wand und blieb stehen, bis ich ihn sah; dann wieder verkleidete er sich, um mich zu foppen. Er zog rasch eine Kittelschürze von Dida über den Anzug, setzte ein unter dem Kinn geknotetes Kopftuch auf und spielte ein altes Weiblein. »Ich bin Miseria«, brummte er. »Wie fett du bist!« sagte ich. Oder er ließ sich von Mamita hereinschubsen und tat so, als purzle er auf den Boden, wozu er jammerte: »Und dabei hatte ich so ein schönes Geschenk mitgebracht ... Bestimmt ist es kaputtgegangen ...« Oder er warf mir, hinter der Tür verborgen, ein

Papierflugzeug aufs Bett – ich tat so, als merkte ich es nicht, und er warf noch eins – oder auch ein Papierkügelchen mit einem Bonbon darin.
Einen ganzen Monat lang, solange die Genesung dauerte, brachte er mir Geschenke.
Hier die Aufzählung der dreißig Gaben, die Tag für Tag die Etappen dieser Liebeswerbung bezeichneten.

1. *Zwei Lämmchen aus Marzipan.* Sie trugen eine rote Schleife um den Hals, mit einem Glöckchen daran. Die Schleife und das Glöckchen, die einzigen nicht eßbaren Teile, verzerrten irgendwie das Wesen dieses Gegenstands – der halb Süßigkeit und halb lebendiges Tier zu sein schien – und zwangen ihm in gewisser Weise Spielzeugmerkmale auf. Der Bauch war grün angepinselt, so als hätten sie sich eben erst ins feuchte und faulige Gras gelegt. Ich ließ das Glöckchen klingeln, und mir war, als sähe ich sie gehen.
Eines Abends nahm ich eins der beiden Glöckchen ab und band es mir um die Fessel. Ich spürte mich mehr. Manchmal hatte ich nämlich den Eindruck, es gebe mich gar nicht. Und außerdem sagte Pedrón immer: »Wenn Musik da ist, kann nichts Schlimmes geschehen.« Mamita war an jenem Abend in der Küche damit beschäftigt, die Vorbereitungen für einen Empfang zu überwachen; ich verfolgte auf Schritt und Tritt Papito, während er sich rasierte und anzog. »Du kommst mir vor wie ein Lämmchen!« sagte er auf einmal zu mir, und ich freute mich, vielleicht weil er nicht gesagt hatte, ich sähe aus wie ein Affe. Da wurde mir bewußt, daß ich mir deswegen das Glöckchen um die Fessel gebunden hatte, damit er mir diesen Satz sagte.
Diese beiden Marzipanlämmchen waren jedoch, vielleicht wegen ihrer unklaren Natur, beunruhigend. Daß man sie

essen konnte, machte sie beinahe lebendig, und sie schwebten tatsächlich in Gefahr. Ich war unsicher, ob ich mit ihnen spielen oder sie aufessen sollte. Noch schwankend, lutschte ich ein wenig an ihnen, die Glasur war bitter, mit einem Nachgeschmack von Zucker. Wenn das Süße, das ein bißchen mehlig war, ganz durchkam, hörte ich zu lutschen auf; es war die Schwelle, die mich vom Mord trennte. Am letzten Abend der Genesung, am dreißigsten Tag, aß ich eines ganz auf, bis mir übel wurde.

2. *Ein Gipsschaf.* Es war aber zum Glück nicht das zweite Geschenk. Wäre es das zweite Geschenk gewesen, hätte das bei Papito auf große Faulheit und einen Mangel an Phantasie hingedeutet: Man schenkt kein Gipsschaf nach zwei Marzipanlämmchen. Es war an sich ein etwas dummer und plumper Gegenstand. Sogar Mamita hatte das gesagt, wahrscheinlich auch ein wenig verärgert über all die Geschenke, mit denen Papito mich ihr offenbar abspenstig machen wollte. Es war grob in der Ausführung, als wäre es von einem Metzger geformt worden, für den nur die gevierteilten Keulen zählen und nicht das Wesen des lebenden Tieres. Zudem schien es frisch geschoren zu sein. Man hatte sich nicht die Mühe gemacht, ihm auch nur eine einzige wollene Locke anzumodellieren. Auch hatte es nicht den typischen Blick der Schafe, die so aussehen, als würden sie gleich ein Urteil abgeben wie alte Weiber, sondern einen schamlosen und eitlen Ausdruck wie von einem kleinen Mädchen, das sich im Spiegel zuzwinkert. Und die Nase war nicht stumpf, sondern geradezu eine Stupsnase. Um den Hals trug es ein Bändchen, auf das gestickt war:

Ya que no me quieres
Una oveja me pareces.[1]

»Das ist wirklich ein Geschenk, wie Dienstboten es machen!« urteilte Mamita. »So was von geschmacklos!« Papito lachte. »Du verstehst keinen Spaß«, verteidigte er sich, »es ist die Mutter der beiden Marzipanlämmchen.«
Ich war zu vernarrt in Papito, um Mamas Kritik zu beachten. Und so sagte ich zu ihr: »Die beiden Lämmchen sind wir, Anita und ich. Und dieses große, dumme Schaf, das dir nicht gefällt, das bist du!« Mama verließ schwer beleidigt das Zimmer. Als auch Papito ging, begann ich, an dem Schaf zu riechen. Es roch nach nichts. Man konnte jedoch mit dem Fingernagel daran kratzen. Das ließ die Nerven krampfartig aufkreischen. »Das ist das Geräusch von Mamita, wenn sie nicht da ist«, kommentierte ich.

3. *Ein Haus aus Karton, so groß, daß ich hineinkriechen konnte.* Es war sehr gut gearbeitet, so hoch wie die Kommode. Schon damals jedoch spielte ich lieber »Von Zuhause Ausreißen« als Hausmütterchen. Wenn ich wieder gesund bin und ausreiße, dachte ich, während ich es betrachtete, werde ich, bevor ich gehe, alle meine Puppen hier einsperren, mit einer Flasche Wasser und anderen Vorräten, damit sie nicht sterben.

4. *Ein Schrank mit Spiegeltüren.* Er war nicht aus Sperrholz oder Holzresten, er war aus Kirschholz. Die Türen hatten echte Scharniere, und innen war eine kleine Eisenstange, um Kleider aufzuhängen. Ich hatte eine Puppe, die wie

1 Da du mich nicht liebst / Kommst du mir vor wie ein Schaf.

eine Valencianerin gekleidet war. Es wurde ihr Schrank. Die Valencianerin hatte einen Ehemann, der Hirte war und sich zum Almauftrieb immer im Gebirge aufhielt. Sie verbrachte die Tage damit, Laken und Taschentücher zusammenzulegen, sie ordentlich im Schrank aufzustapeln und die auf den Bügeln hängenden Kleider anzuprobieren. Da sie sich sehnlich wünschte, noch einmal zu heiraten, trug sie immer ihr Hochzeitskleid. Im Schrank hatte sie auch ein hellblaues Kämmchen und eine Miniaturseife, die Inés aus einem Rest von Mamitas Veilchenseife für mich geformt hatte. Mit der Valencianerin spielte ich »Von ihrem Mann vernachlässigte Braut«.

5. *Kupfer- und Blechtöpfchen.* Es war ein kaltes Spiel, eine Trockenübung in Nachahmung. Es fehlten das Feuer und das Wasser. Diese immer sauberen Pfannen warteten ununterbrochen wie in den Geschäften. Man konnte damit nur »verzaubertes Haus« spielen, wo hundert Jahre lang alles stehenbleibt. Es fehlte jedoch der hauchfeine Goldstaub der Märchenzeit. Die Zeit, in die meine Töpfchen eingetaucht waren, war eine fade Kinderzeit. Ich hatte große Lust zu kneten, zu mischen und zu zerdrücken, wie ich es im Garten oder in der Küche machte. Daher vermehrten diese Töpfchen meine Sehnsucht. Wenn ich mit ihnen hantierte, fehlte meinen Händen immer etwas.

6. *Ein Schneewittchen-Puzzle.* Ich hatte schon eins. Und darum hatte Mamita auch zu Papito gesagt: »Wozu kaufst du so viel Spielzeug! Dir ist nicht einmal aufgefallen, daß sie schon eins hat!« Aber bei dem alten Puzzle war das Glanzpapier, das die Pappwürfel bedeckte, an mehreren Stellen abgelöst oder sogar zerschlissen. Papito machte

Mamita darauf aufmerksam, beinahe als wollte er sich rechtfertigen. Ich nahm ihn in Schutz, auch wenn ich lieber mit dem alten Puzzle spielte. Dabei ergaben sich nämlich, wenn man die Würfel allmählich zusammensetzte, Bereiche ohne Farbe und Form, Oberflächen, die sich rauh anfühlten, hartnäckige, unauffüllbare Lücken in Raum und Zeit, und diese kamen, wie ich schon sagte, meinem Wunsch entgegen, dem Zwang der im voraus festgelegten Geschichte zu entfliehen, der große Ähnlichkeit mit der Organisation meines Alltags ohne Überraschungen und Geheimnisse hatte.
Auch die Märchen, die mir die Großmutter erzählte, hatten Tiefen, Nuancen, Lücken, Ungewißheiten, gerade so wie das alte Spiel.

7. *Puppen und Kleider aus Papier.* Alles war zum Ausschneiden. Voller Eifer. Man mußte das Nützliche vom Unnützen, die bunten Teile von den weißen, die Formen vom Nichts trennen und dabei aufpassen, der gestrichelten Linie zu folgen, die die eine Kategorie von der anderen unterschied. Die Einheit des Bogens teilte sich: in gut und böse, gescheit und dumm. Ich zögerte, bevor ich mit dem Ausschneiden begann. Auch in dem abgelehnten Teil, im Abfall, blieben umgekehrt die Umrisse der Puppe, des Häubchens, des Kleides haften, so als forderten diese Teile auf ihre Weise ebenfalls ein Recht auf eine Existenz. Deshalb hatte mir in der Geschichte von Pinocchio die Episode von den Schalen, die erst weggeworfen und dann doch gegessen werden, besonders gut gefallen. Denn nach welchen Kriterien hätte man, analog dazu, festlegen können, ob ich selbst nützlich war oder unnütz, Hauptsache oder Nebensache, Form oder Leere?

Alles bei diesem Spiel mußte zudem durch die Schere geschehen, die keine Unentschiedenheit, keinen Sinneswandel duldet. War ich mit dem Ausschneiden fertig, hielt ich die Puppen gegen das Licht – vor einen Sonnenstrahl oder abends vor die Lampe. Erst da erschienen sie mir ganz, wie Dinge, mit denen man spielen konnte.

8. *Ein Album zum Ausmalen.* Die Seiten waren kariert. Auf manchen war ein Bild vorgezeichnet, und man mußte es nur mit Farben ausmalen. Wie erholsam sie war nach den zermürbenden Phantasien, diese geordnete, schöne, fix und fertige Welt! Bereit, zur Schule zu gehen. Und brav gingen alle in einer Reihe hin: Küken, Kraniche, Kinder und Häuschen.
Armer Carlito! Der Friseur hatte ihm die Locken gestutzt, damit sie nicht über die Karos hinausstanden, sagte ich mir, das Album betrachtend. Alles mußte ja seine Ordnung haben. Und er mußte ein Junge sein.
Manche Bilder, den Rebus-Zeichnungen ähnlich, waren zugleich dumm und rätselhaft. Wenn die lebendigen Dinge fragen: »Warum sind wir auf der Welt? Was tun wir hier?«, so fragen sie es mit einem Aufschrei oder einer Klage, diese Formen dagegen schienen solche Fragen allein durch ihre Häufung, durch ihre unverständliche Zusammenstellung und selbst durch ihre Dummheit zu stellen, die so groß war, daß sie gewiß ein Geheimnis enthielt. Sie verlangten, ausgemalt zu werden, als forderten sie eine Legitimierung ihrer Existenz, dringlich wie beim Rebus des Rätsels Lösung.

9. *Eine große Puppe, die man an- und ausziehen konnte.* Mamita nähte ihr Kleider, Inés fertigte einen kleinen Schal für sie an, Antònia legte ihr eine Kette und ein Armband

um, Dida ließ bei einem Schuster aus ihrem Hof ein Paar Schühchen aus Lammleder für sie machen. Papito trieb jeden Abend seine Possen mit ihr, küßte ihr die Hand, als wäre sie eine Dame.
Sie hieß Dulcinea.
Wenn Papito mir die Hand küßte, kam es mir nicht vor, als gliche ich Dulcinea, sondern als wäre ich, wie er, ein junger Mann.

10. *Porzellantäßchen mit Kännchen und Zuckerdose.* Schon das Wort *bricco*, Kännchen, war zerbrechlich und kostbar. Durch dieses Wort entdeckte ich die süße Klangfülle der italienischen Sprache. Sie klang genauso hell, wie wenn man den Deckel auf das Kännchen setzte und versuchte, die richtige Stelle zu finden, wo die beiden Teile ineinanderpaßten. An dieser Stelle, an der Deckel und Kännchen sich unschuldig küßten, war die Zeit magisch aufgehoben, und der Widerhall dieser Gnade erstreckte sich auf das ganze Service mit Tassen und Untertassen.

11. *Miniaturbesteck aus Eisen und Zinn.* Mir, die ich immer an Appetitlosigkeit litt, gefiel dieses Besteck sehr. Es erlaubte mir, auch die Speisen auf eine Miniatur zu reduzieren. Wenn es Steaks in der Größe des Bestecks gegeben hätte, wären sie zugleich Bonbons und Arzneipillen ähnlich gewesen: Ich hätte sie gern gegessen, und sie hätten mir gutgetan.
Die seltsame Alchimie von Verspieltheit und Strenge der Speisen gehörte der Welt der Zwerge an. Und dieses Besteck war der Schlüssel, der mir die Türen zu jener Welt aufsperrte, wo alles kleine Ausmaße hatte, weil es sehr weise verdichtet war.

12. *Die illustrierte Geschichte von Don Quijote de la Mancha.* Die Illustrationen hatten folgende Besonderheit: Auf einer Seite zeigten sie etwas und auf der anderen dasselbe verwandelt. Auf einer Tafel war zum Beispiel Don Quijote dargestellt, wie er die Lanze gegen die schrecklichen Riesen schwingt, auf der anderen sah man anstelle der Riesen Windmühlen. Auf einer war die Prinzessin Dulcinea del Toboso abgebildet, auf der anderen eine Bäuerin, die Getreide verlas. Don Quijote selbst erschien auf einer Seite wie ein edler und strahlender Ritter, auf der anderen als armer Tropf, der statt des Helms eine Schüssel auf dem Kopf trug. Nur Sancho Pansa war sich immer gleich.
Diese Kurzfassung des großartigen Buches und die Illustrationen sollten Kindern zur Erbauung dienen und sie lehren, daß jedes Ding zwei Seiten hat und daß die Wirklichkeit verschieden ist von Traum und Einbildung. Ich aber konnte diese Trennung nicht ertragen. Ich blätterte die Seite so rasch um, daß sich die beiden Bilder vor dem Auge überlagerten und ich Riesen und Windmühlen, Bäuerinnen und Prinzessinnen, Ritter und Irre vermischt sah.
Ab und zu las Mamita mir ein paar Seiten daraus vor und wirkte immer sehr zufrieden, wenn sie mich darauf hinwies, daß die Welt ganz anders war, als Don Quijote sie sah, von dem sie sagte, er sei ein armer Tropf. Es beleidigte mich. Und als ich dann erfuhr, daß er tot war, nahm ich mir vor, ihn wieder auferstehen zu lassen.

13. *Die »Historia de Miseria«.* Miseria war sehr arm, sie besaß nicht einmal ein Schälchen zum Trinken. Sie trank direkt aus dem Krug und ernährte sich von Brotkanten. Das genügte ihr in ihrer Hütte. Doch eines Tages brach

der Krug entzwei, der Wind trug das Dach der Hütte davon, ein Hund stahl die letzten Brotkanten. Da ging sie bettelnd in die Welt hinaus.
In die Häuser, in denen man ihr ein Almosen gab, kehrte Überfluß und Glück ein, wo man ihr die Tür vor der Nase zuschlug, Hunger und Unglück. Einmal bat sie in einem Haus, man möge ihr wenigstens eine Zwiebel geben – die Zwiebeln lagen, frisch geerntet, auf der Tenne aufgehäuft. Man verjagte sie mit den Worten: »Du bist ein Knochenhaufen, die Hunde sollen dich fressen!« Da waren alle Zwiebeln verloren: Manche vertrockneten, andere keimten vor der Zeit, wieder andere verfaulten. Der König von Kastilien zum Beispiel ließ sie aus seinem Land jagen, und bald darauf verwüstete eine Hungersnot sein Reich.

14. *Ein Keramikhund, der gar nichts konnte.* Im Gegensatz zu dem Gipsschaf war er wohlgeformt: glänzend, weiß und braun, den Schwanz eingerollt wie in einer ungehörigen Laune. Was soll ich damit? dachte ich. Noch wußte ich Nippes nicht zu würdigen. Die Nippes meiner Eltern hielt ich für Spielzeug, das mir verboten war. Da es mir nicht gelang, das Wesen dieses Gegenstands zu begreifen, setzte ich ihn in eine Ecke des Bettes, fürchtend und hoffend, er möge herunterfallen und zerbrechen. So wäre das Geheimnis seiner dummen Existenz ein für allemal gelöst gewesen.

15. *Eine Carmen mit Mantilla.* Großmutter hatte mir Arien aus *La Traviata*, ihrer Lieblingsoper, vorgesungen. Carmen war nichts weiter als Violetta auf einem Karnevalsfest, nicht auf einem Ball im Salon. Das Wesen der Verirrung war in ihrem Fransenschal und im Aufleuchten ihres im Tanze schwingenden roten Rockes ausgedrückt. War es

etwa nicht wegen eines Fransenschals gewesen, daß Didas Tochter davongelaufen war? Und gefiel es ihr nicht zu gut, sich im Tanze nach hinten zu biegen? Ich spürte, daß keine Stelle meines mageren Körpers und meiner strengen Seele als Träger für diesen Schal oder als Aufhänger für die Weiten dieses Rockes in Frage kam. Lange betrachtete ich meine Carmen voll verzehrender Sehnsucht und dachte: Ich werde nur allen erzählen können, wie schön du bist!

16. *Der Goldene Esel.* Es war das beunruhigendste Märchen, das ich kannte. Der Esel schien mit einem riesigen, erigierten Glied ausgestattet zu sein, und noch so viele Rosen konnten das nicht verbergen. Bei Sancho Pansas und bei Pedróns Esel, die beide Arbeitstiere waren, trat dieses Merkmal – ihr Glied – in den Hintergrund. Es kam mir wie ein nebensächlicher Zusatz zu Arbeit und Mühe vor. Der Goldene Esel dagegen war ein magisches und müßiges Tier. Auch daß das Buch, eine Ausgabe der Scala d'Oro, aus Italien stammte und daß es sich um eine Geschichte aus der Römerzeit handelte, verlieh dem Märchen eine schwülstige Atmosphäre, ganz anders als die Stimmung in den Märchen, die mir die Großmutter erzählte.
Zudem waren die römischen Tiere – die Wölfin, das Pferd, der Esel, der Elefant und die Gänse – nie bei den tiefsten Bedürfnissen des Menschen hilfreich, sondern standen eher im Dienst seiner Manien. Ich war sicher, daß der junge Apuleius sich aus Neid auf dessen Glied in einen Esel verwandelt hatte. Auch Paco hatte eines Tages zu mir gesagt, daß seines so werden würde, wenn er groß sei, und ich hatte sogleich an die Worte der Großmutter gedacht, daß die Römer und die Italiener die ganze Welt erobern wollten.

17. *Ein Stoffhase.* Er war überaus weich, aus Samt – nicht zu fest mit Sägemehl ausgestopft –, die Ohren blieben zumindest in den ersten Tagen steif, die Augen waren aus braunem Glas.
Der Ausdruck war wirklich der eines Hasen, beweglich und lebendig.
Zum Glück war er nicht weiß – durch den Samt hätte er ein kränkliches Aussehen bekommen –, sondern beige.
Er war weder ein mythologisches noch ein römisches Tier und auch kein verfehlter Nippes, ich empfand ihm gegenüber den gleichen Abstand, der mich inzwischen von der Welt der Märchen und dem Schnuller trennte. Der Raum, in dem er lebte, war derselbe, dem Anitas Augen angehörten, wenn sie lutschte und saugte. Ich aber lutschte nicht mehr, nicht einmal am Daumen. Dafür kaute ich an den Fingernägeln.
Ich legte ihn daher immer ans Fußende des Bettes. Es wäre mir unpassend vorgekommen, ihn zu umarmen. Reglos dort unten, war seine Anwesenheit beruhigend, ja unerläßlich, und er geriet nicht mit gefährlichen Teilen der Seele und des Körpers in Konflikt.

18. *Ein ganz kleines Püppchen.* Es war so klein wie ein Finger und hatte eine passende Wiege, ein Badewännchen, ein kleines Spielzeug zur Unterhaltung, sein Windelchen, sein Hemdchen, sein Sicherheitsnädelchen. Es hatte alles, was man auf der Welt braucht, nur die Mama fehlte ihm. Nicht ein Krümel meines Körpers war bereit dazu, sich aussaugen zu lassen, noch ein Hauch meiner Stimme, zum Wiegenlied zu werden.
»Ich werde dich«, sagte ich zu ihm, »in einem Korb auf dem Fluß aussetzen, jemand wird dich finden und sich

deiner annehmen … Sorge dich nicht, ich selbst werde dich finden, während ich vielleicht gerade einen schönen Hecht angle. Ich werde dich in meine Hütte tragen, und wenn du groß bist, wirst du auf der ganzen Welt Wundertaten vollbringen.«

19. *Ein Kreisel.* An den Rändern, rundherum, war der Kreisel mit Karussells bemalt, und wenn er sich drehte, drehten sie sich mit. Ich aber nicht, ich war von diesem Spiel ausgeschlossen. Ich war nämlich nicht abgebildet unter den Kindern, die in diesen Karussells saßen, sondern ich war wie Gott oder der Karussellbesitzer der Motor des Spiels. Und das konnte ich nie vergessen, nicht einmal, wenn ich Carlito und seinem Freund zusah, während sie den Kreisel antrieben und dabei alles vergaßen, in ihn versunken, selbst auch zu Kreisel und Karussell geworden. Deshalb war der Kreisel für mich nur hinderlich, und da ich sowieso im Bett lag, wußte ich nichts damit anzufangen.
Trotzdem bekam ich Lust, damit zu spielen, aus Mitleid mit seiner plumpen Form, wie um ihr einen Sinn zu geben. Ich stieg aus dem Bett und setzte ihn in Bewegung. Am liebsten wäre mir gewesen, der Kreisel hätte sich vom Boden erhoben, wäre davongeflogen und verschwunden, denn dies schien auf dem Höhepunkt des Spiels des Kreisels größter Wunsch zu sein. Statt dessen kam er zurück, mechanisch und lärmend, blieb gekippt, wie betäubt, auf dem Boden liegen und forderte unsinnigerweise: »Weiter, weiter!«, gerade so wie ich, wenn sie mich auf der Schaukel anstießen oder mich an den Händen hochhoben und fliegen ließen.

20. *Eine Schachtel gemischter Kekse.* Es waren diese Kekse aus feinstem und bröseligem Teig, die Waffeln hießen, verschieden gefüllt und in Schichten – mit braunem, an den Rändern gewelltem Ölpapier dazwischen –, in einer lakkierten Holzschachtel verpackt, die mit Winden und anderen Kletterpflanzen bemalt war. Alles raschelte und knisterte an dieser Schachtel, vom Papier bis zu den Keksen. Selbst die Creme raschelte, zwischen diese beinahe ungreifbare und trockene Substanz gepreßt.
Es war mit all diesen Braunschattierungen ein herbstlicher Gegenstand, der gut ins Krankenzimmer einer Genesenden paßte.
Der Geschmack der Waffelblätter im Mund, gepaart mit meinem Wunsch, möglichst bald aus diesem Zimmer herauszukommen, ließen in meiner Phantasie, vor dem Fenster aufragend, Türme von ineinandergesteckten Eistüten auftauchen, so hoch, daß sie sich wie Palmwedel neigten, und ganz denen ähnlich, die im Café de la Unión auf der Eistheke standen. Diese sommerlichen, knusprigen Füllhörner schienen darauf zu warten, daß die cremige Masse mit ihrem Überfluß ihre geometrische Strenge mildere und ihr trockenes, beinahe staubiges Wesen erlöse.
Mamita versprach mir, daß sie mich, sobald ich gesund war, ins Café de la Unión mitnehmen würde und sogar auf die Sierra, um zu sehen, woher der Schnee für die Eiscreme kam. Unterdessen kaute ich fleißig, aber mit unendlicher Sehnsucht die Waffeln – die mein Bett mit kaum greifbaren, lästigen Krümeln übersäten; und wenn sie beim ersten Bissen im Mund knisterten, war mir, als setzte die Zeit einen magischen Augenblick lang aus. Ich zögerte jedesmal, weiterzukauen und das Stückchen herunterzuschlucken, doch dann überwog die Gewohnheit, dumpf und träge.

21. *Ein Marienkäfer aus Keramik voller Bonbons.* Der Keramikhund war ein dummer Gegenstand; lebendig hätte er sein sollen oder wenigstens aus Stoff, wie der Hase. Ein Marienkäfer aus Keramik konnte dagegen noch angehen. Schon wenn er lebendig ist und nicht fliegt, wirkt der Marienkäfer wie aus glasierter Keramik oder aus Edelstein. Verwundert stellt man fest, wie sehr die Launen Gottes denen der Menschen gleichen. Doch der Marienkäfer, den Papito mir schenkte, war riesig und wäre wahrhaftig ein Ungeheuer gewesen, hätte man ihn nicht in der Mitte wie eine Schachtel aufklappen und Süßigkeiten hineintun können. Diese Höhlung voller Bonbons und Zuckermandeln gab vor, das wie von einem Ziselierer stammende Geheimnis zu lüften, das der lebendige Marienkäfer in sich barg, während die lärmende Festlichkeit der bunten Papiere so tat, als könnte sie die beunruhigende Heiterkeit ersetzen, die sein Erscheinen weckte. Auf die Flügel hatte man weit mehr als sieben schwarze Punkte getupft, wahrscheinlich aus Unkenntnis der Anatomie des Insekts und, mehr noch vielleicht, der Zahlen, die Fortuna heilig sind.
Dieser riesige Glücksbringer, so grellbunt auf der Kommode, und die verhängnisvolle Vermehrung der schwarzen Punkte stellten eine so hochmütige Aufforderung dar, daß die geheimnisvolle Dame mit den verbundenen Augen und den verborgenen, empfindsamen Antennen sich gewiß von dem Zimmer fernhalten würde.
Mein Marienkäfer war also kein Glücksbringer, sondern nur eine Bonbonschale.

22. *Eine Zauberschachtel mit einem Püppchen, das überraschend herausspringt.* Am gemeinsten von den Spielsachen, der Unverschämtheit und Bosheit am nächsten. Doch mich in-

teressierte der Sprungfedermechanismus. Es gelang mir, die Schachtel auseinanderzunehmen, diese mechanischen Innereien forschend zu betrachten. Ich übte mich im Zusammendrücken und Lockerlassen der Feder.

Je klarer mir der Mechanismus wurde, um so beunruhigender kam er mir vor. Wenn ich drückte, empfand ich die Kraft meiner Hand als blind und ungeheuerlich. Nahm ich sie dann plötzlich fort, schnellte die Feder nach vorn, und das war unvermeidlich, es hing nicht von meinem Willen ab. Ich hatte nicht mehr kontrollierbare Kräfte in Gang gesetzt.

Ich begeisterte mich in diesen Tagen der Genesung für jede Art von Mechanismus. Sie gaben mir eine alte, kaputte Uhr zum Auseinandernehmen und sagten dazu, auch der menschliche Organismus sei ein perfekter Mechanismus mit Schrauben und Zahnrädern. Doch anstatt mir das Funktionieren des menschlichen Organismus so ähnlich vorzustellen wie ein Uhrwerk und die verschiedenen Organe so ähnlich wie Rädchen in einem Getriebe, tat ich das Gegenteil. Daher ekelte es mich manchmal, wenn ich die Uhr anfaßte, so als berührte ich Eingeweide; und die Hand, mit der ich über die Zahnräder fuhr, nahm nicht etwa deren leblose Kälte an, sondern übertrug ihre anfällige Natur wie eine Infektionskrankheit auf das Metall, das sich unter meinen Fingern heiß und verschwitzt anfühlte.

Ich hatte das Spielzeug auch deshalb kaputtgemacht, weil das arme mechanische Püppchen, das plötzlich und hartnäckig heraussprang, mich an eine traurige Begebenheit erinnert hatte. Auf Didas Hof gab es ein Stallfensterchen, durch das ab und zu ein Eselchen seinen Kopf herausstreckte. Die Jungen aus dem Hof, die oft grausam und gemein waren, schossen, wenn der Eselskopf erschien, mit dem Luftgewehr auf ihn, so daß das arme Tier stets einen blutigen Kopf und blutige Ohren hatte. Dennoch streckte es den Kopf immer wieder heraus.

23. *Ein Segelbötchen.* Kann es für ein krankes Kind ein lächerlicheres Spielzeug geben als ein Segelbötchen? Ich verging vor Verlangen, diesem Bett, diesem Zimmer, diesem Haus, ja der ganzen mir bekannten Welt zu entkommen. Und zwar auf einem Segelboot, genau davon träumte ich! Und diese Flucht stellte ich mir vor wie ein Davongleiten. *Pinta* nannte ich das Boot meiner Fluchten, denn ich wollte nicht in eine abstrakte, farblose Welt fliehen, sondern zum Herzen der Dinge selbst vordringen, das voller Farben ist. Papito, der jede Gelegenheit nutzte, um mir Liedchen und Kinderreime in der Sprache seines Heimatlandes beizubringen, ja sogar Verse großer Dichter, lehrte mich anläßlich dieses Geschenks folgende Strophe:

C'era una volta un piccolo naviglio
Che non sapeva, non sapeva navigar.
Ma dopo una, due, tre, quattro, cinque, sei, sette settimane
Il piccolo naviglio navigò.[2]

Das kleine Schiff war ich. Und die sieben Wochen erschienen wie unbezwingbare Felsen einer versteinerten Zeit.

24. *Ein kleines Armband aus Silberfiligran.* Papito sagte, es stamme aus Eivissa. Dorthin fuhren manche Brautpaare

2 Es war einmal ein kleines Schiff / Das konnte und konnte nicht schwimmen. / Doch nach ein, zwei, drei, vier, fünf, sechs, sieben Wochen / Da schwamm das kleine Schiff.

auf Hochzeitsreise, andere dagegen entschieden sich für Valencia. »Bring mir«, sagte ich zu Papito, »in den nächsten Tagen noch mehr Geschenke, wie ein Verlobter sie seiner Verlobten macht. Ich will keine Spielsachen mehr!«

Den ganzen Tag lang legte ich das Armband ab und wieder an. Ich hielt es in der geschlossenen Faust, stellte mir vor, es sei nicht mehr da, und tat jedesmal beim Öffnen der Hand so, als wäre es eine Überraschung. Oder ich hielt es in der Wölbung meiner zusammengelegten Hände, um es klirren zu hören. Der zarte, silberne Klang hörte sich für mich an wie das Versprechen, daß ich eines Tages die Affenhaut, in der ich gefangen war, ablegen und eine Prinzessin werden könnte. Und wenn ich dann das Armband an meinem Handgelenk betrachtete, kam es mir vor, als erglühe mein Arm, so klein und dünn, vor Anmut.

Ich schlief nicht in dieser Nacht und war den ganzen nächsten Tag nervös. Wer weiß, ob Papito meinen Wunsch vergessen hatte!

25. Er vergaß ihn nicht. Am Abend darauf brachte er mir nämlich *sechs bestickte Taschentüchlein*.

»Was für ein Fauxpas!« bemerkte Mamita, der Papito das Geheimnis preisgegeben und von unserem Verlöbnis erzählt hatte. »Du weißt nicht einmal, daß man keine Taschentücher schenkt! Sie bringen Tränen.« Doch Papito, der sehr schlau und schlagfertig war, antwortete: »Das sind keine Taschentücher für die Nase! So klein, wie sie sind, taugen sie weder zum Naseputzen noch zum Trocknen von Tränen des Schmerzes. Sie taugen nur zum Trocknen kleiner Freudentränen und zum Abtupfen von Lippenstift!«

Und so spielten Papito und ich an dem Abend Verkleiden und benutzten auch Mamitas Lippenstifte und Puderdosen. Ich verkleidete mich als chinesische Dame und Papito als Mandarin. Und vor dem Einschlafen nahm ich eins der Taschentüchlein und trocknete mir eine kleine Freudenträne.

26. *Ein Kästchen mit Datteln, Rosinen, Pinienkernen, Pistazien, Aprikosen und getrockneten Feigen, Mandeln, Erdnüssen, Walnüssen und Haselnüssen.* Jedes Fach war von den anderen durch feinstes rotes Seidenpapier getrennt, das leichtem Stroh glich. Bestimmt konnten Verliebte nichts anderes essen. Die anderen Speisen waren für später, wenn sie verheiratet waren. Denn auch wenn es so aussah, als weilten Verlobte in der Welt aller, reisten sie in Wirklichkeit in ferne Länder, in die Länder dieser exotischen Früchte. Deshalb stand auch auf dem Kästchen: PARA LA EXPORTACION.

Verliebte aßen also eine Kost, die der der Affen glich. Auch Papito und ich waren also Affen, aber besondere Affen, wie die aus dem Garten Eden oder die beiden einzigen Affen, die in der Arche Noah gerettet wurden.

Gegen den Strich streichelte ich Papitos Arm. Ich versuchte auch, ihm das Hemd aufzuknöpfen, um ihm die Haare auf der Brust zu streicheln, aber er wollte nicht, er sagte, ihm sei kalt.

27. *Ein kleines rot-weißes Kästchen mit mehreren Schubladen, die sich stufenweise öffneten, voll mit Nadeln, Knöpfen, Garnspulen.* O weh! Das war kein Geschenk wie unter Verlobten mehr, sondern fast wie unter Eheleuten!

In Didas Hof nämlich nähten die Mädchen ihren Verlobten die Hemdknöpfe an, und wenn das geschah, sagte Dida: »Bald heiraten sie!« Ich wollte keine Ehefrau sein,

ich wollte nicht Mamita ähneln, ich wollte nur verlobt sein.
Ich mochte Papitos Geschenk nicht.

28. *Ein Körbchen mit kandierten Früchten*, das Papito mir gleich nach dem rot-weißen Kästchen schenkte. Es war eine so intime, so süße Gabe, daß die Welt der Verliebten mir plötzlich widerwärtig und beinahe langweilig vorkam. In der Durchsichtigkeit der Farben, die durch das Kandieren erzielt wurde, schienen die Früchte ihr geheimes Wesen zu offenbaren. Aber es haftete ihnen etwas Leichenhaftes und Einbalsamiertes an, als wären sie in einen ewigen Herbst verbannt.
Die weißen Zuckersplitter, die noch an manchen Stellen klebten, bildeten die übriggebliebene Spur des geheimnisvollen Kochvorgangs, der diese Sonnenfrüchte in unterirdische Früchte verwandelt hatte.
Das Weidengeflecht des Körbchens wiederum war mit einem glänzendgelben Lack überzogen, der die letzten Lebensgeister im Holz erstickt und das Zittern der Strohhalme gebändigt zu haben schien, auf die die Früchte gebettet waren. Und sogar das grüne Band, das den Korb kokett umschloß, war steif und glänzend, so daß die Enden aufrecht standen wie kleine, lauernde Schlangen.
Das Ganze wirkte wie aus Wachs, eine Imitation seiner selbst.
Ich versuchte, mich an die kleinen Siegestrophäen zu erinnern, die die Mädchen in Didas Hof, wenn sie verlobt waren, auf ihren Kommoden zur Schau stellten. Mir wurde klar, daß ich es nie verstanden hätte, solche Geschenke anzunehmen. Ich streckte mich unter den Decken aus, zog das Laken bis zum Kinn und blieb lange reglos liegen,

fühlte mich von allem losgelöst und zugleich beschützt. Durch das offene Fenster wehte Jasminduft herein. Es war Frühling. Ich stand auf und ging barfuß zum Fenster. Das Meer glitzerte im letzten Licht der Abenddämmerung. Ich hätte fliegen mögen, um hinzugelangen. Und während ich es begehrlich betrachtete, faßte ich diesen Vorsatz: Ich werde mich nie mehr mit einem Mann verloben! Ich werde mich mit dem Meer verloben! Und damit ich mich an das Versprechen erinnerte, band ich mir ein azurblaues Stickgarn um das Handgelenk und nahm das Filigranarmband ab, das ich sorgfältig in seinem Etui verwahrte und zu den anderen Geschenken auf die Kommode legte.

29. *Eine riesige und monströse aufziehbare Schildkröte.* Hätte ich nicht innerlich das Verlöbnis mit Papito schon gelöst, hätte dieses vorletzte Geschenk sicherlich genügt, um mich so weit zu bringen.
Man zog die Schildkröte auf, und sie lief ganz langsam los, mit einem mahlenden Geräusch, einem eisernen Keuchen. Es war, als wollte sie im Vorbeigehen alles zermahlen und zermalmen, aber sie kroch so langsam, daß sie nur die Zeit mahlte – doch die war unzerstörbar und schuf sich sofort wieder neu.
Der Panzer war grün und braun lackiert, die Augen waren rot. Es sah aus, als hätten sie durch untröstliches und unaufhaltsames Weinen diese Farbe angenommen. Das arme Tier hatte, wie die Großmutter sagte, »blutige Tränen« geweint.
Ich konnte meine Augen nicht von denen der Schildkröte abwenden. Es waren jedoch keine hypnotischen Augen, sondern nur dumpfe Komplizen beim altvertrauten Umgang mit der Leere. Ich begriff sogleich, daß nicht so sehr

die Augen das Problem waren als vielmehr das dumpfe Keuchen.
Am selben Abend, an dem er sie mir schenkte, trat Papito, geschniegelt und gebügelt, einen Augenblick ins Zimmer, um sich zu verabschieden: Er ging zu einem Arbeitsessen. Mamita wiegte sich schweigend in einem Wiener Schaukelstuhl. Die Schildkröte, die einen sehr ausdauernden Mechanismus besaß, mahlte weiter die Zeit. Auf einmal empfand ich großes Mitleid mit meiner Mutter. Ich kletterte auf ihren Schoß und begann zu weinen. Lange schaukelten wir zusammen.
Mehrmals in dieser Zeit ordnete ich die Spielsachen auf der Kommode neu oder ließ sie neu ordnen – denn aufstehen durfte ich noch nicht. Beim erstenmal war ich bestimmt noch zu schwach und beauftragte Antònia und Mamita damit. Sie folgten ihren eigenen Ordnungsvorstellungen, und zwar:
a) verschiedene Spielsachen für Mädchen, wie Töpfchen, Besteck, Nähkästchen, Puppen, Püppchen …
b) Tiere aller Art
c) sonstiges Spielzeug
d) Bücher und Alben
e) Süßigkeiten.
Für jede dieser Kategorien gab es in meinem Zimmer nämlich ein Extrafach oder eine Extraschublade. Über die Marzipanlämmchen hatte ich bei dieser Gelegenheit mit Mamita ein langes Streitgespräch. Sie wollte sie zu den Süßigkeiten tun, und ich war damit nicht einverstanden.
Eines meiner Ordnungskriterien war folgendes:
a) Verlobungsgeschenke
b) dumme und sinnlose Gegenstände wie das Gipsschaf, der Keramikhund, der Marienkäfer mit den Bonbons

c) beunruhigende Sachen wie das Püppchen mit Federantrieb, die Schildkröte zum Aufziehen, der *Goldene Esel*
d) Gegenstände *de mi alma*[3] wie die Geschichte von Don Quijote, das Schiff, das Porzellankännchen.
Eine weitere Ordnung war:
a) alles durcheinander auf einem Haufen in dem großen Puppenhaus
b) nur das Schiff auf der Kommode.
Bei dem ständigen Umräumen gingen viele Sachen kaputt. Eine weitere Ordnung war daher:
a) Sprungfedern, Mechanismus der Schildkröte, des Püppchens, des Kreisels, Schere, Nadel und Faden, Keramikscherben, kurz alles, womit man noch etwas anderes basteln oder sich vorstellen konnte, neben dem Bett, um damit zu arbeiten
b) der Rest durcheinander in einem Korb.

Am letzten Tag der Genesungszeit brachte Papito mir einen Stoffaffen mit. Die Pobacken und die Innenflächen der Pfoten waren bonbonrosa.
»Er sieht genauso aus wie du!« bemerkte er lachend. Ich runzelte die Stirn. Ohne zu überlegen, packte ich den Affen und schleuderte ihn weit weg. Mehr denn mit Gewalt tat ich es mit kalter Wut. Papito sah mich verdutzt an, er verstand mich nicht.
»Du bist wirklich ein Affe!« rief er, und diesmal meinte er es ernst. Dann verließ er beleidigt das Zimmer.
Ich hörte ihn im Flur mit Mamita tuscheln. »Dieses Kind«, sagte er zu ihr, »hat mich nicht lieb. Es gelingt einem nie, zu ihrem Herzen vorzudringen. Vielleicht liebt sie nur

3 Meiner Seele

dich.« Und seine Stimme war voll Schmerz und Ärger, klang wie die Stimme eines Jungen. Mir war, als hörte ich Mamita zufrieden lachen, fast als hätte sie seit jeher auf diesen Moment gewartet.

Ich zitterte derweil in meinem Bett vor Angst und Qual. Niemals würde das Meer bereit sein, sich mit einem Affen zu verloben! Verzweifelt betrachtete ich den blauen Faden an meinem Handgelenk. Wenn ich ihn zerreiße, dachte ich, hat das Leben keinen Sinn mehr. Weinend schlief ich ein – manchmal ebnen Tränen dem Schlaf den Weg –, nachdem ich mich gezwungen hatte, den Faden nicht abzureißen.

Daher ordnete ich die Spielsachen am nächsten Tag zum letzten Mal wie folgt:

a) alles durcheinander auf der Kommode

b) das Bändchen an meinem Handgelenk.

Der Arzt kam um elf, um zu prüfen, ob ich aufstehen konnte. »Ab heute«, schärfte er Mamita ein, »müssen Sie mindestens zwei Stunden am Tag mit ihr an den Strand gehen, damit sie Meerluft atmet.«

Die Vögel von Carlito

Carlito hatte nicht solche Augen wie mein Freund Paco. Man sah in ihnen kein Quecksilberkügelchen herumrollen, und es entzündete sich in ihnen auch kein bald spöttisches, bald grausames Flämmchen, das ab und zu aufflackerte und sogleich verschwand, so als würde es genäschig verschluckt oder für andere flüchtige Gelegenheiten aufbewahrt oder verborgen. Sie leuchteten vielmehr sanft und ruhig wie kleine reife Früchte. Schwarze Kirschen etwa. Diese Augen drangen also nicht in die Dinge ein, krallten sich nicht in ihnen fest, schienen sie nicht einmal zu streifen, sondern warteten, daß sich die Dinge in ihnen spiegelten. Und ihre seltene Zärtlichkeit war nur ein Widerschein.

Auch in allem übrigen war Carlito anders als Paco. Doch hieß das keineswegs, daß er mir glich. Er war anders als ich, er war anders als Paco. Wie war er dann? Paco war ein Junge, ein ungehobelter Bursche, ein Bauernsohn. Ich war ein Mädchen – ein Mädchen, das ist wahr, das einem Affen glich, aber immerhin hatte ich schöne Kleider an und Locken auf dem Kopf. Carlito war weder das eine noch das andere.

War er ein Gnom, ein Kobold, der Sohn eines Zauberers? Vielleicht war er nicht Papitos Sohn. Papito war nämlich kein Zauberer, nur ein Taschenspieler.

Er zog sich – oder sie zogen ihn – rasch an. Da machte er keine Zicken. Sowieso tauchten an allem, was er sich anzog oder angezogen bekam, kleine Glöckchen auf, die ihn klingelnd begleiteten, und die Kleidung, vom Klang ausgelöscht, verschwand. Das Geräusch der Glöckchen schien zu sagen: »Hier sind wir! Hier sind wir!« Denn es war, als kündigte Carlito nicht nur sich selbst an, als spräche er nicht nur in seinem Namen.

Auch beim Essen bockte er nie. Ihm, ihm konnte Mamita vertrauen, er mochte alles, was sie ihm kochte oder kochen ließ. Manchmal nämlich bereitete Mamita ihm eigenhändig zum Beispiel den Grießbrei zu – es war so heikel, ihn gerade zum richtigen Zeitpunkt vom Feuer zu nehmen! – oder den Hühnerflügel, den sie zusammen mit einer Kartoffel, einer Karotte und einem Stengel Sellerie sieden ließ, bis er durchsichtig wurde. Carlito drückte ihr dankbar die Hand und schob seine Finger zwischen die ihren. Und immer noch ihre Hand haltend, wartete er bang, bis sich auf den dampfenden Bananen bläuliche Flämmchen entzündeten und dann erloschen.

Mamita hatte auf der weißen Haut ihres Arms, genau auf der Höhe des Ellbogens, einen blauvioletten Fleck, dieselbe Farbe wie die Flämmchen. »Woher kommt dieses Muttermal?« fragte Carlito sie, und sie antwortete: »Vom Gelüst nach Zauberei.« Wenn ich Carlito beim Essen der Bananen zusah, war mir nicht recht klar, ob er die Bananen ableckte und zerbiß oder doch Mamitas Arm, der, von den blauen Flämmchen verborgen, vielleicht eine kurze Weile auf dem Teller gewesen war. All dies war gewiß möglich, die Großmutter hatte Carlito und mir ja beigebracht, daß in der Hostie der Leib Christi steckte, und uns ein Bild gezeigt, auf dem aus einer Hostie, von einem Bösewicht oder einem Ungläubigen mutwillig zerbrochen, Blut tropfte.

Einmal trafen die Bananen von den Kanarischen Inseln auf einem Schiff voller Vögel ein. In der Küche hingen mehrere Büschel. Carlito betrachtete sie mit unendlicher Traurigkeit. Die bunten Vögel hatten sie ihm nämlich nicht mitgebracht.

Carlito wußte, daß es sich nicht schickte, mit mir, einem Mädchen, zu streiten. Wenn wir uns aber zankten, wurde er nicht wie ich zum Raubtier, sondern zu einem Nervenknoten, der Funken sprühte. Die Haare standen ihm zu Berge und gerieten in Brand, ich zog ihn daran, kratzte und biß, er schlug nur mit den Fäusten, Ellbogen und Knien. Er wirkte, als wäre er ganz aus Eisen, und er raste wie ein Kreisel oder eine überdrehte Aufzieh-Schildkröte. Sein Fleisch verzehrte sich bis zum letzten Blutstropfen, seine Augen wurden ganz schmal, zwei glänzende Schlitze, der Mund geschlossen und angespannt. Es war wie ein Kampf zwischen Paladinen, nur Eisengerassel und Funkensprühen. Und ich fühlte, wie wenig ich mit meiner Art, mich zu schlagen, erreichte. Ich versuchte, ihn zu kratzen, aber die Fingernägel fanden keinen Halt, so starr und hart war er, genau wie wenn ich versuchte, ihn zu beißen, und probierte ich, ihn an den Haaren zu ziehen, schien mir, als bekäme ich einen elektrischen Schlag. Nicht einmal anspucken konnte ich ihn, so trocken war mein Mund; und ich hatte den Eindruck, wenn der Kampf andauerte, würde ich gänzlich austrocknen und wie mein Bruder zu Stahl werden. Deshalb hätte ich am liebsten bis tief in die Nacht weitergemacht, bis wir beide Funken sprühten und aus diesem tapferen Aufeinanderprallen etwas Neues hervorginge. Mit geballten Fäusten tat ich so, als entfernte ich mich, aber nur, um Anlauf zu nehmen und mich mit funkelnden Augen auf ihn zu stürzen. Endlich war auch ich ein Krieger! Es kam jedoch immer jemand, um uns zu trennen.

Carlito stritt mit niemandem außer mit mir. Denn ich gab mein möglichstes, um ihm sein Geheimnis zu rauben, und weil es mir nicht gelang, tat ich alles, um ihn zu provozieren und ihn auf meine Ebene herabzuziehen. Einmal biß er mich bei einem solchen Streit. Allerdings nur einmal. Endlich! dachte ich. Jetzt wird er wie ich. Tränen, Speichel, Blut, ein glitschiges, aufgeschürftes, blutendes, kriechendes Wesen. Ich jubelte über unsere niedrige Komplizenschaft im Fleische, die sich mir ankündigte. Doch Carlito tat es nie wieder. So entlockte ich ihm sein erstes Geheimnis: Man mußte lernen, beim Kampf Funken zu sprühen, nicht Blut zu lassen.

Carlito mochte sehr gern das Schaukelpferd. Wir schaukelten im zweiten *patio*, jeder auf seinem Pferd. »Ich hätte gern ein richtiges Pferd!« sagte Carlito. »Ich auch!« echote ich. »Und ich möchte«, fügte ich hinzu, »atemlos schnell übers Land reiten und nie mehr anhalten!«

»Ich nicht«, sagte Carlito. »Ich möchte ein richtiges Pferd, um es zu füttern und mit ihm zu sprechen.«

»Wie, du willst mit ihm sprechen? Es wird dich aber nicht verstehen!« sagte ich.

»O doch«, sagte Carlito, »die Tiere können sprechen, und ich verstehe sie.« Und wir schaukelten weiter.

»Was machst du?« fragte ich Carlito.

»Ich streichle gerade Mowgli seinen Pipi«, sagte er. Jeder von uns hatte einen imaginären Freund.

»Ich streichle meinen eigenen«, sagte ich, »weil Estél gestorben ist und ich keine Freundinnen mehr habe.«

Ich hielt mich sehr gern in der Küche auf. Carlito nicht. Er schloß sich lieber Pedrón an. Allerdings nicht, wenn dieser bei Tisch oder bei Empfängen servierte – und die Getränke auf dem Wagen, die Petits fours auf den Platten aus dem Salon, die Mandeln in den Kelchgläsern, die Pralinen mit Walnuß und Pistazien, die Mamita selbst machte, in den chinesischen Lackkästchen anrichtete –, sondern wenn er den Esel und die Pflanzen versorgte. Gemeinsam stiegen sie auf Bäume, um sie zu pfropfen – Carlito hielt das Töpfchen mit siedendem Pech – oder zu beschneiden. Doch wenn ich probierte hinterherzuklettern, verhöhnten sie mich von oben aus dem Baum. Pedrón insbesondere schimpfte mich aus: »Steig sofort hinunter! Du bist ein Mädchen!« Ich kletterte trotzdem weiter. »Steig hinunter, oder ich laß dir von Carlito das Pech auf den Kopf gießen!« Ach ja, ich war ein Mädchen? Nun gut, ich würde mich rächen. Ich nahm Steine und zielte zwischen das Laub.
Einmal traf ich das Pechtöpfchen, und Carlito verbrannte sich den Fuß. Wutentbrannt stieg Pedrón vom Baum herunter und setzte mir nach, aber im Laufen, Mädchen oder nicht, übertraf ich alle. Ich lief nicht, ich flog, und mit geheimen Antennen wich ich allen Hindernissen aus. Ich hatte sehr gut gelernt, wegzurennen, zu flüchten.

Carlito gab Mamita ganz spezielle Küsse, die ich ihr nie hätte geben können. Dida dagegen küßte er nie. Noch sonst irgend jemanden. Allein Mamita waren diese speziellen Küsse vorbehalten, die aus einer erlesenen Packung zu stammen schienen … Einer Packung, die Bonbons enthielt? Nein, weder Bonbons noch andere Süßigkeiten und auch nicht Tabak aus Kuba. Jedenfalls nicht diese Dinge im konkreten Sinn, sondern vielmehr Zauberbonbons, die sozusagen nur aus vielschichtigen Gerüchen bestanden. Als käme aus dem Goldpapier beim Öffnen ein Geruch nach Kaffee, nach Tee, nach Mayonnaise, Tabak, Erdbeeren, Palisanderholz und Lapislazuli, nur der Geruch und Schluß.

Wenn ich Mamita oder Dida küßte, verschmolz ich mit ihnen. Wenn ich Anita küßte, nicht, ich verschlang sie eher oder versuchte es zumindest – aber Anita sträubte sich und schrie. Carlito dagegen blieb ganz distanziert, ganz von den anderen abgegrenzt, er war nicht unmäßig wie ich und auch nicht wie ich verzweifelt. Seine Besonderheit trat beim Küssen sogar noch stärker hervor. Carlito wurde wie ein Theaterschauspieler, der seine Rolle spielt. Seine Wangen glühten rot, als wären sie angemalt, seine Augen, größer und tiefer geworden, dunkler und glänzend, wirkten wie geschminkt und seine schwarzen Locken, die er leicht schüttelte, wie eine Perücke. Schmeichelnd und zart näherte er sich mit seinen Händen Mamita und berührte sie, fast als wäre sie zu zerbrechlich und könnte entzweigehen. Und so schien Mamita, während er sich ihr mit diesen schmeichelnden Zärtlichkeiten zuwandte, allmählich zu Glas zu werden, ein Figürchen aus der Kristallfabrik im Barrio Catedraltico. Dann kräuselte Carlito die Lippen und näherte sich ganz langsam ihrer Wange, wobei er sich umsah, bis er meinem Blick begegnete und, mir unverwandt in die Augen sehend, einen kleinen Kuß auf Mamas Wange drückte. Wäre der Kuß schnalzender gewesen, wäre Mamita zerbrochen und das ganze Spiel wäre aufgeflogen.

Jedesmal dachte ich: Er schaut mich an, während er Mamita küßt. Aber dann verschmolz er ja gar nicht! Dann schauspielerte er ja! Und mehr als alles andere beeindruckte mich seine Sicherheit beim Ausführen dieser Geste, als wäre er schon mit dem Wissen geboren, daß er von allem abgesondert bleiben mußte.

Seit Ignasi, der Wächter, Carlito verhext hatte, betrog dieser Pedrón immer häufiger, um mit Ignasi zusammenzusein. Zu Anfang erzählte Ignasi ihm nur Geschichten, um ihn zu fesseln. Allerdings nicht die *Rondaies mallorquines*[1], sondern Geschichten von Vögeln.
Von fernen und von nahen Vögeln.
Von Vögeln, die fern waren, weil sie aus der Sierra kamen.
Wie der Greif, der auf das Tal herabstößt mit ausgebreiteten Schwingen – die schwarzen Schwungfedern, die aussehen wie von einer Hexe ausgeschnitten, der weiße Kopf vorgestreckt zwischen all dem Grau und Schwarz des Gefieders –, aber nur in tiefer Nacht und selten, aus Angst vor den Menschen, während seine Vorfahren einst unangefochten über die Insel geherrscht hatten.
Wie der Bartgeier, den jedoch seit zehn Jahren niemand mehr über der Sierra gesichtet hatte. Auch Ignasi hatte ihn nur ein einziges Mal flüchtig gesehen, als Junge, als er im Schlachthof von Inca arbeitete: Der Geier war vom Berg heruntergekommen und hatte einen großen Kuhknochen gestohlen, den er dann dort hinauf verschleppt hatte, beinahe wie eine in der fleißigen Stadt genommene Geisel, und der junge Ignasi hatte an diesen noch blutigen und ganz mit Mark gefüllten Knochen gedacht wie an ein Geschenk, das er dem Geier gemacht hatte und wofür er sich vom Schicksal eine geheimnisvolle Gegengabe erhoffte.

1 Mallorquinische Märchen

Der Vogel war rosa, schwarz und grau, und einmal hatte er, Ignasi, auf der Sierra rosafarbene Federn gefunden und sie aufbewahrt, da er sie für ein Liebespfand des Schicksals hielt ... Und er zeigte Carlito die beiden alten Federn von verblichenem Rosa, eingewickelt in vergilbtes Seidenpapier. »Er hatte«, sagte Ignasi, »einen kleinen schwarzen Bart, der ihm ein verschlagenes Aussehen verlieh ... Und er hat es ja auch schlau gemacht, er hat unsere Insel rechtzeitig verlassen. Und mir hat er diese Federn dagelassen als Unterpfand ... Wofür, weiß ich nicht, denn noch kein Versprechen ist mir je gehalten worden. Eigentlich könnte ich sie dir schenken ...«, schloß er jedesmal, legte sie dann aber doch in die Schublade zurück.
Oder auch wie der Mönchsgeier, ganz schwarz mit einem hakenförmigen Schnabel, der den Frauen soviel angst machte. »Die Frauen«, sagte Ignasi, »verwechseln ihn mit dem Adler und fürchten um ihre Neugeborenen und ihre Kaninchen, sie wissen nicht, daß er sich nur von Aas ernährt!« Und er fügte hinzu: »Gerade weil er sich nur von Toten ernährt, wie die Mönche, ist er dem Leben näher als die Adler. Denn, das sage ich dir, und ich habe im Schlachthof gearbeitet, wo willst du die Grenze ziehen zwischen frischem und faulendem Fleisch? Ich habe geschlachtete Pferde gesehen und Maultiere, die lebendig schon verwest waren, und manche Fleischstücke von Kälbchen, die noch hufeklappernd herumzuspringen schienen, so rot und lebendig waren sie noch zwei Tage nach dem Schlachten. Und das wußten die Käufer genau. Und vor allem die Kranken, die Schlange standen, um das Blut der geschlachteten Tiere zu trinken: Sie zauderten vor den Behältern mit dem Blut und rochen lange daran, trotz der Ungeduld derer, die weiter hinten standen. Manches Blut

bezeichneten sie nämlich als noch lebendig, anderes dagegen als schon tot, und um dieses lebendige Blut stritten sie sich. Und was meint ihr, ist mein Blut lebendig oder tot? Ich weiß es nicht mehr. Ich fühle mich nicht lebendig, aber auch nicht tot, das ist es. Es ist, als fühlte ich mich lebendig, aber nicht wegen dem Blut …«

»Du hast doch gar kein Blut«, sagte Carlito zu ihm, »du bist so dünn, du hast gar nichts zwischen Haut und Knochen, und deine Haut sieht nicht aus wie Haut, sondern wie vertrocknetes Leder, wie Pergament!«

Ignasi wurde böse. Er griff zum Messer: »Willst du sehen, daß ich doch Blut habe?« sagte er und tat so, als wollte er sich schneiden.

»Ich glaube es, ich glaube es!« schrie Carlito, der in Wirklichkeit fürchtete, Ignasi könnte außer sich selbst auch ihn verletzen.

»Also«, sagte Ignasi, »sind Leben und Tod ineinander verwoben. Und der Mönchsgeier weiß das, darum ernährt er sich von Aas. Der Adler aber weiß es nicht, und wir sagen nur deshalb, er sei intelligenter, weil er uns ähnlicher ist, weil wir genau wie er nur dem Aas der Tiere trauen, die wir eigenhändig getötet haben. Tun und töten ist für uns dasselbe. Darum ekelt es uns vor dem Mönchsgeier … Er hat ganz zerraufte Federn, die wie Schwertspitzen auslaufen, und ein großes Auge mit beinahe menschlichem Blick, aber nicht wie von einem beliebigen Menschen, sondern wie von einem Richter, einem Inquisitor …«

Ein andermal erzählte er von Vögeln, die fern waren, weil Nachtvögel. Sie lebten hoch oben, in den Mauerlöchern unter dem Dach unseres Hauses, dort, wo das Kreuz aufragte, Waldohreulen, Schleiereulen, Zwergohreulen, Käuzchen, und ihre großen, runden gelben Augen glühten, sobald die Sonne im Meer erstarb. Diese Vögel füllten die Nacht mit »Schuhu«- und »Urruu«-Rufen, die an den Fensterläden rüttelten. Sie waren wie verhext, bewegten sich nicht viel; auf den Ästen der Bäume hockend, warteten sie, bis die Sonne ihnen das Gelb aus den Augen stahl, und achteten streng darauf, daß dies nicht vor der gebührenden Zeit geschähe. Sie hatten nämlich die Sonne verzaubert, und die Sonne war ins Meer gesunken, über und über rot von Blut. Doch Carlito und ich wußten, daß es nur Theater war, daß sich die Vorstellung jeden Abend unverändert wiederholte. Wir konnten sie allerdings nicht sehen, die Nachtvögel; wir mußten früh schlafen gehen. Daher kamen wir ab und zu verschwörerisch überein, wach zu bleiben, um sie zu hören. Auf ein geheimnisvolles Zeichen der Nacht hin, das vereinbart war und auch nicht, sprangen wir gleichzeitig aus unseren Betten und trafen uns auf der Schwelle der Verbindungstür zwischen unseren Zimmern, wo wir reglos stehenblieben und lauschten. Hin und wieder blickte ich zu Anita hinüber: In ihrem Bettchen neben dem meinen liegend, kam sie mir vor wie ein Ei in einem Korb, über dem eine große, unsichtbare Henne mit dichten, weichen weißen Federn brütete. So süß war Anitas Schlaf, während meiner voller Qualen war. Carlito und ich waren ganz hingerissen von den fernen Vögeln der Nacht. Sie waren nämlich nicht auf die gleiche Weise fern wie die Vögel der Sierra. Die Sierra lag hoch oben, eisig, unzugänglich, man mußte weit gehen, um dorthin zu gelangen, fast so weit, wie um achtzehn Jahre alt zu werden. Die Nacht hingegen war da, ganz nah, draußen, man mußte nur den Fensterladen öffnen, um sie zu berühren. Oder das Licht löschen, um sie ganz im Zimmer zu haben.

Doch im Zimmer breitete sich die Nacht im Übermaß aus, die Zwergohreulen, die Waldohreulen, die Käuzchen, die Schleiereulen wurden riesig und erfüllten die Welt mit Drohungen. Ab und zu rüttelten »Urruu«-Rufe an den Fensterläden. Warum klagten die Nachtvögel so viel, fragte ich mich. Vielleicht, weil es nicht Tag war? Und was war die Nacht überhaupt? Ein großes Lid, das sich über den Tag senkte? Oder der große Körper des Tages ohne die Haut, die den ganzen Organismus zusammenhält? Carlito und ich fürchteten uns vor diesem großen schwarzen, hautlosen Körper.
Einmal jedoch beschlossen wir, wenn auch voll unsagbarer Angst, aus dem Haus zu gehen. »Zur Nacht«, sagte Carlito, »müssen wir uns verhalten wie zum Tag.« Wir hatten sehr viel Glück. Eben war der Vollmond aufgegangen. Und die blühenden Mandelbäume warfen den Mondschein zurück und vervielfachten ihn. Die Welt sah aus wie ein heruntergefallener, ertrunkener großer Stern. Und die Augen der Eulen wie Laternen.
Carlito und ich verliebten uns in die Nacht. Viele Tage lang fürchteten wir sie nicht mehr. Wir konnten sogar Ignasi überreden, uns mit einer Acetylenlampe herumzuführen, um die Nachtvögel anzusehen. Und eines Abends, während Carlito schon schlief und ich wie gewohnt noch wach war, geschah mir ein Wunder. Ich hielt die Augen geschlossen, und es gelang mir, in die weite und geheimnisvolle Nacht meines Körpers einzudringen und sie zu erleuchten, wie eine Lampe eine dunkle Höhle oder eine Grube erhellt.
Aber dann gingen die Bombenangriffe wieder los. Zu heftig war der Kontrast zwischen Licht und Dunkel, zwischen Stille und Getöse. So bekamen Carlito und ich wieder Angst, versteckten uns wieder unter der Decke und

waren erneut gezwungen zu denken, daß die Dinge des Tages voller »Hihi!« waren, lustig wie das Wiehern eines Pferdes, und daß die Nacht dagegen von Entsetzlichem bevölkert war, von »Schuhu!« und »Urruu!«. Da fiel mir ein, daß ich, als wir mit Ignasi und Carlito den Körper der Nacht mit einer Lampe erforscht hatten, auf einen Ausgang gestoßen war, den aber ein großer Felsblock versperrte. Ich hatte mir jedoch keine Sorgen gemacht, da ich dachte, ich könnte immer noch jemanden um Hilfe bitten, um ihn wegzuwälzen. Doch bei einem Bombenangriff wurde mir bewußt, daß es nur einer Bombe gelingen würde, ihn zu sprengen, und daß ich demnach selbst in große Gefahr geraten würde. So verlor ich jede Hoffnung, den Felsblock versetzen zu können, und hatte stets Angst vor dem, was sich dahinter verbarg.

Eines Tages überraschte uns Ignasi mit einem Käuzchen in einem großen Käfig. Seit Monaten hatten wir ihn angefleht, uns eines zu bringen. »Was kostet es dich«, sagten wir frech, »du schläfst doch sowieso nie!« Ignasi sagte nämlich immer: »Ich habe nur noch wenig zu leben, je mehr ich schlafe, um so mehr sterbe ich.«

Das Käuzchen blickte verwundert um sich, vielleicht war es seine Schlafenszeit, und nun konnte es nicht schlafen. Ignasi gab ihm eine Maus zu fressen – er hatte in diesen Tagen viele Fallen aufgestellt. Ignasis Augen leuchteten. Auf dem Kopf trug er die gewohnte rote Mütze, eine Art Spielmannsmütze ohne Schellen, deren Spitze festlich und grausam hin und her schwankte wie die scharfe Pfefferschote auf ihrem Stiel. Er war besorgt, aufgeregt, bewegte sich ruckhaft, die Zungenspitze schnellte aus seinem Mund hervor. Er beruhigte sich erst, als ein kleiner Blutstropfen auf dem grauen Fell erschien.

Manchmal erzählte Ignasi von Vögeln, die fern waren, weil sie eine seltene Farbe hatten, wie die blaue Elster, alle Papageienarten, die Kanarienvögel, die Reiherente und andere bunte Vögel. Oder fern, weil sie nur in den prächtigsten Gärten der Insel vorkamen, wie der Pfauenkranich. Oder fern, weil sie nur über dem Meer lebten, wie der Albatros. Oder fern, weil sie weit fortflogen. Einmal zeigte er uns sogar, wie die Kraniche vorbeizogen.

Nie erzählte er von Märchenvögeln.

Papito dagegen beschäftigte sich weder mit lebendigen Dingen wie Pedrón, noch erzählte er von lebendigen Dingen wie Ignasi. Er stieg weder auf Bäume, noch sprach er von Wesen, die auf Bäumen lebten. Deshalb lief ihm Carlito nie hinterher. Immer mußte Papito ihn zu sich rufen, und es war, als riefe er ihn zum Rapport. Nie rief er ihn zum Spielen, wie er es manchmal mit mir und immer mit Anita machte. Und wenn er mit ihm sprach, schien es, als hielte er Carlito für zu klein und daher für schuldig, weil er nicht schneller gewachsen war.

Carlito war also ganz anders als ich. Im Garten zum Beispiel verschwand er wie ein Zauberer, der sich unsichtbar machen kann. Das bedeutete aber keineswegs, daß er eins wurde mit den Dingen oder mit ihnen verschmolz. Mir dagegen geschah es, wie wenn ich Mamita oder Dida küßte, daß ich entweder nicht mehr vorhanden war – weil ich mich in etwas anderes verwandelt hatte –, oder mich eher mittelmäßig fühlte, behaftet mit einem kläglichen, aufsässigen Ich. So war ich stets gespalten zwischen der Furcht, mich zu verlieren, und der Langeweile. Da ich nun sah, daß es Carlito nicht so erging, dachte ich irgendwann, er sei von einer anderen Welt. Deshalb begann ich, ihm nachzu-

spionieren, um herauszufinden, wie seine Welt beschaffen war.
Ich versteckte mich hinter einem Baum, einem Strauch, einem Mäuerchen und beobachtete ihn. So überraschte ich ihn zum Beispiel dabei, wie er auf dem Boden saß und gespannt eine Raupenprozession verfolgte. Auch Paco und ich machten das gelegentlich. Doch früher oder später hatten wir genug, und da wir nicht zulassen wollten, daß die Raupen ihren Weg oder ihr Gebet fortsetzten, stoppten wir die Prozession mit einem Stöckchen, um sie umzuleiten, oder wir hoben mit einem Zweiglein eine Raupe hoch und beobachteten, wie sie sich darum herumringelte. Manche von Pacos Freunden zerquetschten die Raupen mit Steinchen und spießten sie zum Trocknen auf Schilfrohr auf; und besonders einen gab es, der sich nicht ekelte, der zerquetschte sie sogar mit dem Finger.
Carlito tat nichts dergleichen. Still und verzaubert saß er da, und am Ende schien es, als ließe er die Raupen mit seinem Blick vorankommen oder überhaupt erst existieren. Und gelegentlich machte er auch seltsame Zeichen mit den Fingern, als zählte er sie ab oder gäbe Befehle. Manchmal näherte er den Raupen sogar sein Gesicht, und ich glaubte, er werde pusten, er aber hatte den Mund geschlossen, fast als hielte er den Atem an.
Doch am allerliebsten verbrachte Carlito Stunden im Gewächshaus, wo er mit den Spatzen sprach. Es gab dort nämlich zwei Spatzen, die frei waren und nicht davonflogen, weil Carlito sie verzaubert hatte. Auch sie schienen ihm zu gehorchen. Zum Beispiel zankten sich die beiden nie um das Futter. Carlito streute die Körner auf den Boden, und während einer sie aufpickte, sah der andere zu.

Indem ich Carlito im Gewächshaus beobachtete, entdeckte ich wirklich viele seiner Geheimnisse.
Ebenso hatte ich einmal den *anderen* Don Felipe entdeckt, einen von dem gewohnten völlig verschiedenen Kater. Das kam so: Eines Morgens war ich zum Spielen in meinem Zimmer geblieben. Auf Ignasis Rat hin hatte ich Maiskörner auf das Fensterbrett gestreut, um die Tauben anzulocken, und unterhielt mich, während ich wartete, daß sie kämen, mit meinen Puppen. Don Felipe miaute selten vor Hunger, denn wie in allen Häusern reicher Leute gab es vor der Küche viele Abfälle und Reste. Er miaute nur, wenn er sich stritt oder um einen Leckerbissen bettelte, oder auch, wenn er zu lange eingeschlossen blieb. Ich kannte seine unterschiedlichen Arten zu miauen genau. Doch im allgemeinen miaute er selten, er war ein sehr würdevoller Kater. Plötzlich hörte ich, während ich dort am Fenster stand und wartete, einen seltsamen, furchterregenden Ton hinter dem Vorhang hervorkommen; es klang gleichzeitig wie ein Fauchen, ein Kratzen, eine heisere, schreiende Klage, die unendliches Verlangen ausdrückte. Eilig schaute ich nach, und was ich sah, war ein unbekannter Don Felipe, mit offenem und ausgetrocknetem Maul, die Augen wie verdorrt, und sein Miauen war wie die wilde Klage eines Körpers ohne Haut und Fell, ohne Ohren, Schwanz, Augen, Eingeweide, Blut, die Klage einer nackten Luftröhre, eines armen, plumpen Wesens voller Begierde und Ohnmacht. Auch die Tauben, die gerade auf dem Fensterbrett gelandet waren, flohen bei diesem Ton sofort mit empörtem Flügelschlag.
Das Geheimnis von Carlito, das ich eines Tages entdeckte, als ich ihn im Gewächshaus beobachtete, war folgendes: Von den Spatzen wollte Carlito nicht wie von allen übri-

gen Dingen getrennt bleiben, sondern er wünschte sich, zu sein wie sie. Ich überraschte ihn nämlich, wie er mit bunten, unter den Achseln befestigten Flügeln zu fliegen versuchte und dabei ihr Tschilpen nachahmte. Und obgleich er sich abmühte, es ihnen in allem gleichzutun, gelang ihm doch nicht mehr als eine Karikatur ihrer anmutigen Leichtigkeit. Es lag etwas zu Kreischendes in seinem Gezwitscher, etwas zu Geziertes in der Bewegung seiner Flügel, etwas zu Grelles in der Farbe seiner Federn. Carlito als Spatz war viel tierischer als die echten Spatzen; alles an ihm war ungehörig, nicht in dem Sinn, daß es sich nicht schickte, sich so zu benehmen, sondern im Sinn einer Unangemessenheit, die seinen Versuch zur sinnlosen Überspanntheit machte, zu einer Verstümmelung der Urgeste, kurz, zum Ausdruck einer Unzulänglichkeit.

S'ha tornat boig![2] sagte ich mir, um mich zu beschwichtigen, so verstört war ich, während Carlito weinend seine Bemühungen fortsetzte und sein beharrliches Zwitschern in Schluchzen überging. Warum fliegt er nicht mit erhobenem Kopf! sagte ich mir. Warum erfindet er keine Stimme, die in der Mitte liegt zwischen der menschlichen und der der Vögel!

Da ich das qualvolle Schluchzen nicht mehr ertragen konnte, verließ ich mein Versteck, fiel über Carlito her, riß ihm die Flügel herunter, legte sie an und steckte mir ein Blatt zwischen Zähne und Lippen, das ich in der Mitte mit dem Fingernagel durchbohrte. Dann begann ich, wie eine Wahnsinnige fliegende Spatzen nachzuahmen. »Du siehst aus wie eine Marionette, wie eine Vogelscheuche!« rief Carlito empört. »Laß mich allein. Früher oder später

2 Er ist verrückt geworden!

schaffe ich es, ein Spatz zu werden. Dieses Gehampel mag ich nicht!« Doch ich warf mich erneut auf ihn; uns auf dem Boden wälzend, begannen wir zu kämpfen. Ich hätte ein Engel sein mögen, um meinen Bruder davonzutragen. Von da an fürchtete ich mich davor, jeden Augenblick Carlitos peinliche Versuche, sich in einen Spatz zu verwandeln, gegenwärtigen zu müssen. Sogar bei Tisch hegte ich diese Befürchtung. Carlito saß vor dem Keramikteller mit den beiden Hirtenknaben – oder vor dem Warmhalteteller mit den Teddybären –, dem Silberkelch, dem Serviettenring aus Bast, und plötzlich bemerkte ich verlegen, daß ihm unter dem Tisch ein Spatzenkörper gewachsen war, eine Kralle hatte nämlich mein Bein gestreift. Da wurde die Verlegenheit zu Angst. Gleich wird er etwas Ungehöriges tun! dachte ich. Er wird die Strohhälmchen aus dem Set zupfen und in die Tasche stecken für den Nestbau! Oder nach dem Trinken das Kinn in die Luft strekken, damit das Wasser den Hals hinunterläuft!

So hörte ich auf, Carlito nachzuspionieren. Ich empfand ihm gegenüber nur Mitleid und eine mütterliche Fürsorge, fast als hätte sich ein Teil von Mamita in mir sublimiert – nicht die Brüste, sondern die Wimpern mit ihrem Flattern und die Hände mit ihrem Zittern.

Daher vermied ich es, das Gewächshaus zu betreten, wenn er auch dort war. Aber noch immer von den Spatzen angezogen, ging ich hinein, sooft er ihnen untreu war, weil er den Vergleich mit ihnen nicht ertrug.

Ich schwieg und hielt sogar den Atem an, aber unweigerlich spürten die Spatzen meine Gegenwart, die für sie eine Belästigung oder eine Gefahr bedeuten mußte.

Manchmal geriet ich vor lauter Still- und Stummsein in eine Art Halbschlaf und vergaß endlich das Bild, das mein

Lesebuch in dem Kapitel *Die Spatzen bauen ihr Nest* von diesen Vögeln zeichnete. Dann trat ich wirklich ins Leben der Spatzen ein, und meine schrägen Blicke verloren sich in ihren kleinen, unsteten und durchdringenden Blicken, in ihrer tiefen Inhaltslosigkeit. Hätte mich nicht immer jemand aufgespürt, wäre ich nie mehr weggegangen. Und hätte es letztlich je einen Ort gegeben, an den zu gehen sich lohnte? Wenn sie mich fortholten, schrie ich jedoch nicht, wie ich es gewöhnlich machte, wenn man mich von einem Spiel losriß: um die Spatzen nicht zu erschrecken. Willig folgte ich Mamita oder Dida, verträumt und still, aß schweigend, ohne zu mucksen, ließ mich ohne Widerrede waschen und zu Bett bringen. Und wahrscheinlich träumte ich sogar von den Spatzen, oder mir war beim Einschlafen, als würde ich von ihnen geträumt.

Bei meinen ausdauernden Beobachtungen merkte ich, daß die Spatzen zuweilen das Gewächshaus verließen. Manchmal kehrten sie gleich zurück, manchmal erst nach Tagen. Die Unvorhersehbarkeit ihres Verhaltens ängstigte mich – auch Mamita erschien und verschwand, mit ihrem Federhut auf dem Kopf. Sie kamen mit Gras- oder Strohhalmen im Schnabel zurück – und auch Mamita brachte Geschenke mit, die wie Liebes- und Trauerbotschaften zugleich waren. Zwischen Aufbruch und Rückkehr hatte sich nämlich der Tod geschoben, verheerend, den all die Gaben nicht mildern konnten. Genau wie Mamita flogen auch die Spatzen geschäftig aus, mit einer Lust auf Abenteuer, auf Luft in den Federn und in den Augen, während ich dablieb und wartete, ohne etwas zu tun, was der Mühe wert gewesen wäre.

Eines Tages flehte ich die Spatzen an, eine Botschaft von mir in den Wald zu tragen. »Sagt jemandem, er soll mir

helfen kommen«, bat ich. »Sagt es laut, damit es alle hören können. Bei so vielen Lebewesen wird sich gewiß eins finden!« Es kam nie jemand.
Wenn das Gewächshaus leer war, ging ich untröstlich wieder hinaus. Und zuweilen sah ich dann Schwärme von Spatzen um die Zypressen kreisen, die in bebenden Runden den Himmel verdunkelten. Diese Spatzenvermehrung erschien mir ungeheuerlich, sie verursachte mir ein Gefühl von Schwindel und Unordnung. Genauso, dachte ich, könnten mir noch mehr Hände wachsen, drei oder vier Beine und viele Augen! Ein Auge an jedem Finger und Augen im Nacken, zwischen den Haaren! Und ich lief davon.

Carlito war es unterdessen vielleicht langweilig geworden, Geschichten über ferne Vögel anzuhören und über nahe Vögel, die trotzdem fern waren, weil nur Gegenstand von Geschichten. Er zog seine Raupen vor. Und Pedróns Esel. Außerdem hatte Pedrón ihm versprochen, er werde ihn mitnehmen, um ein neugeborenes Eselchen anzuschauen. Jedenfalls geschah eines Tages etwas Ungewöhnliches.
Vielleicht tat Ignasi es aus Eifersucht auf Pedrón, mit dem er sich schon einmal geschlagen hatte, weil er Carlitos Aufmerksamkeit für sich beanspruchte. Jedenfalls beschloß Ignasi plötzlich, keine Geschichten mehr zu erzählen, sondern Dutzende von Vögeln zu züchten. All dies geschah im verborgenen. Ignasi war nämlich in einem abgelegenen Zimmer untergebracht, wo auf Geheiß der Señora von Son Batle – die dies zur einzigen Bedingung für die Vermietung gemacht hatte – alles so bleiben mußte, wie sie es zurückgelassen hatte, ja sie hatte sogar befohlen, daß Ignasi ab und zu ihren Plattenspieler betätigen solle. Und Ignasi tat dies regelmäßig.

Nun stapelte Ignasi in aller Heimlichkeit – nur wir wußten davon – die Möbel der Señora von Son Batle in einer Ecke und deckte sie mit Sackleinen zu. Er räumte sogar den Plattenspieler weg und behauptete, daß die Musik die Vögel erschrecke, die Weibchen am Brüten hindere. Tag für Tag erhöhte er die Zahl der Käfige und der Vögel. Zuletzt brachte er auch sein Bett von zu Hause mit, einen Eisenrost mit einer buckligen Matratze aus Maisstroh. »Was wird Mamita sagen?« fragten wir einander, Carlito und ich. »Sie wird ihn davonjagen, wenn sie es erfährt!« Deshalb waren wir fest entschlossen, das Geheimnis zu hüten.

Ich verbrachte immer mehr Stunden dort in dem Zimmer. Mamita und Antònia tadelten mich: »Was machst du die ganze Zeit im Garten? Wieso stinkst du nach Vogeldreck?« Nur Dida sagte nichts, und ich hatte den Eindruck, als sei sie in Wirklichkeit über alles auf dem laufenden, ziehe es aber vor zu schweigen.

Es gab in Ignasis Zimmer Vögel jeder Art. Manche hatten ein geheimniskrämerisches, arrogantes Gehabe, andere zeigten Ordnung und Sorgfalt bei ihrem Tun, wieder andere einen Ausdruck von unverbesserlichem Geiz, manche hatten ein ergebenes, ratloses Aussehen, andere hingegen einen Blick, als wären sie kurzsichtig, und schienen sich unwohl zu fühlen, wenn sie landeten, andere schließlich hatten eine wissende Miene, andere eine spaßige.

Sie hatten Nester aller Arten und Formen: runde, flache, trichterförmige, körbchenförmige, aus Stroh, aus Gras, aus Blättern, aus Lehm. In einem Nest fand ich sogar Bäusche der seltenen und kostbaren hellblauen Watte, die in einer Schatulle Mamitas Ringe schützte und die ich für meine Spiele entwendete. Ich war glücklich, daß die Vögel irgendwo diese Watte gestohlen hatten, es war, als hätten sie ihr

Wesen wiedererweckt. Die Watte in Mamitas Schatulle, viereckig zugeschnitten, dicht und beinahe glänzend, wurde nämlich schier erdrückt unter der Last der Juwelen. Die Vögel, merkte ich, machten alles genauso wie die Menschen: Sie aßen, küßten sich, bauten ihr Nest, fütterten die Kinder, verschwanden mit unbekanntem Ziel, gaben Feste und Empfänge, bluteten. Aber alles mit einer anderen Leichtigkeit und, als wäre es ein Gesetz, dem Schicksal folgend. Warum bin ich nicht auch so? fragte ich mich. Warum bin ich ein Ungeheuer und kein Spatzenweibchen?

Eines Tages gab es im Theater von Ciutat ein Ballett. Mamita und Papito beschlossen, Carlito und mich in die Aufführung mitzunehmen. Da sah ich zum erstenmal ein menschliches Wesen, das den Vögeln glich. »So«, sagte ich zu meinen Eltern, »will ich auch werden.« Papito antwortete: »Nein! Wenn du groß bist, wirst du Bibliothekarin.« Papito wollte nämlich, daß Carlito und ich gebildete Menschen würden. Als er zum Beispiel gemerkt hatte, daß wir gerne Vögel beobachteten, kaufte er uns Bücher und begann, uns die Grundbegriffe der Vogelkunde beizubringen. Wie langweilig! Die Vögel in diesen Büchern wirkten tot, eines besonderen Todes gestorben, den wir noch nicht kannten. Es war kein Blut zu sehen, auch waren sie weder Gespenster geworden, noch hatte man sie aus der Welt entführt wie manche Prinzessinnen, die in den Märchen der *Rondaies mallorquines* vorkamen, hinter einer Wolke, unter Wasser oder in einem Kristallsarg; es war ein Tod, der sich auch von dem der Personen aus dem Fotoalbum unterschied. Sie waren mit fachlicher Genauigkeit gezeichnet, oft waren in oder neben Teilen ihres Körpers in einem kleinen Kreis Zahlen vermerkt. »Sie haben sie in einen Käfig aus Wörtern gesteckt!« sagte ich, sobald ich sie sah. Carlito dagegen sagte nichts: Während Papito die Abbildungen erklärte, blickte er ab und zu sehnsüchtig zum offenen Fenster hinaus. Und einmal konnte er sich nicht beherrschen und rief: »Schaut die zwei Fliegen an, eine auf der anderen!« Aber Papito verjagte sie mit einer Handbewegung, trennte sie.

Eines Tages jedoch brachte Papito dann ein wunderbares Buch mit. Ein kostbares Buch. Carlito und ich durften es nicht anfassen. Es hieß »Inkunabel«. Nur Papito durfte die Seiten umblättern. Sie zeigten Amphibienwesen, halb Mensch, halb Vogel. »So«, sagte er, »stellten sich die Bewohner des Mittelalters die Wesen vor, die die andere Hemisphäre bevölkerten.«

Auf diesen Bildern schienen sich die wunderlichen Merkmale der Menschen und der Tiere gegenseitig zu verstärken. Die Kleidung der Menschen, zum Beispiel, die auf ihre gesellschaftliche Stellung und ihren Beruf hinwies, ihre Embleme und Ornamente wirkten irgendwie unangebracht und lächerlich oder im Gegenteil mit verborgenen Bedeutungen aufgeladen. Die übertriebenen Formen der Schnäbel und Hälse der Vögel wirkten wie Launen, Irrtümer oder Exzesse der Natur. Manche Federkrausen dagegen erinnerten an Pelzkragen und machten den Ausdruck der Augen noch ratloser, wie versunken in mühevolle Denkarbeit; manche Hälse, so lang, daß sie wie Destillierkolben oder Darmstücke aussahen, ließen die dunkle Mühe der Verdauung von Speisebrei und der Hervorbringung von Lebensgeistern oder -dünsten erahnen, denn die Gesichter verrieten eine langsame und schmerzliche Anstrengung, ein Gefühl dumpfer Reifung. Unten

an den Körpern fanden sich oft Schweinsfüße oder Pferdehufe, die einen zu blindem Töten und Wühlen in den Eingeweiden der Erde geeignet, die anderen dazu, dem rasenden Tempo der Welt nachzujagen. Diese Wesen schienen nicht nur anderswo zu leben, sondern auch anderem zugewandt, unbekannten Wunderdingen und Greueln, unterschiedlichem Stumpfsinn und anderer Intelligenz. Es hatte nichts zu tun mit den Darstellungen von Engeln und Teufeln – zu lebhaft waren die Farben und zu gemischt; es war eher, als lebten sie außerhalb der Domänen von Gut und Böse, in einem verträumten Reich, wo jedes Urteil aufgehoben war.
Nach diesem Bestiarium zeigte uns Papito ein anderes Buch, einige Jahrhunderte später entstanden, in dem Zeichner und Schriftsteller, die bei den spanischen Expeditionen in die Neue Welt dabei waren, nicht etwa wie ihre alten Kollegen, als sie sich die Bewohner der anderen Hemisphäre vorstellten, ihrer Phantasie freien Lauf gelassen, sondern diese so naturgetreu wie möglich dargestellt hatten. »Die Wilden«, kommentierte ich, als ich die Bilder betrachtete, »waren bestimmt intelligenter als wir.« Denn unsere alten Vogelzeichner hatten die Hälse, Schnäbel und Krallen nur gemalt, während die Wilden den Vögeln die Federn genommen und sie sich auf den Kopf gesteckt hatten. Was aber war ein Vogel ohne Federn?
Papito lächelte beifällig, fügte aber hinzu: »Du vergißt, daß sich ja alle unsere alten Meister die Engel mit Flügeln aus Federn vorgestellt haben!« Doch ich erwiderte: »Die Engel sind eine Täuschung, weil wir nicht fliegen können! Die Wilden dagegen haben sich die Federn an den Kopf gesteckt wie ein Zeichen, als wollten sie sagen: Wir würden gern fliegen, aber wir können es nicht, und wir wollen

nicht so tun, als ob.« Papito schwieg betroffen. »Siehst du«, beharrte ich, »was für finstere, strenge Gesichter sie haben! Nicht wie die Engel, die immer so töricht lächeln.« Und auch mein Gesicht wurde finster und streng. Ich schlug die Augen nieder und dachte: Ich will nicht den Himmel betrachten, sondern das Kornfeld.

Dennoch verbrachte ich weiterhin viele Stunden bei den Vögeln. Sie faszinierten mich sogar so sehr, daß mir alle Menschen im Haus in Vogelgestalt oder als halb von der einen, halb von der anderen Art erschienen. Mamita war eine Taube oder ein Paradiesvogelweibchen; Papito eine spaßige Schwarzdrossel oder ein Pinguin, weil er häufig einen Frack trug, oder auch ein trauriger Mönchsgeier, weil es manchmal schien, als nährte er sich von Aas – es war, als sei ihm schon alles geschehen, als seien die Lebenden, die ihn umgaben, für ihn nur Leichen und Gespenster; Consol und Serafina, Didas Nichten, waren zwei Mandarinenten, Dida selbst eine große Perlhuhnglucke; Carlito ein mißgebildeter, lahmer, krächzender Spatz; Anita begann, ein Hühnchen zu werden. Vergeblich suchte ich unter den Wesen, die mich umgaben, nach einer Lerche. Was mich anging, so kam es mir vor, als würde ich noch unglücklicher als Carlito: ein Affe mit Engelsflügeln. Nicht, daß sich mein Körper verwandelt hätte, doch es war, als gelänge es mir nicht mehr, mit den Füßen auf dem Boden zu bleiben. Nicht, daß ich geflogen wäre, ich war vielmehr ein Vogel, der auf einem Baum hockte.

Die Sache mit den Bäumen begann so: Ich hockte mich gern auf die Fersen wie die Zigeuner im Hafenviertel von Ciutat, wenn sie sich ausruhten, nachdem sie den ganzen Tag gebettelt oder gestohlen hatten. Von dieser Stellung zum Hocken auf Bäumen überzugehen war leicht. Der einzige Unterschied zwischen den Zigeunern und mir als Vogelweibchen war dieser: Die Zigeuner hockten eigensinnig unten in einer unbekannten Welt, während ich oben hockte, über ihnen. Hätte ich aber eines Tages zwischen diesen beiden Welten wählen müssen, wäre ich bestimmt lieber von den Zigeunern entführt worden als von den Vögeln. Aus der Unterwelt der Zigeuner konnte man nämlich fliehen, um in die normale Welt – oder was ich damals dafür hielt – zurückzukehren; bei den Vögeln wäre nichts zu machen gewesen: Ich wäre in anderen, fernen Welten gelandet, wollte mich aber nicht für immer von meiner Welt trennen.

Ich hockte also auf dem Baum und bemühte mich, immer tiefer hinunterzuschauen.

Manchmal begnügte ich mich mit der bloßen Vorstellung, auf einem Baum zu hocken, dabei saß oder stand ich wie alle anderen. Und niemand, der mich sah, hätte je vermutet, daß ich in Wirklichkeit auf meinem Baum hockte. Andere Male stellte ich es mir nur halb vor: Ich setzte mich nämlich gern auf einen höheren Platz als die anderen, auf einen Tisch, auf die Lehne eines Sessels, auf ein Faß, oben auf eine Treppe; und innerlich fühlte ich mich dort als Vogelweibchen. Alle machten mir Vorwürfe wegen dieser Manie, gewissermaßen auf den Gipfel der Dinge zu steigen. Doch es genügte, daß jemand zu mir sagte: »Komm und gib mir einen Kuß!«, schon hastete ich von meiner Stange hinunter.

Viel öfter aber stieg ich tatsächlich auf die Bäume. Im Garten gab es viele, auf denen man sitzen konnte. Ich war sehr geschickt im Klettern, im Gegensatz zu dem, was dieser Dummkopf von Pedrón dachte.

Nachdem ich einmal lange auf einem Baum gehockt hatte, zog ich mir den Schlüpfer aus und kackte hinunter. Warum hätte ich es nicht tun sollen, wenn ich doch ein Vogelweibchen war!

»Wer kackt in den Garten?« fragte mich Dida eines Tages und sah mir dabei fest in die Augen.

»Es werden wohl«, sagte ich schamlos, ihren Blick erwidernd, »die Bauernbuben oder Zigeunerkinder gewesen sein.« Dida wurde rot im Gesicht, und es schien sie große Anstrengungen zu kosten, mich nicht zu schlagen.

Nach dieser Antwort, diesem Verrat, begriff ich, daß ich mir selbst nicht trauen konnte. Ich begann, mich zu verachten. Ich sagte von mir: *»M'he tornat folla!«*[3]

Der Vorfall mit Dida verleidete mir den Umgang mit den Vögeln für immer. Doch trugen sicherlich noch zwei weitere Begebenheiten dazu bei, den Abstand zu vergrößern. Die zweite war die Entdeckung, daß es schreckliche mechanische Vögel namens *Condor*, *Falken* und *Fledermäuse von Les Illes* gab.

Jeden Morgen flogen sie dröhnend über das Haus, um Valencia zu bombardieren. Ich will kein Vogel werden, dachte ich. Das also passiert den Menschen, wenn sie Vögel werden wollen! Sie kacken Scheiße und Bomben! Und lügen! Denn die Großmutter hatte zu mir gesagt: »Wenn sie dir schöne Dinge über den Krieg erzählen, lügen sie!«

Der dritte Grund war folgender: Ignasi wurde aus dem Haus gejagt.

Seine Frau war schon mehrmals heimlich zu Unterredungen mit den Dienstboten in die Küche gekommen und dann hinauf ins Zimmer zu Mamita. Sie wolle ihren Mann

3 Ich bin verrückt geworden!

zurück, sagte sie. *»S'ha tornat foll!«*[4] rief sie, die Arme hebend. Ohne recht zu verstehen, hörte ich von gewissen Abmachungen mit Papito, mit der Señora von Son Batle, mit dem Erzbischof. Papito und Mamita beharrten darauf, daß es nicht möglich sei, Ignasi fortzuschicken. Doch Ignasis Frau drohte, sie werde der Hausbesitzerin schreiben. »Ich werde ihr schreiben«, sagte sie, »daß die Vögel sogar auf die Schallplatten kacken!« Mamita wußte nicht, was sie tun sollte. Sie stand da, auf ihren hohen Absätzen, bot auch Ignasis Frau keinen Stuhl an und suchte nach Ausflüchten. Abends sprach sie stundenlang mit Papito darüber; auch Papito wich aus.

Ernst wurde die Lage jedoch, als Ignasi sagte, wenn sie ihn fortjagten, würde er das Haus anzünden. Da bildeten sich zwei Parteien. Eine, die sagte: »Ignasi ist verrückt geworden!« Und eine, die sagte: »Seine Frau ist böse. Warum läßt sie ihn nicht in Frieden?«

Eines Morgens standen dann alle Käfige und die Zimmertür offen. Und draußen im Garten lag der Maisstrohsack, verbrannt. Ignasi war geflüchtet, mitsamt seinen Vögeln.

Man fand ihn, nachdem man einige Tage die Sierra durchstreift hatte, im Fieberwahn. Seine Frau holte ihn zu sich nach Hause, um ihn zu pflegen.

Das Zimmer wurde abgeschlossen. Nach und nach verkam es zur Abstellkammer. Carlito holte sich einige Käfige ins Gewächshaus und begann, Spatzen zu züchten. Er wirkte wie ein kleiner alter Mann. Seine hartnäckigen Flugversuche hatte er aufgegeben, er beschränkte sich darauf, die Spatzen zu füttern und die Käfige zu säubern. Und Papito lehrte ihn ernsthafte Spiele wie Dame und Schach.

4 Er ist verrückt geworden!

Ich wiederum hockte mich nicht mehr glücklich und plump auf die Bäume und tat, als wäre ich ein Vogelweibchen. Nur wenn ich verzweifelt war, ahmte ich den Ruf des Käuzchens nach und erfüllte die Welt mit »Schuhu!« und »Urruu!«.

Manchmal überraschte ich mich im Spiegel, und mir war, als sähe ich aus wie betäubt, wie jemand, der sich noch nicht von einem Knüppelschlag erholt hat. Du Arme! dachte ich. Oder mir schien, als hätte ich ein geheimnisvolles, törichtes Lächeln wie ein Engel. Was für eine Täuschung! dachte ich. Dann ließ ich die Haare über die Augen fallen, und in diesen schwarzen Mantel gehüllt, kniff ich fest die Lider zusammen, bis die Farben explodierten und um mich herumflogen wie Schwärme von Vögeln.

Die Geschichte des Kindes aus Guernica

Die Küchentür ging nach hinten hinaus, und sie war wirklich wie das Arschloch des Hauses.
»Wischst du dir den Arsch ab?« fragte ich Paco, dort vor der Tür sitzend, wo ich ihn manchmal sehen konnte.
»Ja«, sagte Paco, »mit Zeitungspapier oder einem Feigenblatt. Aber besser ist ein Weinblatt, das kratzt nicht.«
»Ich«, sagte ich zu ihm, »muß ihn mir mit Wasser und Seife waschen. Dida würde ja ein Auge zudrücken, aber Mamita schimpft, wenn sie erfährt, daß ich ihn mir nicht gewaschen habe.«
Paco fing an zu lachen. »Na hör mal, um es so zu machen wie du«, sagte er, »müßte ich jedesmal Wasser am Brunnen holen, wenn ich kacke!«
»Welche Farbe hat deine Scheiße?« fragte ich ihn.
»Welche Farbe soll sie schon haben!« sagte Paco. »Eine Scheißfarbe!«
»Bei meiner«, sagte ich, »schauen sie immer nach der Farbe. Sie passen auf, ob sie grün, braun oder gelb ist. Und weißt du, daß es auch weiße Scheiße gibt?«
»Ich«, sagte Paco, »ich werfe, wenn ich was gemacht habe, von weitem einen schönen Stein drauf, der macht platsch!«
Doch wie schon erwähnt, waren unsere Unterhaltungen selten. Denn Mamita ließ Paco jedesmal fortjagen, sie wollte nicht, daß ich Umgang pflegte mit dem Enkel der

Madona[1], der Wächterin unserer *finca*[2]. Er kam trotzdem heimlich, und wenn er mich nicht antraf, legte er mir immer auf unseren Stein unter einem Eibischstrauch ein Geschenk: ein Stückchen Schwarzbrot mit Öl und Knoblauch, in Ölpapier gewickelt – er wußte nämlich, daß ich das gern mochte und zu Hause nicht bekam; oder ein paar Walnüsse; oder eine Eidechse in einem kleinen Käfig. Als Gegengabe wollte er von mir nur Stifte und vor allem Kreide (als ich einmal in seinen Hof ging und sah, daß alle Mauern rosa, gelb und rot bemalt und vollgekritzelt waren, freute ich mich darüber, ich weiß nicht, warum). Er wollte keine Spielsachen, damit könne er nichts anfangen, sagte er; er wollte keine Bonbons, die schmeckten ihm nicht besonders, sagte er, und zuletzt finde er sie immer voller Ameisen oder von der Sonne geschmolzen.

Paco und ich stahlen uns Blicke und Gespräche, in aller Heimlichkeit. Deshalb war der Platz hinter der Küche für uns ein Ort des Stehlens.

Hier wurden jedoch auch die Truthähne, die Hühner, die Gänse, die Tauben und die Kaninchen getötet. Das Schwein dagegen wurde weiter weg geschlachtet, im Hof der *Madona*, sein Blut aber wurde hier in einem Kessel gekocht. Und die blutigen Tücher wurden dann lange in großen weißen Bottichen eingeweicht, die im Schatten standen. Hierher kamen die Bauern aus der Umgebung, um sich von Dida verbinden zu lassen. Deshalb war es auch ein Ort des Blutes.

Hier verteilte Dida am letzten Freitag des Monats die Almosen gerecht unter den Bettlern. Von hier wurden die

1 Verwalterin
2 Gutshof

Dienstboten weggejagt, die stahlen oder ungehorsam waren. Hier schlichtete Dida, auf einem Stück Sackleinen sitzend, Streitereien unter den Dienstboten. Hier wurden nach den Empfängen die Trinkgelder aufgeteilt. Deshalb war es ein Ort der Gerechtigkeit.

Hier wurde in verschiedenen Tonnen der Müll gesammelt. Hier wurde in großen Eimern das Futter für die verschiedenen Tiere aufbewahrt. Hier wurden Mamitas und Papitos Schlüpfer zum Trocknen aufgehängt, auch die von Pedrón, die stets aus Wolle waren – weil er, sagte er, Rükkenschmerzen hatte –, und die von Dida, die so groß und weit waren wie die von der Karnevalskönigin. Deshalb war es auch ein Ort der Wahrheit.

Hier kam jeden Monat ein Mönch aus dem Kloster von Andratx auf seinem Bettelgang vorbei. Er brachte immer ein Kind mit, das einen kleineren Sack auf der Schulter trug. Sie kamen stets am gleichen Wochentag, und alle Leute aus der Küche warteten sehnsüchtig auf sie. An diesen Vormittagen gab es kein Spiel, das mich davon abhalten konnte, in die Küche zu gehen.

Der Mönch hob sich unser Haus als letztes auf; bei uns aß er, bei uns ruhte er sich unter dem Johannisbrotbaum aus, und derweil unterhielt er uns mit seinen Geschichten, bis er mit einem Fuhrmann nach Inca zurückkehrte.

Der Mönch hieß Geronimo. »Warum hast du dir diesen häßlichen Namen zugelegt, als du Mönch geworden bist?« fragte Antònia ihn einmal. »Wäre es nicht besser gewesen, du hättest dich Juliano oder Alonso oder Jaime genannt wie der König?«

»Obwohl ich dem Franziskanerorden angehöre«, antwortete der Mönch, »habe ich diesen Namen gewählt, weil ihn ein guter Jesuit trug, der auf Mallorca geboren wurde

und eben Geronimo Moranta hieß. Eines Tages ging er nach Amerika und wurde alsbald von den Quepeiganos-Indianern ermordet; es war der 19. November 1616 ... Besser«, fügte er hinzu, »ein von den Heiden getöteter Jesuit als ein Jesuit, der mit dem Schwert gesiegt hat!« Dann murmelte er noch leise und verschlagen: »Jedenfalls ist ein toter Jesuit immer besser als ein lebender Jesuit!«
»Du ißt so gern«, hänselte ihn Antònia. »Ich bin sicher, daß dir noch viele andere Sachen gefallen, die ich nicht sage! Warum bist du bloß Mönch geworden?«
Und eines Tages gab er ihr die Antwort und erzählte uns seine Geschichte. »Mit acht Jahren«, sagte er, »begann ich, zusammen mit meinem Vater als Glasbläser in einer Fabrik meiner Heimatstadt Guernica zu arbeiten. Wir machten Kelche für die Kirchen, Karaffen für das geweihte Öl und den Meßwein, Sanduhren – für diese empfindlichen Gegenstände war der Atem von Kindern am geeignetsten. Aber ihr könnt euch nicht vorstellen, welche Hölle diese Fabrik war, nur Feuer, Wind und Schweiß!
Mit fünfzehn fing ich an, mich in alle Frauen zu verlieben. Doch die erwachsenen Frauen wollten Geld von mir, was ich nicht hatte, und die jungen sagten: ›Ja, wenn du Briefträger oder Polizist wärst, dann würde ich dich heiraten!‹ In einem Frühling geschah mir etwas Schreckliches. Ich verliebte mich in eine Nachbarin, die zum Wäschewaschen an unseren Brunnen kam. Sie war viel älter als ich, hatte sechs Kinder, aber ihr könnt euch nicht vorstellen, wie schön sie war! Sie hatte zwei blonde Zöpfe, siebenmal um den Kopf gelegt. Diese Zöpfe waren ihr einziger Schmuck. Sie kleidete sich schlicht, und ihre Augen blickten stolz, aber müde. Ich war verzweifelt, wenn sie mich ansah, denn es kam mir vor, als betrachtete sie mich wie einen Sohn.

Ich brachte ihr, wenn sie zum Brunnen kam, Äpfel, Mandeln, sogar Orangen und Nougat; sie nahm die Sachen, hielt sie für Geschenke für ihre Rotznasen, verteilte sie sogleich unter ihnen und bedankte sich. ›Warum‹, sagte sie zu mir, ›verzichtest du ihretwegen, du bist doch selbst noch ein Kind!‹ Ich konnte ihr meine Gefühle nicht begreiflich machen. Eines Tages, es war Ostern, empfand ich innerlich großen Wagemut und beschloß, alles auf eine Karte zu setzen. Ich hätte ihr gern bei einem Goldschmied ein goldenes Herz zum Um-den-Hals-Hängen machen lassen, aber dafür hätten meine Ersparnisse nie gereicht; deshalb kaufte ich ihr nur ein rotes Samtherzchen. Verstohlen drückte ich es ihr in die Hand und sagte ihr ins Ohr ... ich fand den Mut, ihr ins Ohr zu flüstern: ›Das ist nicht für die Kinder!‹ Sie wurde glühend rot im Gesicht. Als ich sie nach den Feiertagen wiedersah, war sie bleich und streng, und ihre Augen blickten noch stolzer und noch trauriger. ›Komm‹, sagte sie zu mir, ›begleite mich zum Wäscheaufhängen.‹ Und sie führte mich hinter die Brombeersträucher, über die sie die nassen Sachen breitete. Aufrecht stand sie vor mir, hatte den Korb auf der Erde abgestellt. Dann plötzlich blickte sie sich rasch um, knöpfte sich mit einer entschiedenen Geste das Leibchen auf und zeigte mir ihre nackte Brust: voller Wunden, vom Krebs zerfressen! Während sie sich wieder zuknöpfte, schlug sie die Augen nieder. Ich flüchtete über die Felder. Und ich, der nie zur Messe ging, ich konnte nicht anders, ich mußte einen Beichtvater aufsuchen. Dieser rief, ein Wunder sei geschehen, er sagte mir, meine Geschichte gleiche ganz der von Pater Ramon Llull. Dieser Ramon Llull war nämlich verheiratet mit der edlen Blanca Picagny und Haushofmeister im Palast des Königs Jakob II. Da er sich wahnsinnig in eine Frau verliebt hatte, die seine Gefühle nicht zu begreifen schien, ritt er eines Tages, um ihr seine unbändige Liebe zu beweisen, voller Kühnheit und Dreistigkeit mit seinem Pferd in die Kirche Santa Eulalia hinein, entschlossen, der Dame zu folgen; er saß nicht ab, um das Knie zu beugen, und ließ auch sein Reittier nicht in die Knie gehen. Sein empörendes Verhalten erregte die Aufmerksamkeit der Dame, die ihn in ihren Palast bestellte und sich vor ihm entblößte, wie die Frau es mit mir gemacht hatte; ihm bot sich das gleiche Schauspiel, während sie zu ihm sagte: ›*Mira lo que amas …*‹[3]

Aber ich war ja damals noch ein junger Mann voller Kraft und Leben, und dieser tragische Vorfall wäre an sich nicht ausschlaggebend gewesen, wäre da nicht noch etwas anderes hinzugekommen. Ich war gerade achtzehn geworden, als ich begann, Blut zu spucken: Zu lange und mit zuviel Eifer hatte ich als Glasbläser gearbeitet. Vielleicht hatten auch das Blut und die Verwesung, die ich an jenem Busen gesehen hatte, nicht nur meine Seele, sondern auch meinen Körper angegriffen … Kurzum, ich beschloß, Franziskaner zu werden.«

»Wieviel Geschwätz du erfindest!« empörte sich Dida, wenn er seine Erzählungen beendete. »Schämst du dich nicht über deine Geschichten? Lauter böse Träume, die dich nachts heimsuchen!« Und sie tat, als ginge sie entrüstet davon. Unter dem Vorwand, ein Tuch oder einen Eimer zu holen, kam sie jedoch gleich zurück. Antònia dagegen machte sich darüber lustig. »Dida hat ganz recht«, sagte sie, »die Wahrheit ist, daß du Mönch geworden bist, weil du keine Lust zum Arbeiten hattest!«

3 Sieh, was du liebst …

»*Por Nuestra Señora de la teta*[4], ich schwöre, es ist die Wahrheit«, antwortete der Mönch und tat so, als würde er anfangen zu weinen.
»Ich habe dich«, neckte Antònia ihn weiter, »vor Nuestra Señora de la teta an der Außenseite der Kirche des heiligen Franziskus knien gesehen, aber, die Jungfrau verzeihe mir das, was ich sage, deine Augen hatten nicht den Blick eines Betenden!«
Alle Anwesenden feixten; der Mönch verbarg seinen Kopf eine Weile in den Händen. Es war nicht auszumachen, ob er weinte oder lachte.
Neben ihm saß das Kind, wie ein Mönch gekleidet, und ließ keinen Augenblick lang den Zipfel seiner Kutte los. Wenn jemand versuchte, es am Arm zu packen und fortzuziehen, klammerte es sich noch fester an Geronimo. Es war bildschön: dichte krause Locken, braune Haut, zarte Gesichtszüge, volle Lippen, große, stets weit geöffnete Augen, deren Farbe zwischen Grün und Grau schwankte; und es war auch mit Grübchen übersät, die allen Lust machten, es anzufassen, was es so sehr beunruhigte. Es sah aus wie eine Putte, aber verblödet. Es mochte fünf oder sechs Jahre alt sein. Es war stumm.
Dida reichte ihm Zuckermandeln, Kuchenstücke, Gläser mit Limonade. Es nahm aber nichts direkt von ihr an; es wandte sich an den Mönch und wartete, bis der ihm die Sachen anbot.
Nur aus seinen Händen nahm es dann die Gaben an. Es schien zu fürchten, man wolle es im Tausch mit jenen Leckerbissen von dem Mönch trennen und auch von seinen geheimen Gedanken.

4 Bei Unsrer Lieben Frau vom Busen

»Erzähl uns die Geschichte des *nin*[5]«, forderte Dida Pater Geronimo oft auf.

Der *nin* schmiegte sich an den Mönch und riß die Augen noch weiter auf. Man merkte, daß seine Aufmerksamkeit sehr wach war.

Eines Tages dann erzählte der Pater seine Geschichte und die des Kindes genau. »Ihr müßt wissen«, begann er, »daß unser Orden und die religiösen Orden im allgemeinen die Mönche, die gerade erst ihr Gelübde abgelegt haben, und vor allem die jüngeren, gern weit weg von ihrer Heimat schicken, um ihre Charakterstärke auf die Probe zu stellen und zu verhindern, daß Verwandte oder Freunde sie in Versuchung führen. Kaum hatte ich also – mit zwanzig – das Gelübde abgelegt, schickten sie mich hierher auf diese schöne Insel, wo ich geblieben bin, ohne je nach Guernica zurückzukehren, vierzig Jahre lang. Auch weil ich, da ich ein armer, wenig einflußreicher Pater bin, nie genug Geld dafür gehabt habe. Doch letztes Jahr erfaßte mich eine unheilbare Melancholie. Weder Gebete noch Nachtwachen noch die erlesenen Bissen, die der Pater Koch heimlich für mich aufhob, konnten sie kurieren. So erfüllten mir meine Oberen meinen Wunsch, nach Guernica zurückzukehren. Da war jedoch die Schiffsblockade. Ich reiste mit einem Kriegsschiff ab, als Soldat verkleidet, und dann wechselte ich erneut das Gewand und legte Zivilkleidung an. Ich mußte ganz Spanien durchqueren und wußte, daß manche Uniformen und jede Art Kutte nicht gern gesehen waren in einigen Teilen des Landes …«

»Schöne Ausrede«, unterbrach ihn Antònia, »um alle Tavernen und Freudenhäuser zu besuchen, was, du Schuft!«

5 Jungen

Der Mönch lachte, erwiderte aber nichts. Und er fuhr so mit seiner Geschichte fort: »Ich kam nachts in Guernica an, und obgleich ich von der Reise erschöpft war, wollte ich mich nicht gleich ins Kloster zurückziehen, sondern machte lieber noch eine Runde durch die Stadt. Ihr werdet es nicht glauben, aber ich ging und küßte die Mauern meines Hauses, die Ecken des Platzes, auf dem ich als Kind gespielt hatte, ja sogar das Fabriktor. Alles fand ich wieder. Plötzlich folgte mir ein Hund durch die menschenleeren Straßen. Er ließ sich nicht abschütteln. Winselte kläglich. Ich blieb stehen, um nachzusehen, ob er verletzt war. Ich tastete ihm Hals, Bauch und Beine ab, steckte ihm sogar die Hand ins Maul, um festzustellen, ob er dort blutete; er hatte keine Spur von Verletzung. Trotzdem folgte er mir weiter, immer noch jaulend. Vielleicht, dachte ich, ist er hungrig! Ich hatte nichts für ihn. Doch schien mir sein Klagelaut nicht vom Hunger herzurühren, sondern klang eher wie etwas, das aus mir selbst kam. Da ich den Jammer nicht mehr ertrug, gab ich dem Hund, bevor ich um die Ecke bog, einen Tritt und fing fast an zu laufen. Er aber folgte mir unbeirrt. Ich leistete keinen Widerstand.
Ich hatte in Guernica keine Verwandten mehr, sie waren entweder gestorben oder weggezogen. Im Kloster erwarteten sie mich jedoch, trotzdem wollte ich meine nächtliche Wanderung noch fortsetzen. Gott verzeih mir, dreimal ging ich an den Ort, wo sich die Frau, die ich liebte, entblößt hatte, um mir den Willen Gottes zu zeigen und mir das wahre Gesetz der Welt begreiflich zu machen; dreimal, wie ein Mörder, der an den Ort des Verbrechens zurückkehrt. Gott verzeih mir das, was ich sage, aber es war wirklich ein Ort des Verbrechens, und jenes Verbrechen hatte Gott persönlich begangen. Die Brombeersträucher

gab es nicht mehr, die Stadt hatte sich auch in diese Richtung ausgebreitet; an jener Stelle, die nun ein freier Platz war, hatte man schon angefangen, Holzbaracken zu errichten, vielleicht Lagerhallen, an denen frische Tannenstämme lehnten. Ich bekam Sehnsucht nach den Wäldern über Guernica, wo ich am Sonntag mit meinen Freunden Pilze oder Schnecken suchen ging, und mit den giftigen machten wir eine Pilzschlacht und bewarfen uns gegenseitig damit. Mir fiel ein, daß mein bester Freund und ich einmal umarmt im Moos eingeschlafen waren und daß uns die Raben geweckt hatten, vielleicht neugierig geworden durch unsere ungewöhnliche Präsenz, oder eher, weil sie uns für Aas gehalten hatten. Morgen werde ich zum Wald hinaufgehen, dachte ich. Und von diesem Gedanken getröstet, machte ich mich ins Zentrum der Stadt auf. Ich entsann mich, daß es früher in der Nähe des Bahnhofs Kneipen gegeben hatte, die frühmorgens öffneten für die Arbeiter, die von der Nachtschicht kamen. Ich fand eine; sie war voller Leute. Die Arbeiter aßen nichts, sie tranken Kaffee und redeten, als hielten sie eine Versammlung ab. Ich verspürte großen Hunger. Der Hund war mir bis hinein gefolgt, hatte aber drinnen sofort zu winseln aufgehört, wahrscheinlich weil er fürchtete, verjagt zu werden, oder weil seine Klage nur mir galt, so als wäre es ein intimes Geheimnis. Ich bestellte einen Krug Wein, wie als junger Bursche, und eine große *tortilla*. Dann ließ ich mir Sardinen aus Santander und Käse aus den Pyrenäen bringen; seit beinah vierzig Jahren hatte ich das nicht mehr gegessen ...«

»Da ist jeder Vorwand recht!« scherzte Antònia.

»Apropos, wann wird denn gegessen?« fragte der Pater.

»Bald«, sagte Francesca. »Sobald Pedrón die Herrschaft bedient hat.«

»Und was gibt es?« hakte der Pater nach.
»Die Herrschaft«, sagte Francesca, »ißt italienische Minestrone und Kalbsschnitzel mit Kartoffelpüree. Aber für Euch habe ich etwas Besonderes gekocht. Ich weiß genau, was Euch schmeckt. Es ist aber eine Überraschung. Ich verrate Euch nichts.«
»Gib mir ein paar Oliven und etwas Wein, vor lauter Erzählen ist mir die Kehle ausgetrocknet. Dabei brauche ich jetzt meinen ganzen Atem. Dieser letzte Teil der Geschichte müßte von Zimbeln und Trompeten begleitet werden!«
Er ließ den *nin* einen Schluck Wein trinken, kippte das Glas auf einen Zug und fuhr dann fort: »Es war Mittag, und ich war immer noch auf Straßen und Plätzen unterwegs und konnte mich nicht entschließen, das Kloster aufzusuchen. Ich kam mir vor wie ein Junge, der die Schule schwänzt. Nun gut, ich schwöre euch, wenn sich mir die Gelegenheit geboten hätte, hätte ich eine große Verrücktheit begangen! Fragt mich nicht, welcher Art … jeglicher Art! Ich fühlte mich wirklich wie ein Junge, als wäre ich kaum dreizehn, vierzehn und als wäre die seitdem vergangene Zeit ein Traum oder Alptraum gewesen. Ich trank an einem Brunnen, hielt die Hand unter das laufende Wasser und dachte: Diese Jahre sind einfach so vergangen, ich habe nichts festgehalten! Ich gelangte in die Nähe des Hauptplatzes. In der Gasse, bevor ich abbog, streiften mich Laken, die auf einem Balkon zum Trocknen aufgehängt waren. Welches Versprechen dieses Weiß bedeutete! Zum erstenmal trete ich ins Leben ein, dachte ich, während ich auf den Platz ging, wo auf den weißgedeckten Tischchen der Cafés in der Mitte rote Nelken in Kristallkelchen standen. Die Sonne blendete mich, und ich machte ein Spiel daraus, sie mit dem Blick herauszufordern.

Und dann, plötzlich, war es die Hölle! Der Himmel dröhnte. Bei dem Geräusch stockte mir das Blut; ich kannte es gut, dieses Geräusch. Alle kennen es gut auf Mallorca. Es waren aber nicht ein, zwei Flugzeuge, auch kein Fünfer-Geschwader. Es waren Hunderte, sie verdunkelten den Himmel, glänzten, spuckten Feuer und Flammen. Ich wußte nicht, sollte ich davonlaufen oder mich auf den Boden werfen oder auch in die Hocke gehen und mein Gesicht mit den Händen bedecken. Aber nein, sagte ich mir. Ich will Gott ins Antlitz sehen! Und ich blieb stehen, die Augen zum Himmel gewandt …«

»Du fluchst ja, Mönch!« rief Dida.

»Laß mich berichten«, sagte der Mönch und schenkte sich aus der Karaffe noch ein Glas Wein ein. Pedrón erschien einen Augenblick auf der Schwelle zur Küche, in der Hand die Silberplatte mit dem Püree und den Kalbsschnitzeln. Mit einer seiner gewohnten raschen Bewegungen eines Possenreißers tippte er sich mit dem Finger an die Stirn, als wollte er sagen: »Der spinnt!« Und mit einer Pirouette verschwand er im Innern. Zum Glück hatte Dida nichts bemerkt.

»Die Stadt war ein Haufen Trümmer, Blut, Jammer; sie glich wirklich der Brust, die mir die Frau damals gezeigt hatte! Ganz Wunden und Verwesung.

Ich aber war lebendig, und wie die anderen, unversehrt gebliebenen Menschen irrte ich drei Tage lang durch die Ruinen, um Verletzten und Sterbenden beizustehen. Ich fand den *nin* auf einem kleinen Platz unter einem entwurzelten Baum. Er schien zu schlafen, dabei lag er im Koma, schwer verletzt; und fast, als wollte er sich über ihn lustig machen, war ein Ball in seiner Armbeuge gelandet … Unser Kloster war vor der Stadt, deshalb wurde es nicht zer-

stört. Dorthin brachte ich den *nin*. Wir pflegten ihn drei Monate. Und hier ist er nun.
Glaubt ihr, er sei schwachsinnig? Kein bißchen. Er versteht alles und hört alles, nur sprechen tut er nicht. Doch ihr werdet sehen, nach und nach bringe ich es ihm bei. Er spricht nicht, wißt ihr, aber nicht wegen der Angst, die er hatte, sondern mehr wegen der Greuel, die er, wenn er redete, der Welt erzählen müßte!«
Diese Geschichte rührte alle, auch wenn sie dem Mönch in Wahrheit nicht glaubten, obwohl das als Mönchlein gekleidete, elternlose, stumme Kind doch dort vor ihnen saß; es war aber nicht gesagt, daß es wirklich aus Guernica stammte.
»Und seine Eltern, Mönch?« fragte Dida mitleidig.
Das Kind hielt den Kopf in der Kutte des Paters verborgen, der sich einen Finger auf den Mund legte, wie um zu sagen »Still!«, und dann fortfuhr: »Unser Kloster in Guernica sucht sie noch, und auch in Toulouse und Perpignan suchen unsere Brüder nach ihnen. Gewiß werden wir sie bald ausfindig machen, und er wird zu seiner Mama zurückkehren können« – und mit einer Hand streichelte er die Locken des Kindes, während er mit der anderen, nachdem er uns zugezwinkert hatte, zweimal in der Luft das Kreuz schlug.
»Sie sind tot!« flüsterte Paco mir ins Ohr.
»Was für schöne Locken dieser *nin* hat«, sagte Dida und streichelte ihn.
»Wunderschön«, sagte Antònia, die so gern zum Friseur ging und sich immer Dauerwellen machen ließ, »am liebsten würde ich sie ihm klauen!«
Um den Gedanken an diese toten Eltern zu vertreiben, konzentrierte ich mich auf unsere Locken. Ich hatte eben-

falls welche, und Antònia sagte auch zu mir häufig, sie seien so schön, daß sie sie mir am liebsten klauen würde. Und auch Paco hatte Locken, sie waren aber nicht so weich wie meine, sondern fest und borstig.

»Warum«, flüsterte ich Paco ins Ohr, »wollen uns die Großen immer unsere Locken klauen?«

Die Zahlen

Am Anfang war nicht die Zahl Eins. Oder vielleicht war die Zahl Eins dieses: die Vermischung. Meine Füße, vermeinte ich mich zu erinnern, berührten häufig den Mund, und der Mund setzte sich fort im Sauger des Fläschchens. Schatten und Lichter waren nicht getrennt; der Regenbogen kam später. Die Welt war ein Kaleidoskop. Ordnung und Unordnung entstanden auseinander. Abwesenheit und Anwesenheit waren durch unmerkliche Abstände getrennt, die plötzlich unermeßlich wurden und dann erneut schrumpften. Die Zeit war wie ein Gummiband. Auch die Töne und die Farben waren nicht getrennt: das Rascheln des Pfauenschwanzes war eins mit dem Sich-Öffnen der schillernden Form. Und die Wahrnehmungen vermischend, vernahm ich auch die Töne der Dinge, die ich sah, schmeckte ihren Geschmack, roch ihren Geruch, auch wenn sie keinen hatten, auch wenn sie stumm waren. Ich betrachtete die Dinge oder hörte ihre Töne, an Mamita oder an Dida gelehnt. Wo aber endete Mamita, und wo begann Dida? Meine Arme einten sie zu einem einzigen Körper, ich selbst war mit ihnen eins; es war keine Umarmung, sondern ein Knäuel.

Es war Papito, der mich die Zahlen lehrte. An jenem Abend saßen er und Mamita auf einem Sofa mir gegenüber. Sie hatten ernste Gesichter, tiefe, finstere Augen, so als verbände sie ein düsteres Geheimnis. Vielleicht war Winter; sie trugen dunkle Kleidung. Papitos Uhrkette kam aus der Westentasche und kroch zu einem Knopfloch hinauf wie eine kleine Schlange; Mamitas Brillantring funkelte kalt – so stellte ich mir ihre intimsten Gedanken vor; die seitlichen Armlehnen des Sofas umschlossen ihre Körper wie die Ränder eines Schreins oder der Rahmen eines Bildes; und hinter ihnen an der Wand gab es noch ein Bild, mit Blumen und Früchten, doch war es so nachgedunkelt, daß diese Blumen und Früchte einem nicht gehaltenen Versprechen glichen. Mamitas Augen glänzten unbewegt im Leeren; sie erinnerten an die Glasaugen eines zerschlissenen Tigers von Carlito, dem überall das Sägemehl herausrann. Papitos Augen waren überschattet von einer Sache, die »Krieg« hieß und ihren zärtlichen Ausdruck in die Ferne rückte.

Stand ich oder saß ich? Ich schwankte unsicher zwischen den zwei Haltungen und zwischen zwei Welten, suchte tastend ein Gleichgewicht; ich wußte nicht, ob ich eine Minute später verwundert auf der Erde sitzen würde, von der Niederlage überrascht, oder ob ich fest auf meinen Füßen stehen würde, überrascht vom Sieg. Ich weiß nicht, ich erinnere mich an jenes Schwanken, jene Unsicherheit, als wäre ich auf einem Boot gewesen, einem fliegenden Teppich. Und tatsächlich war ich auf dem *alfombra* im Wohnzimmer, auf dem Teppich, der läuft und fliegt, ganz anders als die *tappeti* und *tappetini*, wie die einfarbigen kleinen Teppiche genannt wurden, die vor Papitos, Carlitos und meinem Bett lagen. In den *alfombra* sank man ein, und das Auge, verloren in jenem Labyrinth aus Farben, konnte sich gar nicht satt sehen. Die Bettvorleger dagegen waren nur dienstbeflissen: plumps, man spürte weiche Wärme unter den nackten Füßen und Schluß. Nun, auf dieser magischen Oberfläche schwankte, zögerte, taumelte ich also und lud die Welt um mich herum mit einem unsicheren kleinen Lachen dazu ein, es mir gleichzutun, herauszutreten aus diesem schrecklichen, starren Bild, das ich vor mir hatte und das eben auch Papito und Mamita enthielt.

»Fangen wir an!« sagte Papito, und, plumps!, fiel ich auf den Teppich oder – falls ich schon saß – fühlte mich darauf festgenagelt und blieb so. Vier Augen, seine und Mamitas, fixierten mich, erschienen mir wie ein einziges großes Auge, das sich gespalten hatte und nach der verlorenen Einheit suchte. Etwas von Amöben und Tentakeln war diesen vier kleinen Pupillen eigen, die zu lächeln schienen und dabei doch so finster waren. Papito hob einen Finger, deutete auf sich selbst und sagte: »Eins.« Dann zeigte er auf Mamita und sagte: »Zwei.« Zuletzt zeigte er auf mich und sagte lachend: »Und drei!«

»Eins, zwei, drei«, wiederholte er mehrmals und lachte, als wäre er eine Maske.

Ich hätte auch lachen sollen, wenn er »Drei!« sagte und mir mit dem Zeigefinger in den Bauch piekste. Statt dessen verdunkelten Tränen meine Augen; ich begriff nämlich, daß sie mich ebenfalls in ein Bild eingefügt hatten und daß ich nicht mehr taumelnd, schwankend, zögernd, schaukelnd aus seinem Rahmen heraustreten konnte.

Was wollen die zwei von mir? fragte ich mich und zeigte damit, daß ich Papitos Lektion gelernt hatte: Daß ich Nummer drei war, daß sie eins und zwei waren, daß ich genausogut nicht dasein könnte, daß ich aber doch da war, und wer weiß, was aus mir werden würde. Denn einmal in die Zahlen eingereiht, *war* ich nicht mehr etwas oder jemand, ich *mußte es werden.*

»Die Kleine ist müde«, sagte Mamita und nahm mich in den Arm. Sie versuchte, mich ein wenig zu wiegen und zu drücken, dann war sie es leid und rief Dida, damit sie mich zu Bett brachte.

Es war Ende Januar, aber die Luft war so mild, daß das Fest im Garten stattfinden konnte. Doch überdeckte den Duft der ersten, vorzeitig erblühten Mimosen der Geruch des Erzbischofs. Er war blau gekleidet, in Seide und Damast, und hatte silberweißes Haar mit gelblichen Reflexen. Er roch nach Vanille und gefülltem Keks. Allen gab er Konfekt, mir dagegen Bittermandelkekse und weiße Zuckerkügelchen, die in himmelblaues Seidenpapier eingewikkelt waren. Als er sie mir hinhielt, sah ich, daß seine Arme dunkel, voller Falten und verhärteter Adern waren. Außerdem ging von dem Seidenpapier derselbe abgestandene Geruch aus wie vom Körper des Bischofs, so als hätten diese Süßigkeiten jahrzehntelang in den Schubladen seiner Sakristei gelegen und als wäre nur die Quintessenz von ihnen übriggeblieben. Vielleicht hatte ich deshalb, als ich ein Stückchen abbiß, den Eindruck, auf Reliquien zu beißen. Die Welt schien kurz davor zu zerfallen, dennoch wirkte der Erzbischof zwischen all dem alten Plunder jung, vielleicht wegen der unerhörten Anmaßung, die sich in seinen kleinen, glänzenden, schwarzen Pupillen ballte. Es war daher richtig, daß in seinen verschrumpelten Armen Carlito lag, der Neugeborene, den der Erzbischof hochhielt, als sei er eine Blume, auch hellblau und selten, frisch jedoch, feucht von Tränen und wimmernd, weil er weder das Salz noch das Wasser gemocht hatte; und die Fäuste hielt er eng an den Körper gedrückt, wie junge Mandeln am Zweig.

»Eins, zwei, drei, vier!« sagte ich und zählte weiter bis zehn. Ich wollte nämlich klarstellen, daß ich schon groß war, wenn ich denn nicht so verhätschelt werden konnte wie Carlito. Das war mir vorher nie gelungen: Die Zahlen, die mir zuweilen wie lästige Insekten vorkamen, bereit, sich auf die Dinge zu setzen, und dann wieder wie freudiges Geklingel, das den Dingen entsprang und ihnen einen Schimmer verlieh – die Fünf war übrigens die schrillste Zahl, fünf waren nämlich die Bälle, mit denen, ohne je einen fallenzulassen, Pacos ältere Schwester gegen die Mauer spielte –, die Zahlen also traten auf einmal aus dem Chaos heraus, in dem sie wie Sterne schweiften, und bildeten eine Ordnung. Ich sagte sie in einem Atemzug auf.
»Ein Wunderkind!« riefen die Herren rund um mich aus, während sie die Finger aus den Westentaschen nahmen, um mich zu berühren. »Sie kann schon bis zehn zählen!« Die Damen dagegen blieben eher unbeeindruckt, Zahlen ließen sie offenbar kalt, und sie beschränkten sich darauf, mir über die Locken zu streicheln, fast als wollten sie mich trösten.
Nach dem Fest aber konnte mich lange Zeit niemand dazu bringen, weiter zu zählen als bis zehn. Wir waren fünf, und fünf waren die noch im Haus verbliebenen Dienstboten. Zwei Kreise, die sich mit Vorsicht berührten. Die Zahlen über zehn waren feindselig, lagen außerhalb von Haus und Garten, beinahe wie Ungeheuer oder mißgebildete Wesen, auf der Lauer. Die Dreizehn war ein niederträchtiger Hinkefuß, man hatte uns Mädchen beigebracht, ihm zu mißtrauen, und wehe, wir hätten uns mit ihm zu Tisch gesetzt! Die Vierzehn war einer der Flieger, die in unserem Hause verkehrten und die ich nicht mochte, weil sie ständig von ihrem »Bombengeschwader« rede-

ten. Die Zwölf war eine arme Frau, die einmal im Monat zu uns zum Betteln kam; wer zwölf Kinder hatte, konnte ja nur arm sein. Die Elf war ein Irrlicht, eins von denen, die neben dem Friedhof flackerten, denn das wahre Feuer war die Zehn. Die Sechzehn war eine einzelne Wolke am Himmel, die angst machte, weil sie das Gewitter der Siebzehn ankündigte. Die Achtzehn war die Familie von Dida, denn sie hatte mir erzählt, daß sich einmal zur *nit de cap d'any*[1] ihre achtzehn Verwandten bei ihr versammelt hatten. Die Neunzehn war Papitos Büro – wohin er jeden Tag in wichtigen Angelegenheiten fuhr und auf der Landstraße den Staub aufwirbelte mit seinem Balilla –, denn er sagte immer, daß ihn neunzehn Kilometer von unserem Zuhause trennten. Nur die Fünfzehn war schön: Sie war Didas Tochter, die so gerne tanzte; sie war nämlich mit fünfzehn von daheim fortgelaufen.

Es war der Freundschaft mit Paco zu verdanken, daß ich die Zehnerschwelle überwand. Paco war drei Jahre älter als ich, und als es passierte, ging er schon seit einigen Monaten zur Schule. Manchmal trug er einen eisernen Ring am Finger. Weil nämlich der Lehrer am ersten Tag der Woche, sobald ein Kind aus der Klasse ein Wort in mallorquinischer Sprache sagte, diesem den Ring an den Finger steckte, und hörte das Kind dann seinerseits einen Klassenkameraden einen mallorquinischen Ausdruck gebrauchen, gab es den Ring gleich weiter und so fort; wer dann am Samstag als letzter den Ring hatte, wurde bestraft.
Nun hatte in jenem Winter Pedrón, um Dünger daraus zu machen, alle trockenen Blätter auf einer der Terrassen an-

1 Silvesternacht

gehäuft. Ich hatte den Haufen entdeckt und vergnügte mich damit, von einer höhergelegenen Terrasse hineinzuspringen. Die unteren Blätter gärten schon, und wenn ich in den Haufen einsank, stieg ein Geruch von Verwesung auf – ganz anders als der süßliche Geruch faulender Blumen –, der mich berauschte und mir neue Flügel verlieh für den nächsten Sprung. Paco saß rittlings auf einem Felsen und kaute ein Süßholzstäbchen – doch es war, wie ich hinterher merkte, gar kein Süßholz, sondern ein getrockneter Fenchelstengel, einer von denen, die Dida in der Schneckensuppe mitkochte.

»Komm«, sagte er. »Bei mir im Heuschober kannst du viel schöner springen.« Damit stand er auf und wartete, daß ich herunterkäme. Er schien nicht im geringsten daran zu zweifeln, daß ich ihm folgen würde. Und in der Tat kroch ich sofort aus dem Blätterhaufen, in dem ich versank, heraus und kletterte achtsam an den Steinen eines Trockenmäuerchens entlang. Paco sah mir zu. Er half mir nicht. Als ich unten ankam, ging er sofort los, und ich lief hinterher.

»Gib mir ein bißchen Süßholz«, sagte ich zu ihm. Und er zog etwas von seinem Fenchel aus der Tasche und hielt es mir hin.

Auf dem ganzen Weg sagte er kein Wort. An den Rändern des letzten Feldes vor dem Haus pflückte er ein paar Knoblauchstengel, und als wir ankamen, nahm er einen Brotlaib, stemmte ihn gegen die Hüfte und schnitt zwei Scheiben ab, würzte sie mit Öl und Salz, legte die Knoblauchstengel darauf, gab mir die eine und behielt die andere für sich. Dann setzten wir uns auf die Stufe vor dem Haus. Paco aß gemächlich, ich gierig. Er trank aus einem Krug und reichte ihn mir.

»Jetzt gehen wir springen«, sagte er. Wir stiegen im Heuschober eine hölzerne Leiter hinauf und sprangen den ganzen Nachmittag ins Heu, und auch Pacos Hündchen sprang mit.

»*Verge Maria!* Ich hab sie gefunden!« So weckte uns die *Madona*.

Wir waren umschlungen im Heu eingeschlafen, in der Mitte das Hündchen, das sich zwischen unseren beiden Bäuchen zusammengerollt hatte. Es dämmerte. Die *Madona* sah im letzten violetten Licht wie eine Menschenfresserin aus. Sie hatte uns den ganzen Nachmittag gesucht. In der Hand hielt sie ein Öllämpchen, das ihr zwischen den Fingern zitterte. Bei ihrem Aufschrei trat auch Dida in den Heuschober, die auf ihrer Suche nach mir bis hierher gekommen war, nachdem sie mich im Garten nirgends gefunden hatte.

Sie tuschelten schnell miteinander, man verstand nichts, die Stimmen prasselten wie Feuerwerksraketen; ein Satz kehrte jedoch immer wieder: »*Que dirà la mestressa?*«[2]

Plötzlich stürzte Dida sich auf mich, wollte mich schlagen; als sie aber sah, daß ich voller Heu war, begann sie erst wütend, dann sacht, mir die Hälmchen aus Kleidern und Haaren zu entfernen. Sie brachten mich ins Haus. Dida setzte mich auf den Tisch, las mir weiter Heu aus den Haaren und kämmte mich dann mit einem kratzigen Kamm.

Paco bekam nur zwei Ohrfeigen, auch wenn die *Madona*, damit es nach mehr aussah, den Mund recht voll nahm und alle *bofetades*[3] aufzählte, die sie ihm noch geben mußte, weil sie seinetwegen das ganze Haus umgekrempelt hatte, und die, die sie ihm geben würde, wenn er sich noch

2 Was wird die Signora sagen?

3 Ohrfeigen

einmal zu uns wagte. Ich starrte sie erschrocken an und sah genau, daß die letzte der beiden *bofetades* sich in eine Art Liebkosung verwandelt hatte.

Paco blieb abseits, im Schatten, und tat, als hielte er den Blick gesenkt. Doch kaum drehte Dida sich um, schaute er mich an und lachte.

»Dida, wer ist die *Mestressa*?« fragte ich unvermittelt, da mir ihre Worte von vorher wieder einfielen.

»Die Senyora, deine Mutter. Tja, wer weiß, was sie sagen wird … Mir, mir wird sie Vorwürfe machen!«

»Wir lügen sie einfach an!« schlug ich vor.

Die *Madona* trat näher, ihre Haare waren ganz zerzaust und rochen nach Rauch. Didas Haare dagegen waren ordentlich und rochen nach Zitrone. Auch Paco kam heran. Seine Haare rochen nach Heu.

»Was könnten wir ihr bloß sagen?« fragten wir uns alle vier wie aus einem Mund.

Die *Madona* hatte die zündende Idee. »Wir behaupten«, sagte sie, »daß du mit meiner Tochter Isabel zum Katechismus gegangen bist, daß Dida dich hierher begleitet hat und ich euch dann zur Sakristei gebracht habe. Daß du gebrüllt hast, weil du wieder mit zu Isabel wolltest, und daß Dida, damit du dich beruhigst, eingewilligt hat.« Dann fügte sie hinzu: »Kannst du das Ave-Maria aufsagen? Du mußt ja der *Mestressa* beweisen, daß du heute etwas gelernt hast.«

»Ich kann es nur auf italienisch, weil die Großmutter es mir beigebracht hat.«

»Jetzt bringe ich es dir bei«, sagte die *Madona* und sprach es mir mehrmals vor, bis ich es auswendig konnte.

»Und ich«, sagte Paco da, »ich bringe dir jetzt bei, bis zwanzig zu zählen. So kannst du deiner Mutter beweisen, daß du im Katechismusunterricht auch Zählen gelernt

hast.« Er ließ mich auf einem Schemel mit Strohgeflecht Platz nehmen und hockte sich vor mich.
»Lehrer setzen sich nicht so hin«, wandte ich ein.
»Aber ich mag nur so sitzen.«
»Stühle magst du nicht?«
»Nein«, sagte er. »Und du?«
»Ich weiß nicht«, erwiderte ich. »Ich setze mich immer auf Stühle, weil man sich auf Stühle setzen muß.«
»Jeder setzt sich, wie es ihm gefällt«, sagte Paco.
»Aber ich weiß ja gar nicht, ob es mir gefällt oder nicht«, gab ich zurück. »Bringst du mir bei, mich auf eine Art hinzusetzen, die mir gefällt?«
»Nein, ich bringe dir jetzt die Zahlen bei«, antwortete Paco.
Und da geschah es, daß die Zahlen sich aus ihrem gräßlichen Wirrwarr lösten und ordentlich in einer Reihe antraten wie Zinnsoldaten. Paco salutierte nämlich bei jeder Zahl, die ich nachsagte. In seinem Blick flammte dabei ein kleines rundes Licht auf, das wie Quecksilber von einem Augenwinkel zum anderen rollte. So ein Licht in den Augen, dachte ich, können nur Jungen haben.
Denn dieses Licht ließ sich nie festhalten, es stach zu und flüchtete.
Als die Lektion beendet war, hieß Dida mich das Kleid anziehen, das sie unterdessen gebügelt hatte. Die *Madona* wiederum schenkte mir einen Schleier von Isabel und ein Bild des Christus von Lepanto, der ganz zu einer Seite gekrümmt war, weil er einem Geschoß hatte ausweichen müssen. Dann gingen Dida und ich Hand in Hand los. Ich war rundum adrett und zerknirscht, ich duftete – die *Madona* hatte mich mit einem Parfüm besprüht, das ihr, als sie noch jung war, ihr Verlobter geschenkt hatte.
Nach Papitos und Pacos Lektionen war die Lehrerin dran.

Seit drei Tagen war der Himmel grau. Es wehte Sand aus Afrika herüber wegen eines stillen, irren Windes – mir schien, als bliese er aus den Trichtern der Hibiskusblüten, die bei der Italienischlehrerin zu Hunderten über die Brüstung der Terrasse lugten. Und in der Tat wurde ihr Häuschen *el Racó dels Ibiscs*[4] genannt.

»Gehen wir ein bißchen hinein! Gehen wir ein bißchen hinaus!« wiederholte die Italienischlehrerin ständig, die uns am Nachmittag Lesen und Rechnen beibrachte. Doch war man draußen, kamen Windstöße, und der Sand brannte in den Augen. Drinnen wiederum war es zu heiß, es war, als glühten die Wände. Draußen flatterten zudem die Seiten der Hefte, wenn der regelmäßige Hauch des Windes ärgerlich wurde, vielleicht langweilte ihn der Unterricht mehr als uns – all die gn von *gnomo* und die ghi von *ghiro*[5]. Und drinnen tropfte der Schweiß fast auf die Blätter. Man fand keine Ruhe.

An jenem Nachmittag konnte mir die Lehrerin nicht erklären, was die Null war. Ich ließ nicht locker. »Wenn doch die erste Zahl Eins ist«, sagte ich, »wie kann dann davor die Null sein? Was ist das denn, diese Null?«

»Man lernt es einfach so und Schluß«, sagte die Lehrerin ungeduldig. »Man lernt es und prägt sich ein, daß da etwas ist, das vor der Eins kommt.«

»Ist es dann ›etwas‹ oder eine Zahl?« bedrängte ich sie. »Ist es vielleicht etwas zum Essen? Was ist es? Etwas, das innen ganz schwarz ist, wie auf der Tafel? Oder innen ganz leer?«

Die Lehrerin sah mich ratlos und gereizt an.

4 Hibiskuswinkel

5 Beispiele dafür, wie im Italienischen der Buchstabe G je nach Kombination mit anderen Buchstaben verschieden ausgesprochen wird (Anm. d. Übers.)

»Ist es vielleicht ein Ei mit einem Küken drin?« schlug ich ihr vor, denn das schien mir, im Innersten, die Antwort zu sein. Dieses Küken wurde nämlich dann die Eins. Hatte nicht letztlich jede Zahl in der Fibel eine Reihe Küken neben sich?

»Hör auf zu grübeln«, sagte die Lehrerin. »Eine Null ist eine Null. Wie ein H ein H ist, ein O ein O, ein M ein M ... Außerdem«, fügte sie in einem Geistesblitz hinzu, »braucht man sie, um die Zehn zu machen. Und dann, das wirst du noch lernen, braucht man sie für die Zwanzig, die Dreißig, die Hundert ...«

Ich fragte nichts mehr. Wenn man etwas brauchte, um etwas anderes damit zu machen, gab es keine Chance mehr, Erklärungen zu bekommen.

»Was ist die Sonne?« hatte ich Papito und Mamita eines Tages gefragt, und sie hatten geantwortet: »Die brauchen wir, damit sie uns wärmt.«

Plötzlich fingen die Hefte an zu fliegen und fielen auf den Boden. Sogar das Glas Wasser, das auf dem Tisch stand – und aus dem die Lehrerin dauernd trank –, kippte um. Am Himmel zuckten Blitze. Der Hibiskus streckte uns wie verrückt geworden die Zweige entgegen, fast wie auf der Flucht vor dem Orkan. Wir liefen alle ins Haus. Auf der Schwelle betrachteten wir den Regen, der einen Vorhang bildete, ähnlich dem aus Eisen an Didas Tür.

»Weißt du«, sagte ich zur Lehrerin noch vorlauter, während ich den Sturm beobachtete, »die Zehn ist die Zahl des Regens, und die Null ist die Zahl, die die Wolken in Regen verwandelt.«

Aber die Lehrerin hörte mir gar nicht zu. Man sah, daß es ihr leid tat um den Hibiskus, der vom Orkan gebeutelt wurde, und außerdem schien sie besorgt um uns Kinder,

die wir uns alle bei Blitz und Donner zusammendrängten. Sie glich einer Glucke. Sie ging Bonbons holen und verteilte sie: für jeden drei.
Der Orkan ließ nach. Die Lehrerin versteckte ihre zur Faust geballten Hände hinter dem Rücken, hielt mir dann eine hin und fragte mich lauernd und geduldig: »Was ist da drin?«
Ich öffnete ihre Faust.
»Siehst du«, sagte sie zu mir, »nichts ist drin. Null Bonbons.«
»Es stimmt nicht«, widersprach ich eigensinnig, »daß Null nichts bedeutet.«
»Du machst mich noch wahnsinnig«, murmelte die Lehrerin.
Wir sprachen nicht mehr. An jenem Nachmittag gab es keinen Unterricht mehr. Wir waren wie erschöpft vom Orkan und von dem Spiel mit den Nullen.

Wir standen nur noch mit hängenden Armen auf der Schwelle, und ich hatte den Eindruck, als würde ich mich auflösen und fallen wie der Regen. Der Wind hatte sich gelegt. Und die Hibiskusblüten waren geschlossen und schlaff. Auf dem Boden war der Sand, der aus Afrika kam, zu Schlamm geworden. Aber zu einem besonderen, schimmernden Schlamm.

Die Schlange auf dem Feld

Es war August.

Mit geschlossenen Fensterläden war das Haus am frühen Nachmittag, zur Stunde der Siesta, eine Flucht von Stockwerken in verschiedenen Abstufungen von Weiß, wenn spielerisch hie und da ein Luftzug es durchfuhr. Dann kletterte ich aus dem Bett, in das man mich zu gehen gezwungen hatte – selbst das Flattern des Moskitonetzes, vom Wind bewegt, schien zur Bewegung einzuladen –, und verfolgte die Luftströme, schlich durch die weißen Kulissen jenes menschenleeren Theaters. Manchmal gelangte ich an eine Tür, weit offengelassen, aus Zerstreutheit, zum Land hin, und zauderte einen Augenblick geblendet auf der Schwelle; die sonnige Stille erschreckte mich. Wie eine klagende Melodie rief mich das Zusammenspiel von Luft und Weiß ins Haus zurück, und bald im Laufschritt, bald auf Zehenspitzen strich ich durch die Zimmer. Es kam vor, daß ich auf meinem schlafwandlerischen Gang einem schlummernden Körper begegnete; ich schnupperte und erlauschte eine Mischung aus Schweiß und Atem. Und wenn ich eine Stimme hörte, drückte ich mich flach an die Mauer oder kletterte darüber.

Andere Male durchbrach keine Brise die Schwüle. Das Zimmer glich dann einem mit Damast ausgeschlagenen Schrein, und ich, aufgrund der Hitze schwer wie das darin aufbewahrte Gold, konnte mich nicht rühren, bis ich, schweißgebadet, den Blick im Moskitonetz verfangen, endlich einschlief.

Doch an jenem Augustnachmittag verweilte mein Auge, träge geworden, jenseits des Schleiers des Moskitonetzes auf einem Strohhut, der an einem Haken an der Wand gegenüber dem Bett hing. Es war eins, ihn zu sehen und zu denken: Ich will auf die Felder gehen.

In der Mitte des auserwählten Feldes stand ein Feigenbaum. Ich streckte mich in seinem Schatten aus. Um sich vor den stechenden Stoppeln zu schützen, hatten die Bauern dort ein wenig Stroh ausgebreitet. »Das ist mein Platz«, sagte ich laut und fügte, stolz an einen imaginären Hörerkreis gewandt, hinzu: »Und daß ihr es nur wißt, ich bin weder eine Zuckermandel noch ein goldener Ohrring, deshalb muß ich mich auch nicht in einem geschlossenen Kästchen aufhalten.«

Die Felsen, die hinter den Villen von Génova aufragten, blitzten zwischen den Mastixsträuchern wie Ziegenzähne. Das Meer schimmerte fern. Eine Glasscherbe zwischen den Stoppeln sah aus wie ein Brennglas. Die Erdschollen waren so trocken, daß sie nicht einmal unter den Füßen zerbröselten. Alle Säfte waren verdampft. Ich legte meine Handfläche auf die knapp über dem Boden abgemähten Halme, sie stachen, waren so hart, daß es mir nicht gelang, sie zu knicken. Die gesamte Feuchtigkeit schien in dem Feigenbaum zu stecken, der sie geizig in seinen rauhen Blättern, in seinem irritierenden Duft hortete, um sie dann, zu Süßigkeit verarbeitet und verdichtet, an die Früchte weiterzugeben.

Der Baum war so niedrig, daß ich sogar im Liegen nur den Arm auszustrecken brauchte, um eine aufgeplatzte Feige

zu pflücken, die mich mit ihrem roten Fruchtfleisch verlockte.
Die Luft flimmerte vor Hitze. Gesichter von gütigen ländlichen Urgestalten erschienen und verschwanden darin wie hinter einem Wasserschleier.
Ich schlief ein, während ich diese flüchtigen Gestalten anstarrte, von der Schwüle mit unsichtbaren Fäden an dieses Lager aus Heu gefesselt, mit Süße gesättigt.
Es begann an den Füßen, dann stieg es das Bein hinauf. Ein unmerklicher Druck, das dumpfe Gefühl, da sei ein anderes Wesen. Ich hob den Kopf, und ebenso tat es jenes Wesen, das sich auf meinem Bauch aufrichtete. Seine Augen lagen weit auseinander, sein Lächeln war rätselhaft. Wie um seine Krankheit auszudrücken, besaß jenes Geschöpf weder Arme noch Beine.
Um es anzulocken, bot ich ihm hochkant die Hand, legte sie ihm unter den Kopf. Es glitt über den Handrücken, sein Schwanz zuckte, weiter unten hielt ich ihm die andere Hand hin, damit es herunter- und näher kommen konnte. Nach einer Weile ringelte es sich schon um meinen Arm bis zur Achselhöhle. Es kroch weiter hinauf und leckte mir rund um die Lippen den Zucker der Feige, dann sah es mich erneut an. Seine weißen Zähne blitzten genau wie die Felsen zwischen den Mastixsträuchern. Es war das Aufblitzen des Lebens, von nichts abgelenkt. Das Wesen streckte die kleine rote Zunge heraus zum Zeichen der Freundschaft.
»Ich habe keine Angst vor dir wie die anderen Kinder«, sagte ich zu ihm.
Es glitt meinen Körper entlang auf die Stoppeln zu, doch auf halbem Weg drehte es sich zu mir um, hob den Kopf, um mich zu rufen, und sprang ins Feld. Ich folgte ihm.

Es führte mich zwischen den Steinen zu seinem Nest, zu den kleinen Schlangen, die mir keine Zärtlichkeit einflößten wie andere neugeborene Tiere. Auch keine Lust zu spielen. Sie waren ein nacktes Zucken der Existenz. Fast, durch ein Übermaß an Fülle, allein von den Steinen und der Hitze erzeugt.

Die Schlange hob erneut den Kopf in meine Richtung und wartete.

»Jetzt nehme ich dich mit zu mir«, sagte ich zu ihr. »Komm hier rein.« Und ich ließ sie an meine Brust gleiten, indem ich sie vorsichtig in der Mitte des Körpers hochhob. »Ich verstecke dich«, sagte ich zu ihr, »sonst töten sie dich.«

Auf Zehenspitzen betrat ich die Küche. Es war noch die Zeit der Siesta. Dida und Francesca schliefen auf einem Lager am Boden, lässig ausgestreckt, schnarchend. Ich sah auf der Marmorplatte, auf dem Herd, im Eisschrank nach, fand aber nichts Lebendiges, das ich der Schlange hätte geben können. Ich nahm ein Schälchen, füllte es mit Milch und nahm es mit in mein Zimmer.

Ich legte die Schlange aufs Bett. Mit ihr konnte ich natürlich nicht »Puppe im Bett« spielen, wie ich es manchmal mit Katzen und Hunden gemacht hatte, ich konnte sie nicht fürsorglich zudecken und verlangen, daß sie mit dem Kopf auf dem Kopfkissen liegenblieb. Ich sah, daß sie zum Hinuntergleiten ansetzte, und breitete ihr das Laken auf dem Boden aus.

»Das ist mein Zimmer«, sagte ich zu ihr.

Das Geschöpf kroch zwischen meinen Spielsachen hindurch und kletterte auf den großen roten Ball. Der Ball begann zu rollen, und die Schlange rollte mit.

Mamita kam herein. Sie wollte mir etwas sagen, hielt aber

inne, mit offenem Mund, die Augen schreckensgeweitet. Sie fiel in Ohnmacht.

Ich ließ Mamita bewußtlos auf dem Boden liegen und floh in Richtung Felder, die Schlange an der Brust verborgen. Ich fürchtete, sie würden sie mir umbringen.

Der Kriegsvogel

Ich war sicherlich auf einem Feld. Wo es endete, sah ich nicht, aber es endete. Nicht, daß es einen Zaun gegeben hätte. Ein Feld endete da, wo ein anderes begann. Ein bestimmtes Feld wurde von bestimmten Händen bestellt, ein anderes von anderen. Das war die Grenze zwischen den Feldern. Jenes Rechteck, in dessen Mitte ich mich befand, schien mir die Reproduktion des Rechtecks auf Erden, das die vier Sterne des Großen Wagens bildeten und das mir der Jesuit Don Luis de Cacaredo in der vorigen Nacht auf dem Dach unseres Hauses gezeigt hatte.

Ich war nämlich um Mitternacht wie eine Schlafwandlerin in den hellerleuchteten Salon hinuntergegangen, der nach Zigarettenrauch und Vanilleeis roch. Mamita machte ein unschlüssiges Gesicht: Sie wußte nicht, ob sie mich ausschimpfen oder umarmen sollte; auf jeden Fall wollte sie mich ins Bett zurückbringen. »Nein!« sagte ich bei ihrem ersten Versuch, und sie begriff, daß ich gleich laut heulen würde, was sehr unschicklich gewesen wäre. Don Luís de Cacaredo, der neben ihr stand, lächelte ihr zu und nahm mich, immer noch lächelnd, auf den Arm, ließ mich in einen Sessel sinken und setzte sich elegant, mit übergeschlagenen Beinen, neben mich auf die Armlehne.

»*¿Que pasa, niña?*«[1] fragte er. »Ich habe«, sagte ich, »einen Stern gesehen, der in den Hafen fiel; das Wasser spritzte weit, überschwemmte Ciutat, kam bis zu unserem Haus; alles brodelte und brannte!«

»Sag mir die Wahrheit«, fragte Don Luis lachend, »hast du ins Bett gemacht?«

»Nein«, sagte ich, »das Meer hat es naßgespritzt.«

»Jetzt gehen wir aufs Dach, es ist ein schöner Abend, und dann zeige ich dir, daß die Sterne so fest miteinander verbunden sind, daß sie nicht herunterfallen können.« Und so geschah es. Er führte mich aufs Dach und zeigte mir, wie die Sterne in Konstellationen »fest miteinander verbunden« waren …

Es war etwas Trockenes und Knisterndes in jenem Feld, ein hartes Licht, und man hatte, wenn man es betrachtete, das Gefühl, es wäre übervoll. Es roch nicht nach Wasser und auch nicht nach Erde; also wuchsen auf dem Feld keine Hülsenfrüchte oder Gemüse, sondern Getreide; allerdings kein Mais, der eine pralle, feuchte Kraft hat, und auch kein Hafer, der luftig, leicht und sternengleich ist. Es war ein Weizenfeld. Doch sagte ich damals nicht *grano*[2], sondern *trigo*, und der helle, spitze und zugleich gemäßigte Laut vermittelte mehr den Eindruck von Ähre.

Ich könnte weder sagen, daß ich auf jenem Feld glücklich war – Glück setzt das Vorhandensein von Leere voraus, durch die man sich bewegen kann, es ist ein luftförmiges Element –, noch daß ich fröhlich war. Ich war vielmehr das Gegenteil von Erregung; ich fühlte mich ganz in der Fülle; doch war ich nicht satt – denn Sattheit setzt ebenfalls eine Leere voraus. Ich war mehr wie ein Stein, der nie leer gewesen ist.

1 Was ist los, Kleine? Anm. zu S. 310

2 Ital. für »Weizen« (Anm. d. Übers.)

Achtlos hatte ich mich kurz zuvor in das Feld gesetzt. Ich hatte das Haus verlassen und vor mir selbst so getan, als sei ich auf der Flucht. Ich hatte schon jene Faulheit oder Ohnmacht des Seins entdeckt, die darin besteht, Hirngespinste der Tat vorzuziehen. Darum verbot ich mir auch zwei Phantasien, die wirklich echte Fluchtpläne waren, weshalb ich nicht damit spielen wollte: nämlich mich zu den Zigeunern zu gesellen und mit Carlito, wenn wir genug Geld zusammengekratzt hätten, um Pferde zu kaufen, auf den Spuren der fahrenden Ritter zu wandeln. Dafür gab ich mich anderen kindlichen Träumereien von Weltflucht hin. Ich stellte mir zum Beispiel vor, ich würde anstelle einer Kanonenkugel, so wie Baron von Münchhausen, zum Mond geschossen; Staub wirbelte auf, und ich betrat eine unterirdische Welt, wo es von Teleskopen und Sextanten, Atlanten und anderen Landkarten, Windkarten und Kompassen, Greisen und mageren Lehrlingen wimmelte; oder ich malte mir aus, ich würde mich an einem windigen Tag wie der Fliegende Robert an einen Regenschirm klammern und würde zu einem Häuschen auf dem Hügel ganz für mich allein und selbstverständlich mit rotem Dach getragen, wo ich mir allerdings nicht erträumte, ich wäre Schneewittchen, sondern einer der Sieben Zwerge. Gleich nach meiner Ankunft verließ ich das Häuschen, um zu den anderen ins Bergwerk zu gehen, wo Flaschenzüge, Eimer, Förderwagen und Seile ratterten; und es klang tatsächlich, als wäre all das nächtliche Krachen, Knacken und Rascheln hier einer Disziplin unterworfen worden, der nutzlosen Bewegung der Blätter und Tiere entzogen. Auf der Hälfte des Stollens, in den einzudringen ich mir vorstellte, klingelte ein Telefon, um mir nicht die Ankunft von Signora Facchi, sondern eines Förderwagens anzukündigen. Während ganz unten im tiefsten Schacht sogar *Signora Morte* zum Arbeiten angestellt worden war, die, die nie zu uns nach Hause eingeladen wurde, weil sie zu vulgär war; sie benutzte ihre lange Sense wie einen Pikkel und wurde von einem dreiköpfigen Hund bewacht, sprungbereit, um zuzubeißen, falls sie es wagen sollte, sich auszuruhen.

Doch nährte meine Phantasien auch ein Buch aus der Reihe Scala d'Oro mit dem Titel *Legenden aus dem alten Rom*. Darin war die Rede von Göttern und Göttinnen, von Helden und Matronen, von Königen und Völkern, von Kriegern zu Pferd, die schon zu Lebzeiten wie Reiterstandbilder wirkten, von prophetischen Tieren, von Feldern voller zur Schlacht aufgestellter Heere, die wie gepflügt aussahen, von Kulturen, die gesät werden mußten, von Gesetzen, die in Stein gemeißelt werden mußten. Nun gut, wenn man von unserer Insel mit dem Schiff nach Neapel fuhr, so kam man, hieß es in diesem Buch, zu einem rauchenden Inselchen, wo die Schmiede des Gottes Vulkanus war, der Pflüge und Lanzen für all diese Krieger und Bauern anfertigte. Zu dieser Insel, stellte ich mir vor, während ich auf dem Feld saß, war ich mit Carlito unterwegs. Wir hatten nachts wie Übeltäter, ja genau wie Andreu, der Pappmachéhersteller, der die Posse mit der Mayonnaise inszeniert hatte, das Haus verlassen, ohne uns umzudrehen, mit schnellem, sicherem Schritt, aber ohne zu rennen, um die Hunde nicht aufzuwecken, und waren der weißen, staubigen, von Agaven gesäumten Straße gefolgt, die wir am Tag, in unsere faden Strandanzüge und Sonnenhüte gekleidet, mit Dida und Mamita gegangen waren. Am Ufer hatten wir das Boot von Antonio Alou, dem Fischer, entdeckt – wir wußten, daß er in jener Nacht zu Haus bleiben würde. Er hatte nämlich den ganzen Tag über Zahnschmerzen geklagt und sich ein Tuch um den Kopf gebunden. Wir hatten das Boot ins Meer geschoben. Vor der Abfahrt hatten wir, um uns Mut zu machen, aus einem ganz feuchten und glitschigen Tonkrug jeder einen Schluck Wasser getrunken, das vage nach Brunnen schmeckte und uns Sehnsucht nach unserem Bett empfinden ließ.

So, mit diesem tiefen Schluck, der nach Feuchtigkeit und Schlaf schmeckte, begannen wir, in die nächtliche Welt einzutreten. Nach einer Weile war ich müde vom Rudern. Ein Delphin schwamm vorbei. Carlito warf ihm eine Schlinge um den Leib, und der Delphin fing an, das Boot zu ziehen. Im Nu erreichten wir das Inselchen. Der alte Schmied erwartete uns am Strand. »Bevor ich euch in den Berg einlasse«, sagte er, »müßt ihr eine Prüfung bestehen. Nimm«, sagte er zu mir, »mit dieser Zange diesen glühenden Eisenstab und tauche ihn ins Wasser. Halte ihn gut fest, ohne zu zittern oder lockerzulassen.« Das tat ich: Die Hitze brannte mir in den Augen.

»Bleibt stehen«, sagte er dann, »lauft nicht weg.« Und mit der Schaufel nahm er eine Handvoll Glut und warf sie auf uns. Tausend Funken zerstoben am Himmel, und ein Feuerregen fiel auf uns herab. Doch Carlito und ich rührten uns nicht. Endlich ließ er uns eintreten, gab uns aus einer eisernen Schale zu trinken – das Wasser schmeckte nach Schwefel –, gab uns Brot und Mangold zu essen – auch der Mangold hatte einen mineralischen Geschmack. Dann zeigte er uns zwei Betten, die ebenfalls aus Eisen waren; es war so heiß im Berg, daß man keine Decke brauchte. Nachdem wir gelernt hatten, Stäbe und Ringe zu bearbeiten, befahl er uns, nach Hause zurückzukehren. »Geht«,

sagte er, »zu Melchior Dureta, dem Schreiner, und helft ihm, Ringe für die Schubladen der *arquillas*, Beschläge für die Ledersessel und Winkeleisen für die Schrankecken herzustellen.«
»Aber sie werden mich«, wandte ich ein, »nicht in Melchior Duretas Werkstatt arbeiten lassen. Papito will, daß ich Bibliothekarin werde, die Großmutter, daß ich eine Heilige werde, und Mamita, alles was man werden kann.«
»Was für Dummheiten!« sagte der Gott Vulkanus. »Sag deiner Großmutter, daß der heilige Lorenz auf einem Rost verbrannt wurde; der heilige Sebastian wurde von Pfeilen durchbohrt; die heilige Theresa sah einen Dolch in ihre Brust dringen. Jemand muß doch die Roste, Pfeile und Dolche schmieden, wie könnte es sonst die Heiligen geben! Und sag deinem Vater, daß die Maschinen zur Herstellung von Büchern aus Eisen und Blei gemacht sind. Und deiner Mutter schließlich sag, daß es ohne diejenigen, die Throne und Zepter herstellen, weder Könige noch Königinnen gäbe! Und du also gewiß keine Königin werden könntest.« Dann umarmte er uns schroff und schob uns ins Boot.
Als wir auf offener See angekommen waren, sahen Carlito und ich uns an. »Was tun wir?« fragten wir uns. »Wir fahren nicht nach Mallorca«, sagte ich. »Wir fahren nach Neapel.« Wir wendeten das Boot und fuhren nach Neapel, wo wir eine Werkstatt auf der Rua Catalana eröffneten; die Großmutter hatte mir nämlich erzählt, daß in dieser Straße alle mit Messing, Kupfer und Eisen arbeiteten.

Diese Phantasien von einer Flucht in arbeitsame Welten hatten mich irgendwie entspannt, oder vielleicht hatte der Geruch des Feldes so gewirkt. Es roch sauber, aber nicht nach Sauberkeit, die Seife und Putzmittel voraussetzt. Es war ein warmer und trockener, knisternder Geruch. Ein Geruch, der ein Geheimnis barg. Aber ein bescheidenes Geheimnis, nicht wie manche Geheimnisse à la Blaubart. Ein rein pflanzliches Geheimnis. Was mag das Geheimnis dieses Geruchs sein? überlegte ich. Denn alles barg damals für mich ein Geheimnis, vor allem jeder Geruch. Das Geheimnis des Geruchs des Meeres zum Beispiel wurde mir offenbart, oder zumindest kam es mir so vor, als Doktor Pérez damals zu Mamita sagte: »Señora, lassen Sie die Kleine Jod atmen.« Es war Winter. Ich hatte Lungenentzündung gehabt. »Wie macht man das, Jod atmen?« fragte Mamita. Doktor Pérez begann zu lachen. »Gehen Sie mit ihr ans Meer, vor allem, wenn das Wetter schön, das Meer aber aufgewühlt ist und sich im Wasser der Sturm noch nicht gelegt hat. Lassen Sie sie tief atmen.« So begann Mamita, mich an den Strand zu bringen. Auch ihr, sagte sie, tat es gut, Jod zu atmen. Tief sogen wir die Luft ein. Mir wurde schwindelig, ich hatte den Eindruck, als rollte mich das Geräusch des Meeres hierhin und dorthin wie einen Kiesel; rundherum roch es überall wie in einer Apotheke.

Das Jod war aber nur eins der Geheimnisse des Meeres, wie ich kurz darauf entdeckte, als Papito mir eines Tages auf der Spitze des Fischmessers ein Stückchen Hirn von einer Meeräsche hinhielt. »Iß«, sagte er. »Das ist reiner Phosphor.« Es schmeckte bitter, glich einer Pille, doch ich ließ mir noch ein bißchen davon geben, weil ich mit dem Gaumen dieses Geheimnis ergründen wollte. Eine Art, das Geheimnis einer Sache zu durchdringen – eigentlich die einfachste und dümmste –, war nämlich, sie zu essen. Sowohl der Phosphor als auch das Jod hatten allerdings eine undurchdringliche Hülle. Wahrscheinlich klebte deshalb

auf dem Fläschchen mit Jodtinktur das Etikett mit dem Totenkopf, gewissermaßen als Warnung, dieses Geheimnis nicht zu verletzen.
Kurz, während ich mich vergeblich mühte, das Geheimnis des Feldgeruchs zu lüften, und aufmerksam und neugierig herumschnupperte wie ein Tier, das Beute wittert, hörte ich einen Schuß und sah Wachteln hinter einer Mastixhekke auffliegen. Sogleich dachte ich daran, wie Paco mir einmal einen Spatz geschenkt hatte. Er hatte ihn mit einem Stein getötet und mir mit einem sanften Lächeln jene weiche, lauwarme Gräßlichkeit in die Hand gedrückt. Das ist das Geheimnis des Flugs der Spatzen, hatte ich mir damals gesagt. Nach dieser Erinnerung hörte ich auf, weiter das Feld zu beschnuppern. Besser seinlassen, dachte ich. Ich fühlte mich wie erdrückt von der übermächtigen Kraft, die es ausstrahlte. Und dann mischten sich auch noch die Zikaden ein, die, als wollten sie mich verspotten, überall rundum zu zirpen begannen. Ich zwang mich, den Geruch des Feldes und den Lärm, die mich quälten, nicht zu beachten. Dabei dachte ich: Es riecht wie der Geruch von einer Familie, aber wie von einer uralten Familie, wie von Ahninnen der Großmutter. Dann wurden meine Beine und Arme schwer, und ich selbst wurde zu jenem Geruch. Plötzlich war ein schreckliches Dröhnen über meinem Kopf. Der Himmel verdunkelte sich. Alles Leben, das in dem Feld brodelte, flog auf oder drückte sich flach auf die Erde. Mücken schwirrten vor meinen Augen. Am Hals meinte ich einen Flügelschlag zu spüren: kein Beben, einen Schnitt.
Es war ein Flugzeug. Mit dem Flügel hatte es beinahe die Ähren gestreift.
Es entfernte sich dröhnend, wie es gekommen war. Ich sah

einen Mann in der Kanzel. Er ähnelte einem Bild auf einer Postkarte.
Ich war wie gelähmt und wußte nicht, ob ich noch lebendig war. In der Mitte des Magens fühlte ich eine kleine, verrückt gewordene Quelle, die unregelmäßig sprudelte; sie konnte keinen Abfluß finden.
In Ciutat wurden zu Karneval Masken mit zwei Gesichtern hergestellt: eins davon war gutmütig und lächelnd. Plötzlich jedoch verwandelte sich die liebenswerte Gestalt, die im allgemeinen Kinder und junge Mädchen bevorzugte, mit einer blitzschnellen und gewandten Drehung in ein grinsendes, fahles Ungeheuer; dann kehrte sie, wiederum blitzschnell, erneut ihr beruhigendes Lächeln hervor. Auch einer von Papitos Freunden hatte ein sehr lebhaftes, liebenswürdiges Gesicht, das sich aber ab und zu durch einen Tick zu einer gräßlichen Fratze verzog. Nun gut, in jenem Augenblick war mir, als hätte so der Himmel gegrinst.
Das ferne Brummen des Flugzeugs, das am Horizont verschwand, tat unterdessen, als sei es ein ganz zahmes Geräusch, und vermischte sich mit dem gewohnten Lärm des Militärflughafens. Der Himmel seinerseits tat so, als sei er lachend und heiter. Ich aber hatte jene Fratze gesehen. Ich konnte nicht so tun, als hätte es sie nicht gegeben, auch wenn der Himmel mich weiter liebenswürdig ansah, die Wangen mit Wolken gepudert. Gleich kommt wieder die Fratze! dachte ich und fing an zu brüllen.
Obwohl ich mit Fluchtplänen von zu Hause ausgerissen war, hatte ich mich offensichtlich nicht allzu weit entfernt. Auf mein Geschrei hin kamen sofort Leute. Sie nahmen mich in den Arm, fragten mich, was denn geschehen sei, gaben mir Wasser zu trinken.

Meine Augen glänzten, meine Stirn glühte, die Stimme erstarb mir im Hals. Mamita war ausgegangen. Auch Dida war ausgegangen. Inés führte mich in mein Zimmer. Da sie nicht wußte, was sie tun sollte, wiegte sie sich neben meinem Bett im Schaukelstuhl. Ihr Schaukeln beruhigte mich. Endlich gelang es mir zu sprechen.

»Manchmal erlauben sich die Piloten einen Scherz«, erklärte Inés. »Das hat mir mein Bruder erzählt, der jeden Morgen die Milch zum Flughafen bringt. Wenn die Piloten Leute auf dem Feld sehen, fliegen sie zum Spaß ganz tief, um sie zu erschrecken. Und auch wenn keine Leute da sind, machen sie das; sie fordern sich untereinander heraus, mit dem Flügel das Getreide zu streifen. Weißt du, sie müssen üben, dem Tod ins Auge zu sehen.«

Mamita kam, beugte sich über mein Bett, umarmte mich, wackelte aber auf ihren hohen Absätzen. Die Schuhe taten ihr weh, ihre Füße waren geschwollen, sie war zu viel gelaufen bei ihren Besorgungen. Sie setzte sich auf den Stuhl und versuchte, den Schuh auszuziehen. Doch es gelang ihr nicht. Sie bat Inés, ihr zu helfen.

»Armes Kind«, sagte sie. »Aber weißt du, der Pilot hat nur gescherzt, er wollte dich nicht kränken; womöglich hat er dich gar nicht gesehen da auf dem Stoppelfeld. Weißt du, diese Piloten sind unsere Freunde.«

Jetzt, da sie die Schuhe los war, hatte sie sich zu mir aufs Bett gesetzt und streichelte mir das Gesicht.

Der Arzt kam. »Machen Sie sich keine Sorgen, Señora«, sagte er zu Mamita, »es ist nichts Ernstes, nur ein Fieber nach dem Schrecken. Ich werde ihr ein Beruhigungsmittel geben.«

Welche Dummheit! dachte ich. Sie begreifen nichts. Das Fieber kommt nicht vom Schrecken. Ich hatte gar keine

Zeit, mich zu fürchten. Ich habe Fieber, weil ich eingesehen habe, daß es keinen Ort gibt, wohin man flüchten kann, weder auf dem Mond noch auf der Erde. Von wegen Häuschen und Inselchen! Und auch keinen Geruch!
Überall, schien mir, konnte sich das liebenswerte Antlitz der Welt in eine Fratze verwandeln. Von da an verzichtete ich auf meine Fluchtphantasien.
Am nächsten Tag ging es mir besser, doch zur Vorsicht ließen sie mich im Bett bleiben. Ich gab Antònia – es war ihr freier Tag und sie ging in die Stadt – die drei Pesetas, die ich in einem Strumpf versteckt hatte für die Anschaffung der Pferde. Ich sagte ihr, sie solle mir Bonbons kaufen.
Sie brachte sie mir am Abend, heimlich, als niemand mehr im Zimmer war. Es war uns nämlich verboten, nach dem Zähneputzen noch Bonbons zu essen. Sie streute sie aufs Bett wie zu einem Fest. Und auch sie war festlich hergerichtet, parfümiert und frisch vom Friseur, mit gekräuselten Haaren; wie für einen Auftritt.
Die Bonbons waren in Glanzpapier eingewickelt. Wie schön sie aussehen! dachte ich. Und wie schön mein Pferd gewesen wäre! Aber ich ließ sie liegen, über die Decke verstreut. Ich hatte keine Lust, sie zu essen.

Paco

Paco und ich hatten uns irgendwo versteckt.
»Welches Tier wollen wir spielen?« sagte der eine.
»Hund«, sagte der andere.
Wir entfernten uns in entgegengesetzte Richtungen, dann gingen wir auf allen vieren keck aufeinander zu, mit geheuchelter Gleichgültigkeit. Paco fing an, mit dem ganzen Körper zu schwänzeln, vom Hals bis zum Po. Und ich stand ihm in nichts nach. Sogar die niedrigen Wölkchen kräuselten und kringelten sich, um es uns gleichzutun. Unterschiedlich waren dann unsere Verhaltensweisen beim Zusammentreffen. Entweder wir schubsten uns mit der Schulter und drängten uns Wange an Wange mit erhobener Schnauze aneinander. Oder aber wir fingen an, uns von hinten zu erforschen: Wir rochen aneinander, leckten einander. Und wie wir dabei lachten! Wir konnten auch bellen. Paco allerdings besser.
Andere Male spielten wir Katze; wir kratzten einander und fauchten. Paco schlug mir die Krallen in den Hals, ich ihm meine in die Wange. Wir wälzten uns am Boden, mit verliebten Klagen. Wir scharrten in der Erde, kackten, pinkelten und deckten dann das Ganze zu. Und in der Absicht, das wellenförmige Aufrichten der Schwänze nachzuahmen, reckten wir den Hals und stießen einen besonderen Laut aus, »Vvvvvvv!«, der einen Schauer, ein

elektrisierendes Gefühl und Schwindel verursachte. An die Dinge gingen wir, wollten wir sie berühren, beim Katze-Spielen nie ganz nah heran: Wir wußten, daß wir empfindliche Schnurrhaare besaßen.

Wir spielten Tod und Leben.

Tod-Spielen ging so: Wir rieben unsere Handflächen ganz fest aneinander, bis sie gelb wurden. Man mußte dann sofort daran riechen, bevor sie wieder rot wurden; sie rochen nach Kadaver. Beim Leben-Spielen legte man sich mit offenem Mund auf den Boden, bis sich eine Fliege oder Mücke hineinverirrte. Man mußte regungslos neben Exkrementen, Abfall oder stehendem Wasser ausharren und warten, ohne zu sprechen, zu lachen oder zu schnaufen. Flog ein Insekt hinein, mußte man die Lippen rasch schließen und das gedämpfte Flattern spüren; so ließ uns dieses schwirrende, bebende, in uns eingeschlossene Leben Mitwisser eines schrecklichen Geheimnisses werden.

Eines Tages konnte Paco der Versuchung nicht widerstehen und biß auf die Fliege, die er gefangen hatte. Ich sagte zu ihm: »Du hast gemogelt, du hast Tod gespielt.« Als er sie aus dem Mund nahm, zuckten auf dem schwarzroten Klümpchen noch die Flügel. Er berührte sie, sie hörten auf, sich zu bewegen. Paco sagte seelenruhig: »Sie schmeckt nicht so wie die Ameisen, mehr wie Fleisch.«

Wir spielten auch »Sich in die Augen schauen, ohne zu lachen«. Wir hockten uns voreinander hin, die Hände hinter dem Rücken verborgen, denn man sollte sich vor keiner anderen Aggression fürchten als der des Blicks. Ich hielt es länger aus. Ich riß die Augen auf, fixierte starr einen Punkt in der Mitte von Pacos Pupillen und stellte mir vor, dort sei ein Stern. Paco dagegen blickte mir frech ins Gesicht und lachte fast immer als erster.

»Du machst mir angst«, sagte er manchmal, »wenn du mich so anschaust.« Und ich erwiderte: »Weil ich das Geheimnis kenne.« »Dann sag's mir!« forderte Paco. »Nein«, sagte ich, »du würdest Angst bekommen ... Du hast Angst davor, deswegen scherzt du immer.« Paco drängte weiter, doch ich sagte nichts. Denn in Wirklichkeit wußte ich selbst nicht, was das Geheimnis war. Ich wußte nur, daß es eins gab und daß man keine Angst davor haben durfte. Im allgemeinen jedoch nutzte ich meine Macht nicht aus. Ich zog es vor, zu lachen und vom Gelächter zum Kitzeln und Purzelbäumeschlagen auf dem Boden überzugehen.

»Machst du mich an?« fragte ich Paco manchmal. Und er schob mir die Hand ins Höschen und rieb mich.

»Machst du mich an?« fragte manchmal er mich, und ich schob ihm die Hand in die Hose und zog an ihm.

Oder Paco sagte: »Soll ich dich anmachen?«

Und: »Soll ich dich anmachen?« sagte ich zu ihm.

Dann blieben wir eine Weile ernst. Doch wie bei dem Spiel »Sich in die Augen schauen, ohne zu lachen« hielten wir es recht bald nicht mehr aus und überließen uns Lachen und Kitzeln.

»Spielen wir Don Quijote und Sancho Pansa?« fragte einer von uns. Und jedesmal stritten wir darüber, wer der eine und wer der andere sein sollte.

»Ich muß Don Quijote sein«, sagte Paco, »weil ich ein Junge bin.«

»Wieso, ist Sancho etwa eine Frau?« wandte ich ein.

»Aber Don Quijote ist männlicher«, antwortete Paco ohne weitere Erklärungen.

»Was das angeht«, sagte ich, »ist Sancho noch viel männlicher. Er hat eine Frau und einen Haufen Kinder, Don Quijote dagegen lebt wie ein Mönch.«

»Aber Don Quijote hat doch Dulcinea!« sagte Paco.
»Auf jeden Fall muß ich Don Quijote sein«, sagte ich zu ihm, »weil ich Kastilisch spreche. Du dagegen sprichst fast nur Mallorquinisch. Und außerdem kenne ich das Geheimnis. Und außerdem ist mein Vater reich und kauft mir irgendwann ein Pferd!«
»Ach was, ein Pferd!« knurrte Paco. »Dein Vater kann doch nur Autos kaufen! Der kauft dir höchstens ein Flugzeug!«
Keinem von beiden gelang es je, sich durchzusetzen. Wir mußten Kompromisse schließen. Wir würden uns abwechseln.
Wir hatten Dutzende von Varianten der Geschichte erfunden.
»Laß uns gegen Kapitän Bayo kämpfen!« schlug Paco vor. Aufrecht trabten wir los, die Arme ausgestreckt, als hielten wir Zügel, mit dem Mund das Klappern der Hufe imitierend; unser Ziel war Manacor, mit einem Imbiß in der Umhängetasche.
Oder wir änderten die Geschichte, je nachdem, was wir am Abend zuvor von den Alten gehört hatten. So sagte Paco: »Laß uns gegen Graf Rossi kämpfen!« Und wieder trabten wir los, diesmal aber in Richtung Son Batle.
Oder aber wir brachen auf zum Angriff gegen die Mauren: die unzähligen Vogelscheuchen überall auf den Feldern.
Am schönsten war allerdings die Schlacht gegen die Menschenfresser: Mit angespitzten Stöcken durchbohrten wir die Agaven oder die Kaktusfeigen. Und wenn Flugzeuge kamen, beschossen wir sie mit der Schleuder mit Steinen.
Dann sagte ich einmal zu Paco: »Ich muß dir die Wahrheit sagen. Auch wenn ich Sancho bin, fühle ich mich mehr wie Don Quijote. Ich spiele Sancho nur dir zuliebe. Und weil du eben dran bist.«

»Und ich«, sagte Paco, »ich komme mir gar nicht vor wie Don Quijote, wenn ich ihn spiele, sondern fühle mich viel mehr wie Sancho!«
Von da an war ich immer Don Quijote und Paco Sancho. Und von da an begann Paco auch, mich ständig zu ärgern. Wenn er zum Beispiel Kacke auf der Straße liegen sah, warnte er mich nicht, und prompt trat ich hinein. Während ich meinen Fuß säuberte, lachte er dann, er bog sich geradezu vor Lachen.

Didas Hof

Am Sonntagnachmittag hatte Dida frei und ging nach Hause. Ich ging gern mit in ihren Hof. Mamita wollte es nicht. Da fing ich an zu schreien, klammerte mich an Didas Bein, biß Mamita, wenn sie versuchte, mich festzuhalten, und fauchte sie an wie eine wütende Katze. Sie wurde blaß, wußte nicht, was sie machen sollte. Dida hob mich mit einem Arm hoch, trug mich zum Brunnen, um mir das Gesicht zu waschen, ließ mich zur Beruhigung einen Schluck Wasser trinken, klopfte mir auf den Rücken, damit das Schluchzen aufhörte, und bestimmte mit liebevollem Richterspruch: »*Els nins no ploren.*«[1] Dann fügte sie hinzu: »*Al meu pati hi ha lloc per a tots.*«[2] Nachdem ich mich beruhigt hatte, auf ihrem Arm sitzend wie auf einem Thron, ganz sicher, daß sie mich mitnehmen würde, folgte ich ihrer Aufforderung: »*Ara demana perdó a ta mare.*«[3] Mamita umarmte mich, ihre Hände, die mein Gesicht umfaßten, erschienen mir zerbrechlich, zitternd wie Insektenflügel. Ich legte meine Hände auf ihre, um sie fester an meine Wangen zu pressen, und wie um ihre Kraft zu spüren, verschränkte ich meine Finger mit ihren Fingern. Dann brach ich im

1 Kinder weinen nicht.
2 In meinem Hof ist für alle Platz.
3 Nun bitte deine Mutter um Verzeihung.

Triumph auf Didas Arm auf. Mamita begeisterte sich derweil im *patio*, was weiß ich, an den gerade aufgeblühten Fuchsien. Ich sagte zu Dida: *»Ma mare és una nina.«*[4]
Dida setzte mich sogleich von ihrem Liebesthron ab, aber ich protestierte nicht, denn ich war sicher, daß mich nun niemand mehr wegzerren würde. Auf halbem Weg ließ ich auch ihre Hand los und hüpfte voraus und hinterher. Ab und zu blieb Dida stehen und wischte sich mit einem Taschentuch den Schweiß ab. *»Sembles un grill«*, sagte sie zu mir. *»Tu no sues mai.«*[5] Ich roch an meinen Achselhöhlen, und mir schien, als würde ich niemals groß werden.
Ich kam in Didas Hof und war verstört wie auf einem Jahrmarkt oder einem Fest – der Geruch von Bohnensuppe, der durch die eisernen Fransen des Vorhangs drang, war der gleiche wie der von Didas Körper. Mit einer Schüssel in der Hand saß ich auf einer Treppenstufe. Ich schielte nach dem Stück Brot mit Öl und frischen Knoblauchstengeln oder Tomate, das neben mir auf dem Boden lag, aus Angst, man würde es mir wegnehmen. Dida kam mit einem Teller voll gekochter Maiskolben. Während ich aß, verscheuchte ich die Hunde. Die Katzen aber rollten vor dem Mais verächtlich die Schwänze ein, strichen jedoch ahnungsvoll, wie ich selbst es war, weiter um mich herum: Vielleicht würde ich ja auch Brot mit Preßsack bekommen. Und tatsächlich tauchte Dida wenig später mit einem rotbestrichenen Brot in der Hand aus dem klirrenden Vorhang auf. Und rot wie der Preßsack war das große Tuch am Hals von Pedrón, der aus dem Vorhang hervorsah und die Gabe mit einem Lächeln begleitete. Pedrón allein war

4 Meine Mama ist ein Kind.
5 Du kommst mir vor wie eine Grille. […] Du schwitzt nie!

Herr über den Preßsack in diesem Haus. Nur er konnte ihn herstellen, ihn am richtigen Ort lagern, ihn hüten. Und wenn ich in den Hof kam, stieg er auf die Leiter, nahm den Preßsack hoch oben von einem Nagel ab und löste die Schnur, die ihn rundum zusammenhielt. Ich aß mit dem Kopf zwischen den Knien, die Haare nach unten. Mit den Ellbogen schob ich die Hunde und Katzen beiseite und trat in das fette, scharfgewürzte Paradies von Lazarillo ein. Lazarillo hätte für diesen Bissen seine Seele verkauft, wie es *el doctor Faust de Alemanya*[6] getan hatte, aber *»Els pobres no tenen ánima«*[7], hatte Dida eines Tages zu mir gesagt, nachdem sie mit einem Säufer in ihrem Hof gestritten hatte, der seine Frau allein im Haus hatte sterben lassen.
Pedrón stand wartend auf der Schwelle. Er hätte wohl einen Dank gewollt, ein Lächeln. Ich wußte es, hob aber nicht den Kopf, vertieft in die sinnliche Gemeinschaft mit dem Essen und in dunkle Gedanken über die Seele und ihren Verkauf. Mit verschmiertem Mund dachte ich: Laßt mich in Ruhe, ich bitte euch. Wer weiß, wann ich wieder so voll sein werde! Doch eine unbestimmte Angst überkam mich. Ich spürte an den Ellbogen, wie die Katzen das Fell sträubten, und ab und zu leckte rauh und flüchtig eine Hundezunge an mir. Jetzt fressen sie mich, dachte ich, denn im Garten hatte ich gelernt, daß die, die fressen, früher oder später selbst gefressen werden. Da stand ich auf und flüchtete zu Pedrón. Er lachte, kein bißchen erschrokken. *»No has de donar-li tan sols una mossegada!«*[8] sagte er. Als ich mein Brot mit Preßsack aufgegessen hatte, strich

6 Der Doktor Faust aus Deutschland
7 Die Armen haben keine Seele
8 Nicht einmal einen Krümel darfst du ihnen geben!

mir Pedrón, bevor er ihn wieder aufhängte – als wolle er dem Grundsatz huldigen, daß der Exzeß besser sei als Enthaltsamkeit und Entbehrung und man das Leben genießen solle, solange man kann –, noch eine reichliche Messerspitze voll auf ein weiteres winziges Stückchen Brot, das nur als Unterlage diente. Und ich schlang es hinunter. Dida hielt mir beharrlich ein Glas Wasser hin. *»No tenc set«*[9], sagte ich. Es war, als wollte sie eine Schuld abwaschen. Und in der Tat bat sie: *»No disguis a ta mare que t'he donat la sobrassada!«*[10] Dann spritzte sie das von mir verschmähte Wasser zur Kühlung auf den Boden. Geruch von feuchtem Staub stieg mir in die Nase.

Nach dem Herbstregen kamen Didas Neffen mit Schnekken von den Feldern zurück. Dann leuchteten Didas Augen. Eifrig machte sie sich ans Werk: Sie blies ins Feuer, packte den Korb, schwenkte ihn so rasch im Kreis, daß die Schnecken klangen, ohne jedoch herauszufallen, briet Knoblauch an, ließ die Sauce auf kleinem Feuer blubbern und rührte dann mit dem Kochlöffel um, daß die Schnekkenhäuser klimperten. Sie wartete, auf dem Tisch sitzend, und auch die Petersilie, vor ihr geschnitten auf dem Brett, wartete auf den Augenblick, in dem sie in den Topf gegeben werden sollte. Der Dampf ließ die von der Decke hängenden Fliegenspiralen länger werden; die daran klebenden Fliegen glänzten.
Die Schneckensuppe war für mich weniger ein Essen als vielmehr ein zu erforschender Kosmos. Die Schnecken schmeckten nach Erde, ich kaute neugierig, wenn auch

9 Ich habe keinen Durst.
10 Sag deiner Mutter nicht, daß ich dir Preßsack gegeben habe!

ein wenig ängstlich darauf herum. Nur in dieser Suppe und in diesem Haus ertrug ich ganze Knoblauchzehen, ließ sie im Mund zergehen. Dieser Knoblauch, erst angebraten und dann lange im Kessel gekocht, war wie ein Stückchen Fleisch, aber von einem Gespenstertier, vielleicht von einer toten Schnecke. Trotz meines Mißtrauens bat ich um mehr. Wenn ich die Schnecken und den Knoblauch nicht esse, dachte ich, wird Dida mich nicht mehr liebhaben. Ich mußte diese Dinge nämlich nicht essen, weil sie gesund waren, wie mich Mamita bei Tisch ermahnte, oder gut für das Wachstum, sondern nur, weil Dida sie liebte. Ich sah Dida tief in die Augen und sagte: *»Aquest cargol sembla la teva orella.«*[11]

Dida schlürfte und kaute unterdessen gierig, dann fischte sie, den Löffel beiseite legend, mit den Fingern in der Sauce. War sie mit der Suppe fertig, schob sie den Teller weg, als wollte sie sagen, daß es sich nach den Schnecken nicht lohnte, noch etwas zu essen. *»Pedrón«*, befahl sie, *»cerca'm qualque fulla de tabac!«*[12] Pedron zog die Schublade der Kommode auf, legte die Blätter auf den Tisch, rollte sie zusammen und rauchte gemeinsam mit Dida. *»Pedrón«*, befahl sie wieder, *»ara frega'm els peus!«*[13] Und sie legte ihm die Füße in den Schoß. Pedrón rauchte mit einer Hand, und mit der anderen massierte er.

Dida ging nämlich bei sich im Hof und im Haus immer barfuß. Sobald sie heimkam, zog sie die Schuhe aus, hängte sie zusammen mit den Strümpfen zum Lüften an eine Leine, die an der Fassade angebracht war, und streifte, be-

11 Diese Muschel sieht aus wie dein Ohr.
12 Pedrón, [...] hol mir ein paar Tabakblätter!
13 Pedrón, [...] jetzt reib mir die Füße!

vor sie ins Haus ging, ihre Füße am Boden ab, um den Schweiß zu trocknen.
Außerdem hatte Dida glänzende, geschwollene, rotviolette Beine, die wie Auberginen und Granatäpfel aussahen und auf denen sich vereinzelt starke blonde Härchen kräuselten wie Widderhörner. Und wenn Pedrón es leid war, ihr die Füße zu massieren, begann er, sie an den Härchen zu zupfen. *»Deixa'm!«*[14] flehte Dida, vom Essen erschöpft und müde. Pedrón half ihr beim Aufstehen, stützte sie und führte sie zum Bett. Er schloß den Laden an dem kleinen Fenster oben in der Wand, lehnte die Tür an, nahm den Metallvorhang ab, tauchte ihn in den Eimer und hängte ihn wieder auf. Dann gingen wir leise zusammen hinaus, um nach dem Esel zu sehen.
Später, wenn ich wieder auf den Stufen saß, beobachtete ich den Hof. Dida richtete derweil die Mausefallen her. Sie erzählte, daß die Mäuse den Säuglingen die Ohren abfräßen und nur solche Rabenmütter wie die hier im Hof ihre Kinder unbeaufsichtigt in der Wiege liegen ließen. Sie mußte immer sieben bis acht Fallen stellen. Sie reihte sie mit einem Stückchen Käse darin auf dem Tisch auf und brachte sie dann den Nachbarinnen, die kleine Kinder hatten, ins Haus. Sie verteilte auch Chinintabletten, wischte den Kindern mit Watte und abgekochtem Wasser den Eiter aus den Augen und gab ab und zu Spritzen. Dadurch hatte sie das Recht, alle auszuschimpfen. *»Perquè embenes el nin tan estret?«* brüllte sie eine Frau an und fügte hinzu: *»Me iug el que vulguis que fas això per a no ensumar la seva merda!«*[15]

14 Laß mich!

15 Warum wickelst du das Kind so fest? […] Ich wette, du machst das, um seine Scheiße nicht zu riechen.

Mit sanfter Wut packte sie das Kind, nahm ihm die Windeln ab, ließ sich etwas Wasser bringen, wusch es und legte es aufs Bett; das Kind strampelte glücklich. Sie schob ihm eine Dreieckswindel zwischen die Beine, nahm eine Sicherheitsnadel von ihrer Brust, steckte die Windel fest und sagte: *»Així es tenen els nins!«*[16] Im nächsten Haus schrie sie: *»On està aquella ombra d'en Josep?«*[17] Und zu einem jungen Mann gewandt, der rittlings auf einem Stuhl auf der Schwelle saß und rauchte: *»Estàs enfadat perquè fas feina per primera vegada!«*[18] Sie beschimpfte die Männer gewissermaßen im Namen aller Frauen, die sich derweil schamhaft in den Häusern verkrochen. Pedrón stahl sich still und leise aus dem Hof fort, um zu zeigen, daß er nichts damit zu tun hatte, und aus Furcht, seinerseits beschimpft zu werden. Zuletzt war Dida mit ihrem Gebrüll allein, nur die Kinder waren noch da und sahen sie an. Und ihr Schreien ging in Klagen über: *»Pega'm si no tenc raó! Veja'm si goses a fer-ho! Veja'm si dic mentides!«*[19] Manchmal blieb auch ein frecher junger Mann zurück, der demonstrativ auf seine neue Uhr schaute, als wolle er sagen, er werde erst gehen, wenn die Zeit reif sei. Beim Aufstehen warf er den Stuhl um. *»Alça la cadira en nom de la Verge Maria!«*[20] kreischte Dida dann. Mit herausfordernder Miene hob der junge Mann den Stuhl auf und murmelte im Davongehen: *»Que et fotin!«*[21] Aber Dida, die es gehört hatte, rief ihm hinterher: *»Gandul!«*[22]

16 So macht man das mit den Kindern!
17 Wo ist dieser Säufer von Josep?
18 Du bist schlecht gelaunt, weil du zum erstenmal arbeitest!
19 Schlag mich, wenn ich unrecht habe! Wollen mal sehen, ob du den Mut dazu hast! Wollen mal sehen, ob ich lüge!
20 Heb den Stuhl auf, im Namen der Jungfrau Maria!
21 Leck mich!

Und dieser junge Mann – übrigens befreundet mit ihrem Sohn, der in die Berge geflüchtet war – hatte auch einmal, als in einer Wohnung im Hof jemand gestorben war, mit einer Geschichte aufgewartet, die Dida sehr beunruhigt hatte. Der Tote war der alte Fischer Bartomeu Mirò. Bevor sie ins Zimmer des Toten hineingingen und bevor sie herauskamen, zögerten die Leute einen Augenblick auf der Schwelle der Tür, über der auf der Außenseite geschrieben stand: ENTRADA CONSENTIDA PARA DON BARTOMEU MIRÒ[23], auf der anderen, der Innenseite, dagegen: SALIDA CONSENTIDA PARA DON BARTOMEU MIRÒ.[24] »Warum«, fragte ich Dida, »müssen die Toten ihre Erlaubnis zum Hinein- und Hinausgehen geben, wenn sie sich doch gar nicht mehr bewegen und auch nicht sprechen können?« »Weil«, antwortete Dida, »sie in ein anderes Reich eingegangen sind, das ihnen allein gehört und nicht uns Lebenden.« Ein alter Mann kommentierte: »Don Bartomeu war arm wie alle hier in unserem Hof, und sein Zimmer hat nur eine Tür. Die Zimmer der Reichen haben mindestens zwei Türen, und dann geht man zur einen hinein und zur anderen hinaus, wenn der Tote es dir erlaubt.« Daraufhin erzählte der vorlaute junge Bursche von einem Mann aus Barcelona, einem Beschützer der Armen, der in einem großen Saal mit sieben Türen aufgebahrt worden war, und daß der Andrang so groß und es dem Toten daher nicht möglich war, die Leute herein- und hinauszulassen. Ganz Barcelona war dem Sarg durch die Straßen gefolgt. *»Se anomenava …«*[25] *»Calla't«*, herrschte Dida

22 Flegel! Anm. zu S. 332
23 Eingang mit Erlaubnis von Don Bartomeu Mirò
24 Ausgang mit Erlaubnis von Don Bartomeu Mirò
25 Er hieß …

ihn an und schubste ihn mit dem Ellbogen, *»que si no el dimoni te tallarà la llengua.«*[26] Und ein anderer junger Mann zog ihn hinaus, weg vom Gedränge.
Auf den Stufen sitzend, dachte ich oft über solche Geschichten nach, die ich gehört hatte, dann beobachtete ich wieder den Hof, wo mir gegenüber den ganzen Tag ein alter Mann saß, der mit den Händen den Rand eines Eimers voll roher Kohlblätter und Zwiebeln umklammerte. Ab und zu nahm er davon und aß, mit Bedacht kauend. Er wurde *el boig*[27] genannt. Den ganzen Tag tat er nichts anderes, nur wenn eins der Kinder oder einer der Hunde zu ihm hinliefen, packte er den Eimer furchtsam und verstohlen, zog ihn an sich und hielt ihn zwischen den Beinen fest. Dann starrte er mit zusammengepreßten Lippen und einem herausfordernden Ausdruck ins Leere.
Unterdessen hatte Dida ihren Rundgang beendet und trat wieder ins Haus. Der klirrende Metallvorhang schloß sich über ihrem breiten Hintern, der noch vor Liebe und Wut zu zittern schien, und klingelte dann noch leise, bis er zur Ruhe kam. Dieses süße Klirren klang für mich genau wie das Geräusch der Küsse, die ich Dida im Geist zuwarf und die sie abschüttelte wie Mücken.
Und da Dida in der Schublade ihres Nachttischs Dutzende von Marienbildern aufbewahrte, zeichnete ich ihr eines Tages eine Jungfrau mit einem großen, aufgerissenen Mund, halbmondförmigen Ohrringen und sieben Händen auf jeder Seite und sagte: *»Aquesta és una Verge que no tens, és la Verge del Pati, ets tu!«*[28]

26 Schweig, […] sonst schneidet der Teufel dir die Zunge ab.
27 Der Verrückte
28 Das ist eine Madonna, die du noch nicht hast, das ist die Madonna des Hofes, das bist du!

Dann räumte Dida das Zimmer auf. Plötzlich jedoch hörte ich sie prompt schreien und jammern: »*On és aquell colló d'en Pedrón? Tira les calcetins davall el llit!*«[29] Oder: »*Les castanyetas! Les castanyetas! Vet aquí el que em queda d'una filla!*«[30]

Die Geschichte von ihrer Tochter kannte ich auswendig. Sie war dunkelhäutig, mager, klein von Wuchs, also ganz das Gegenteil der Mutter. Sie hatte krause lange Haare, die Kamm und Zöpfen widerstanden. Es gefiel ihr nicht zu arbeiten, ihr gefielen nur die Männer und der Tanz. Eines Sonntags kam sie mit einem rot und grün geblümten Schal aus gelber Seide nach Hause, doch Dida bemerkte es nicht, weil sie ihn in einem Bündel versteckt hatte. Am folgenden Sonntag kämmte sie sich und stolzierte, da sie glaubte, die Mutter werde spät heimkommen, mit dem Schal vor dem Spiegel hin und her. Dida überraschte sie dort vor dem Spiegel und schrie sie an: »*Qui t'ha donat aquest mocador, bagassa?*«[31] Das Mädchen flüchtete. Und Dida lief hinter ihr her, in der Hand den Kamm, der sich aus den Haaren gelöst hatte. Der Schal verfing sich in den Zähnen des Kamms und zerriß. Das Mädchen stampfte mit den Füßen auf, warf sich verzweifelt aufs Bett und weinte, das Gesicht unter den Haaren verborgen, und schien, als Dida wütend über sie herfiel, die Schläge und Beschimpfungen gar nicht wahrzunehmen. Doch als Dida sich auf den Abort zurückzog, ein kleines weißes Kämmerchen hinter dem Haus, floh das Mädchen, ohne auch

29 Wo ist dieser Trottel von Pedrón? Schmeißt die Socken unters Bett!

30 Die Kastagnetten! Die Kastagnetten! Das ist alles, was mir von einer Tochter bleibt!

31 Wer hat dir dieses Tuch geschenkt, du Hure?

nur eine Anstecknadel mitzunehmen, und kehrte nie wieder zurück. Seit jenem Abend hatte Dida sie nicht mehr gesehen, im Unterschied zu Pedrón, der sie weiterhin traf – einmal hatte er mir nämlich gesagt, daß seine Tochter Dienstmädchen bei einem alten Kaufmann war, einem *xueta*[32].
Am Ende der Geschichte sagte Dida immer: »*I bevia vinagre! perquè volia estar magra com una canya … Volia que li poguessin estrènyer la cintura amb una sola mà quan giràs en el ball!*«[33] – und es lag ein Hauch von Sehnsucht in ihrer Stimme.

Manchmal hockte sich Dida neben mich auf die Schwelle des Hauses. Der Wollrock von verwaschenem Blau spannte sich zwischen ihren Schenkeln. Sie senkte den Kopf, ihre Brüste fielen auf den Teller. Sie war mit ganzer Aufmerksamkeit dabei, Linsen zu verlesen. Die Kinder im Hof spielten Krieg. Sie spielten »*Rojos* und *sense Déu*[34] Umbringen«. Wenn eine Mutter nach ihnen rief, weil sie Hilfe brauchte, antworteten die Jungen frech: »*Calla o et denunciaré a la Guardia Civil!*«[35] Dann stellte Dida mit Bedacht den Linsenteller neben sich ab und stand, sich mit der ganzen Kraft ihrer Hände am Boden abstützend, auf. Einen Augenblick lang hielt sie, die Fäuste in die Seiten gestemmt, inne, wie um ihren Zorn zu beschwichtigen. (Im Zorn wie in der Liebe war Dida nämlich schrecklich.

32 Schweinekotelett. Abfällige Bezeichnung für konvertierte Juden.
33 Und Essig trank sie! Weil sie schlank sein wollte wie ein Schilfrohr … Sie wollte, daß die jungen Männer ihre Taille beim Tanz mit einer Hand umfangen können!
34 Rote und Gottlose
35 Schweig oder ich zeig dich bei der Guardia Civil an!

Häufig fiel mir ihre grenzenlose Energie auf: Zuweilen zersprangen ihr Teller und Gläser unter den Händen, und mehr als einmal waren ihr, während sie sich frisierte, Hornkämme im Haar zerbrochen. Der Körper und die umfassende Bewegung eines Planeten wären nötig gewesen, um ihre Energie aufzufangen und zu entladen.) Schweigend stieg sie die drei Stufen hinunter, blieb in der Mitte des Hofes stehen. Ins Spiel vertieft, hatten die Kinder jedoch nichts bemerkt. Wenn der Frechling in Reichweite kam, packte sie ihn am Arm – sie hielt ihn bloß fest, sie tat ihm nichts – und sagte leise, beinahe zischend: *»Ves-te'n a ca ta mare i fes el que vulguis!«*[36] Dann hob sie den Arm, schwenkte ihn drohend nach allen Seiten und beklagte sich laut schreiend: *»Vet aqu'i el temps en què els fills degollen les seves mares!«*[37] Dann wandte sie sich an die Kinder, die unterdessen ihr Spiel unterbrochen hatten, und herrschte sie an: *»Anau a jugar!«*[38] Danach setzte sie sich wieder ruhig auf die Stufen zum Linsenverlesen. Die Kinder schienen zu zögern. *»Anau a jugar!«* befahl Dida noch einmal. Und die Kinder spielten weiter, als müßten sie eine Hausaufgabe erledigen. Die Mütter lachten, bevor sie sich wieder hinter den klirrenden Vorhängen verbargen, und zwinkerten Dida zu. *»Au! Anau a caçar Rojos!«*[39] forderte Dida sie ironisch auf.

Eines Tages wurde in Didas Hof ein Schwein geschlachtet. Die Kinder liefen mit kleinen roten Tüchern vor dem Schwein herum, packten es am Schwanz, sprangen ihm

36 Geh heim zu deiner Mutter und tu, was sie verlangt!
37 Jetzt ist es soweit, daß die Kinder die eigenen Mütter abschlachten.
38 Geht spielen!
39 Los! Geht die Roten aufspüren!

auf den Rücken – und sie sprangen auch noch auf ihm herum, als es abgestochen war: auf dem Bauch allerdings. Früher hatten Antolí und Abel das Schwein fachgerecht zerlegt. Aber sie waren neben dem Friedhof erschossen worden. So trat, unter Anleitung von Dida, Pedrón an ihre Stelle. Das Schwein gehörte fünf Familien, die Pedrón nach beendeter Arbeit eine ansehnliche Menge Koteletts schenkten; und da Pedrón keine Kinder mehr im Haus hatte, machte er am Abend mitten im Hof ein Feuer und lud die Freunde zum Essen ein. Seit dem Tag, an dem ich Pedrón das Schwein abstechen sah, empfand ich eine Abneigung gegen Koteletts und Preßsack. Nicht einmal mehr aus Liebe zu Dida konnte ich davon essen und dachte betrübt: Ich habe meine Seele an den Teufel verkauft.

Eines Sonntags geschah dann etwas Besonderes: Eine der Familien im Hof bekam ein Grammophon mit Kurbel, das sofort mitten im Hof aufgestellt wurde, damit alle die Musik hören könnten. Dida hatte mich auf ein strohgeflochtenes Stühlchen neben das Grammophon gesetzt. Es gab nur zwei Schallplatten. Während sich die eine drehte, hatte ich die Aufgabe, die andere zu hüten. Aus Furcht, sie könnte herunterfallen, hielt ich sie mit beiden Händen fest und starrte auf die vielen schwarzen Rillen, in die die Musik eingeritzt war. Ich betrachtete die Poren an meinen Händen und sagte mir: Wer weiß, was man hören würde, wenn sie schwarz und rund wären! Mir fiel auch ein, daß man, wenn ich mit dem Bleistift über das Zeichenblatt fuhr, viele schwarze Pünktchen sah. Und da mir schien, als wären die Bleistiftmine und die Platte aus dem gleichen Stoff gemacht, dachte ich: Ich will wie die Bleistiftspitze, wie die Platte sein, nicht wie die Zeichnung und die Musik. Denn die Leute lachten, schwitzten, umarmten sich, während sie die Musik hörten und tanzten. Ich aber empfand es wie eine Gefahr, daß sich in mir Geräusche, Empfindungen und Unruhe regten. Ich wußte nichts damit anzufangen. Mit niedergeschlagenen Augen starrte ich auf die Platte.

Eine der Platten hatte in der Mitte ein rotes Etikett als Seele, die andere ein gelbes. Darauf standen geheimnisvolle Wörter. Doch ihre wahre Seele war, so kam es mir zumindest vor, ein kleines kreisrundes Loch, durch das die Platte, wenn man sie auf den Stift auf dem Plattenteller legte, zum Leben zu erwachen schien. Ich wußte, daß ich selbst ein ähnliches kleines Loch in meiner Mitte hatte.

Nur wenn Martí, der Tagedieb, tanzte, der sonst müßig rittlings auf dem Stuhl saß und rauchte, wehrte ich mich nicht gegen die Musik, die aus der Platte kam und mich so sehr beunruhigte. Martí zerfloß nämlich nicht in Körpersäfte und Schweiß, Tränen und Gelächter, er tanzte ernst und genau – auch begriff man nicht, ob die Musik ihn beherrschte oder er die Musik. Er wurde hart und schwarz wie der Schellack der Platte. Etwas versuchte, ihn mit flüchtigen, eitlen Formen zu umgarnen, ihn unvermutet mit Krallen zu packen, ihn mit triefenden Säften festzuleimen, ihn mit Wirbelwinden zu verschlingen, ihn mit plötzlich auflodemdem Feuer zu schmelzen. Er aber trotzte mit Bestimmtheit allen Gefahren, sich auf das kleine Loch verlassend, das er in sich hatte. Verschlagen forderte er Dida zum Tanz auf. Dida schien zu schwanken: Ihre Augen leuchteten wie große ungetrübte Sterne, dann zierte sie sich, gab ihm einen festen Klaps auf den Hintern, als wäre er ein kleiner Junge, und stieß ihn mit solcher Kraft zurück, daß Martí beinahe hintenüber fiel. *»Si jo*

ballàs«, jammerte sie dann herum, *»el cel cauria damunt la terra i aquest món de merda rebentaria en trossos!«*[40]
Eines Tages begann Martí zu arbeiten und heiratete ein junges Mädchen, fast noch ein Kind. Er zog mit ihr in ein Zimmer am Ende einer steinernen Treppe direkt außerhalb des Hofs. Am Sonntag ging Dida mit mir hin, um die Braut zu sehen. Aber ins Haus hinauf durfte man nicht. Von unten rief Dida: »Estel! Estel!« Die Braut trat auf den Balkon; sie hatte sich wieder Zöpfe geflochten wie die kleinen Mädchen. Sie war in Pantöffelchen und Morgenrock, denn eine Woche lang durfte sie weder aus dem Haus gehen noch Besuch empfangen noch sich ankleiden. *»Crida Martí!«*[41] sagte Dida zu ihr. Aber Martí tauchte nicht aus dem Jutevorhang auf. Da rief Dida ihm im Fortgehen grausam zu: *»Ara ja no ballaràs mai més com abans, Martí!«*[42] Die Braut winkte uns derweil zum Abschied. Nachdem auch Dida sich endgültig verabschiedet hatte, drehte ich mich noch einmal um: Die Braut kaute auf der Spitze eines Zopfes. Ich sagte zu Dida, die arme Braut müsse sich bestimmt langweilen, den ganzen Tag im Haus eingesperrt.
»Que ho ets de beneita!« erwiderte Dida. *»De cap manera! No s'avorreixen! Es xuclen l'ànima … Demà els duré dos coloms sofregits.«*[43] In diesen Tagen brachten nämlich alle Freunde und Verwandten dem Brautpaar Essen und stellten es un-

40 Wenn ich tanzen würde, […] würde der Himmel auf die Erde stürzen, und diese Scheißwelt würde in Stücke springen!
41 Ruf Martí!
42 Nun wirst du nie mehr tanzen wie früher, Martí!
43 Wie dumm du bist! […] Ganz im Gegenteil! Sie langweilen sich überhaupt nicht! Sie saugen sich gegenseitig die Seele aus … Morgen werde ich ihnen zwei gebratene Tauben bringen.

ten an der Treppe hin, als wäre es für zwei Tierchen bestimmt. Am nächsten Tag hielt Dida ihr Versprechen.

Dida hatte einen Taubenschlag auf dem Dach, zu dem sie bei Sonnenuntergang hinaufstieg, um ihn zu säubern und die Tauben mit Mais zu füttern. Sie und Pedrón aßen jedoch nie Tauben. Sie brauchten sie nur als Geschenk: für den Arzt, den Totengräber, den Besitzer des Brunnens, den Pfarrer, den Polizisten. Für den Pfarrer bereitete Dida sie auch zu, denn seine Magd putzte ihm nur das Haus. Mit einem dreistöckigen Bündel auf dem Kopf ging sie dann los: In der obersten Schüssel war Schneckensuppe, in der zweiten die Tauben mit Sauce, in der dritten Aprikosentorte. Und um die zugedeckten, aufeinandergestellten Schüsseln war ein großes Tuch gebunden. Mir schien dieser Aufbau eine Pastete zu enthalten, die in Dornröschens Küche zubereitet und kurz vor dem Erwachen aus dem verzauberten Schloß entwendet worden war. Fröhlich lief ich vor Dida her, schob mit einem Stock die dornigen Brombeerranken auf ihrem Weg beiseite. *»Deixau passar! Deixau passar!«* rief ich einer imaginären Menschenmenge zu. *»Passa Dida de Pedrón, passa la Verge del Torró!«*[44]

Es gab noch einen anderen Ort, den Dida mit ihren Töpfen auf dem Kopf, einer Flasche Wein in der Hand und einem im Busen verwahrten Beutel mit Tabakblättern und Streichhölzern aufsuchte. Ich mußte schweigend neben ihr hergehen und hörte sie den ganzen Weg über leise beten und fluchen. Seit über drei Jahren lebte Didas Sohn in den Wäldern versteckt, seit der Zeit der August-Massaker traute sie sich nicht, ihn ins Dorf zurückzuholen. Mir hat-

44 Macht den Weg frei! Macht den Weg frei! […] Hier kommt Dida von Pedrón, hier kommt die Nougat-Madonna!

ten sie erzählt, er arbeite als Schäfer. Doch Mamita, die die Wahrheit wußte, hatte mir gesagt, er sei ein »Geächteter«. Der Junge kam mit einem Esel aus den Bergen herunter, wartete an einer abgesprochenen Stelle in der Macchia, am Waldrand. Vor dem Jungen kam uns ein Hund entgegen. *»Vés a cercar-lo! Vés a cercar-lo!«*[45] forderte Dida ihn auf. Der Hund verschwand im Unterholz. Dida setzte sich auf einen Stein und wartete. Wenig später tauchten der Hund und der Junge gemeinsam auf. *»Asseu-te!«* sagte Dida, nachdem sie ihn umarmt hatte. *»Perquè et tenc que esplugar.«*[46] Folgsam gehorchte er, legte ihr den Kopf in den Schoß, und sie streichelte und lauste ihn abwechselnd und flüsterte ihm dabei zärtliche oder bissige Worte zu. *»T'engreixaràs de tanta ganduleria!«*[47] sagte sie zu ihm. Oder: *»Et quedaràs amb els ossos per les penes i la fatiga!«*[48] Ich probierte derweil, mit dem Hund zu spielen, der, als Wachhund abgerichtet, witternd weite Kreise um die Mutter und den Jungen zog.

Auf dem Rückweg machte Dida auf dem kleinen Platz des nahen Dorfes halt, um in einem Laden Soda, Seife, Öl und Salz zu kaufen. Dann schwatzte sie noch eine Weile mit den Frauen. Ich saß schläfrig auf einer Bank. In dem Laden stand auf der Theke ein Glas mit großen, in glänzendrotes Papier eingewickelten Bonbons. Und einmal war ein Liebespaar hereingekommen. Er hatte Zigaretten gekauft und sich dann zwei dieser Bonbons für seine Verlobte geben lassen. Eines steckte sie in den Busen, das andere behielt sie in der Hand. Sie traten wieder auf die Straße,

45 Such ihn! Such ihn!
46 Setz dich! […] Ich muß dich lausen.
47 Du wirst noch fett vor lauter Faulheit!
48 Du wirst noch Haut und Knochen vor Kummer und Mühe.

während sie es noch auswickelte. Dann, draußen, vor dem Weitergehen, steckte sie das Bonbon in den Mund und sah dabei ihrem Verlobten in die Augen. Das Papier warf sie nicht auf den Boden, sondern strich es sorgfältig glatt, faltete es vierfach und schob es ebenfalls in den Busen. Ich spielte mit diesen Bonbonpapieren Brille, durch die man die Welt ganz in durchsichtigem Rot sieht und gehüllt in einen süßlichen Geruch. Und wenn mir eins davon herunterfiel, dachte ich, bevor ich es aufhob: Wer weiß, ob mir je ein Verlobter so schöne Bonbons schenken wird!
In dem Laden herrschte ein ständiges Kommen und Gehen, genau wie in Didas Hof, wo ständig das Kleingeld klimperte und den Kindern befohlen wurde: *»Ves a comprar això! … Ves a comprar allò!«*[49] Denn aus Geldmangel kauften alle immer nur wenig auf einmal. Man kaufte zum Beispiel drei Zigaretten am Morgen, dann zwei am Nachmittag, dann vielleicht noch zwei am Abend. Und der Zucker wurde in Tütchen verschiedener Größe abgepackt verkauft, von zwei Eßlöffeln bis zu einem halben Kilo. Viele kauften auch morgens ein Maß Öl, das kaum den Boden der Flasche bedeckte, und abends noch eins – lange war ich überzeugt, daß die Krüglein, die beim Meßopfer benutzt wurden, kostbares Öl enthielten. Mir aber erschien dieses ununterbrochene Geklimper von Geld wie das Geräusch des Überflusses.

Dida liebte meine jüngeren Geschwister nicht, wahrscheinlich machten sie ihr mehr Arbeit, jedenfalls behandelte sie sie wie Dinge, denen man mit Achtung begegnen muß, aber nicht mit Liebe. Mich dagegen liebte sie, und

49 Geh und kauf dies! Geh und kauf jenes!

ich glaube, nicht nur, weil ich so gern den Sonntag in ihrem Hof verbrachte. *»Per què ta mare ha comanat altres nins! No en tenia prou amb tu?«*[50] sagte sie. Oder sie flüsterte mir zu, während sie mir die Strümpfe hochzog: *»Només tu ets la meva nina!«*[51]

Eines Tages gab ich ihr eine Ohrfeige, weil ich nicht schlafen gehen wollte. Meine Hand brannte noch stundenlang, ich konnte nicht einschlafen vor Schmerz. Dida weinte am Fußende des Bettes und jammerte: *»Aquesta és la segona bufetada que no retorn; també la meva filla me'n donà una a la teva edat!«*[52] Und sie weinte immer weiter, während ich ihr übers Haar strich.

»Un dia pariràs!« klagte Dida zuweilen. *»Oblidaràs la llengua que t'he ensenyat!«*[53] *»Mai t'oblidaré!«* antwortete ich. *»I quan sigui gran, tornaré a veure't!«*[54] Doch Dida beharrte: *»M'oblidaràs!«*[55] Und da es mir nicht gelang, mich gegen diese schreckliche Zukunft aufzulehnen, die wie eine Alarmglocke klang, sagte ich: *»El vaixell que me'n durà d'aquí s'enfosarà!«*[56] *»Déu me'n guard!«*[57] schrie Dida. So quälten wir uns abends jedesmal, wenn wir gestritten hatten.

50 Warum hat sich deine Mutter noch mehr Kinder angeschafft! Hast du ihr nicht gereicht?
51 Nur du bist meine Tochter!
52 Das ist die zweite Ohrfeige in meinem Leben, die ich nicht zurückgebe; auch meine Tochter hat mir eine heruntergehauen, als sie so alt war wie du.
53 Eines Tages wirst du weggehen! […] Du wirst die Sprache vergessen, die ich dir beigebracht habe!
54 Ich werde dich nie vergessen! […] Und wenn ich groß bin, komme ich zurück, um dich zu besuchen.
55 Du wirst mich vergessen!
56 Das Schiff, das mich von hier fortbringt, wird untergehen!
57 Gott bewahre mich davor!

Im herrschaftlichen Badezimmer, wo Dida mich zwang, mir bald diesen, bald jenen Körperteil zu waschen, gab es ein sonderbares Instrument, das zu einer silbernen Toilettengarnitur von Mamita gehörte; es diente zum Anziehen jener Schuhe, die hinten, in der Mitte der Verse, eine kleine Lederschlaufe hatten. Man mußte nämlich den Haken, in den dieser besondere Schuhanzieher auslief, in die Schlaufe stecken und dann ziehen, damit der Schuh über die Ferse hinaufrutschte. Der Griff war nicht massiv, sondern wie bei manchen Messern aus einem gewöhnlicheren Metall, mit leicht gewellten Silberlamellen umkleidet, die ein Gefühl von Weichheit hervorriefen und sich unter der Daumenkuppe zu verschieben schienen, wenn diese auf leichten Druck darin versank. Und der Haken war weder spitz noch scharf, sondern rund und sanft wie eine halbmondförmige Muschel. Wer weiß, aus welchem Grund, vielleicht beeinflußt von der einem phantasievollen, barocken Besteck gleichenden Form des Instruments – es hatte ja den Griff eines Messers, die Rundung des Löffels und den Zinken der Gabel –, benutzte ich es, müßig auf dem Bidet sitzend, das Dida mir mit Seifenwasser und Stärke gefüllt hatte, um mir zart die Vulva zu reiben. Ich stellte mir vor, sie löffelweise aufzuessen, so als wäre sie ein Eis oder ein Stück Kuchen, und versuchte, sie zu reizen, wie ich es manchmal mit Schnecken machte; und genau wie bei den Schnecken, die sich widerspenstig zurückzogen, spürte ich, wie sie sich zusammenzog und zwei weiche, schleimige Fühler zum Vorschein kamen. Mit gesenktem Kopf, die Haare herabhängend wie schwarze Vorhänge in einer Dunkelkammer, beobachtete ich aufmerksam das Kommen und Gehen des Hakens.

»Mare de Déu! Què dirà ta mare!«[58] Plötzlich tauchte Dida vor mir auf und stellte sich zwischen mich und das Fenster. Der Haken fiel mir aus der Hand und verschwand im Wasser. Ich starrte Dida erstaunt an. Mit erhobenen Armen stand sie da, der weiße Pikee spannte unter den Achseln, wölbte sich über der Brust. Dann wandten sich ihre geröteten, zu Fäusten geballten Hände gegen mich. Die Geste war von unsäglichen Beschimpfungen und Bitten an die Heilige Jungfrau begleitet. Ich wußte nicht, was ich davon halten sollte. Es konnte sich nicht nur um den üblichen Vorwurf handeln, daß ich auf dem Bidet trödelte und mich nicht waschen wollte. Von einer sicheren Witterung geleitet wie die Tiere und schon im vollen Wissen um die Gesetze der Verwandlung, allen voran um das Gesetz, wonach auf jeden Anfang ein Ende folgt und auf die Lust der Mangel, so wie auf die Anwesenheit die Abwesenheit, brachte ich dieses Gesetz mit der besonderen Situation in Verbindung – wegen des Gefallens, den ich an dem Spiel gefunden hatte, und der Härte des Vorwurfs – und begriff, was meine Schuld ausmachte. Nur war diese Schuld allerdings lange nicht eindeutig umrissen, sondern vermengte sich mit der Faulheit, dem Müßiggang, meinem Widerwillen, mich zu waschen; auch war mir nicht ganz klar, ob es auch in Didas Augen eine Schuld darstellte oder nur für Mamita. Ich wußte zum Beispiel, daß es in Didas Augen keine Schuld bedeutete, mit den Händen zu essen, und daß sie mich nur, wenn ich es außerhalb ihres Hofes tat, dafür tadelte, um nicht den Zorn meiner Mutter auf sich zu ziehen. Diesmal jedoch hatte Dida in ihren wirren Beschimpfungen von Vergehen gegen die Heilige Jungfrau

58 Mutter Gottes! Was wird deine Mutter sagen!

gesprochen, weshalb Mamita von da an über das Wesen der Königinnen und der Feen hinaus auch am strengeren Wesen der Madonnen teilhatte. Didas Madonnen waren nämlich nicht rundlich, pausbäckig und lieblich wie die italienischen, von denen die Großmutter mir Bilder mitbrachte, sondern finster und streng, blaß und verblüht. Selbst die in Andalusien verehrte Mutter Anarquía, auf deren Haupt ein Turm ruhte, diese Madonna mit weißem Gesicht, einer Nase, so gerade wie ein Schiffsbug, einem erdbeerfarbenen Fleckchen auf jeder Wange, unter dem schwarzen Mantel in ihr scharlachrotes Gewand gehüllt und mit einem Flammenschwert in der Hand, selbst sie hütete sich wohl zu lachen und preßte vielmehr die Lippen zusammen wie über einem finsteren Geheimnis.

Dann kam Dida eines Morgens nicht in mein Zimmer, um mich zu wecken. Ich fragte Mamita nach ihr; sie antwortete, Dida sei krank. Ich bat sie, Dida mit mir zu besuchen. »Morgen«, sagte sie. »Morgen«, sagte sie eine Woche lang. Eines Vormittags, nach dreizehn Tagen, beschloß ich, mich in aller Heimlichkeit allein auf den Weg zu machen, den ich ja gut kannte. Ich brauchte eine halbe Stunde. Als ich Didas Hof betrat, sah ich sie auf den Stufen vor ihrem Haus sitzen. Sie verlas Linsen. *»Dida, va bé!«* sagte ich. *»Per què no tornes a ca nostra?«*[59] Dida drückte mich an ihren Busen; unter Tränen gestand sie mir: *»Ta mare m'ha engegat!«*[60]

Wütend lief ich nach Hause. Ich hätte Didas großen Körper haben mögen, damit er meinen Zorn fassen könnte.

59 Dida, du bist ja gesund! Warum kommst du nicht zu uns zurück?
60 Deine Mutter hat mich fortgejagt!

Alle suchten mich im Garten. Mich Antònias Zugriff entziehend, ging ich direkt auf Mamita zu und fragte sie: »Warum hast du sie fortgejagt?« Mamita führte mich in ihr Zimmer, ließ mich neben ihrem Sekretär Platz nehmen und erklärte: »Dida hat uns bestohlen, deswegen habe ich sie fortgejagt!« Ich sah sie fest an. »Wenn ich groß bin«, sagte ich zu ihr, »gebe ich dir das Geld zurück, das Dida dir gestohlen hat, und ihr gebe ich alles Geld, was ich verdiene. Jetzt hol sie zurück!« »Das geht nicht«, sagte Mamita. »Es ist gefährlich, und meine *Würde* steht auf dem Spiel!« Dieses Wort verstand ich nicht, ich verstand nur, daß Mamitas Entscheidung unwiderruflich feststand. Und in der Tat hatte sie zusammengepreßte Lippen, ein kaltes Licht in den Augen. Den ganzen Tag sprach ich nicht mit ihr.

Abends kam Mamita in mein Zimmer und deckte mich zu. Ich setzte mich im Bett auf. »Ihr könnt mich ins Internat bringen«, sagte ich zu ihr. Mamita warf sich weinend ans Fußende des Bettes. Doch da sie mir nicht versprach, daß sie Dida zurückholen würde, drehte ich mich zur anderen Seite und tröstete sie nicht.

An die Dienstboten im Haus, die über meine Verzweiflung lachten und über Dida herzogen, wandte ich mich von dem Tag an nie mehr auf mallorquinisch, sondern auf kastilisch.

Anita bindet ihre Schuhe alleine zu

Vielleicht weil ich sehr dünn war, hatte Papito nie Lust, mich zu verspeisen. Nie sagte er: »Jetzt eß ich deinen Arm!« »Jetzt eß ich dein Schenkelchen!« Nie machte er, hinter einer Tür hervorkommend, »Hamm!«, wenn er mich sah. Von Anita dagegen wollte er dauernd ein Stückchen abbeißen.

Papito war überhaupt sehr naschhaft. Er mochte gern Mayonnaise, Fleisch in Aspik, Vitello tonnato, Risotto. Und sobald es Frühling wurde, vertilgte er Berge von Reis mit Erbsen, bestreut mit dem Parmesan, den Signor Facchi ihm geschenkt hatte. Doch gehörte er nicht zu jenen Lekkermäulern, die gierig schlingen. Er aß eher geziert, und mehr als das Essen liebte er das Probieren. Ab und zu kam er in die Küche, nahm den Deckel von einem Topf oder einem Teller ab und stibitzte mit dem Ausdruck eines naschhaften Kindes, so als würde er sich vor der Köchin verstecken, ein Stückchen von einem Gericht oder kostete mit der Löffelspitze eine Sauce oder pickte eine Olive von der Mayonnaise, mit der der russische Salat garniert war. Dies machte ihn, zusammen mit dem freigebigen Trinkgeld, das er hinter Mamitas Rücken verteilte, in der Küche sehr beliebt. Stets erzählte er uns dann von dem Kaviar, den er in Rußland gekostet hatte, von den Schwalbennestern, die man ihm in China serviert hatte. Und oft beendete er seine kulinarischen Erinnerungen mit einem Nachsatz, der die Moral der Geschichte zusammenfaßte: Nichts sei ihm jedoch im Leben je so köstlich erschienen wie die Bratkartoffeln, die seine Mutter in der Kindheit für ihn machte.

Süßigkeiten reizten ihn nicht, außer in Gestalt kleiner Mädchen.

Er sang nämlich Anita ein neapolitanisches Lied vor und sagte zu ihr, um ihren Mund zu formen, hätten sie Zimt und Zucker genommen, für ihre Wangen Erdbeersaft.

Manchmal griff er dann nach einer Zeitschrift oder einem Bildband, schlug ihn auf dem Tisch auf und begann, mit Bedacht darin zu blättern – Anita setzte er neben sich, Carlito und mich gegenüber. Diese Bücher und Zeitschriften enthielten Zeichnungen oder Fotos von üppigen Gerichten, die wir leicht enttäuscht betrachteten. Vor allem Anita. Doch mußte man bei ihm immer auf eine Überraschung, einen Scherz gefaßt sein. Deshalb blieben wir, wenn auch ratlos, voll banger Erwartung sitzen.

Nachdem er einige Seiten vor unseren Augen umgewendet hatte, hielt er inne, zum Beispiel bei einem Huhn in Aspik oder einem kleinen Brathuhn, mit neuen Kartöffelchen garniert, das die Schenkel nach oben streckte, wie ein Säugling, dem der Popo abgeputzt werden soll; oder bei einer auf ihren vielen Beinen kauernden Languste, die aussah, als wollte sie gleich vom Teller springen; oder bei einem Blech mit geschmorten Wachteln, bei denen am Flügel und oben an den verstümmelten Beinchen das zarte Knochengerüst unter dem Fett durchschimmerte; oder bei einem Keramiktopf in Form eines Schweinchens, in dem man, erklärte er uns, in der Schweiz Geflügel im Backofen zu garen pflegte.

Er blätterte die Seiten um und sagte: »Wie wollen wir sie zubereiten?« Anfangs lachte Anita, die auf ihrem Vorzugsplatz neben ihm saß, und ihr zuckerverschmierter Mund zuckte ein bißchen; auch die Wimpern zuckten ein bißchen. Vielleicht hat sie Angst, dachte ich. Und prompt brach sie in Tränen aus.

Es war gewiß kein unartiges Weinen. Es brach plötzlich, wie aus tiefstem Herzen, aus ihr heraus, nachdem sie es lange zurückgehalten hatte. Und es war noch ganz mit dem anfänglichen Lachen vermischt.

Sie hatte auf ein Märchenbuch gehofft. Als das Buch dann aufgeschlagen und durchgeblättert wurde und eins nach dem anderen verschiedene Gerichte zu sehen waren, hatte sie geglaubt, Papito wolle eine schöne Torte aussuchen, um sie in der Küche zu bestellen. Weit gefehlt. Sie, Anita, sollte verspeist werden. Sie blickte sich hilfesuchend um; und Carlito und ich amüsierten uns damit, sie anzuschauen, als wäre sie etwas zum Essen. Wir waren ja sicher, daß uns in dieser Hinsicht nichts geschehen konnte. So oft hatte man uns gesagt, wir glichen nicht einmal Hänsel im Käfig, sondern dem Knöchelchen, das er der Hexe zeigte. Aus uns hätte man höchstens eine recht magere Brühe machen können, ein Krankensüppchen.

Anita weinte. Und es war, als käme ihr Weinen aus einem schmucken und plötzlich verlassenen Häuschen in ihrem Inneren. Oder aber aus einem bodenlosen Brunnen, in den sie gefallen war, beängstigenden Wundern entgegen. Dieses Weinen war ein schrecklicher Schlüssel, der die Tür zu ihrem intimen, hübschen und ordentlichen Häuschen abschloß, in dem ich gerne gewohnt hätte.

Nun, dieses Häuschen war jetzt zugesperrt und sich selbst überlassen. Wie in einer Leere ohne Zeit und Raum war

das Ticken der Uhr darin verstummt, und auch die Bäume, die Straße, selbst die Wolke über dem Dach hatten sich von ihm entfernt. Die Nacht kam, das Häuschen war hell erleuchtet, vergebens – in der Eile waren die Lichter angelassen worden; rundherum war nichts mehr, nur ein schwarzer Baum ohne Früchte und Blätter, darüber stand eine Mondsichel; und es wirkte, als würde das Häuschen, hätte man sich genähert, um hineinzugehen, und es nur mit einem Finger berührt, zu Staub zerfallen, so war es geschrumpft.
Oder Anitas Weinen klang wie das Rauschen bei einem schwindelerregenden, langsamen Fall; gewiß hätte sie sich, während sie an den Wänden ihres Brunnens abwärts glitt, gern an irgendeinem Halt festgeklammert, aber sie schaffte es nicht; im Fallen drehte sie sich ständig um sich selbst. Ich hätte in ihren Brunnen hinabsteigen mögen, allerdings in der Hoffnung, seitliche Öffnungen zu finden. Denn der Grund machte mir angst, weil ich den Eindruck hatte, er müsse in einen noch schwindelerregenderen Abgrund münden; die seitlichen Öffnungen dagegen, die ich mir in allen Wänden vorstellte, führten zu verschiedenen Zimmern und Zimmerchen, die teils schöne, teils beunruhigende Dinge enthielten.
Ein Zimmer war übersät mit farbigen Glassteinchen, die leuchteten, als wäre es ein Kaleidoskop, und wenn man welche aufheben wollte, verletzte man sich. Dann überwog bei all den Farben nach und nach das Rot des Blutes, und die Glassteinchen waren nicht mehr glänzend, sondern stumpf, nicht mehr glatt, sondern spitz.
Ein Zimmer war voller Bonbons, wie ein kleiner Süßwarenladen. Und es gab eine alte Waage mit zwei Waagschalen, die nur zum Spiel benutzt wurde, da man von allem nehmen durfte, wann und wieviel man wollte.

Ein Zimmer war leer, sonderbar geschnitten, oval. Ganz hinten stand nur ein Sofa, mit ebenfalls oval geformter Lehne, und darauf saß eine große Puppe. Sie ähnelte Anita, war aber regungslos: Sie wies mich nicht zurück. Ich konnte ihr die Haare kämmen, solange ich wollte, es sogar wagen, sie zu streicheln, ihr die Schleifen auf dem Kopf zu binden, ihr die Schuhbänder zu verknoten. Und vor allem konnte ich sie betrachten. Anita ließ sich nämlich von mir nicht einmal gerne anschauen. Die Puppe tat alles, was ich ihr sagte. Aber in Wirklichkeit verlangte ich nicht viel von ihr. Ich sah sie an und murmelte, daß sie schön sei. Ab und zu kämmte ich sie ein bißchen. Sie hatte glatte blonde Haare, durch die der Kamm glitt wie durch Sonnenstrahlen. Eins allerdings bedauerte ich: daß, wenn meine Fingerknöchel beim Kämmen manchmal ihren Kopf streiften, nicht die kleinste Wärmewelle zu mir drang. Und etwas Wärme hätte ich natürlich gerne gespürt, sonst bedeutete es ja, daß es zwischen uns nichts Verwandtes gab. Und in Wahrheit gab es zwischen Anita und mir auch keine Bindung durch all jene Dinge, die man unter der Haut hat. Daher vermochte ich nicht einmal zu denken, daß ich sein könnte wie sie. Anita war und blieb etwas anderes. Etwas, womit ich ein sehr unvorsichtiges Spiel getrieben hatte.

Ein Saal war da, wo eine wunderschöne, liebevolle Königin lebte, die irgendwie Mamita ähnelte. Vielleicht wegen einer stillen Üppigkeit, die Mamitas Gesicht manchmal, aber sehr selten, bekam, als hätte ein Zaubertrank sie so verträumt gemacht. Doch erinnerte diese Königin an eine jüngere Mamita, die dicker war und blond. Diese Königin war Anitas echte Mama. Doch wenn sie einem den Rükken kehrte, mußte man aufpassen. Denn sobald sie sich

wieder umdrehte, bauschte sich der glänzende Rock, den sie trug, ab der Hüfte wie ein Rad. Manchmal machte sie einem angst: wenn es aussah, als hätte sie sich in eine Hexe verwandelt, denn dann verfärbte sich das Hellblau des Rockes zu Grau, ähnlich dem der Gewänder mancher gebrechlicher Heiliger, und anstelle des schwellenden Busens entstand eine Leere, der Stoff schlug dort häßliche Falten.
Und in einem abgrundtiefen Brunnen gab es noch ein ganz kleines Zimmer, in das man durch ein Fensterchen gelangte. Es war dunkel, fast wie eine Speisekammer, überall verstreut lagen Knöchelchen: die von Anita, nachdem sie aufgegessen worden war.
Und ein Zimmer war voll mit Beeren, Blumenkörbchen, Blättchen, grünen Zweiglein, kunstvoll gestutzt, daß sie aussahen wie Spargel, kleinen Granatapfelblüten und -früchten, Samen aller Art, Steinchen, dort spielte Anita Markt. Wie ernsthaft sie in den Handel vertieft war. Hier konnte sie verkaufen, nicht nur kaufen, wie wenn sie mit uns spielte.
Und in einem Zimmer lag auf dem Tisch in der Mitte ein großer roter Apfel, der aussah wie Anitas Gesicht oder ein Hintern. Alle sagten nämlich zu Anita, sie gleiche einem Apfel. Aber innen war ein Wurm. Oder der Wurm war herausgekrochen, und der Apfel war trotzdem verdorben.
Bestimmt gab es auch noch andere Zimmer und Zimmerchen, aber man hätte den Mut aufbringen müssen, tiefer unten nach ihnen zu suchen; und es bestand auch die Gefahr, daß in Wirklichkeit keine Zimmer mehr da waren, daß man nur noch auf Spalten in den Wänden stoßen würde, voller staubiger Spinnweben und Fledermäuse.
Ich hatte gewöhnlich nicht so große Lust wie Papito, Anita zu verspeisen. Ich wünschte mir mehr, zu sehen, wie sie

innen gemacht war. Oder sie wenigstens zu betrachten, ohne von ihrem Blick gestört zu werden, der mich wegschob und sofort eine Grenze zog. Doch wenn Papito »Anita essen« spielte, bekam ich auch Lust darauf. Und da Papito ja nicht mich, sondern nur sie essen wollte, war meine einzige Möglichkeit, mich ganz eins mit ihm zu fühlen, es auch zu wollen. So würden Papito und ich wenigstens Komplizen werden. Auf andere Weise würden wir zu unserer alten, privilegierten Beziehung zurückfinden, wie vor dem Bruch des Verlöbnisses.

Mamita dagegen wollte Anita nicht verspeisen. Ganz allgemein schien sie keine große Lust zu haben, Personen zu essen. Auch Carlito hatte keine Lust dazu, er stellte lieber Fallen. Und auch die Großmutter nicht. In der Küche aber wollten alle sie gern essen. »Jetzt geb ich dir einen *petó*[1]!« sagten sie zu ihr und gaben ihr einen schmatzenden Kuß auf die Wange, der wie ein saftiger Biß klang. Papito, der also der einzige aus der Familie war, dem es gefiel, sie zu essen, schien andererseits nicht die geringste Lust zu haben, zu sehen, wie sie innen gemacht war. Er wirkte sogar etwas erschrocken, wenn er sie zufällig nackt sah, gleich nach dem Bad. Deshalb lobte er immer ihre Kleider so sehr, ihre blonden Haare, die auf ihre Weise auch wie ein Kleid waren, ihre Strümpfe, ihre Schühchen. Nackt, gleich nach dem Bad, war Anita ganz rosa und golden. Doch Papito lief rasch vor ihr davon und behauptete, er fürchte, sich mit Talkumpuder zu beschmutzen.

Anita hatte alle diese Dinge in sich: Brunnen, Zimmer, Häuschen, weil ihr schien, das Haus, Mamita, Dida und der Garten, Don Felipe, kurz gesagt, alles übrige gehöre mir.

1 Dicken Kuß

Und wenn sie sich von alldem je ein Stückchen nahm, war ihr, als würde sie stehlen und müßte es deshalb sofort in sich verstecken, damit niemand es bemerkte.
Sie war nie bockig. Auch Bockigsein war ganz meine Sache. Als hätte sie kein Recht dazu. Still saß sie neben Mamita. Doch Mamita achtete nicht auf sie, fast als hätte sie einen schönen Strauß Zinnien neben sich oder irgendeinen anderen Zimmerschmuck. Wenn Mamita strickte, hob Anita ihr das Wollknäuel auf, wenn es herunterfiel, und verscheuchte Don Felipe, der mit dem Faden spielen wollte – und falls es dem Kater gelungen war, das Knäuel auseinanderzureißen, wickelte Anita es wieder auf. Sie probierte nicht, wie ich, Dinge aus, die sie noch nicht konnte. Wie einmal, als ich statt Kuchen einen Brei aus Eiern und Mehl machte oder krumme schiefe anstatt kleiner gerader Stiche, nachdem ich Mamita bedrängt hatte, sie solle mir Nadel und Faden geben. Anita saß still und ruhig da, mit stillen und ruhigen Augen betrachtete sie die Welt und beobachtete die Dinge lange. Eines Tages bat sie Mamita – und es war das erstemal, daß sie zu nähen versuchte –, ihr eine eingefädelte Nadel und ein Stückchen Stoff zu geben. Mamita zeigte ihr die ersten Stiche, und Anita hatte Mamita in diesen Monaten so ausgiebig beobachtet, daß sie schon gut ganz gerade, ganz kleine Stiche aneinanderreihen konnte. Und im allgemeinen achtete sie darauf, alles gut zu machen, kein Wasser zu verschütten, sich nicht schmutzig zu machen.
Sie plauderte nicht unaufhörlich mit Mamita, wie ich es tat, sie gab ihr keine speziellen Küsse wie Carlito; sie wagte nicht, sie zu berühren, nicht einmal, so schien es, mit der Stimme. Und während ich pausenlos plapperte wie eine kleine Irre, sah sie mich mit stillen und ruhigen Augen an,

als wollte sie mich unterbrechen. Ich spürte ihren Blick auf mir und wandte mich unwirsch nach allen Seiten, um die Ursache des Ungemachs herauszufinden. Zuletzt sah ich ihre Augen und dachte: Was starren die mich so an!
Mamita sagte einmal, Anita gleiche dem Steckling einer Geranie, der überall gedeiht und keinen Ärger macht, während ich wie ein Steckling des Oleanders sei, der ein giftiges und bitteres Gewächs ist, aber schöne, duftende Blüten hat. Da fing Anita an zu weinen. Sie rief aus, auch sie wolle wie der Oleander sein. »Warum denn?« fragte Mamita. »Die Geranie ist eine wundervolle Blume!«
»Weil der Oleander giftig ist und ihn keiner essen kann!« antwortete Anita.

Bei der Schneiderin bestellte Mamita für Anita und mich oft die gleichen Kleider, doch waren ihre, im Unterschied zu meinen, stets makellos. Sie machte keine Flecken hinein und zerriß sie nicht, denn sie stieg nicht auf Bäume; sie kletterte nicht die Mäuerchen hinunter; sie spritzte sich am Brunnen nicht mit Wasser voll; sie manschte nicht gern mit Sand, Erde, Ton und Schlamm; sie brach den Pflanzen, die Milchsaft absondern, nicht die Äste ab; sie schnitt nicht mit einer geklauten Sense oder einem Messer in den Stamm der Kaktusfeigen und strich sich den Saft auf die Beine; sie ging nicht Maulbeeren und Kirschen pflücken; sie bohrte nicht mit dem Finger in der Nase und wischte ihn dann an den Falten ihres Kleides ab; sie spielte nicht Spucke im Mund sammeln und sie am Kinn herunterlaufen lassen; sie machte nicht kleine Päckchen aus Scheiße, die in Zeitungspapier gewickelt war, es gefiel ihr nicht, diese Wärme und Weichheit zu fühlen; sie befleckte sich nicht mit Blut (sie tat sich nämlich nie weh, und deshalb war ihr Körper unversehrt): Sie schürfte sich nicht Ellbogen und Knie auf; sie hatte keine Beulen an der Stirn; sie kratzte sich nicht selbst die Wange blutig und ließ sich nicht von Brombeersträuchern oder vom Kater kratzen; sie saugte nicht an ihrem Unterarm oder Handrücken, bis man unter der Haut einen Blutfleck sah, aber den Geschmack nicht schmeckte.

Diese gleichen Kleider, die sie uns häufig anzogen, kamen mir vor wie ein Betrug, eine Täuschung. Schließlich waren wir keine Zwillinge. Ebensowenig war Anita ein Echo, ein Abglanz von mir; sie war nicht mein Bild im Brunnen oder im Spiegel und auch nicht meine Miniatur. Wir waren vielmehr in allem das Gegenteil: Ich war brünett, sie war blond; ich war olivbraun, sie war rosa; sie hatte Haare, glatt wie Seide, ich hatte kapriziöse Locken; sie war nachgiebig, ich war eigensinnig; sie war ausersehen, als Braten gegessen zu werden, ich war nur für eine magere Brühe gut, die man mit viel Petersilie und Sellerie anreichern mußte, damit sie überhaupt nach etwas schmeckte; sie war süß, ich war bitter; sie war aufrichtig, ich unberechenbar; sie war sauber, ich schmutzig.

Die gleichen Kleider schienen eher ein Mittel, um diese große Verschiedenheit zu verbergen, unsere Freundschaft zu fördern oder jedenfalls jede Sorge von sich zu weisen, die unsere Widersprüche bereiten könnten. Darüber hinaus sollten sie auch betonen, daß wir beide Mädchen waren und daß vor allem dies zählte und gewiß nicht, ob eine süß und die andere bitter war.

Diese gleichen Kleider machten auf mich den Eindruck einer unnötigen Verdoppelung, eines monströsen Doppels. Doch manchmal, wenn ich Anita als Miniatur meiner selbst betrachtete – als wäre sie eine jener immer kleiner werdenden Puppen oder Schachteln, die man ineinandersteckt –, zog ich diese Kleider willig an. So graute mir einmal vor Anita, und ich tat ihr weh – und gewiß hätte ich ihr, wenn ich gekonnt und gewußt hätte, wie, gern noch mehr angetan, weil sie keine Daseinsberechtigung hatte –, dann wieder verwöhnte ich sie ein bißchen, wie eine Tochter. Und sie wies mich prompt zurück; vielleicht erschreckte sie die Arroganz meiner Erstgeburt. Oder vielleicht wollte sie nicht mein Echo und mein Abglanz sein und widersetzte sich mir mit derselben Hartnäckigkeit, mit der sie auf die Welt gekommen war. Sie sagten nämlich immer zu ihr: »Du bist aus Versehen auf die Welt gekommen, genau bei Ausbruch des Krieges.« Oder vielleicht zeigte sie weniger Hartnäckigkeit als eher die Kraft, mit der ein kleines Feuer ausbricht. Denn ab und zu entzündete sich in ihrem zahmen Blick ein Feuerpfeil.

Doch dann, als sie mich einmal im Internat besuchte, begriff ich, daß es nicht möglich war, ihr etwas anzuhaben. Obwohl ich dort drinnen viele verschiedene und subtilere Arten, Böses zu tun, gelernt hatte, die ich vorher gar nicht kannte.

Im Garten von Son Batle war die Nähe von Gut und Böse möglich, im Internat dagegen war es, als sei alles Böse scheinbar nach draußen verbannt worden. Dort war alles weiß, vom Putz an den Außenmauern bis zum Marmor der Treppe und unseren Schulkitteln. Weiß waren die Nachthemden, weiß die Bäder, weiß der Perlmutteinband des Meßbuchs, das die Großmutter mir für diese Gelegenheit geschenkt hatte, weiß die Rosenkranzperlen. Die Nonnen trugen Schwarz, aber es war ein Schwarz, das nach Weiß strebte. Farbenfroh waren nur die Heiligenbildchen, aber darauf waren eben Heilige; und bunt waren auch die

Blumen in der Kapelle, die jedoch für die Heiligen bestimmt waren. Es wurde nie laut geschrien, man mußte stets leise sprechen; und man durfte nicht direkt in die Augen schauen oder etwas ansehen, sondern mußte den Blick gesenkt halten. Und gewiß waren auch die Speisen weiß, nur der Geruch der Brühe war leicht gelblich, wie ein ländlicher Geruch, den die Küchenschwestern im Refektorium verbreiteten. Deshalb vielleicht bedauerte ich Anita, als eine Nonne sie an jenem Tag in den Hof führte, wo ich mich aufhielt, uns nebeneinanderstellte und zusammen betrachtete, als wollte sie uns messen, zuletzt Anita von Kopf bis Fuß musterte und sagte: »Ihre Schuhe sind offen!« Sie kam mir nämlich vor wie ein armes Waisenkind.

Dennoch war dieses Bedauern zwiespältig. In mir herrschte eine Art Frohlocken, als dächte ich: Jetzt habe ich sie in der Hand!

Ich sagte zu der Nonne: »Ich binde sie ihr zu!«, und wollte mich hinunterbeugen. Anita aber bedachte die Nonne und mich mit einem kalten, ruhigen Blick und sagte: »Das kann ich allein.«

Da fühlte ich Scham in mir hochkommen, wie nach einer erlittenen Niederlage, und eine Bitterkeit, ein Gefühl von Ohnmacht, so als wäre mein Platz auf der Welt plötzlich geschrumpft, weil Anita ein ganzes Stück davon einnahm und sehr entschlossen war, es zu behalten. In der Tat band sie die Schleife sehr exakt und mit doppeltem Knoten.

Ich sagte zu der Nonne: »Sehen Sie, wie gut sie das macht!«

In dem Moment schossen Anitas Augen einen Feuerpfeil ab.

Die, dachte ich, wird das Kloster in Brand stecken! Und wenn sie könnte, würde sie die Welt in Brand stecken!

Die Einfriedungsmauer

Der Garten hatte keine Umzäunung im eigentlichen Sinn. Begrenzt wurde der Besitz von dem unsichtbaren unterirdischen Wassergürtel. Hoch oben aber, fast unter den Felsen, wo die Oger wohnten, gab es, gleich hinter einem Eichenwäldchen, eine Einfriedungsmauer, die den Garten von der Straße trennte.

Es war kein Trockenmäuerchen, die Steine wurden von Zement zusammengehalten. Sie lebten nicht, bebten nicht. Allerdings waren obendrauf keine Glasscherben, zumindest am Anfang.

Dieses Mäuerchen war für uns Kinder ein verbotener Ort. Denn jenseits davon führte die Straße vorbei.

An einer Stelle stand ein großer Johannisbrotbaum, der viel Schatten spendete. Deshalb war er gewissermaßen zwangsläufig ein Rastplatz für Wanderer.

In den Stunden der größten Hitze, wenn ich aus meinem Bett floh, sah ich dort von weitem häufig einen alten Mann. Er legte sein Reisigbündel ab, und ich hörte ihn rufen: *»Lloat sigui Déu!«*[1]

In der Dämmerung, nachdem sich Kühle herabgesenkt hatte, war es ein Treffpunkt für die Bauernkinder, die jungen Mädchen, die Dienstmädchen aus den Villen.

1 Gelobt sei Gott!

Einmal hörte ich, wie sich drei kleine Mädchen jenseits des Mäuerchens über Don Bartomeu unterhielten.

»Weißt du«, sagte eine, »ich habe auf dem Heimweg vom Feld wieder Don Bartomeu getroffen. Aber ich bin sicher, daß es kein Zufall war, daß er mir hinter dem Stall aufgelauert hat. ›Ana‹, hat er gesagt, ›komm näher, daß ich dich segne ... Aineta, Aineta, komm her, ich gebe dir Bonbons.‹ Ich bin hingegangen, aber bereit, mich sofort loszureißen und wegzurennen. Er hat angefangen, mir übers Haar zu streicheln, ich habe ein so törichtes Lächeln aufgesetzt, daß er nichts argwöhnen konnte. Ich habe gewartet, daß er die Bonbons rauszieht ... Er hatte die Hände in der Kutte ... Ich bin ein bißchen zur Seite gegangen. ›Los, gib mir die Bonbons‹, habe ich gesagt. Er hat eine Handvoll hervorgeholt; blitzschnell hab ich sie ihm aus der Hand gerissen und bin fortgelaufen. Ich bin auf einen Heuhaufen gestiegen, hab mich umgeschaut, hab gesehen, daß keiner in der Nähe ist, und hab meinen Rock hochgehoben. ›Streichel mich da!‹ hab ich gesagt, hab das Hörnerzeichen gemacht und bin zur anderen Seite geflüchtet.«

»Bei mir ist's nicht so glimpflich abgegangen«, sagte eine andere. Undeutlich sah ich von meinem Platz unten am Mäuerchen ihren mageren braunen Arm und einen Zipfel ihres blauen Kleides. »Statt Bonbons hat er sein Ding aus der Kutte gezogen, ganz haarig und rot, sah aus wie der Fangarm eines Tintenfischs, der einen Seeigel umklammert. Und was glaubt ihr! Er hielt mich am Arm fest. ›Warten Sie, Don Bartomeu, ich lutsch ihn!‹ hab ich gesagt. Er geiferte vor Freude und ließ meinen Arm los. Da hab ich sein Ding mit beiden Händen gepackt und so fest daran gezogen, daß er beinahe umgefallen ist. Während ich wegrannte, brüllte er hinter mir her, und wenn ihr wüßtet, was für Flüche er gebrauchte, ab und zu gemischt mit Kosenamen, um mich zurückzurufen!«

»Und zu meiner Schwester hat er gesagt«, mischte sich das dritte kleine Mädchen ein, »er würde, wenn sie ihn sich reinstecken läßt, eine gute Arbeit im Haus reicher Leute für sie finden, bei italienischen oder deutschen Fliegern. Mir hat sie es nicht gesagt, aber ich hab's gehört, als sie es einer Freundin erzählte. Und die Freundin hat gesagt: ›Lutsch ihn nicht, laß ihn dir nicht reinstecken, laß es sein, sonst mußt du ihn allen Fliegern lutschen!‹«

Eines Abends setzten sich zwei Jungen auf das Mäuerchen. Einer sagte: »Benet, leihst du mir morgen deine Schleuder?«

»Wozu?« fragte er andere.

»Ich will mir genauso eine machen, mit deiner Schleuder trifft man die Vögel viel besser.«

»Das Geheimnis meiner Schleuder wirst du nie rauskriegen. Die hat mein Großvater für mich gemacht. Er hat sie mir zur Firmung geschenkt. Nicht einmal mir will er das Geheimnis anvertrauen. Um es rauszufinden, müßte ich ganze Tage mit ihm verbringen, aber dazu fehlt mir die Geduld.«

»Ich dagegen würde Tage und Tage mit deinem Großvater verbringen. Warum gehen wir nicht zusammen zu ihm? Ich weiß, wie dein Großvater ist. Er muß wie dieser Onkel von mir sein, der Flöten und Pfeifen baut. Sie wollen ihr Geheimnis nicht preisgeben, sie wollen, daß man es ihnen stiehlt. Und dafür mußt du Tage und Tage mit ihnen verbringen, allen ihren Launen gehorchen, aufmerksam ihrem Geschwätz zuhören … Wenn du mit mir kommst, langweilst du dich nicht. Gehen wir morgen hin?«

»Ja, gut. Wir treffen uns hier, früh, wenn die ersten Karren vorbeifahren.«

An dem Mäuerchen trafen sich jeden Abend, gleich wenn sie mit dem Dienst bei uns zu Hause fertig waren, Consol und Serafina mit den Mädchen aus den umliegenden Villen. Aufgeregt redeten sie alle durcheinander. Ihre Stimmen über meinem Kopf klangen wie ein ungeordneter Schwarm von Zugvögeln, die sich freudig zum Abflug bereit machen. Und in der Tat verabredeten sich die Mädchen häufig, um gemeinsam auf irgendein Fest in einem nahen Dorf zu gehen.

Wenn Consol und Serafina unser Haus verließen und die Freundinnen am Mäuerchen erreichten, wurden sie prompt mit einem Spottgesang nach der Melodie von *Giovinezza*[2] empfangen:

Mallorquinetas, mallorquinetas,
anau alerta en ets Italians,
que vendrà día
que se girará sa truita
i amb sa partida
dets Italians
vos quedareu amb sos infants.[3]

Oder mit dieser Litanei:

Botifarra catalana
i formatge de Maò
i truites a la francesa

2 Ital. Faschistenlied (Anm. d. Übers.)

3 Mallorquinerinnen, Mallorquinerinnen, / hütet euch vor den Italienern, / denn ein Tag wird kommen, / an dem der Wind sich dreht, / und nach der Abreise / der Italiener / werdet ihr mit ihren Kindern zurückbleiben.

no en porem sentir s'olor.
També s'ensalada russa
que es un plat de lo millor.
No hi haurà dins tota Espanya
que la tasti cap senyor.[4]

Papito war sehr neugierig auf alles Mallorquinische. Oft fragte er die Dienstboten nach der Bedeutung eines Wortes, manchmal sogar uns Kinder, oder er schaute im Lexikon nach. Abends, wenn er aus dem Büro heimkam, sang ich ihm daher begeistert Lieder vor oder sagte Sprüche für ihn auf. »Siehst du«, sagte ich zu ihm, als ich ihm den Spottgesang wiederholte, den ich bei Consols und Serafinas Freundinnen gehört hatte, »so singen sie *Giovinezza* auf mallorquinisch.« Und Papito fing an zu lachen, erklärte mir aber nicht, warum. Oder ich sagte, auf den Spruch bezogen, zu ihm: »Siehst du, sie kritisieren uns, weil wir alle diese komischen Sachen essen, die anders sind als ihre. Warum essen wir nicht wie sie?« Papito lächelte verschmitzt und erklärte mir nachsichtig, daß der Spruch auf etwas anderes anspielte. Die *botifarra catalana*, sagte er, seien die Roten von Barcelona und der *formatge de Maò* die Roten von Mahon, die *truites* die dummen Franzosen und der russische Salat die russischen Kommunisten. Ich verstand natürlich nicht, was das alles bedeutete. Dann fügte Papito, zu Mamita gewandt, hinzu: »Wie du siehst, habe ich es nicht nötig, Kalif Harun al Raschid in Bagdad nachzuahmen, der nachts, als

4 Katalanische Wurst / und Käse aus Mahon / und Forellen à la française / können wir nicht riechen. / Auch russischen Salat nicht, / der doch eins der besten Gerichte ist. / In ganz Spanien gibt's keinen / einzigen Herrn, der ihn probiert.

Bettler verkleidet, durch die Stadt ging, um zu hören, was seine Untertanen dachten. Ich brauche nur unsere Kinder zu fragen, um zu erfahren, was die Leute über uns Italiener denken.« Und einmal, bevor er eine Sendung mit Siegellack verschloß, wollte Papito sich einen Scherz mit mir machen. Er nahm den Brief aus dem Umschlag. »Hier, lies«, sagte er zu mir. Ich buchstabierte: *»Botifarra catalana …«* Dann gab ich ihm den Brief zurück. Er steckte ihn wieder in den Umschlag, versiegelte ihn, versah ihn mit Stempeln und Briefmarken und sagte: »Du hast mir bei meinem Bericht an den Minister geholfen.« Ich war sehr stolz darauf, Papito nützlich gewesen zu sein, und bemühte mich von da an, mir Sprüche und Lieder genau zu merken.

Ab und zu kam eine alte Frau an die Mauer. Sie hieß Catalina. Jeder brachte ihr etwas mit, der eine einen Soldo, der andere ein Stück Käse, wieder einer ein bißchen Zucker, und dafür erzählte sie Märchen. So kam es, daß ich die Geschichten von *La mare baleneta*[5], *Rei Tortuga*[6] und *Melloro rosso*[7] hörte. Fast alle mallorquinischen Märchen endeten so: *»Visqueren fins que se moriren, i al cel mos vegem tots plegats.«*[8] Oder: *»I, si no són morts, són vius; i, si no són vius, són morts.«*[9] Oder: *»Sa rondaia ja està acabada. Si vos agrada, menjan-la vos frita, menjan-la vos torrada. Si no vos ha agradat, anau damunt es Puig-Pelat i agafau un gat vell, i bones fregades*

5 Die kleine Walmutter

6 König Schildkröte

7 Die rote Amsel

8 Sie lebten, bis sie starben, und wenn sie im Himmel sind, sind sie alle zusammen.

9 Und wenn sie nicht gestorben sind, dann leben sie noch heute; und wenn sie nicht mehr leben, sind sie tot.

per sa pell!«[10] Diese Schlußformeln der Mallorquinischen Märchen gefielen mir viel besser als das »Und sie lebten glücklich und zufrieden« der italienischen Märchen. Denn mir war, als ginge das Märchen in ihnen weiter, während nach unserem »Und sie lebten glücklich und zufrieden« einfach nichts mehr kommen konnte. Und diese Idee entsetzte mich.

Einmal konnte ich der Lust, mich zu den anderen jenseits der Mauer zu gesellen, um Catalinas Märchen anzuhören, nicht widerstehen. Ich ging in Mamitas Zimmer – ich wußte, wo sie das Geld verwahrte – und stahl aus der obersten Schublade der Kommode ein paar Münzen. Ich begab mich unter den Johannisbrotbaum, näherte mich Catalina, legte ihr die in ein Taschentuch geknoteten Münzen in den Schoß und sagte: »Für die Märchen von heute und für die anderen, die ich bisher heimlich gehört habe.« »Wo warst du denn?« fragte die Alte. »Hier unter dem Mäuerchen; ich darf nicht drüberklettern.« Consol, die bei den anderen stand, erklärte ihr, wer ich war. Die Alte urteilte: *»Per la mar hi corren les llebres, i per la montanya les sardines!«*[11] »Wir würden gern in der Kühle deines Gartens sitzen, und du willst hier bei uns im Staub der Straße sein?« »Schick mich nicht weg!« flehte ich. »Verpetz mich nicht!« bat ich Serafina dann. »Laßt mich hier bei euch bleiben!« Und von jenem Tag an kehrte ich regelmäßig zum Johannisbrotbaum zurück, um mit den anderen die Märchen zu hören. Doch Serafina bekam Angst und er-

10 Das Märchen ist schon aus. Wenn es euch gefällt, eßt es geröstet, eßt es gebraten. Wenn es euch nicht gefallen hat, steigt auf den Puig-Pelat und fangt euch eine alte Katze und reibt euch fest an ihrer Haut!

11 Übers Meer laufen die Hasen, auf dem Berg die Sardinen!

zählte Dida davon. Dida sagte Mamita nichts, war aber jedesmal, wenn ich ging, verzweifelt. Sie löste das Problem so: Wenn sie konnte, kam sie auch mit, um auf der Straße die Geschichten zu hören, wenn sie dagegen nicht konnte, behielt sie mich bei sich, während sie unsere Kinderwäsche bügelte, und dann war sie es, die mir, ganz verschwitzt und müde, beim Arbeiten Geschichten erzählte. Was Dida erzählte, waren jedoch keine Märchen, sondern bloß Geschichten aus ihrem Hof. So versteckte ich mich manchmal wieder heimlich unter dem Mäuerchen. Traurig saß ich da, mit gesenktem Kopf, aber oft waren Catalinas Geschichten so mitreißend, daß ich vergaß, wo ich mich befand. Ich war weit weg, auf einem fliegenden Teppich oder bei den Mauren oder auch auf dem Puig-Pelat.

Wenn die Zigeuner in der Nähe von Génova ihr Lager aufschlugen, versammelten sich auch ihre Kinder an dieser Stelle des Mäuerchens. Sie kletterten sogar darüber. Leichter hätten sie von den anderen Seiten hereinkommen können, doch wahrscheinlich zogen sie das Verbotene vor oder machten es so, um in Übung zu bleiben. Einmal, um die Mittagszeit, riefen sie uns dorthin, zum Mäuerchen. »Laßt eure Spielsachen hier«, sagten sie. »Wir passen für euch darauf auf.« Nach der Siesta kehrten wir zurück: Es war nichts mehr da. Weder der kupferne Herd noch die Töpfchen noch die »Mariposa« genannte Puppe noch das Kaleidoskop noch Carlitos Elefant noch seine Eisenbahn. Ich empfand zwei gleich heftige Gefühle: ein schwarzes und ein weißes. Das schwarze galt dem Betrug. Das weiße der Angst. Die Freunde, mit denen wir spielten, hatten uns hintergangen! Und diese Spielsachen, die ich bis dahin für einen Teil des Hauses gehalten hatte, waren, so merkte ich, vielmehr Teil meiner selbst. Es war nämlich, als fehlte ein

Stück von mir. Ich bin also nicht ich! dachte ich. Ich bestehe aus vielen verschiedenen Dingen! Und derweil betrachtete ich meinen Körper, als hätte ich einen Arm oder ein Bein verloren.

Von da an war die Mauer nicht mehr dieselbe. Auch weil oben Glasscherben angebracht wurden und sich die Leute nicht mehr darauf setzen konnten. So wurde ich nicht nur des Spielzeugs und der Freundschaft, sondern auch der Stimmen beraubt, die sich dort abwechselten. Die Leute versammelten sich nämlich inzwischen zum Plaudern unter einem anderen Johannisbrotbaum, der für mich unmöglich zu erreichen war. Den Zugang zu ihm schützte ein Heer aus spitzen Agaven, stets in Schlachtordnung.

Niedergeschlagen hockte ich unten an der Mauer, am alten Platz, die Haare vor den Augen, und lauschte in alle Richtungen. Und der Raum kam mir vor wie ein großer Trichter: Er hatte den Klang verschluckt, den er früher gewöhnlich von sich gab. Ich klopfte mit einem Kiesel auf alle Steine, um die Geräusche aller verborgenen Höhlen zu vernehmen. Und beim Klopfen sagte ich: *»Mar y mundo, abre, abre, bitzoc!«*[12]

Erstaunt und immer unerwartet tauchten die Augen der Eidechsen auf. Nicht der Gott aller Tiere hatte sie geschaffen, sondern ein Gott, der Schmied war und im Feuer seltsame Metalle verschmolz. Einmal jedoch erschlug jemand eine Eidechse mit einem Stein, man sah ein bißchen Blut, und das unsterbliche Wesen wurde zur sich windenden Kreatur. Von da an begann ich, ihnen ein Schälchen Wasser zu bringen: Sie tranken mit hochgerecktem Hals, wie Vögel.

12 Meer und Berge, öffne, öffne, Menschenfresser!

Ich vertrieb mir die Zeit auch damit, die Ameisen auf der Mauer zu beobachten: Ihre Welt kam mir vor wie eine Miniatur der unseren; zuweilen aber waren es so viele, daß es mich verstimmte, sinnlos erschien mir ihr Gewimmel.
Eines Tages hatte ich gehört, wie Papito zu Mamita sagte: »Das ist die wahre Schattenseite der Demokratie! Wir müßten alle wie Ameisen leben!« Was Ameisen waren, wußte ich, aber nicht, was »Demokratie« bedeutete, und darauf war ich neugierig, und auch zu erfahren, welcher Zusammenhang zwischen diesem schwierigen Wort und den Ameisen bestand. Gerade wollte ich Papito danach fragen, da fiel mir ein, daß er auf meine Frage nach einem ähnlichen Wort, »Plutokratie«, mit einer langen Rede geantwortet hatte, von der ich nichts verstanden hatte. Deshalb bat ich ihn, anstatt ihn zu fragen, was Demokratie sei, mir etwas über Ameisen zu sagen. Und Papito antwortete: »Sie sind wirklich ein Abbild der Demokratie.« Er sah meinen fragenden Blick. »Das heißt«, fügte er hinzu, »sie sind alle gleich, tragen alle eine schwere Last, leben alle zusammen in einer Art Mietskaserne wie die Armen im antiken Ostia, und wenn eine Ameise stirbt, kümmert es niemanden.«
»Dann«, sagte ich, »haben sie keine Bischöfe, keine Könige, keine Friedhöfe, keine Dienstmädchen?«
Und Papito wiederholte lachend: »Nein, sie haben keine Bischöfe, keine Könige, keine Friedhöfe, keine Dienstmädchen!«
»Papito«, fragte ich, »wer bedient denn eigentlich unsere Dienstmädchen?«
Papito sah mich seltsam an, dann antwortete er: »Es gibt Leute, die ihre allgemeinen Interessen vertreten!«
Ich wußte nicht, was das war, diese »allgemeinen Interes-

sen«, konnte Papito aber nicht mehr fragen: Er hatte begonnen, Zeitung zu lesen.

Für wen Partei ergreifen? Für die Fliege oder für die Spinne? Die Mauer war nämlich voller Spinnennetze. Gewiß, die Spinnweben faszinierten mich. Doch wozu dienten sie denn? Nur zum Fliegenfangen. Im Hirn Gottes gab es bestimmt mehrere verschlungene Schläuche, mehr sogar als im Hirn des Menschen. Also entschied ich mich für den Schwächeren, die Fliege, die – ganz schwarz – sicherlich eine arme, hilfsbedürftige Witwe war. Ich sagte zur Fliege: »Ich bin auf deiner Seite, doch weißt du, es nützt nichts« – und ich schüttelte den Kopf, wie ich es einen alten Mann hatte tun sehen. Ich hätte das Spinnennetz zerreißen können, aber das schien mir zu kühn.

Da ich ständig das Mäuerchen anschaute, dachte ich nur noch an Mauern.

Das Mäuerchen wurde von Zement zusammengehalten, während die Mauern der Feldterrassen aus einzelnen Steinen bestanden, die sich gegenseitig hielten; die Mauer unseres Hauses war kostbar, in den Putz waren Muscheln eingeritzt; die Mauer aber, die mich von Mamita trennte, war ganz durchsichtig, aus Parfüm. Und die Mauer, die mich von Papito trennte, nun, die nannte ich seit dem Tag, als er mir das mit den Ameisen und der Demokratie und den Dienstmädchen erklärt hatte, die »Mauer der allgemeinen Interessen«.

Und was für ein Schatz war ich bloß, daß ich von so vielen Mauern geschützt werden mußte? Wußten Papito, Mamita und überhaupt alle denn nicht, daß ich nichts war, zusammengekauert unten am Mäuerchen, und daß ich

von einem Augenblick zum anderen davon erschlagen werden konnte?
Doch bei den Mauersteinen war einer, der seine Farbe veränderte und weissagte. Er wechselte von rosa zu hellblau zu weiß, und während er sich verfärbte, sagte er:

Camina, caminarás
del jardí agambaras![13]

13 Du wirst gehen, du wirst gehen / aus dem Garten wirst du fliehn!

Dritter Teil

Der Palazzo

Wir kamen im Auto. Nicht Papito lenkte es. Er tat nur so. Das Auto lenkte vielmehr, vor ihm schwebend, eine Taube, und ich sah ihren Schatten auf der Fläche stillster, seltsamer Gewässer, auf denen das Automobil dahinzugleiten schien.

Der Abschied im Sprechzimmer war kurz. Mein Köfferchen wurde einer Nonne anvertraut. Ich gab Papito einen Kuß auf die Wange und Mamita einen. Sie erwarteten pro Kopf zwei Küsse, auf jede Wange einen, und blieben ratlos, das Gesicht zur Seite gedreht, wartend stehen. Doch für meine Begriffe hatte ich sie mit diesen beiden einzelnen Küssen zu einer einzigen Person vereint.

In den Fluren, den Sälen, den Zimmern war jede Wand bis oben blank; jeder Fleck mußte sofort abgewaschen werden. Die Fußböden waren aus Marmor, sie wurden ununterbrochen gebohnert, doch bestand keine Rutschgefahr, denn man durfte sowieso weder rennen noch schnell gehen; die Nonnen schwebten darüber hin wie leicht von der Erde abgehoben, wir dagegen trippelten mit maßvollen Schrittchen.

Die Türen hatten Glasscheiben – und oft stand hinter der Scheibe eine wachsame Nonne, stumm wie ein Vorwurf.

Das Weiß vervielfachte sich, ähnlich dem erstickten Schrei mancher Träume, in den Tellern, den Schüsseln, den Servietten, den Handtüchern, den Schürzen. Die Uniform löschte all unsere früheren Farben aus, um anzudeuten, daß wir nichts waren, daß alles noch zu tun war und daß wir deshalb alle gleich waren. Und um darauf hinzuweisen, wie schwierig dieser Anfang sei, sahen zuweilen unter dem Kittel, gefährlich verlockend, hier der Saum eines zu langen Rockes, dort das Ärmelbündchen eines Pullovers hervor. Der Kittel umschloß uns wie eine Hohlform den Ton; mit seinem gestärkten Kragen behinderte er uns sogar beim Bewegen des Halses. Und wehe, wir machten Flecken auf dieses Weiß. Am Ende der Woche durfte sich einzig ein gleichmäßiger grauer oder gelblicher Schleier darüber gelegt haben; die Unvollkommenheiten der Welt durften es so wenig wie möglich anfechten.

Wir waren dazu bestimmt, wie die Nonnen schwarze Vögel mit weißer Brust zu werden. Dieses Weiß war in der Tat ein feierliches Versprechen und eine Verpflichtung, in Zukunft zum Schwarz überzugehen, uns mit Schwarz zu bedecken.

Wir hatten noch einen Körper, von dem man die Haare, die Beine sah. Die Gesichter zählten nicht, sie gehörten nicht zum Körper, weil wir sie nie sehen konnten – Spiegel gab es im Internat nicht. Die Nonnen dagegen hatten ihren Körper an der Klosterpforte abgegeben oder eben unter der Tracht begraben, und dort bestattet, ging er langsam, langsam in Verwesung über. Vielleicht rochen die Nonnen im allgemeinen deshalb nicht gut. Doch eines Tages würden sie zur Belohnung anstelle ihrer Hauben einen Nimbus oder einen Heiligenschein bekommen, wie mir eine von ihnen einmal erklärte.

Grau war die dritte Grundfarbe. Die Farbe der Schatten. Auf all diesen glänzenden weißen Flächen tauchte nämlich, im Spiel von Licht und Widerschein, unser Bild auf; doch da sie nicht die erbarmungslose Schärfe der Spiegel besaßen, erschien es schwach, verschwommen, grau; so wirkte es, als würden diese Flächen unser Bild nicht vervielfältigen, sondern trügen ebenfalls dazu bei, es auszulöschen.

Doch Grau war auch die Farbe der Arbeit. Grau waren die niedrigsten Hilfsschwestern gekleidet, die nur ein einfaches Gelübde abgelegt hatten. Es war demnach die Farbe der untergeordneten, unterirdischen Arbeit, die Farbe der Maulwürfe, und in der Tat verschwanden sie wie Maulwürfe in den Waschküchen, den Bügelräumen, den Küchen, den Kellern.

Unterschiedlich waren schließlich die Rottöne, denen unterschiedliche Naturen entsprachen.

Grausam, aufdringlich, luxuriös, mit einem finsteren Geheimnis behaftet, war das Rot der Teppiche im Sprechzimmer, im Flur, der zu den Zimmern der Oberin führte, und in der Kapelle; das der Samtsofas in dem kleinen Empfangssalon; das der dichten Fransen an den Vorhängen in den Repräsentationsräumen; das der unzähligen Darstellungen des Heiligen Herzens.

Leuchtend, zeremoniell, richtig festlich war das Rot der Kokarden, an denen eine kleine Marienmedaille hing und die uns jede Woche als Belohnung für gutes Betragen oder gute Fortschritte an die Brust geheftet wurden; das der roten Schleife um den Hals der Schäfchen, die in der Weihnachtskrippe je eine Schülerin darstellten – und die bravsten standen neben der Grotte des Jesuskindes, die bösen neben der Höhle des Wolfes.

Verzehrend wie ein schmerzliches Bedauern oder eine schwache Hoffnung waren die rot in meine Wäsche gestickten Ziffern – meine Nummer, 75, schien mir erfüllt von einer unwiderruflichen Bedeutung, die besagte, daß die Zeit von Son Batle vorbei war. Denn meine Eltern sprachen, wenn sie mich besuchten, immer wieder davon, daß ich bald eine Externe sein würde, weil sie ein näher an der Schule gelegenes Haus mieten wollten. »Son Batle, Son Batlito mein«, sagte diese Nummer. Und in meinen Träumen sah ich das Haus von Son Batle gänzlich leer: Ich irrte durch die Räume und rief nach meinen Lieben, sie aber antworteten mir nicht, und kein Widerhall noch irgendein Schatten trösteten mich.

Die Ziffern auf der Wäsche meiner Gefährtinnen, ebenfalls rot gestickt, hatten dagegen einen anderen Bedeutungsgehalt; sie strahlten für mich etwas Bedrückendes, Gefängnishaftes, Abstraktes aus. Es waren Zahlen und Schluß. Nur die unterschiedlichen Arten der Stickerei – einige waren zum Beispiel recht barock – erschienen mir manchmal wie eine geheimnisvolle Spur bizarrer und liebevoller Familien.

Rot waren auch die Streifen an den Rändern der Bettdecken aus Naturwolle. Und da genau solche Decken in meinem Bett in Son Batle lagen – vielleicht, weil dieses Muster bei katalanischen Decken häufig war, oder nur, weil die Internatsdecke ebenfalls zu meiner Ausstattung gehörte –, stellten diese Streifen für mich die Ränder der Straße dar, auf der Papito im Auto kommen und mich abholen würde; darüber hinaus weckten sie in mir ein Gefühl freudiger Geschwindigkeit, deren Wirbel mich an den sich drehenden Kreisel erinnerte, bevor sein Streifenmuster verschwamm.

Lebhaft rot war der Rand der Meßbücher. Der Geruch des Meßbuchs glich dem der Teppiche, der Samtsofas, der

Kordeln, der Bilder des Heiligen Herzens, der Fransen. Aber die Eigenschaft jenes Rots, kaum noch wahrnehmbar und vergänglich zu sein, wenn man in dem Büchlein blätterte, ließ es – zusammen mit der allerfeinsten Qualität des Papiers – bestimmten subtilen und magischen Spielen wie Shanghai und Mikado ähnlich werden.

Alles dort im Internat war, wenn man es berührte, kalt und glatt: die Teller, die Schüsseln, die Oberflächen der Bänke und Tische, der Stift, die Betpulte in der Kapelle, die Wände, die Türgriffe; denn alles war lackiert oder poliert oder einfach sehr sauber. Daher zerknüllte ich mit wütender Freude die Serviette, wrang das Handtuch aus, verknitterte die Schürzenbänder, knäulte in der Tasche das schon gebrauchte Taschentuch zusammen, nicht das frische, das ich in der anderen Tasche für meine Freundin Conchita aufhob. Zwei Berührungen jedoch waren am aufregendsten: abends die Decke zu spüren und tagsüber flüchtig eine Hand – die von Ursula, der Hilfsschwester, der ich anvertraut war, oder die von Conchita, wenn es mir, während ich stumm in meiner Reihe an ihrer Reihe vorbeiging, gelang, sie mit einer raschen und beklommenen Geste zu streifen.

Drei waren auch die Grundgeräusche: Flüstern, Gesang und Klingeln.

Das Flüstern war menschlich; himmlisch der Gesang; das Klingeln schließlich war der Ton der Ordnung und der Zeit und der des Übergangs von einer Ordnung und einer Zeit zu einer anderen.

Das Klappern des Geschirrs, das Poltern eines umfallenden Stuhls, das Geräusch eines Niesens waren dagegen alarmierend, störend. Am ungehörigsten von allen war jedoch das Geräusch des Naseputzens – es erinnerte nämlich daran, daß wir Säfte im Körper hatten!

Alles im Internat war außerdem quadratisch oder rechteckig, linear, parallel, symmetrisch.

Man mußte in einer Reihe antreten, sich beim Kämmen einen Scheitel ziehen, darauf achten, daß die Falten des Kittels schön steif blieben, die Serviette zu einem perfekten Quadrat zusammenlegen, bevor man sie aufräumte, das Handtuch so über die Stuhllehne hängen, daß es senkrecht herabfiel, die Kleider vor dem Schlafengehen vierfach falten, vierfach auch das Nachthemd, das morgens unter das Kopfkissen kam, die Ränder des über die Decke geschlagenen Lakens wiederum mußten zwei parallele Geraden bilden, die Gegenstände schließlich waren stets nach einer Dreierordnung auszurichten: Die Zahnbürste gehörte in die Mitte ins Glas, rechts davon die Seifenschale und links die Nagelbürste; Löffel und Messer mußten rechts vom Teller liegen, die Gabel links und das Löffelchen oben in der Mitte. Kurz, alles mußte aufgereiht sein wie auf dem Fresko in der Kapelle, wo Jesus in der Mitte thronte mit einem Heiligen an jeder Seite. Man mußte auch ohne Widerrede gehorchen, dem rechten Weg folgen, den Rücken gerade halten, durfte keine verschlungenen Gedanken haben, nicht rechts und links verwechseln.

In Son Batle waren die Türen immer offen oder angelehnt. Im Internat dagegen waren sie immer geschlossen; sie öffneten sich nur, um den Übergang von einem Teil des Tages zu einem anderen anzuzeigen und damit seinen Rhythmus vorzugeben.

Die Tür des Sprechzimmers war die Tür der Anwesenheit

und der Abwesenheit; die der Oberin die Tür der Unschuld oder der Schuld. Und tatsächlich rief die Oberin mich eines Tages zu sich und sagte, ich solle Conchita nicht mehr belästigen.
Die Türen schienen, die seltenen Male, die sie sich öffneten, eine neue Perspektive zu bieten, um die Welt zu betrachten; doch letztlich war der Anblick immer derselbe. Auch die Veränderungen waren geregelt: Am Donnerstag roch es im Refektorium nach Fleisch, am Freitag dagegen nach Fisch; und das wiederholte sich pünktlich jede Woche.
Nur im Garten hinter dem Refektorium gab es keine geschlossenen Türen. Und hier konnte man aus der Reihe tanzen, Kreise anstatt gerade Linien ziehen.
Dort spielten wir Ringelreihen oder drehten uns um uns selbst, daß die Röcke flogen.
Beim Ringelreihen der Kleinen sah ich auch Conchita zum erstenmal, in der Mitte. Es wirkte, als wären all diese Kreise rund um sie – die hohe Mauer, die den Garten umschloß, der Kreis des Horizonts, den ich mir dahinter vorstellte, und der der Insel selbst – extra gezogen worden, damit sie den Ehrenplatz einnahm.
Conchita hatte ein rundes, blasses Gesicht mit großen, erstaunten Augen – erst später entdeckte ich die Tücke darin –, umschattet von langen Haaren, die ihr als Pony in die Stirn hingen. Die Augen waren von einem bläulichen Schimmer umrandet, der sie älter wirken ließ. Es war jedoch kein Lidschatten, sondern ein Rest der Augentropfen, welche die Nonnen in ihrer Krankenstation benutzten, ohne um den Zauber zu wissen, den diese Tropfen einige Tage lang den Zöglingen verliehen – was die Durchtriebensten ausnutzten.

Von da an war sie mein wahrer Altar im Internat, der Gegenstand all meiner Gebete, die Spenderin aller Gnade.
Die Nonnen liebten keine Farben. Deshalb gab es im Garten fast keine Blumen, Obstbäume oder Laubbäume mit abfallenden Blättern, die sich so schön gelb und rötlich färben im Herbst; nur immergrüne Pflanzen, Pinien und Zypressen, dazu Palmen, Myrte und Mastixsträucher, Ficus und Rhododendron und auch Agaven und verschiedene Kakteensorten. Diese immer gleichen Pflanzen schüchterten mich ein und ängstigten mich: Sowohl im Internatsgebäude als auch in dessen Garten würde sich also nie etwas verändern? Ich liebte die Ewigkeit nicht. Mir gefiel das Vergängliche.
Ganz anders als der Garten war der Kreuzgang der Nonnen, den man durch ein Gittertor hinter dem Ficuswäldchen sah. In der Mitte plätscherte fröhlich das Wasser, die vier Wege, die ihn durchschnitten, waren von Weinlauben überschattet, die Beete voller Tomaten, Paprikaschoten, Kopfsalat, voller Dahlien, Zinnien, Nelken und Rosen. Vor diesem Gittertor verbrachte ich zuweilen einen Teil der Pause und träumte, wie in eine andere Welt entrückt – mir gefiel dieser diskrete Rückzug, diese relative Einsamkeit, berührt, aber nicht betroffen vom heiteren Stimmengewirr der Gefährtinnen.
Doch der Garten mit seinen Spielen im Kreis und den kreisenden Röcken, mit dem bunten und lieblichen Blick auf den Kreuzgang, mit den schwierigen Rendezvous war allein der Pause vorbehalten, jenem unvermeidlichen Sturz in die Vergänglichkeit. Die übrigen Stunden des Tages waren wir immer zwischen Wänden eingeschlossen: im Refektorium, im Klassenzimmer, im Lernsaal, im Sprechzimmer, in der Krankenstation, im kleinen Salon

der Oberin, im Schlafsaal. In all diesen Gefängnissen, zu denen ich verurteilt war, herrschte ein ewiger Halbschatten (einmal abgesehen vom Klassenzimmer und dem Lernsaal, die hell erleuchtet waren, um zu vermeiden, daß wir uns mit Lesen und Schreiben die Augen verdarben); vielleicht, weil der Halbschatten Sammlung und Stille fördert, oder vielleicht, weil man auf jede Weise die Farben der Welt ausblenden mußte.

·

Um halb acht roch es im Schlafsaal nach Milch und Malzkaffee: ein süßer und tröstlicher Geruch mit einer kaum spürbaren beunruhigenden Note im Hintergrund. Der Geschmack des in die Tasse getauchten Brotes mit Aprikosenmarmelade mischte sich mit dem Geruch der Seife, der noch an den Händen haftete. Die Aprikosenmarmelade selbst ähnelte auch der Schmierseife, von der in jedem Waschraum eine Schale voll stand, falls uns unsere duftenden, modernen Seifen ausgehen sollten. Da, ordnungsgemäß im Refektorium beim Frühstück sitzend, durften wir noch nicht sprechen; man vernahm nur Schlucken und Gähnen. War das Frühstück dann beendet, ließ die Nonne, die Aufsicht hatte, kurz und schroff die Kastagnetten klappern, und man durfte sprechen.
Mittags herrschte immer unmißverständlich ein Geruch vor: entweder der nach Reis in Fischbrühe oder der nach Fleischküchlein – in dem unmerklich ein Verwesungsgestank mitschwang – oder auch der nach Stockfisch, dessen Entschiedenheit mir gefiel; die Gerüche der anderen Speisen, sogar der nach Spinat, gingen in dem Hauptgeruch unter. »Was wird es zum ersten Gang geben?« »Was wird es als zweiten Gang geben?« dachten wir oder flüsterten wir, falls die Nonne sich gerade wegdrehte, einander zu. Aber

es war eine rhetorische Frage. Denn auch der Wochenspeiseplan stand fest, übereinstimmend mit einem in der Küche aufgehängten Blatt und, wie Ursula mir gesagt hatte, in einem Gespräch zwischen der Oberin und einem Arzt ausführlich besprochen. Montags gab es *sopa de garbanzos*[1]. Nach den sonntäglichen Schlemmereien und Genüssen in der Familie eigneten sich die bescheidenen, gesunden – da reich an schwer zu erschließenden Proteinen –, langsam gegarten und mild gewürzten Kichererbsen, neben denen Kartoffel- und Knoblauchstückchen in der Brühe schwammen, gut für den schwierigen Anfang der Woche – und man mußte sie einzeln nacheinander essen, wie man beim Rosenkranzbeten die Perlen durch die Finger gleiten läßt, damit sie zum Nachdenken anregten und demütig zu einer anderen als der sonntäglichen Ekstase hinführten, die so heidnisch war. Dienstags gab es Nudelsuppe. Sie war leicht zu kauen, man aß sie mit dem Löffel: Letztlich war das Internatsleben doch nicht so schwierig, wie man am Tag zuvor gedacht hatte; auch bot sie kleine Abwechslungen: Nudeln in Form von Sternchen, Müschelchen, Gerstenkörnern und sogar Buchstaben. Welche Freude, diese Buchstaben zu essen! Man wurde gewiß klug davon! Mittwochs gab es Tapioka, dadurch wurde uns ein anderer Begriff nahegebracht, Transparenz und Askese. Donnerstags gab es Linsen, die wie eine Ermahnung waren. Sie ließen erkennen, daß jene Askese doch nicht so leicht zu erlangen war: Man mußte jahrelang in Tracht gehen, viele Lasten tragen, minutiöse Übung war erforderlich. Kurz, die Askese glich dem Leben der Ameisen – die ebenfalls, wenn man darauf beißt, einen sehr intensiven Geschmack haben.

1 Kichererbsensuppe

Freitags gab es Reis in Fischbrühe. Zur Buße. Auf dem Meer sündigte man – wer weiß, warum – weniger als auf dem Festland; dennoch hatte mich die Oberin vor den Sirenen gewarnt. Samstags schließlich gab es Kartoffelsuppe. Gewiß wußten die Nonnen, daß Kinder Kartoffeln sehr gerne mögen; deshalb war die Abschiedssuppe so, als wollten sie sagen: Heute nachmittag werdet ihr zu euch nach Hause gehen, doch letztlich ißt man, lebt man hier auch nicht so schlecht; natürlich können wir nicht so weit gehen, euch zuliebe krosse Pommes frites aufzutischen, das Leben ist kein ununterbrochenes Fest, wie ihr gerne möchtet, aber ihr werdet trotzdem zufrieden sein, auf andere, ernsthaftere Art – und vielleicht dachten sie boshaft, daß ein Stärkekloß im Magen die Lust auf Eiscreme dämpfte. Für die Hauptgerichte galt dasselbe Kriterium.
Die Abendmahlzeit endete immer mit Apfelkompott. Ein wilder, süßer Geruch, eben wie Äpfel, wenn sie genau richtig gegart sind und das Fruchtfleisch noch fest und durchsichtig ist, nicht zerfallen. Doch, vielleicht ohne um seine Eigenschaften zu wissen, kochten die Küchenschwestern kleine Stangen Zimt mit, der wie süßer Pfeffer ist oder vielmehr eine Art Gedanke, der deine Sinne durchdringt. Ich legte die im Saft schwimmenden Stückchen nicht beiseite wie die anderen. Man mußte jedoch mit dem Löffel in der Schüssel fischen, um mehr davon zu bekommen, nicht nur eine Kostprobe. Dennoch fühlte ich, daß jenes Land der Gewürze gar nicht so fern war, sondern gewissermaßen gleich um die Ecke. Aber ich hatte Angst davor. Wer weiß, was hinter der Ecke ist? Vielleicht ein halbverkohlter Körper, der sich wie durch ein Wunder aufrecht hält und bei einem Hauch zerfallen kann? Die Mumien wurden nämlich, hatte man mir gesagt, mit verschiedenen

Gewürzen konserviert, unter anderem auch Zimt. Und von Zimt ernährten sich ferne Völker, die in exotischen, wunderschönen Ländern lebten.
Zwischen einem Gericht und dem nächsten erlaubte ein willkürliches, unanfechtbares Kastagnettenklappern das Schwatzen und befahl das Schweigen. Wenn sich nach einer erzwungenen Pause die Stimmen wieder zu Mustern verwoben und das Geflecht zu dicht wurde, erklangen die Kastagnetten erneut, die Stimmen erstarben zu einem Flüstern, das Gelächter verschwand wie heruntergeschluckt, und sogar die Blicke senkten sich.
Die Zöglinge, die gerne lachten, scherzten, sich unter dem Tisch zwickten und traten, aßen hastig und gierig. Die nachdenklichen dagegen, stets bereit, ihren Phantasien nachzuhängen, litten an Appetitlosigkeit, aßen langsam, ließen immer etwas auf dem Teller übrig, unter Mißachtung der ungeschriebenen, aber gleichwohl eisernen Regel, nach der man alles aufessen mußte. Mein Platz war neben einem Pfeiler des Refektoriums, um den sich immergrüne Pflanzen rankten, die mich ein wenig verbargen, daher gelang es mir, einen Teil der Essensportionen an meine Nachbarin abzugeben, die immer hungrig war. Doch verzichtete ich auf dieses Privileg aus Liebe zu Conchita. Von jenem Platz aus konnte ich sie nämlich nicht sehen. Als daher eines Tages meine andere Nachbarin in der Krankenstation war, setzte ich mich auf deren Platz – die aufsichtführende Schwester merkte nichts – und blieb dort auch nach der Rückkehr der wieder genesenen Schülerin, die nichts einzuwenden hatte, sondern froh war über den Wechsel, denn nun konnte sie ihrerseits ungesehen Teile ihrer Portionen auf den Teller der neuen Nachbarin schieben.
Nach dem Essen mußte man sich in einer Reihe vor einem

Spülbecken aufstellen und sein Besteck abwaschen. Meines war aus Silber, von feinster Machart, mit meinem Monogramm und meinem Geburtsdatum, zu einer schönen Arabeske verschlungen, vorn und der Nummer 75 ganz klein hinten eingraviert; diese Buchstaben, dieses Datum und dieses Silber gehörten zur Welt von Son Batle, die Nummer 75 zu der des Konvents. Der Serviettenring war von gleicher Machart, und zum Zeichen, daß er einem Kind gehörte, war darauf in der Mitte unter dem Namen und dem Datum ein Eichhörnchen eingraviert, Symbol nicht nur meiner selbst, sondern auch des in Son Batle zurückgelassenen Spielzimmers. Jenes Silber weckte außerdem die Erinnerung an den modischen Fotografen, den Mamita bestellt hatte, damit er uns vor Spitzendeckchen und Silber ablichtete. »Ihr seht aus wie kleine Prinzen!« hatte er einmal gesagt, und das hatte mir nicht gefallen. Die Prinzen, die ich kannte, aßen nicht wohlerzogen am Tisch, sondern ritten durch Wälder, lebten, als Frau verkleidet, auf dem Meeresgrund, kämpften mit Drachen, tanzten in Kristallsälen Menuett.

Die Nonnen dagegen hatten mich mit einer Topfpflanze im Hintergrund fotografiert, an einem Tischchen mit einer Marienstatuette, einem Tintenfaß und einem aufgeschlagenen Buch; ich hatte den Festtagskittel an, geschnitten wie die anderen, aber aus Pikee; und ich hatte keine Locken mehr, sondern glatte, streng mit einem Band zusammengebundene Haare; der Blick schließlich war nicht mehr fröhlich und schelmisch, sondern schüchtern und verträumt. Unter dem Foto stand groß und nüchtern: RECUERDO DE MIS ESTUDIOS.[2]

2 Erinnerung an meine Schulzeit

Wie viele Ichs von mir schon auf der Welt sind! sagte ich mir, wenn ich an diese verschiedenen Welten dachte, während ich mein Besteck am Spülbecken abwusch. Wer weiß, wie viele andere es noch geben wird, wenn ich lange genug lebe! Und derweil ging die Angst in dem anhaltenden Geruch nach Apfelkompott im Refektorium unter, während ich mir weiter gedankenverloren die Hände einseifte, wie um mich mit diesem glitschigen Genuß zu trösten und zu beruhigen, bis mir die aufsichtführende Schwester oder das Mädchen, die mir folgte, ein Zeichen machte weiterzugehen.

Am Mittwochnachmittag kamen Mamita und Papito zu Besuch. Beim Betreten des Sprechzimmers fand ich sie stehend vor Ungeduld, mich zu sehen, die Augen zur Tür gewandt, wo ich zögerte. Ich lief ihnen nicht freudig entgegen, um sie zu umarmen. Ich war wie durch einen Zauber gehemmt. Die Nonne, die mich begleitet hatte, lächelte neben mir auf der Schwelle, eisig. Sie waren es, die mir entgegenkamen, um mich zu umarmen. Daraufhin schloß die Nonne die Tür und befreite mich so von dem Bann. Ich entspannte mich, aber mit einem kleinen Vorbehalt. Welcher Teil von mir war jetzt echt? Spielte ich hier in Gesellschaft von Papito und Mamita Theater oder dort in den Räumen hinter der Tür des Sprechzimmers bei den Zöglingen und den Nonnen?

Jedesmal brachten sie mir ein Geschenk mit. Sie zeigten es mir, ich spielte ein bißchen damit, bewunderte es, dann gab ich es ihnen zurück, und sie wickelten es wieder ein. Sie konnten es mir nicht dalassen, das war gegen die Vorschriften. Aber sie versicherten mir, daß mich all diese Gaben in meinem Zimmer in Son Batle erwarteten und daß sie Carlito und Anita nicht erlaubten, damit zu spielen. Ich bat jedesmal, sie sollten mir Heiligenbildchen, Rosenkränze, kleine Medaillen und Kruzifixe mitbringen. Von diesen Dingen durfte man haben, soviel man wollte. Ein bißchen machte Papito sich lustig, ein bißchen machte er sich auch Sorgen wegen meiner Frömmigkeit. Er sagte: »Du bist hier, um etwas zu lernen, nicht um Nonne zu werden!« Er wußte nicht, daß es sich nicht um Frömmigkeit handelte; diese Geschenke brauchte ich für Conchita, um sie zu bestechen.

Sie fragten mich, ob es mir gutgehe. Ja, es ging mir gut. Ob ich zufrieden sei. Ja, ich war zufrieden. Mamita fragte mich flüsternd, ob ich regelmäßig »Stuhlgang hätte«. Ja, ich kackte. Auch für die Großmutter war es wichtig, ob jemand »Stuhlgang hatte« oder nicht. Papito dagegen war es egal. Sie fragten mich auch, ob ich meine Vitamine nehme. Ja, ich nahm sie. Ob mich das Knien in der Kapelle zu sehr anstrenge. Nein, es strengte mich nicht an. Ob die Schwestern nett seien. Ja, waren sie. Papito ließ mich, um meine Fortschritte zu überprüfen, aus der italienischen Zeitung vorlesen. Und die Artikel begannen fast immer so: »Heute haben die italienischen Truppen ...«

Einmal brachten Papito und Mamita mir ein Eis mit. Sie hatten etwas Verrücktes gemacht, waren gerast, damit es nicht im Auto schmolz. Ich lachte, wenn ich sie mir so verspielt und verrückt auf den Straßen von Ciutat vorstellte, und mir schien, als wären sie die Kinder, nicht ich. Außerdem fielen mir an ihnen Farben, Dinge und Seiten auf, die etwas Kindliches an sich hatten: das Päckchen mit Schleife, das mein Geschenk enthielt; eine weiße Nelke in Papitos Knopfloch, die er sich hinters Ohr steckte, um mich zum Lachen zu bringen; Mamitas Federhut und Ju-

welen; ihre klappernden Absätze auf dem glänzenden Fußboden.
Gewöhnlich waren noch andere Mädchen mit ihren Eltern im Sprechzimmer. So daß Stimmengewirr den Raum erfüllte und eine Mischung aus Düften nach Süßigkeiten und Kosmetika. Und einmal trat auch Conchita durch die Tür, durch die ich kurz zuvor hereingekommen war. Ihr Vater und die Tante erwarteten sie schon. Ich nahm Papito und Mamita bei der Hand und führte sie in die Ecke, wo Conchita saß. Ich wollte, daß sich unsere Verwandten anfreundeten. Conchita beobachtete mich mit verächtlichem Lächeln. Sie hatte ein kleines Tablett mit Süßigkeiten vor sich, die sie nacheinander ganz langsam aufaß. Sie bot mir nichts davon an. Ich nahm ein paar von meinen eigenen und legte sie auf ihr Tablett. Sie bedankte sich nicht (Conchita bedankte sich nie bei mir, es wirkte eher so, als beleidigten und ärgerten sie meine Geschenke). Sie aß weiter. Und mir genügte das. Ihr Vater tadelte sie jedoch, und daraufhin hielt sie mir herablassend ein Stückchen Konfekt hin, und wie um mir zu zeigen, daß es sich nicht um schlechte Erziehung, sondern um Verachtung gehandelt hatte, erhob sie sich und bot mit einem Knicks artig auch Papito und Mamita etwas an. Ich umklammerte die Heiligenbilder und Medaillen, die mir meine Eltern diesmal als Geschenk mitgebracht hatten. Damit würde ich Conchita für die ganze Woche kaufen.

Der Körper, tagtäglich unterdrückt und vernachlässigt, gewann dagegen in der Krankenstation eine beunruhigende, schier unumschränkte Präsenz.
Wenn mein fiebriger Körper zitterte und schwitzte, trocknete die Krankenschwester ihn ab und rieb ihn mit Tal-

kumpuder ein; sie wechselte mir ständig Nachthemd und Unterhemd. Sie gebrauchte keine Kniffe, um mich nicht gänzlich zu entblößen – Scham spielte dort keine Rolle –, sondern achtete nur darauf, es so schnell wie möglich zu machen, damit mir nicht kalt würde. Man mußte sich nämlich nur seines auftrumpfenden Körpers schämen. Die Nonnen konnten allein den kranken Körper lieben; daher streichelte mir die Krankenschwester zuweilen über die Stirn, strich mir, ein wenig zögernd, die Haare hinter die Ohren – und wie Mamita wollte sie sehen, welche Farbe meine Scheiße hatte und meine Pisse.

Im Schlafsaal herrschte gedämpftes Halbdunkel. Das Nachtlicht blieb immer an und leuchtete wie das schläfrige Auge eines Engels. Die aufsichtführende Nonne schlief am Ende des Zimmers hinter einem zugezogenen Vorhang; er reichte ihr bis fast unters Kinn, so konnte sie uns sehen, während wir ihre Metamorphosen nicht sehen konnten. Zog sie sich aus, legte sie sich hin, in was verwandelte sie sich? Doch plötzlich erschien anstelle der großen weißen Flügel, die ihren Kopf zierten, ein Häubchen, und aus dem majestätischen Vogelweibchen, das sie gewesen war, wurde ein nasses Küken. Sie benutzte weder Glocken noch Kastagnetten, um die von Bett zu Bett geflüsterten Botschaften zum Schweigen zu bringen. Sie zischte leise und hob zuletzt gebieterisch das Kinn. Doch in dem Halbdunkel konnte sie nicht ausmachen, wo die Schuldigen lagen, von denen das Flüstern und Wispern kam, das unterdrückte Gelächter, die seltsamen wilden Geräusche: Entenschreie, Käuzchenrufe, Froschquaken, Zikadenzirpen – und manchmal sogar unverkennbare Maulfürze.
Wenn ihr Zischen nicht genügte, um im Schlafsaal Ruhe zu

schaffen, knipste sie unvermittelt das Licht an und ging, von einem schwarzen Umhang bedeckt, zwischen den Betten hindurch auf der Suche nach Indizien: Schon ein herabhängender Arm, eine Falte im Laken, die zu perfekte Nachahmung einer Schlafstellung weckten ihren Verdacht; vor allem aber ein bestimmter Ausdruck oder ein Zucken im Gesicht. Denn über die Gesichter der Schuldigen huschte noch ein zu lebhaftes Licht, der Glanz eines noch nicht ganz erstickten Lachens; noch bebten die Wimpern der geschlossenen Augen; und manchmal brach unter ihrem Blick unaufhaltsam ein Glucksen hervor, das unterdrückte Lachen verwandelte sich in Schluchzen. Die Nonne schwieg. Aus der Tasche zog sie ein schwarzes Heftchen, trug Name, Schuld und Strafe ein: zehn Minuten oder eine halbe Stunde Pause weniger oder gar keine Pause oder auch kein Nachtisch am Donnerstag. Bis wieder Stille herrschte. Ich schlief vielleicht als letzte ein. Rundum wurde ich allmählich aller Körper beraubt; der Atem wuchs wie eine Knospe, und darin waren die Seelen meiner Gefährtinnen. Mein Körper verwandelte sich unterdessen in einen Baum; doch um vollkommen zu werden, mußte er ein Zucken loswerden, ein Zuviel an tierischem Leben. Nun war das Problem folgendes: Sollte es unten durch die Wurzeln heraus oder oben durch die Krone? Manchmal wanderte das Zucken oben hinaus, und dann begann ich zu träumen: Ich sah, wie mein Traum sich in Form von Blättern und Zweigen auf dem Kissen ausbreitete. Ein andermal war es nötig, es nach unten abzuleiten, und dann rieb ich nach und nach meinen ganzen Körper; oder ich drückte es nach unten, dieses Zucken, indem ich die Hände auf den Bauch legte. Bis ich abstürzte, wie von einem Schwindelanfall gezogen.

Den größten Teil unserer Zeit verbrachten wir im Klassenzimmer und im Lernsaal. Doch diese Zeit zählte nicht, war wie zwischen eckigen Klammern. In jenen Räumen wollten sie Marionetten ohne eigene Wörter aus uns machen, die jedem Befehl gehorchten.

Nichts an jenen Orten hatte zudem einen Bezug zu meinem Körper, dem einzigen, was mir von Son Batle geblieben war. Einen anregenden Geruch gab es aber. Den Geruch der externen Schülerinnen. Sie rochen nämlich nicht nach geschlossenen Räumen, Apfelkompott, Milch und Malzkaffee, Weihrauch und Jodtinktur. Sie brachten etwas vom heftigen und frischen Wind der Welt mit. Und wenn sie im Winter kurz nach uns ins Klassenzimmer kamen, waren ihre Hände lebendig und eiskalt, nicht lasch und lau wie unsere. Auch glänzten ihre Augen, während unsere fast erloschen waren vom vielen Zu-Boden-Schauen.

Die Kapelle war der Mittelpunkt des Palazzo. Dort liefen alle Bedeutungen zusammen, von dort gingen alle Erklärungen aus.

Sie war nicht alt, ganz im Gegenteil: Sie war erst vor einigen Monaten fertiggestellt worden. Sie war nicht weiß wie alles übrige im Internat; um sie auszumalen hatte man Pastellfarben in Hülle und Fülle benutzt: Rosa, Grau, Ocker. Die Wände waren nicht glatt und nackt, sondern mit Stuck verziert. Sie sah aus wie eine schöne Buttercremetorte. Sie roch neu: nach frischem Holz, nach Gips, gemischt mit dem Duft von Weihrauch und Lilien. Und das Knacken des noch arbeitenden Holzes widersprach der vom Weihrauch vermittelten Vorstellung von Ewigkeit. In der Mitte dieser Torte war das Herz Jesu, in der Monstranz verborgen, wie die Bohne oder der Ring im Dreikönigskuchen.

Jesus war anbetungswürdig, liebenswürdig, eßbar. Die Nonnen sagten nämlich zu uns: »Die Kapelle ist euer wahres Refektorium, Christus ist eure wahre Speise.«
Auch hier tat ich alles, um mich von den anderen zu unterscheiden. Deshalb sang ich nicht mit, mischte meinen Atem nicht mit dem Gottes, antwortete nicht »Amen« in machtvollen Abfolgen von Arsis und Thesis. Ich saß reglos da, wachsam, mit geschlossenem Mund, durchdringendem Blick; sehr häßlich, das wußte ich, während die anderen Mädchen, mit halbgeöffneten Lippen und verzücktem Blick dem Gesang hingegeben, so hübsch waren. Und böse und traurig war ich. Und mutterseelenallein auf der Welt, weil ich Gott nicht anrief, meine Gebete zu erhören. Es steckte keine Anmaßung dahinter wie beim Teufel, der Gott herausfordert, ich wollte nur in Ruhe gelassen werden, nicht mitmachen in diesem Getümmel von Himmel und Flammen. Gern betete ich jedoch, mich hin und her wiegend, den Rosenkranz, da es im Internat weder Schaukelstühle noch Schaukeln gab. Darüber hinaus schien diese Kette von Perlen nicht nur die Worte der Gebete zusammenhalten zu wollen, sondern auch die Gedanken, damit sie nicht zu gefährlichen Phantasien wurden. Diese geordnete, unveränderliche Abfolge von Gebeten beruhigte mich: so viele Ave-Maria, so viele Paternoster, so viele Gloria. Während die Perlen durch die Finger glitten, empfand ich ein Gefühl von Unendlichkeit, das mich jedoch nicht zu überwältigen drohte wie die unendlichen Ameisenprozessionen. Und wenn ich am Ende den Rosenkranz fest in der Hand hielt, war es, als hätte ich eine lange Reise gemacht.
Noch durften wir nicht beichten und zur Kommunion gehen. Einmal im Monat jedoch ließen uns die Nonnen

zur Buße auf Knien durch das Labyrinth rutschen, das auf dem Fußboden der Kapelle dargestellt war. Auch das war für mich eine Art Reise, und so wurden die geometrischen Ornamente aus rosafarbenem und weißem Marmor, die den grauen Weg unterbrachen, zu Städten, Kirchen und Schlössern.

In der Kapelle geschahen außerdem häufig ungehörige oder beunruhigende Dinge. Bestimmt kitzelte Gott zum Beispiel Conchita eines Tages an der Nase, um alle Bosheit aus ihrem Körper auszutreiben, so daß sie genau bei der Wandlung heftig niesen mußte. Mir dagegen riß einmal der Rosenkranz, und das war, in gewissem Sinne, auch Conchitas Schuld. Conchita war etwas jünger als ich und saß zwei Bänke vor mir. Während des Gottesdienstes gab es immer einen Augenblick, in dem sie sich umdrehte, nicht, um mir zuzulächeln, nicht, um mich anzusehen, sondern nur, um zu sagen: »Ich weiß, daß du darauf wartest. Die Anstrengung, dir dieses Zugeständnis zu machen, habe ich auf mich genommen!« Dann wandte sie sich sofort wieder ab. Doch einmal vergaß sie, sich umzudrehen, vielleicht tat sie es auch mit Absicht. Am Ende des Gottesdienstes ging ihre Reihe an meiner Bank vorbei; wieder drehte sie sich nicht um. So kam es, daß der Rosenkranz riß oder ich ihn zerriß.

Wenn dann der Priester kam, um die Messe zu lesen, verwandelte sich die Kapelle in ein Theater. Der Priester war der Impresario und auch der einzige Schauspieler auf der Bühne: Er stand in der Mitte am Altar, auf dem Haupt das Käppchen, das mir wegen der Ähnlichkeit mit der Tonsur ein Loch zu haben schien, vielleicht, um Gott besser hindurchzulassen. Er hob die Hände, und die Verkleidungen und Verwandlungen begannen: Das, was nicht Brot war, sondern eine Hostie, verwandelte sich in Fleisch; der Wein, von dem sie uns allerdings nicht trinken ließen, wurde zu Blut; das Herz Jesu tropfte; Christus am Kreuz weinte. Auf eine Geste des Priesters erklangen Worte, senkte sich Schweigen herab oder erhob sich Gesang. Auf ein Zeichen von ihm standen wir auf, knieten nieder, setzten uns hin. Doch wenn es mir vorkam, als fixierten seine Augen Conchita, dann betrat sie wie eine schamlose Ballerina die Szene. Und das Wachs, das sich unterdessen verzehrte, verwandelte sich in eine Flamme.

Nur der Priester trank von dem Wein, den Nonnen, die zur Kommunion gingen, gab er ein Stückchen Brot. Auch ich werde Wein trinken, wenn ich groß bin, dachte ich, ich werde mich bestimmt nicht mit Brot begnügen!

Die Vorstellung verlief jedoch fast immer gleich. Weder die Oberin noch die anderen Nonnen betraten je die Bühne, weder Papito noch Mamita – dabei hatte Mamita so schöne Kleider, noch farbenprächtiger als die Gewänder des Priesters –, weder Paco noch der Kater Don Felipe noch unser Pfauenweibchen Senyora Isabel – trotz des eindrucksvollen Schwanzes! –, weder die anderen Mädchen noch ich. Es erschienen weder Gaukler noch Dämonen, weder die längst ausgerotteten Bewohner der exotischen Welten, die ich nicht kannte, noch Musikanten, die *flabiols*[3] und *simbombes de s'Estaca*[4] spielten. Einfach langweilig!

Daher zog ich es vor, meinen Phantasien nachzuhängen, und starrte dabei auf das große, funkelnde Kreuz in der Apsis hinter dem Hauptaltar.

3 Flöten

4 Tamburin von Estaca

Dieses Kreuz war so vieles zugleich:
Das Kreuz, das mit seinen Armen alle Orte, Dinge und Menschen umfing, die ich liebte, sie einschloß wie in einem unterirdischen, paradiesischen Gefängnis.
Das Kristallkreuz, das ein Verlobter Antònia geschenkt hatte.
Das Kreuz der Großmutter, das nichts anderes war als Großmutters Leiden am Kreuz. »Es ist ein Kreuz!« pflegte sie nämlich immer zu sagen.
Das Kreuz der Nonnen, das ein aus vielen Kreuzen zusammengesetztes Kreuz war.
Das Kreuz, das die Flügel formen, wenn die Vögel mit ausgebreiteten Schwingen fliegen.
Das verstümmelte Kreuz, wenn ein Arm abfällt.
Das schiefe Kreuz.
Vom schiefen Kreuz war es dann leicht, zum ballförmigen Kreuz überzugehen. Es genügte, noch ein paar Diagonalen zu ziehen und fest die Augen zusammenzukneifen, schon erschien mir der Ball aus Son Batle mit den bunten Strahlen. Und so, während ich vorgab, der Messe zu folgen, begann ich zu spielen. Und wie oft landete dieser Ball auf dem Kopf des Priesters! Conchita traf er nie, sie wäre mir womöglich für immer böse gewesen!
Doch eines Tages änderte sich die Vorstellung. Auch wir betraten die Bühne. Es war das Fest der Erstkommunion. Ich ging mit niedergeschlagenen Augen, zerknirscht, aber ich wußte, daß mich alle anschauten. Ab und zu sah ich die gleiche Eitelkeit in den Augen meiner Gefährtinnen aufblitzen: Sie tauchte aus all dem Weiß auf wie der schamhafte Stempel in der Mitte der Lilie. Der Duft der Lilien, die ich in der Hand hielt, rief mir zudem ins Gedächtnis, was Conchita am Tag vorher zu mir gesagt hatte: Daß ihr Kleid

nur ein blasser Vorgeschmack davon sei, wie ihr Brautkleid sein würde. Ich dagegen sagte zu ihr, daß ich mich überhaupt nicht als Braut sah, daß man jenes Kleid nur einen Tag trug, und dann wurde man zur Ehefrau. Ich wollte mich, wenn ich groß war, lieber anders verkleiden: als Matrose, als Prinz und als Don Quijote. »Solche Kostüme«, sagte Conchita, »werde ich nur zu Karneval tragen.« »Ich dagegen«, erwiderte ich, »trage sie dann das ganze Jahr!«

Die Hostie war enttäuschend, so gering. Ursula schenkte mir immer eine Menge Hostienverschnitt. Ich spürte kaum einen unbestimmten Stärkegeschmack.

Nach der Zeremonie erwarteten uns in der Sakristei große, mit goldbraunen Zuckerkristallen überzogene Torten. Die Mütter bewunderten uns, die Fotografen fotografierten uns, die Nonnen beglückwünschten uns und boten allen dampfende Schokolade an. Verschmolzen waren, abgesehen von jeder Metapher, Torte und Theater. Doch bekam ich weder einen Rosenkranz aus Gold und Elfenbein noch ein Meßbuch mit Perlmutteinband noch ein Halskettchen mit doppeltem Medaillon zum Geschenk. An diese Dinge dachte die Großmutter. Und sie hatte wegen des Krieges nicht kommen können. Mamita wußte nicht einmal, daß man zur Kommunion Geschenke macht. Doch Papito sagte zu mir: »Ich werde dir aus Eivissa einen Armreif aus Silber mitbringen. Jetzt«, fügte er hinzu, »gehen wir ins Café de la Unión zum Eisessen!« Und er unterhielt die Nonnen mit seinen Einfällen: Alle bedachte er, als wären sie Damen, mit einem Handkuß. Die Oberin fragte ihn nach dem Krieg. »Nein«, sagte Papito. »Machen Sie sich keine Sorgen. Der Vatikan wird nicht bombardiert!«

Bei dieser Gelegenheit wurden wir auch in die religiöse

Praxis der Einkehr eingeführt. Unserem Alter entsprechend, immer nur kurz. Einen halben Nachmittag. Die Nonne sagte einen Satz, kommentierte ihn, und wir mußten still darüber nachdenken. Ich übte mich manchmal an verschiedenen Problemen unseres täglichen Lebens:

Wie konnte man, zum Beispiel, einen Satz zum einen Ohr hinein- und zum anderen wieder hinauslassen (einen zerknirschten Gesichtsausdruck annehmen, Aufmerksamkeit mimen, schweigen, den Blick senken, ja sagen, wieder schweigen, nur auf Fragesätze achten, töricht die Augen heben, um sie sich wiederholen zu lassen. Derweil an anderes denken);

wie bei jedem neuen Kommando weiter frei phantasieren (aus dem Augenwinkel darauf achten, die Gesten der anderen zu imitieren);

wie schweigen, wenn es notwendig wäre zu sprechen (so tun, als bewegte man die Lippen; in der Klasse nur sagen: »Ich weiß es nicht.«);

wie sprechen, wenn man schweigen müßte (die Kunst des Flüsterns und Murmelns verfeinern; das Taubstummenalphabet lernen; die Sprache der Augen und Gesten vervollkommnen);

wie länger auf dem Klo bleiben, dem einzigen Ort wahrer Einkehr (solange wie möglich an sich halten; dann aber, leider, ein paar Tage auf der Krankenstation verbringen und Rizinusöl schlucken!);

wie abends im Bett keine Angst haben (sich ausmalen, man jage den anderen Angst ein; den Mut haben, zum Beispiel, so zu tun, als sei man Schlafwandlerin, und ungestört durch alle Schlafsäle gehen können, womöglich bis zu Conchitas Bett oder bis hinter die Vorhänge, wo die Nonnen ruhten oder wer weiß was taten);

wie im Bett nicht allein sein – denn Mamita hatte mir nicht meine Puppe dalassen dürfen (sich die Hände auf den Bauch legen);
wie bei bestimmten Anlässen nicht in die Hose machen (die Schenkelmuskel stark zusammenpressen; tief atmen; an anderes denken: nicht an Engel noch an Vögel, weder an Feuer noch an Wasser);
wie bei bestimmten Anlässen nicht loslachen (statt dessen husten. Doch das Aufeinandertreffen des Lachens, das hineinschlüpfte, und des Hustens, der herauskam, führte zu Schluckauf! Und Schluckauf wurde zwar mit Ungeduld und Verdruß aufgenommen, aber nicht bestraft; Lachen dagegen schon);
wie sich aus- oder wieder anziehen, ohne sich je ganz zu entblößen (das Kleid ausziehen – darunter trug man ja Schlüpfer und Unterhemd; einen Ärmel des Unterhemds abstreifen; sich das Nachthemd über den Kopf stülpen, ohne vorerst in die Ärmel zu schlüpfen oder den Kopf durchzustecken; und dort, unter dieser Art Kapuze, den anderen Ärmel des Unterhemds abstreifen; sich bücken und vorbeugen; das Unterhemd nach vorn über den Kopf durch den Ausschnitt des Nachthemds ausziehen – wenn das Unterhemd sehr weit ausgeschnitten war, konnte man es auch nach unten ausziehen; zuletzt in die Ärmel des Nachthemds schlüpfen; nie die Unterhose ausziehen).

Konversation mit der Oberin vor Kekstellern

»Parlez-vouz français, mademoiselle?«
Die Oberin wandte sich offensichtlich an mich in der seltsamen Sprache der Franzosen, die in salonartig eingerichteten Höhlen wohnten, ich hatte ja schon Gelegenheit gehabt, sie aus dem Mund der Gouvernante des Marqués de Albuquerque zu vernehmen.
Ich fühlte mich voller Tatendrang, begierig, diese neue Welt kennenzulernen, und ich war aufgeregt, als wäre ich nicht ins Internat, sondern auf ein Schiff gekommen.
»Non!« erwiderte ich, den Nasallaut stark betonend.
»Wenigstens«, sagte die Oberin, »kann *usted* sehr gut den Nasallaut. Es gibt ja Leute, die Französisch studiert haben und keine Nasale aussprechen können!«
Die Oberin entschuldigte sich bei mir, daß sie kein Italienisch spreche, und nachdem unsere Gleichheit in der Unkenntnis der Sprachen wiederhergestellt war, fuhr sie in Kastilisch fort:
»Ist es Ihnen sehr schwer gefallen, von Ihrer Mutter wegzugehen?«
»Nein«, antwortete ich, »es ist mir einfach so vorgekommen, als wäre diesmal ich es, die sich verabschiedet, bevor sie zum Ball geht.«
Die Oberin betrachtete mich aufmerksam. Mit ihrer rundlichen, rosigen Hand schob sie mir eins der beiden

Tellerchen hin, die auf dem Tisch standen, wo sie saß: Darauf lagen Kekse in Buchstabenform; auf dem anderen dagegen lagen selbstgebackene Kekse, mürbe, butterig, verziert mit kraterbildendem Zuckerguß.

»Nimm die Buchstaben deines Namens«, sagte sie zu mir, zum Du übergehend. Ich suchte sie heraus und reihte sie auf der gestickten Tischdecke auf.

»Dann schreibt sich dein Name also mit Z, nicht mit C!« sagte die Oberin.

»Ja«, antwortete ich. »Und ich kann ihn auch auf neapolitanisch schreiben.«

»Und wie schreibt er sich da?«

Ich legte meinen Namen mit einer Metathese am Anfang und verdoppelte dann alle weiteren Konsonanten.

»Ist ja lustig!« sagte die Oberin und betrachtete mich erneut aufmerksam. »Also kannst du schon schreiben. Wer hat dich das gelehrt?«

»Die Italienischlehrerin und Papito.«

»Jetzt versuch mal, *Sagrado Corazón* zu schreiben.«

Ich schrieb es.

»Da fehlt noch ein Akzent«, sagte die Oberin streng. »Aber leider gibt es keinen Keks in Akzentform. Versuch's mal mit dieser Zuckermandel.« Aus ihrer Tasche kamen aber nur Schlüssel, Bleistifte; zuletzt zog sie ein Bonbon heraus. Ihre Stimme betonte den Akzent so deutlich, daß ich ihn gleich an die richtige Stelle legte.

»He«, sagte die Oberin, »du bist auch fix mit den Akzenten! Aber glaub ja nicht, daß es so einfach ist! Und im Französischen ist es noch viel schwieriger, das kann ich dir sagen! Hör zu, was sie mir als Kind gesagt haben:

Fête, bête, pêche
Ont un chapeau sur la tête.
Si tu pêches à l'asticot
Garde le chapeau
Si tu pèches par gourmandise
La moitié du chapeau s'enlise.[1]

Doch auch das Kastilische hat es in sich, das kannst du mir glauben! Setz zum Beispiel den Akzent auf *horripilar*!«
Ich fiel darauf herein. Ich legte ihn auf das A und vergaß noch dazu das H. Außerdem hatte ich keine Ahnung, was das Wort heißen sollte.
Die Oberin tadelte mich. »Du willst auch noch wissen, was es bedeutet?« Sie sah mich immer strenger an. »Es bedeutet ... es bedeutet ... Jetzt gebe ich dir ein Beispiel. Das benutze ich immer, weißt du!« – und sie blickte böse, kniff die Lippen zusammen. »Hör zu: *›¡Estoy horripilada de su ignorancia, señorita!‹*[2] Oder die Schwester Verwalterin klopft hier an die Tür, kommt herein, und ich sage zu ihr: *›¡Estoy horripilada de la dilapidación de nuestras financias! ¿Quien come tanto azucar aquí?‹*[3] ... Sag du es mir, los, wer ißt hier so viel Zucker?«
»Ich weiß es nicht«, antwortete ich schüchtern.
»Je suis horrifiée, horrifiée, mademoiselle«, und sie fauchte beim F und sperrte beim O den Mund auf. »Kurz, es heißt:

1 Fest, Tier, Fischen / tragen einen Hut. / Fischst du mit Würmern / Behalte den Hut auf / Versündigst du dich mit Völlerei / Ist nur noch der halbe Hut dabei (frz. Merksatz für *accent circonflexe* und *accent grave*).
2 Ich bin entsetzt über Ihre Unwissenheit, mein Fräulein!
3 Ich bin entsetzt über die Vergeudung unserer Finanzen! Wer ißt hier so viel Zucker?

›*No me gusta*‹[4] … Doch kommen wir zu uns zurück. Weißt du, was *Sagrado Corazón* bedeutet?« Und sie fixierte mich voller Mißtrauen.

»So heißt dieses Internat.«

»Oho, so einfach ist es nicht. Und warum heißt es so?«

»Ich weiß nicht«, antwortete ich, korrigierte mich aber sogleich, weil mir ein Gebet einfiel, das die Großmutter mich gelehrt hatte. »Vielleicht nach dem Heiligen Herzen Jesu!«

»Selbstverständlich«, sagte die Oberin, »was denkst du denn, daß wir uns nach dem Herzen irgendeines Schönlings benennen? Jetzt hör mir gut zu«, fuhr sie fort, sagte aber nichts mehr. Sie aß hintereinander zwei Kekse, und an ihrem Kinn blieb ein wenig Zucker hängen; es sah aus, als lutsche sie die Kekse. Dann sprach sie mit veränderter Stimme weiter, in einem inspiriert klingenden Tonfall, aber sanft und schmeichelnd: »Jesus ist der einzige Gott, der Mensch geworden ist, den es verlangt, sich jeden Tag für uns zu opfern, der will, daß wir jeden Tag von ihm essen, der begehrt, den ganzen Tag in einer Monstranz eingeschlossen zu sein wie in einem Gefängnis; und schau nur, welche Wunder er vollbringt! Das Brot wird Fleisch, ohne daß es aufhört, wie Brot auszusehen; sein Leib befindet sich an mehreren Orten gleichzeitig; es gelingt ihm, in einen fast unsichtbaren Raum zu passen. Könntest du das?«

»Nein«, sagte ich. »Ich hab's probiert, aber es gelingt mir nicht recht.«

»Was soll das heißen, du hast es probiert?«

»Nicht alle diese Sachen, aber mich ganz, ganz klein zu machen, habe ich probiert.«

4 Das gefällt mir nicht.

Und auch, an mehreren Orten gleichzeitig zu sein. Mich essen zu lassen, nicht, mich will niemand verspeisen.
»So, so«, schnitt mir die Oberin das Wort ab. »Nun, er konnte es! Aber machen wir weiter. Wie du weißt, werden Jesu heilige Wundmale an Händen, Füßen und Rippen verehrt; sein Antlitz wird verehrt, dessen Bild sich auf dem heiligen Schweißtuch abgedrückt hat, es wird in eurer Stadt Turin aufbewahrt ... der einzigen italienischen Stadt, wo man gut Französisch spricht ... Sein ganzer Leib wird verehrt, sein kostbares Blut, das er für uns vergossen hat, aber niemand hatte je daran gedacht, den Kult seines heiligen Herzens einzuführen. Und doch schreibt man dem Herzen gewöhnlich die zärtlichsten Gefühle der Seele zu. Der Kult des Heiligen Herzens beschränkt sich also nicht darauf, dieses unserem ähnliche, fleischliche Herz zu lieben, das Teil des anbetungswürdigen Leibes Christi ist ... Es geht nicht darum, nur dieses fleischliche Eingeweide anzubeten, denn du mußt wissen, was wir anbeten, ist kein anatomisches Organ, sondern das Symbol der Liebe selbst. Das Herz ist ja das Zentrum des Körpers, und in der Kirche, die die Form von Christi Körper am Kreuz hat, entspricht ihm der Altar, und zwar, damit das steinerne Herz des Menschen zu Fleisch werde ...«
Ich hatte beim Anblick des Heiligen Herzens im Sprechzimmer, wo ich mich von meiner Mutter verabschiedet hatte, und jetzt, an der Wand hinter dem Tisch der Oberin, so stilisiert und verziert, wie es war, gewiß nicht an ein fleischliches Eingeweide gedacht; ich hielt es eher für die Ankündigung einer Truppe von Schaustellern. Diese klebten ja an die Mauern oft Plakate mit Männern, die auf Nagelbetten schliefen oder über Flammen gingen, oder auch mit wie gekreuzigt dastehenden Männern, nach denen

Messer geworfen wurden. Und rundherum waren immer Girlanden, bunte Blumen, Bilder von Feuerwerk und Lichterketten, und quer darüber das Wort ¡ATTRACCIÒN!, groß geschrieben, zwischen zwei ebenfalls bunten Ausrufezeichen.
Während ich so vor mich hin träumte, angeregt von dem Bild und von den Worten der Oberin, machte diese eine Pause und aß noch zwei Kekse. Darf ich mir auch welche von denen mit Zuckerguß nehmen oder nicht? dachte ich derweil. Und durfte ich, ohne daß sie mir jedesmal angeboten wurden, wenigstens die Buchstaben meines Namens essen? Ich entschloß mich und begann bei dem letzten: So löste sich der Name nicht völlig auf; beim Lesenlernen hatte ich entdeckt, daß es manchmal genügte, die ersten Buchstaben zu entziffern, um den Rest zu erraten.
Die Oberin fuhr fort; sie hatte noch ein Stückchen Keks im Mund und sprach das Wort »Herz« ganz unbeholfen aus. »Das Herz erschien der heiligen Metilde. ›Eines Tages‹, erzählt sie, ›sah ich Gottes Sohn, der sein eigenes Herz in der Hand hielt, leuchtender als die Sonne, sandte es nach allen Seiten Lichtstrahlen aus.‹ Und so erschien es der heiligen Margherita: ›Dies göttliche Herz stellte sich mir dar wie auf einem Thron aus Feuer und Flammen, nach allen Seiten Strahlen sendend, funkelnder als die Sonne und durchsichtig wie ein Kristall.‹«
Ich hob die Augen; direkt über meinem Kopf hing ein großer Kristallüster: Die mallorquinischen Glasbläser hatten die Formen und die Machart der Glasarbeiten aus Murano imitiert.
»... Die heilige Gertrud fuhr im Augenblick ihres Todes zum Himmel auf und zog sich ins Allerheiligste der Gottheit zurück, das heißt, ins angebetete Herz Jesu, das dieser

göttliche Bräutigam in einem Übermaß an Liebe geöffnet hatte. Die heilige Katharina von Siena schließlich schenkte ihr Herz uneingeschränkt ihrem göttlichen Bräutigam und erhielt im Tausch das Herz Jesu. Und Gottes großartiger Dienerin Armella Nicola zeigte Jesus sein geöffnetes Herz, damit sie sich drin verstecke.«

Vielleicht fielen mir schon beinahe die Augen zu vor Müdigkeit. Die Oberin sagte:

»Wir fahren morgen fort. Ich werde dir noch weitere Wunder berichten. Für heute ist es genug!« Sie erhob sich, strich mir über den Kopf, begleitete mich zur Tür, und bevor sie mich der Nonne übergab, nach der sie geläutet hatte, sagte sie mit veränderter, heiserer Stimme zu mir: »Und wenn du vor morgen etwas brauchst, such mich nirgends als in diesem Zimmer. Nicht einmal im Herzen Jesu, ich bin seiner nicht würdig!«

Sie tätschelte mir die Wange, zog ein Bonbon aus der Tasche. Dann fühlte ich, wie ein Schatten meine Hand ergriff. Lautlos schloß sich die Tür.

Am nächsten Tag standen im Zimmer der Oberin nicht zwei Tellerchen mit Keksen, sondern eine große Platte voller Löffelbiskuits – diese Kekse kannte ich sehr gut, weil Mamita sie häufig eigenhändig in der Küche backte und mir die Aufgabe übertrug, Dutzende von Eiern aufzuschlagen: ein Genuß, der noch größer war als der Wunsch, eine Scheibe mit einem Stein zu zertrümmern. Neben der Platte stand ein Glas Honig, in den die Oberin die Löffelbiskuits eintauchte. Sie bot mir von den Biskuits an, aber nicht vom Honig.

»Nun erzähle ich dir«, begann sie, »die Geschichte von Pater de la Colombière und der seligen Marguerite Marie

Alacoque, die, wie ich, Französin und, wie ich, in einem Schloß zur Welt gekommen war.«
»Wohnt ihr Franzosen immer in Palästen und Schlössern?« fragte ich. »Beim Klang eurer Sprache dachte ich, daß ihr eher in Höhlen wohnt.«
Die Oberin lachte, verschluckte sich an einem Stück Keks und mußte rasch etwas trinken. Zum Glück hatte sie ein Glas und eine Karaffe vor sich.
»Gewiß«, sagte sie. »Erst mit Franz I. begannen sich die Sitten bei Hofe zu verfeinern. Doch dann haben wir der Welt durchaus einige Lektionen erteilt! ... *Savoir faire* ... *bienséances* ... *bonnes manières* ... Denk nur, ich bin spät in den Orden eingetreten, als Mädchen hatte ich einen Verehrer ... Wenn ich ihn geheiratet hätte, säße er jetzt statt deiner hier vor mir, und müßte ich niesen, würde er zu mir sagen: ›*A vos souhaits!*‹[5] und nicht ›Gesundheit‹, wie es hier Brauch ist ... Doch kehren wir zur Geschichte unseres Kults zurück. Pater de la Colombière der Gesellschaft Jesu war einer der ersten, deren Gott sich bediente, um den Gläubigen diese Frömmigkeit nahezubringen. Er war Prediger der Herzogin von York. Ihm öffnete sich das Herz der großartigen Dienerin Gottes Marguerite Marie Alacoque, der mehrfach das Herz Jesu erschienen war, und so wurde er in jenen Kult eingeführt durch die feste Barmherzigkeit und die feste Tugend der Ordensschwester, die zu ihm sprach ...«
Ein Ei *à la coque* ist aber nicht fest, sondern weich, dachte ich, während ich einen Herrn und eine Dame am Frühstückstisch vor mir sah, feierlich in lange graue Gewänder gekleidet, die mit dem Löffelchen auf ein kleines graues

5 Wohlsein!

Taubenei klopften; alle beide boten mir ein wenig davon an, damit ich mich in ein anderes Kind verwandelte. Und auch die Oberin war gewiß eingeladen worden, das kleine graue Ei zu kosten in jenem fernen Konvent, wo die Tugenden der Geschichten keimten, die sie mir erzählte.

Indessen aber fuhr die Oberin, von dem Löffelchen mit dem geheimnisvollen Ei getröstet, folgendermaßen fort: »Die Reise des Dieners Gottes nach England, seine Gefangenschaft und die kurze Zeit, die ihm nach seiner Rückkehr nach Frankreich zu leben verblieb, erlaubten ihm nicht, den Kult gebührend zu verbreiten und in den Menschen zu verwurzeln. Doch Gott hat sein Werk nicht unvollendet gelassen. Und so sah man nach weniger als einem Jahr diese Verehrung glücklich gefestigt. Es wurden Kapellen zu Ehren des Heiligen Herzens Jesu gebaut, es wurden ihm Altäre errichtet, so daß sich dieser Kult fast in ganz Frankreich ausbreitete, auf die ausländischen Reiche übergriff, sogar über die Meere wanderte, sich in Québec und in Malta niederließ, und ich habe Grund zu der Annahme, daß er durch das Werk der Missionare nicht nur bis nach Indien, sondern, was weiß ich, schon bis nach Syrien und sogar China gedrungen ist.«

An dieser Stelle entrollte die Oberin ein Blatt Papier und las: »›1000 Altäre in Frankreich, 400 in Kanada, 527 in Italien, 80 in Indien.‹ Und hier in Spanien sind es dank unseres Ordens bereits 640, gut 70 davon wurden allerdings von den Roten zerstört! In Neapel dagegen«, und sie deutete anklagend mit dem Finger auf mich, »hat deine Großmutter mir gesagt, sind die Altäre noch zu wenige. Der Kult hat sich dort nicht ausgebreitet, wie er sollte. Dort weiht man die Altäre lieber dem heiligen Januarius, dem heiligen Michael, dem heiligen Antonius dem Großen,

einem Heiligen, zu dessen Füßen ein Schwein kauert, stell dir vor! Zahllos sind außerdem anscheinend die Altäre für die Seelen im Fegefeuer, so eng sind die Bindungen unter Verwandten, auch nach dem Tod. Du«, und sie blickte mich mit schrecklichen Augen an, »du wirst, wenn du nach Neapel zurückkehrst, den Kult dort weiterverbreiten. Denk nur, daß es in Paris einen Künstler gibt, der, wenn auch blasphemisch, für unser Mutterhaus ein Herz Jesu geschaffen hat, das wirklich schlägt. Es ist so groß wie meine Hand und mit Diamanten und Rubinen besetzt. Meine Brüder haben nur eine lächerliche Summe zu den Kosten des Werkes beisteuern wollen! Zu ihrer Rechtfertigung sei gesagt, daß sie *les Croix de Feu*[6] finanzieren und damit ein großes Risiko eingehen, weil diese für illegal erklärt wurden!«
»In Neapel«, bemerkte ich, »gibt es aber Sirenen, die die Matrosen verhexen.«
»Und was hat das hier zu suchen?« sagte die Oberin erzürnt. »Ihr wollt doch wohl keine Altäre für Sirenen errichten!« Und vor Wut nahm sie drei Biskuits, legte sie aufeinander und aß sie in zwei Bissen auf. Sie schob mir zwei Biskuits in die Tasche und sagte: »Nun, für heute reicht es!«

Am nächsten Tag ließ sie mich noch einmal rufen.
Wer weiß, dachte ich, welche Kekse es geben wird? Aber es gab überhaupt keine.
»Wir können nur ein bißchen Lakritz knabbern«, sagte sie, sobald ich eintrat, und reichte mir ein Stängchen. »Heute sollst du dir die Geschichte der großartigen Dienerin Got-

6 Französische Organisation der extremen Rechten

tes, Marguerite Marie Alacoque, anhören. Und ihr zu Ehren fasten wir. Hör zu … Schwester Marguerite Marie Alacoque war Ordensschwester der Heimsuchung Mariä im Kloster von Paray-le-Monial, einer Stadt im Herzogtum Burgund. Schon im Alter von zwei, drei Jahren verabscheute sie selbst den Schatten der Sünde. Ihre ganze Freude bestand darin, den Tag im Gebet zu verbringen, und fand man sie nicht auf Knien in irgendeinem Winkel des Hauses, mußte man sie in der Kirche suchen, wo sie stundenlang reglos vor dem Allerheiligsten Sakrament verharrte.

Noch sehr jung gelobte sie ewige Keuschheit.

Gut vier Jahre lang war sie von einer Lähmung befallen. Alle Heilmittel hatten versagt. Doch kaum weihte sie sich mit einem heimlichen Gelübde dem Dienst der Heiligen Jungfrau, genas sie auf wunderbare Weise.

Sie empfand einen solchen Selbsthaß und eine so große Liebe zum Kreuz, daß es ihr einziges Ziel im Leben war zu leiden. Tagelang aß sie gar nichts, und wenn sie aß, nährte sie sich von den weniger guten Dingen.

Dann benutzte sie, um ihren Körper zu geißeln, Mittel, die sogar strengste Büßer das Fürchten gelehrt hätten. Sie umwickelte zum Beispiel ihre Arme mit dünnen Eisenketten, die, als sie allmählich größer wurde, in ihr Fleisch einwuchsen, so daß es nicht möglich war, sie abzunehmen, ohne einige Fetzen mit abzureißen.

Von ihrem zehnten oder zwölften Lebensjahr an schlief sie dann auf der nackten Erde und verbrachte häufig einen Teil der Nacht im Gebet.

Diese glühende Liebe zu Jesus Christus, die der Ursprung ihrer Bußübungen war, flößte ihr unermeßliche Barmherzigkeit und Liebe gegenüber den Armen ein. Sie hegte

so viel Respekt und Verehrung für sie, daß sie sich ihnen oft zu Füßen warf. Dank ihrer Mildtätigkeit scharte sich eine Vielzahl von Bedürftigen um sie, für die sie oft auf ihre Nahrung verzichtete und die sie erst gehen ließ, nachdem sie sie die Grundsätze des Glaubens gelehrt hatte.
So verbrachte dieses tugendhafte Mädchen die Jahre, die sie auf der Welt zu leben gezwungen war. Und ihre größte Sünde, für die sie mit vielen Tränen und Kasteiungen büßte, war, daß sie zuviel Sorgfalt auf ihre Kleidung verwandte, und zwar nur, um den Willen der Mutter zu erfüllen, die es ihr so befahl. Denn diese Seele, vom Herrn geleitet, strebte seit langem nach Einsamkeit. Und da nichts sie erheiterte als das Gebet, während die Vergnügungen der Gesellschaft ihr eine wahre Qual waren, beschloß sie, den Schleier zu nehmen. Doch ihre Verwandten wollten nicht einwilligen, sie zu verlieren. Erst nach vielen Gebeten erreichte sie schließlich, was sie sich so leidenschaftlich wünschte. Mit diesen schönen Eigenschaften und bewundernswerten Tugenden trat sie in den Orden der Heimsuchung Mariä ein. Überzeugt, daß die Einhaltung der Regeln das sicherste Mittel sei, um die hohe Vollkommenheit zu erlangen, zu der Gott sie aufrief, erlegte sie sich ein ehernes Gesetz auf: sie mit absoluter Treue zu befolgen.
Da sie einige Nahrungsmittel sehr schlecht vertrug, ließen sich ihre Verwandten, als sie ins Kloster eintrat, von den Nonnen versprechen, daß ihr bestimmte Speisen niemals vorgesetzt würden. Gegen Ende des Noviziats jedoch, als ihr eine Schwester aus Versehen eines jener Gerichte servierte, hielt sie den Augenblick für gekommen, ein großes Opfer zu bringen. Sie beschloß also, daß sie von nun an ihren natürlichen Widerwillen überwinden würde. Die grausamen Magenschmerzen, die auf diesen Sieg folgten,

waren das spürbare Zeichen dafür, welch große Überwindung sie diese Prüfung kostete.

Ihre Mitschwestern begriffen sie nicht, weder damals noch je. Sie verurteilten den in ihren Augen übertriebenen Hang zum Gebet, behandelten sie wie eine Schwärmerin. Denk nur, welche Qual es einem Menschen von höchster Erkenntnis bereitet festzustellen, daß seine Oberen sich in ihm täuschen, und gleichzeitig die große Tugend des Gehorsams zu üben; welche Qual es also bedeuten kann, gehorchen zu wollen, obwohl man weiß, falsch beurteilt worden zu sein. Viele Jahre lang ertrug sie diese harte Prüfung, die sie für das schmerzlichste aller je im Leben durchgemachten Leiden hielt. Doch Gottes Sohn, dem sie ihre Befürchtung anvertraute, sich getäuscht zu haben, sagte ihr, daß er bald einen seiner treuesten Diener aussenden würde, um sie zu trösten. Und dieser große Diener Gottes war niemand anderer als Pater de la Colombière, der als Superior in das Jesuitenkloster in Paray geschickt wurde.

Unter der Führung dieses großen Mannes machte ihre außerordentlich begnadete Seele einen großen Fortschritt auf dem Weg der Barmherzigkeit. Stell dir vor, sie pflegte zu sagen, sie leide allein aus Furcht, einen Augenblick nicht zu leiden. Und als sie sich eines Tages erinnerte, daß Jesus am Kreuz über Durst geklagt hatte, der ihn quälte, beschloß sie daher zum Beispiel, begierig, neue Möglichkeiten zu finden, um die Leiden ihres göttlichen Meisters nachzuahmen, vom Donnerstagabend jeder Woche bis zum folgenden Samstag nichts zu trinken. So schwierig diese Enthaltsamkeit auch war, sie praktizierte sie lange – bis schließlich die Oberin davon erfuhr und ihr verbot, damit fortzufahren. Um ihre Tugend auf die Probe zu stellen, befahl die Oberin ihr sogar, an diesen beiden Tagen

zwei- bis dreimal außerhalb der Mahlzeiten zu trinken. Sie gehorchte, erfand aber bald eine neue Art, sich zu kasteien. Sie nahm an, daß verdorbenes Wasser zu trinken keinen Akt des Ungehorsams darstellte, und tat dies trotz ihrer zarten Gesundheit viele Monate lang unter großen Schmerzen des Leibes. Bis sie eines Tages die Stimme des liebenswürdigen Erlösers hörte, die zu ihr sagte: ›Was du bisher getan hast, hast du für mich getan, das aber, was du jetzt gerade tun willst, ist für den Teufel!‹ Augenblicklich hörte sie mit der Bußübung auf und beschloß von da an, lieber zu sterben, als den gelobten Gehorsam zu brechen.
Darüber hinaus wird erzählt, daß niemand je einen größeren Wunsch zu sterben zeigte als sie. Diejenigen, die sie während ihrer Krankheit besuchten, bewunderten die außerordentliche Fröhlichkeit, die der Gedanke an den Tod in ihr auslöste. Doch der Herr wollte plötzlich die Glückseligkeit von dieser frommen Seele fernhalten und flößte ihr eine solche Furcht vor der göttlichen Gerechtigkeit ein, daß sie in den letzten Lebensmonaten von seltsamen Schrecken heimgesucht wurde. Sie wählte diesen Weg, um sich zu reinigen. Man sah sie zittern, sich demütigen, sich vor dem Kruzifix zu Boden werfen und mit tiefen Seufzern wiederholen: ›Erbarmen! Erbarmen!‹ Nach einiger Zeit jedoch verzogen sich die Schrecken, und ihr Geist erlangte wieder eine große Ruhe. In den letzten Tagen spiegelten sich die Fröhlichkeit und der Frieden ihres Herzens ohne den geringsten Schatten auf ihrem Gesicht.
Die Augen zum Kruzifix erhoben und den heiligen Namen Jesu auf den Lippen, während sie die letzte Ölung empfing, gab sie am 17. Oktober des Jahres 1690 im Alter von 42 Jahren im Geruch der Heiligkeit ihren Geist in die Hände des Schöpfers zurück.«

Die Oberin hatte fast in einem Atemzug gesprochen, jedes Wort betonend, ohne zu trinken, ohne Lakritz zu lutschen, ohne mir ins Gesicht zu blicken, sondern einen Punkt über meinem Kopf fixierend, ohne sich den Finger in die Wange zu bohren, ohne die Hand in die Tasche zu stecken, um ein Taschentuch oder Bonbons herauszuholen, ohne ein einziges Mal das Kinnband am verschwitzten Hals zu lokkern, ohne Papiere zu entrollen, ohne mit dem Nagel Krümel vom Tisch zu schnippen, ohne mit den Fingerknöcheln auf das Kreuz zu klopfen, das sie auf der Brust trug.
»War sie zum Sterben geboren worden?« fragte ich.
Die Oberin schien mich nicht gehört zu haben, doch vielleicht war der Klang meiner Stimme ihr nur lästig, wie eine Mücke. Ihr Blick senkte sich auf meine Höhe.
»War sie zum Sterben geboren worden?« fragte ich erneut.
»Gewiß«, sagte sie. »Alle werden geboren, um zu sterben. Doch man muß sehen, wie man die Zeit verbringt, in der man lebt. *›Mais c'est la vie qui est un passe-temps!‹*[7] sagte Großmutter immer zu meiner Mutter, wenn diese mir Vorwürfe machte, weil ich mir mit nichtigen Dingen die Zeit vertrieb … Du bist zu aufdringlich und altklug; du kannst schon schreiben, weißt etwas von der Philosophie … Und sag mal, wer hat dir Philosophie beigebracht?«
»Ich weiß nicht, was das ist«, sagte ich.
»Du bist wirklich ein kleines Ungeheuer. Los, lutsch ein bißchen Lakritz. Und glaub nur nicht, du seist besonders klug. Du kannst ja nicht einmal Französisch. *›Tu n'as pas une éducation accomplie.‹*[8] Wenn man groß ist, weißt du, führt kein Weg daran vorbei, entweder du nimmst den

7 Das ganze Leben ist doch ein Zeitvertreib!
8 Du hast keine abgeschlossene Erziehung.

Schleier, oder du lernst Französisch … Nun, hat dir diese Geschichte gefallen oder nicht?«

Nach drei Tagen im Internat besaß ich nicht mehr den gleichen Wagemut wie am ersten Tag. Deshalb traute ich mich nicht, nein zu sagen.

»Noch lieber«, sagte ich, »mag ich aber die Geschichte von einem chinesischen Heiligen, die Papito mir erzählt hat.«

»Ein chinesischer Heiliger? Ich kenne keine chinesischen Heiligen, doch wer weiß, heutzutage … mit den Missionen …, ob es nicht doch einen gibt. Und wie geht diese Geschichte?«

»Es war einmal ein Prinz, ein Königssohn, der in einem Palast in Pracht und Herrlichkeit lebte. Eines Tages schlief er im Garten unter einem Feigenbaum ein, träumte und sah, daß der Palast brannte, alles zu Grauen und Asche wurde. Er flüchtete zu Pferd, warf seine reichen Gewänder ab, legte eine orangefarbene Kutte an und zog sich in eine Höhle zurück, um dem Gebet zu leben.«

»Und wie hieß dieser Heilige?«

»Er hieß Sankt Buddha!«

»Von wegen Heiliger!« sagte die Oberin zornig. »Das war ein Heide!«

»Papito hat mir das gesagt«, flüsterte ich und schlug die Augen nieder.

Ich hatte nämlich in diesen drei Tagen gelernt, daß man möglichst immer die Augen niederschlagen mußte.

Die Uhr

Die Zeit maßen Uhren, Sanduhren, Glocken, Kastagnetten und Glöckchen, Händeklatschen. Zudem hingen überall Kalender.

Die Zeit des Internats war nicht die gleiche wie in Son Batle. Sonne und Mond, Regen und Wind, Hitze und Kälte zählten hier nicht. In Son Batle mischte sich die Zeit mit dem Raum, besaß nicht wie im Internat eine eigene, beunruhigende Autonomie; sie war verbunden mit Verwandlungen, nicht mit Erhebungen und Abfolgen; sie war wie ein Gummiband, manchmal länger, manchmal kürzer; häufig war sie auch gänzlich aufgehoben: Wer wußte schon, wann und wie zum Beispiel ein bestimmter Tag begonnen hatte; manchmal waren ganze Tage wie fortgeblasen oder wie auf einem Zauberteppich davongeflogen. Außerdem war die Zeit in Son Batle ziellos: Es gab nichts, was geschehen mußte; niemand sagte zum Beispiel zu uns, daß wir wachsen müßten – vielleicht, weil Kriege die Erwachsenen davon abbringen, so etwas zu Kindern zu sagen. Gewiß, der schreckliche Krieg, der auf einmal in der Welt zu wüten begann und in dem unser fernes Land eine wichtige Rolle spielte, berührte Mallorca und Son Batle nicht. Der Krieg von Mallorca und Son Batle war längst zu Ende, und die Insel führte ein zurückgezogenes, schläfriges Dasein, so daß sich unsere Eltern vielleicht wahrhaf-

tig nicht vorstellen konnten, daß uns eine glücklichere Zukunft erwartete als das Leben, das wir schon führten; so wurde von der Zukunft niemals gesprochen. Die Zeit des Internats dagegen, geregelt entsprechend dem Ablauf der Tätigkeiten und Funktionen – schulischer, religiöser, körperlicher Art –, war darauf ausgerichtet, fortzuschreiten und sich zu erheben. Sie skandierte unser geistliches Wachstum, während der an eine Wand der Krankenstation gemalte Maßstab unser körperliches Wachstum anzeigte.
Die kleine Zeit, die auf der Uhr vom Minutenzeiger angezeigt wurde und die unsere präzise Alltagsorganisation bestimmte, diente nur dazu, die große Zeit anbrechen zu lassen, die der Stunden und des Kalenders, Metapher jener wahren Großen Zeit nach der Befreiung der Seele von den Fesseln des Körpers und der Welt, kurz, nach dem Tod, der bedrohlich oder hoffnungsvoll sein kann.
Auch Pacos Familie, Didas Familie und alle anderen Familien in Didas Hof und auf dem Land hatten stets in einer Ecke der Küche einen Kalender hängen; doch jener Kalender zeigte hauptsächlich die Monate an, die ihrerseits nichts als eine genauere Unterteilung des Rhythmus der Jahreszeiten waren. Der Kalender der Nonnen dagegen basierte nur auf der Woche; er war eine ständige Wiederholung, ein Abtöten des Lebens, ein dünkelhaftes Dosieren des Alltags, eine beschämende, demütige geistliche Übung. Und nur eine Zauberkraft wie die, die in den Märchen Prinzessinnen und Schlösser hochhebt und fortträgt, konnte uns wenigstens für eine Weile aus dieser pedantischen Ordnung herausreißen: die Ferien! Und so wurden die Ferien zu Ferien von der Zeit: weites glückliches Land, von ihrem schrecklichen Lauf erlöst und durchweht von launischen Windstößen, die die Ereignisse

unterschiedslos vor- und zurückzerren oder sie in wirbelnden Spiralen hochheben und alles durcheinanderbringen konnten; manchmal aber glichen die Ferien auch eher einer langen, zermürbenden sommerlichen Flaute, in der die Segel der Zeit schlaff herabhängen.

Doch dies waren immer nur kurze Unterbrechungen. Den längsten Teil des Jahres war meine Zeit die des Internats mit ihren verschiedenen Glocken und Glöckchen.

Im Schlafsaal ging um halb sieben eine Nonne zwischen den Betten hindurch und schwang ein Glöckchen mit solch silbernem Klang, daß man sich für einen Augenblick sogar vorstellen konnte, man sei nicht dort im Schlafsaal, sondern im Häuschen der Sieben Zwerge. Jener Klang hielt jedoch an, kam und ging den Korridor entlang, eifrig, beharrlich; er hinderte einen daran, zwischen Schlaf und Erwachen bunte Muster zu weben, nötigte zum Aufstehen. Und wer beim zweiten, beim dritten Gang der Nonne zwischen den Betten noch nicht aufgestanden war, machte sich nicht nur der Faulheit schuldig; jenes Glöckchen sollte nämlich auch die schädlichen Einflüsse der Träume bannen und uns reinigen von der nächtlichen Vermischung mit dem Körper.

In der Kapelle dagegen klang das Glöckchen anders; ein ernster oder gebieterischer Widerhall eines höheren Befehls und Willens. Sein rasches Verebben ängstigte mich: Alles war so vergänglich, losgelöst von Gott und seiner Ausstrahlung, zurückgeführt auf Stille. Die damit beschworenen unterirdischen und himmlischen Welten waren lauter Universen, die der Herrschaft des Pfarrers oder Jesu unterstanden. Daher saß ich mit einer Hand in der Tasche da und streichelte zärtlich mein schon verknittertes Taschentuch, während ich in der anderen Tasche sorgsam das frisch gebügelte Tüchlein barg, um es später Conchita zu leihen, die immer das ihre vergaß. Ich hatte eins von den hübschesten ausgewählt, die nicht nur Hohlsaum, sondern auch eine bunte Kreuzstickerei hatten. Es waren tatsächlich diese beiden Taschentücher samt meinen zärtlichen Überlegungen, die mich vor den Schmeicheleien jenes Glöckchens, des Hüters der Ewigkeit, retteten und in meinem Innern die feste Überzeugung wachsen ließen, daß es nicht meine Aufgabe war, mich mit Himmel oder Hölle zu beschäftigen.

Die große Glocke des Klosters schließlich läutete eigenständig. Ihre Schläge galten nicht uns Zöglingen, sondern einem geheimnisvollen Gesprächspartner und den Nonnen, die zu ihren besonderen Aufgaben und Funktionen gerufen wurden. Es war ein feierlicher, ferner, schwermütiger Ton, zu hoch, um mich zu berühren; mürrisch hing er dort oben und wartete freudlos, bis er an die Reihe kam, wie der Winter, der in einem Winkel seiner Höhle auf der Sierra sitzt, ohne Ungeduld, und darauf wartet, zum Stock zu greifen und herunterzukommen.

Die Kastagnetten, die in Didas Hof die Tänze begleiteten, waren im Internat herrisch und arrogant; wie die Willkür eines Herrn, der nicht imstande ist, einen vernünftigen Befehl zu geben. In der Tat lenkten sie im Refektorium Schwatzen und Stille, je nach Laune der aufsichtführenden Nonne. Manchmal wurde uns dann als eine Art allgemeine Strafe nicht erlaubt, zwischen einem Gang und dem nächsten zu sprechen; andere Male schwiegen die Kastagnetten. Doch dies geschah nur anläßlich bestimmter Festlichkeiten: zum Geburtstag der Oberin, zum fünfzigsten Jahrestag des Gelübdes einer Nonne, zur Feier des Sieges eines Soldaten Christi oder eines Kriegers der Heiligen Jungfrau auf dem Festland. Und schlecht paßte zur Feierlichkeit dieser Jahrestage unser Geplapper und daß wir mit der Fingerspitze noch den letzten Kuchenkrümel vom Teller tupften.

Die Nonne, die uns unterrichtete, arbeitete weder mit Kastagnetten noch mit Glöckchen, sondern nur mit Händeklatschen, unschlüssig, ob sie den militärischen Rhythmus des »eins, zwei« oder das »eins, zwei, drei« der Tanzlehrer wählen sollte. Wenn man jedoch die Klasse betrat, folgte sie entschieden dem Rhythmus »eins, zwei, drei, vier«: Bei »eins« ging man zur Bank, bei »zwei« stellte man sich hinein, bei »drei« setzte man sich, und bei »vier« schlug man das Buch auf und wartete. Mit einem Lineal schließlich klopfte sie ungeduldig auf das Pult, wenn sie meinte, die Zeit für eine Übung sei um.

Eines Donnerstags, bei einem Besuch, brachten mir Papito und Mamita dann ein Lineal und einen Zirkel mit, in einem schwarzen, mit rotem Damast ausgeschlagenen Kästchen. Das hatte mir noch gefehlt! So mußte man also nicht nur die Zeit, sondern auch den Raum ordnen! Es genügte nicht, daß sie uns in der Zeichenstunde geometrische Formen malen ließen, die dann als Vorlage für unsere zukünftigen Stickereien dienten. Sie brachten uns sogar bei, mit dem Zirkel Serpentinenlinien zu ziehen und dabei gut aufzupassen, in die Mitte welchen Kästchens man die Spitze stecken mußte. Kurz, alles mußte perfekt in Ordnung sein.

Es gab also Glocken und Glöckchen, Kastagnetten und Händeklatschen, um die Zeit einzuteilen. Und Lineale und Zirkel, um den Raum einzuteilen.

Doch der Mittelpunkt all dieser Ordnung war die Uhr. Sie war groß, rund und weiß, mit schwarzen Zahlen und Zeigern, und prangte an dem Turm in der Mitte des Konvents. Ich konnte schon viel, als ich ins Internat kam: Ich konnte italienisch, kastilisch und mallorquinisch sprechen; ich konnte lesen, schreiben und ein bißchen rechnen; ich wußte sogar, wie die Oberin gesagt hatte, etwas über Philosophie. Aber ich konnte noch keine Uhr lesen. Niemand hatte in Son Batle gemeint, es mir beibringen zu müssen, und auch ich hatte nicht daran gedacht, darum zu bitten. Doch im Internat war es, wie ich sogleich entdeckte, wichtig, es zu können. Ich versuchte, den Nonnen und den älteren Mädchen in der Pause ein paar Informationen abzuluchsen. Den großen Zeiger zu verstehen war leicht. Doch was die römischen Zahlen bedeuteten, mußte ich zwangsläufig die Lehrerin in der Klasse fragen. Und mit dem kleinen Zeiger kam ich überhaupt nicht zurecht; ich spürte eine logische Grenze, einen geistigen Widerstand. Die Nuancen, die mir im Bereich der sinnlichen Wahrnehmung so vertraut waren, wurden nämlich zu unüberwindlichen Hindernissen, wenn es sich darum handelte, mit der Logik umzugehen: Wie konnte es zwanzig vor zehn oder zehn nach zehn sein, wenn der große Zeiger einmal auf neun und einmal auf zehn stand?

Noch mehr verwirrte mich der Vergleich mit der Torte, den eine Nonne heranzog. Zehn nach zehn war eine ganze Torte und ein Stück von einer anderen Torte und zehn vor zehn eine Torte, der ein Stück fehlte. Doch während die Torten, anfangs ganz, im allgemeinen weniger werden, hatte diese Torte, der ein Stück fehlte, die Eigenheit zu wachsen, während die Zeit sie aufaß. Bei diesem Einwand forderte die Nonne mich auf, zehn vor zehn mit einer Platte Beignets zu vergleichen, deren Zahl nach und nach zunahm, wenn der Konditor weitere dazulegte. Bei zehn war der Teller voll. Dann legte dieser vorsorgliche Koch noch mehr dazu, und es war zum Beispiel fünf nach zehn, bis die Platte nicht mehr genügte und man eine größere brauchte, die »Elf« hieß. »Zwölf« schließlich war die größte Platte von allen; aber dann kam ein schrecklicher Oger, der alle Beignets auffraß, und man mußte von vorn beginnen. Oder, sagte die Nonne zu mir, Zehn, das war ich bei meiner Geburt. Und Elf, das war ich, wenn ich sterben würde. Aber was war bloß diese Elf, aus der dann Zwölf wurde? Sie war das Leben der neugeborenen Seele, die auf andere Weise wiedergeboren wurde. Gerade dieses Von-vorn-Anfangen war es, was ich nicht verstand.

Dann zeigte Papito mir einmal auf einer Stoppuhr den rasanten Lauf des Sekundenzeigers und sagte mir, daß jeder Zeiger ein Tier bei einem Wettlauf war: ein Vogel der Sekundenzeiger, ein Hund der Minutenzeiger und eine Schildkröte der Stundenzeiger; und er erklärte mir, daß diese Tiere unterschiedlich lange brauchten, um das Zifferblatt zu umrunden. So verstand ich, daß die Schildkröte, wenn der Hund einmal rundherum gelaufen war, nur einen kleinen Schritt getan hatte.

Unerklärlich blieb allerdings, warum Koch, Oger, Schildkröte, Vogel und Hund immer wieder das gleiche machten. Der Sekundenzeiger wirkte unsinnig aufgeregt, der Stundenzeiger dagegen hatte etwas Manisches mit seinem lauernden Sprung. Der eher besonnene Minutenzeiger war langweilig.

Ich aber hatte durch die Zehn, die Elf werden würde, ein vages Versprechen auf präzise Metamorphosen erhalten. Mehr Geheimnisse zu enthüllen konnte man von der Uhr nicht verlangen, ich mußte mich mit diesen Erklärungen zufriedengeben.

Ich lernte also, die Uhr zu lesen, aber mit vielen mentalen Vorbehalten. Im Augenblick war ich erstaunt und stolz. Aber ich fühlte mich wie jemand, der nicht die Wahrheit, sondern einen Trick entdeckt hat.

Von jenem Tag an machte ich beim Lernen riesige Fortschritte und bekam viele Medaillen. Während der Woche lief ich herum wie ein mehrfach dekorierter General; solche Generäle tauchten gelegentlich bei den Empfängen in Son Batle auf. Allerdings durfte ich über all diese Medaillen nicht nach meinem Gutdünken verfügen. Ich durfte sie nicht, wie ich gewollt hätte, Conchita schenken. Auch deshalb, weil sie mir jeden Samstag abgenommen und dann im Lauf der Woche wieder zurückgegeben wurden: dieselben oder neue.

Conchita aber wollte sie immer anprobieren. »Wenn du mir keine gibst«, sagte sie eines Tages zu mir, »rede ich nicht mehr mit dir und schaue dich nicht mehr an!« Ich zögerte, konnte aber nicht widerstehen und gab ihr eine. Die Sache kam sofort heraus. Conchita nannte nämlich meinen Namen, sagte, ich hätte sie ihr auf Geheiß der Oberin angesteckt, das hätte ich sie jedenfalls glauben gemacht. Wir wurden sogleich in den kleinen Salon der Oberin gerufen. Conchita beklagte sich, daß ich sie belästige, sie sagte, ich sei schlimmer als eine *xueta* aus der Calle de la Plateria oder eine Zigeunerin aus dem Hafenviertel. Ich schwieg. Sie war kleiner als ich, man glaubte ihr. Ich allein wurde bestraft. Sobald wir wieder draußen waren und die Nonne sich abwandte, blickte Conchita mich an und streckte die Zunge heraus. Dennoch führte nicht diese Episode dazu, daß ich sie nicht mehr liebte. Das kam viel später.

Die Oberin, die sich vielleicht über die Geschichte amüsiert hatte oder aber mir gegenüber Gewissensbisse empfand, ließ uns am nächsten Tag beide erneut rufen. Conchita streckte mir, bevor wir eintraten, erneut die Zunge heraus.

Kaum standen wir im Zimmer, fragte mich die Oberin:

»Wofür hattest du die Medaille bekommen?«

»Für Rechnen«, sagte ich.

Sie legte ein Blatt vor Conchita hin und forderte sie auf, etwas zusammenzuzählen. Conchita konnte es. Dann sollte sie etwas abziehen. Conchita machte es falsch. Zuletzt gab sie ihr etwas zum Teilen. Conchita wußte nicht, wo sie anfangen sollte.

»Siehst du«, wandte sich die Oberin an mich, »du hast ihr die Rechenmedaille gegeben, aber nicht das Rechnen. Deshalb ist es dumm, Medaillen zu verschenken. In meiner Familie«, fuhr sie fort, »wurden die Adelstitel vom Vater an den Sohn weitergegeben, wie es die *botifarras*[1] aus Ciutat mit dem Geld machen. In unserer Kirche dagegen, die ich der Welt vorgezogen habe, zählt nicht, was man von Geburt ist, sondern das, was man wird. Man muß den Titel einer Oberin genauso verdienen wie die Medaillen.«

Dann wandte sie sich an Conchita: »Du kannst nur gut addieren, weil du immer alles bekommen und nichts geben willst.«

»Aber das ist doch nur, weil sie noch kleiner ist.«

»Red keine Dummheiten! Die Lehrerinnen kennen die modernen Methoden, sie unterrichten Addition und Subtraktion gleichzeitig!« antwortete sie mir erzürnt, dann sagte sie, wir könnten gehen.

Conchita schmollte nur ein paar Tage. Ich kaufte sie mir wieder mit einer kleinen Medaille, auf der auf einer Seite

1 Lebensmittelhändler

die Wallfahrtskirche von Santiago de Compostela und auf der anderen eine Muschel abgebildet war. Und dieses Geschenk gefiel ihr sehr, weil das, wie sie sagte, die Muschel ihres Namens war.

Seit Conchita meine Geschenke annahm, war ich aus der langweiligen Zeit der Nonnen herausgetreten. Denn die Verdienstmedaillen gaben mir, in Medaillen für das Liebesspiel umgemünzt, meine wahre Zeit zurück, die von Son Batle.

Conchita gehörte also jener anderen Zeit an, die ich mir unterdessen dort im Internat geschaffen hatte: eine nur mir bekannte Zeit, die nicht von Zeigern, Händeklatschen, Glockenläuten eingeteilt wurde, sondern von Blicken, Worten, heimlichen Liebkosungen, die ich nie bekam, nur gab; die Zeit der Verabredungen mit ihr. Diese Zeit verlief nicht parallel zur anderen, sondern hob sie auf. Zwischen einer Verabredung und der nächsten – sie fanden immer in der Pause statt – verging kein Tag, es geschah einfach nichts.

Daher war es schrecklich, als ich aufhörte, Conchita zu lieben. Mein Herz klopfte nicht mehr lebendig, es verwandelte sich in einen Zeiger. Irgendwo unter meinem Brustbein blieb aber noch ein bißchen schmerzendes, wehrloses Fleisch übrig, wie ein im Spinnennetz gefangenes Insekt.

Gewiß bekam ich dann deshalb heftiges Fieber. Tagelang lag ich auf der Krankenstation. Mamita durfte sogar kommen, um mir Gesellschaft zu leisten.

Wenn ich allein war, biß ich in die Kissen, beschwor das Fest unserer Verabredungen herauf, meine unbeschwerten, galanten Gesten. Ich sah jene Zeit, wie man in der Dämmerung das Glitzern des Meeres betrachtet, das zu Abenteuern und Reisen einlädt, während man doch am Ufer bleiben muß. Voller Sehnsucht durchlebte ich erneut den Kummer, den ich empfunden hatte, als sie meine Gefühle nicht erwiderte. Sie nicht zu lieben war viel schlimmer, als nicht von ihr geliebt zu werden.

Dann, eines Tages, verschwand das Fieber schlagartig. Ich war so schwach, daß ich nicht einmal den Arm heben konnte; selbst Lächeln kostete mich Mühe.

Es war Juni, der letzte Schulmonat. »Du mußt gesund werden«, drängte mich die Oberin, »damit du wenigstens in der letzten Woche wieder in die Schule gehen und viele Medaillen gewinnen kannst ... Wenn du gesund wirst, darfst du als erste auf die Bühne steigen, wo die Preise verteilt werden.« Aber nicht einmal diese Aussicht spornte mich an.

Mich retteten die Zikaden. Das Fenster des Krankenzimmers ging auf die Pinienkronen hinaus, die den Küchenvorplatz überschatteten. Abends hörte man dort unten einen Hund an der Kette jaulen. Und sein Leiden war ein Echo des meinen, so daß ich schließlich ihn und nicht mehr mich selbst bemitleidete; oder vielleicht waren wir nun einfach miteinander verschmolzen. Tagsüber allerdings schwieg der Hund, wahrscheinlich ließen sie ihn frei. Statt dessen zirpten in den Pinienkronen die Zikaden. Sie waren meine einzige wirkliche Gesellschaft; und mich störten die Stimmen, die mich von ihnen ablenkten – die der Nonne, die von Mamita. Zum Glück konnte meine Gleichgültigkeit den anderen gegenüber als Schwäche gedeutet werden. So überließ ich mich mit geschlossenen Augen dem An- und Abschwellen jenes Gesangs. Zeit und Raum öffneten und schlossen sich wie eine Ziehharmonika. Und ich wußte nicht einmal mehr zu sagen, ob ich noch auf der Krankenstation oder in Son Batle war –

wenn ich die Siesta eigensinnig nicht in meinem Bett verbringen wollte, sondern in der Hängematte im äußeren *patio*, und Dida oder Mamita nachgaben.

Auch Papito kam mich besuchen. Er brachte mir eine Puppe und ein Tütchen Bonbons mit. Was ich am folgenden Tag zum Geschenk wolle, fragte er mich. Ich äußerte einen Wunsch, der allen bizarr vorkam. »Eine Sanduhr«, sagte ich.

Im Haus des Marqués de Albuquerque, jener Villa, wo die Pfauenschwänze und die Fächer der Marquesa mit der Entfaltung ihrer Farbenpracht die Zeit fernhielten, hatte ich viele Sanduhren gesehen. Der Marqués hatte sogar eine genommen und sie gleich dreimal für mich umgedreht – er besaß langsamere und schnellere –, während ich fasziniert bat: »Noch mal! Noch mal!« »Weißt du«, hatte er plötzlich zu mir gesagt, »einer, der Inkunabeln und Tänzerinnen liebt, kann Stunden damit zubringen, die Zeit umzudrehen!« Dann war Mamita gekommen, um uns zu trennen, da sie fürchtete, ich könnte dem Marqués mit meiner Aufdringlichkeit zur Last fallen.

Ich verbrachte Stunden damit, die Sanduhr umzudrehen, die Papito mir geschenkt hatte. Das Glas war hauchdünn, aber meine Finger waren so schwach, daß es gewiß nicht in Gefahr war zu zerbrechen.

Um besser damit spielen zu können, verlangte ich, daß man mir mit einigen Kissen den Rücken stützte. So schluckte ich, von dieser anderen Art, die Zeit zu messen, abgelenkt, nacheinander alle Löffel voll Brühe oder Saft gekochter Äpfel, die die Nonne mir hinhielt. Und mir schien, als hätte auch ich, wie die Sanduhr, eine schmale Öffnung, durch die erneut, sich umkehrend, das Leben fließen könne.

Das Bad

»Wie haben sich die Zeiten geändert!« murrte die Nonne. »Der heilige Augustinus erlaubte es nur einmal im Monat. Und die heiligen Einsiedler wuschen sich überhaupt nicht; sie tauchten nur im eisigen Wasser der Wildbäche unter, um die Glut der Sinne zu löschen. Ihr dagegen müßt wegen dieser modernen Hygienemanie unbedingt einmal in der Woche baden!«

Es war ein Freitagabend. Ich lag in einer Wanne mit lauwarmem Wasser, in dem Nachthemd, das ich die Woche über getragen hatte und das mir an Schultern und Armen an der Haut klebte, während es unten, zwischen Becken und Beinen, wogte. Oben war der Kontakt unangenehm, unten das Wogen dagegen war schön, und ich sah ihm träge zu, wobei ich leise die Beine bewegte. Dann tauchte ich ganz unter, auch mit dem Gesicht. Aber die Nonne wollte das nicht. Sie wußte nicht, daß ich in Illetas hervorragend schwimmen konnte. Ich sollte mich beeilen. Ich konnte nicht unter Wasser bleiben, bis ich mich dem Ersticken nahe fühlte. Dieses Spiel, ohne Luftholen auszuhalten, bis man fast erstickte, gefiel mir sehr. Wir spielten es immer, Carlito und ich, in Son Batle, und benutzten dafür eine Truhe, die noch dazu Naphthalin enthielt. Es war das »Spiel des auferstehenden Toten«. Man wurde über und über rot. Wehe, wenn Mamita oder Dida uns erwischten!

Ich saß wieder halb gerade und versuchte, mit den Händen kleine Wellen zu erzeugen. Aber sacht, damit kein Wasser auf den Boden spritzte. Die Nonne holte unterdessen die Wäsche aus dem Schrank. All das Geplätscher ließ sie vielleicht hoffen, daß ich schon gut vorangekommen sei. Sie wußte ja nicht, daß ich versuchte, das Meer nachzuahmen. Sie drehte sich um, ich hielt inne, erwiderte ihren Blick mit erstaunten Augen.

»Du hast dich noch nicht eingeseift!«

Immer weiter starrte sie mich an. Ich begann, mir Gesicht und Hals einzuseifen. Was den Rest anging, wußte ich, mit diesem Hemd am Leib, nicht recht, wie ich es machen sollte. So saß ich, das große Stück Seife in der Hand, im Wasser da. Die Nonne krempelte die Ärmel auf. Sie hatte dünne Arme, magere Finger. Wie seltsam, diese Nonnenarme; man stellte sie sich nicht vor unter dem Schwarz! Sie packte die Seife und begann, mich unter dem Hemd damit einzureiben.

Ich war starr vor Schreck und Scham.

Ich hätte gewollt, daß mein Körper verschwindet, ich empfand jedes noch einzuseifende Stück als nutzlosen, schuldbeladenen Überfluß.

Die unter dem Hemd verborgene Hand stellte ich mir außerdem hager und verkrampft vor, ähnlich der einer Hexe, und die seifige Berührung mit ihr schien zu bestätigen, daß meine Haut nicht menschlich war, sondern die Haut einer Kröte, eines Aals oder einer Schnecke …

Das Bad war zu Ende. Ich aber blieb regungslos im Wasser sitzen. Die Nonne ging zum Schrank, nahm die Puderdose, öffnete sie. Vielleicht war nichts mehr darin. Schweigend verließ sie den Raum, um, wer weiß, wo, eine neue zu holen. Ich starrte auf das graue Wasser. Dort, wo die

Wasseroberfläche die Wannenwand berührte, zeichnete sich eine fettige, schwarze Linie ab. Hätte ich mit der Fingerspitze ein bißchen davon genommen und auf dem Wannenrand verrieben, so wußte ich, hätte es sich in winzige schwarze Lehmpartikel verwandelt, ganz ähnlich denen, die immer im Handtuch hängenblieben, wenn man sich nach dem Bad abtrocknete.

Ich hatte keine Lust, aus dem Wasser zu steigen. Ich fühlte mich wie eine Heilige, die, in ein Schweißtuch gewickelt, vor sich hin weicht.

Die Nonne kam zurück. »Steig heraus«, sagte sie, »man soll nicht in der Badewanne herumtrödeln.«

Ich stellte die Füße auf den Rost aus schmalen Holzleisten. In dem an mir klebenden, nassen Hemd zitterte ich.

»Zieh das Hemd aus«, sagte die Nonne. Doch das war kein leichtes Unterfangen, der mit Wasser vollgesogene Stoff rutschte nicht und spannte an den Schultern. Die Nonne, die mit dem ausgebreiteten Handtuch vor mir stand, legte es über den Stuhl und half mir, aus dem Hemd zu schlüpfen, indem sie ruppig daran zog, während ich mit erhobenen Armen dastand. Es war das Schlimmste, was mir passieren konnte: Ich sah nichts und wußte, daß da unten irgendwo mein nackter Körper war, ohne daß wenigstens meine Augen dagewesen wären zu seiner Verteidigung; als wäre ich enthauptet worden, war ich in zwei unzusammenhängende Hälften geteilt.

Die Nonne wickelte mich ins Handtuch und wandte sich dann anderen Pflichten zu mit den Worten: »Beeil dich mit dem Anziehen, denn nackt sein heißt, ohne Christus sein.«

Als ich schon Schlüpfer und Unterhemd anhatte, kam sie nachsehen, ob ich auch Achseln und Ohren ordentlich abgetrocknet hatte. Den Finger in einem Handtuchzipfel, inspizierte sie grob alle Kurven der Ohrmuschel, dann fuhr sie mit Watte bis ins Ohrinnere.

Erst als ich mit Talkumpuder bestäubt war – ich verrieb ihn unter Schlüpfer und Hemdchen –, fühlte ich mich in Sicherheit. Und mit größter Erleichterung griff ich zu Zahnbürste und Zahnpasta – den einzigen Dingen, die mir gehörten.

»Was für eine fixe Idee, diese Zahnpasten!« brummte die Schwester. »Sie riechen nach Parfüm und Bonbons. Bestimmt schaden sie den Zähnen, und außerdem verderben sie den Geschmack. Sie beißen auf der Zunge und wirken anregend, deswegen habt ihr soviel Lust zu schwatzen und ziert euch so mit dem Essen. Die Zähne muß man sich mit Salbeiblättern putzen. Und denk daran«, sagte sie und drohte mir mit dem Finger, »man darf dem Körper nicht übertrieben viel Pflege widmen. Wehe, wenn man die Sinne weckt!«

Rasch mußte ich mir die Zähne zu Ende putzen. Mit noch feuchten, im Nacken straff mit einer Schleife zusammengebundenen Haaren verließ ich das Bad und trug in der Hand wie ein Tablett das gebügelte Nachthemd für die neue Woche, das die Nonne mir ausgehändigt hatte, damit ich es unter mein Kopfkissen legte.

Der Schlafsaal war menschenleer und halb dunkel, die Fensterläden waren angelehnt.

Die Betten waren alle gleich, aber in den Schubladen ihres Nachttischs verwahrten die Mädchen ihre Geheimnisse und Wunderdinge. Hastig begann ich, sie eine nach der anderen aufzuziehen. Nur ein rascher Blick. Und auf dem Grund der Augen sammelte ich wie in einem Kaleidoskop diese Bruchstücke verschiedener Welten: einen angeknab-

berten Keks; ein Kästchen aus Metall, auf dem ein Stier abgebildet war; einen Rosenkranz, der ganz aus Gold zu sein schien; ein Nadelkissen in Form eines Hasen; ein Foto von einem Herrn mit Schnauzbart in einem Silberrahmen; Bonbons in Form von Zitronen- und Orangenschnitzen.
Wie Schmetterlinge aus der Puppe schlüpfte jede meiner Gefährtinnen aus der Uniform, um gleich darauf in den Schatten zurückzukehren.
Einmal dann, als ich erneut in den Schubladen meiner Gefährtinnen stöberte, fand ich bei einer Neuen eine Spiegelscherbe und stahl sie. Doch aus Furcht, von der Besitzerin oder einer Nonne überrascht zu werden, gelang es mir nie hineinzuschauen, und nach wenigen Tagen holte ich, hinter einer Pinie verborgen, die Scherbe in der Pause aus meiner Schürzentasche, warf sie auf den Boden und trampelte fest darauf herum. Ab und zu kehrte ich dann an jenen Ort zurück und betrachtete sehnsüchtig die glitzernden Splitter zwischen den Piniennadeln.

Zwei Nachteile hatte das absolute Fehlen von Spiegeln. Da man nie das eigene Gesicht sehen konnte, spiegelte man sich unvermeidlich in dem der anderen und lief so Gefahr, sich mit ihnen zu identifizieren. Darüber hinaus neigte man, seines Gesichts beraubt, dazu, sich selbst mit dem Rest des Körpers gleichzusetzen. Und so blieb das Gesicht geheimnisvoll, ätherisch und abstrakt wie die Seele. Nur durch ein Gerstenkorn oder, was weiß ich, durch vor Kälte rissige Lippen konnte es sich von ihr unterscheiden.
Gewiß, schon vorher, als ich noch in Son Batle war, pflegte ich meine Exkremente anzuschauen. Jetzt aber beäugte ich sie lange in der Schüssel. Statt mich in einem Spiegel anzusehen, betrachtete ich mich in ihnen.

Ich dachte nicht, daß sie wie Sünden seien, die der Organismus ausschied – noch lebendig, so dampfend und geruchsgeladen –, daß also die Nahrung das Licht sei und das Dunkel die Exkremente. Noch dachte ich, ich hätte etwas erschaffen oder zumindest produziert. Das Zeug am Grund der Schüssel war einfach nur ich, gespiegelt im Oval des Aborts. Und das ekelte mich überhaupt nicht. Ich fühlte, daß ich Teil eines kosmischen Körpers war – die Exkremente glichen der Oberfläche des Mondes, wie Don Luís de Cacaredo sie mir eines Abends im Teleskop gezeigt hatte. Wir waren eins, ich, die Erde, die Scheiße und der Mond. Niemand hätte uns trennen können. Vielleicht begann ich deshalb, wenn ich die Treppe hinunterging, an Schwindel zu leiden; vor allem, wenn ich die Freitreppe nahm, die zum Garten führte. Fast als erwartete ich, daß nach der letzten Marmorstufe die Leere käme. Vorsichtig und ängstlich setzte ich den Fuß auf, überzeugt, ich würde fallen. Statt dessen berührte ich prompt noch einmal festen Boden. Und je mehr ich mich in meinen Ausscheidungen spiegelte, um so mehr fühlte ich, daß ich nur vorübergehend in diesem Internat war, daß ich so bald wie möglich fortmußte.

Conchita

Das Problem war folgendes: Wie ihren dunkel umrandeten Blick erhaschen?

In der Kapelle ließ ich, als meine Reihe vorbeiging, direkt neben ihr, die schon in der Bank saß, mein Taschentuch fallen.

Am nächsten Tag kam sie in der Pause zu mir.

»Gestern hast du dieses Taschentuch verloren.«

»Oh, danke. Ja, das ist meins, da ist meine Nummer eingestickt, die 75. Ich wußte wirklich nicht, wo ich es gelassen hatte!« So hätte ich antworten sollen. Aber diese Heuchelei hielt ich nicht aus. Stumm nahm ich es an mich.

»Schau, was ich habe«, sagte Conchita. Sie kramte aus ihrer Tasche eine Handvoll Wunderdinge, die sie auf der Bank ausbreitete: Medaillons, Heiligenbilder, ein Kruzifix, zwei Rosenkränze. Und sie fügte hinzu: »Solche Sachen sammle ich.«

»Morgen«, versprach ich, »werde ich dir welche mitbringen.«

»Dann«, sagte sie, »werde ich in der Pause hierherkommen.«

Dieses »Dann« bezeichnete den Anfang unseres Handels. Jeden Tag, an immer derselben Bank, gab ich ihr etwas.

Einmal sagte sie, während sie die Medaillons nahm, die ich ihr mitgebracht hatte:

»¿Crees que te quiero? Yo no te quiero.«[1]
Doch bevor sie mir das mitteilte, hatte sie sich auf mehrere Gespräche mit mir eingelassen.
Gespräch über die Namen:
»Wie heißt du?«
Ich sagte es ihr.
»So einen Namen habe ich noch nie gehört. Du wirst doch nicht zufällig eine *xueta* sein?«
»Was heißt das?«
»Die *xuetas* sind verflucht. Sie wohnen in der Calle de la Plateria und sind wie Schweine; sie essen dauernd *chuletas*[2] vom Schwein und werden selber wie Schweine.«
»Nein«, sagte ich, »ich bin keine *xueta*. Ich bin Italienerin.«
»Du bist Ausländerin. Du wohnst doch nicht etwa in Génova, wo die korrupten Ausländer wohnen?«
»Doch«, sagte ich, »ich wohne in Génova. Aber die bösen Leute sind weggegangen. Vor unserer Ankunft haben sie Graf Arconovaldo fortgejagt und auch die Amerikaner und die Engländer.«
Schweigen.
»Und wie heißt du?«
»Conchita.«
»Und weiter?«
»Conchita Cohen.«
»So einen Namen habe ich noch nie gehört.«
Schweigen.
»Und wo wohnst du?«
»In der Calle de la Plateria und in Sa' Graner. In der Calle

1 Glaubst du, ich liebe dich? Ich liebe dich nicht.
2 Kotelett

de la Plateria ist unsere Stadtwohnung und in Sa' Graner die *finca*.«

»Du bist auch eine *xueta*.«

»*Xuetas* sind nur die Armen. Mein Vater ist aber reich. Er besitzt mehr Perlen als das Meer. Und Perla heiße ich auch mit erstem Vornamen. Alle meine Namen zusammen bedeuten folgendes: *la Perla en la Concha es el consuelo de Rafael*.[3] Rafael heißt mein Vater.«

»Warum nennen sie dich Concha, wenn Perla dein erster Name ist?«

»So hieß meine Tante, die ertrunken ist. Das Schiff, das sie samt einer Aussteuer aus Perlen und Spitzen zu ihrem Mann nach Marokko bringen sollte, ist gesunken, und sie ist ertrunken.«

Gespräch über »Was willst du werden, wenn du groß bist?«:

»Was willst du werden, wenn du groß bist?«

»Ich heirate einen reichen Mann. Meine Amme, na Aineta, hat mir mein Schicksal aus dem Kaffeesatz geweissagt; es kam immer eine Raute. Und weißt du, was das bedeutet? Daß ich Glück in der Liebe haben werde, daß ich sehr geliebt werde.«

»Und wenn dein Mann arm wäre?«

»Einem Armen würde ich niemals gestatten, mich zu lieben! Was habe ich denn von einem Ehemann, wenn er mir keinen Schmuck schenkt und mir kein Postsparbuch eröffnet wie mein Vater?«

Schweigen.

»Und willst du nicht wissen, was *ich* werden will?«

»Sag's!«

»Ich werde nie groß.«

3 Die Perle in der Muschel ist Rafaels Trost.

»Wirst du sterben?«
»Nein.«
»Wie willst du das dann machen?«
»Ich werde einen Zauberkreis um mich ziehen lassen. Bei Neapel, hat mir Großmutter gesagt, gibt es ein Dorf mit sehr mächtigen Hexen.«
»Was für Dummheiten! Denk lieber daran, einen Mann zu finden. Hast du schon eine Aussteuer?«
»Nein.«
»Ich schon. Meine Tante hat mit meiner Aussteuer angefangen, als ich geboren wurde. Und jetzt fährt sie bald nach Valencia, um Spitze zu kaufen.«
Gespräch über »Was macht dein Vater?« und »Wessen Vater ist reicher?«:
»Was macht dein Vater?«
»Er handelt mit Gold und Perlen. Er ist wahnsinnig reich. Alle werden mich heiraten wollen; aber mein Vater hat gesagt, daß mein Verlobter noch reicher sein muß als ich, weil er mich sonst nicht liebhat. Und was macht dein Vater?«
»Er ist Beamter.«
»Was heißt das?«
»Ich weiß es nicht genau. Er hat mir einmal gesagt, er wäre wie ein Mandarin im alten China.«
»Ein Mandarin? Hat das etwas mit Mandarine zu tun?«
»Nein, Mandarin bedeutet etwas anderes ... Der Herrscher von China war der Kaiser, weil sein Land aber sehr groß war, konnte er nicht alles allein machen und schickte diese Mandarine, diese Herren, die ihm halfen, in den fernen Provinzen ... Und mein Vater ist ein Mandarin des Königs von Italien in dieser fernen Provinz, die Mallorca ist ... Er schreibt Berichte, versiegelt die Briefe und Depeschen mit Siegellack.«

»Ist er reich?«
»Ich weiß es nicht.«
»Wie, du weißt es nicht? Hat er Perlen, Gold? Wie viele Häuser hat er? Wie viele Grundstücke besitzt er?«
»Ich glaube, das hat er alles nicht. Vielleicht hat er ein Haus in Neapel. Jedenfalls hat er viele Bücher.«
»Aber gehört das Haus, wo du jetzt wohnst, euch, oder ist es gemietet? Nur die Armen wohnen zur Miete.«
»Ich weiß es nicht. Was bedeutet ›zur Miete‹?«
»Also du weißt ja überhaupt nichts von diesen Dingen! Wenn du so etwas nicht weißt, heißt es, daß er arm ist.«
»Er ist nicht arm. Die Zigeunerkinder sind arm.«
»Das hat doch damit nichts zu tun! Die zählen nicht!«
»Warte, jetzt fällt es mir wieder ein. Einmal hat mein Vater zu mir gesagt: ›Wenn wir den Krieg gewinnen, werden wir reich, wenn wir ihn verlieren, werden wir arm.‹«
Gespräch über die Mütter:
»Warum kommt deine Mama dich nie besuchen?«
»Weil sie krank ist und in Valencia bleiben muß.«
»Was hat sie denn?«
»Eine Krankheit, daß sie sich mischt, daß sie mich nicht sehen darf. Aber einmal hat sie mich heimlich besucht.«
»Wieso heimlich?«
»Weil mein Vater es nicht will. Er hat es erfahren, und seitdem hindert er sie daran wiederzukommen.«
»Wer hat es ihm denn gesagt?«
»Die Elster. Mein Vater hat eine Elster, die ihm alles bringt, was glänzt, und sie hinterbringt ihm auch jeden Klatsch und die verborgenen Gedanken. Es war die Elster, die ihm zum Beispiel gesagt hat, daß meine Mutter krank ist. Und er hat sie zur Kur nach Valencia geschickt und auch zu meiner Tante gesagt, daß er keine Ehebrecherin im Haus

haben will. Und zu mir: ›Tu nichts Schlechtes, sonst sagt es mir die Elster.‹«

»Manchmal kommt auch eine Elster nach Son Batle. Sie hat mir die Glasmurmeln gestohlen.«

»Jedenfalls ist meine Mutter viel schöner als deine. Deine ist alt!«

»Mamita ist nicht alt! Dein Vater ist alt!«

»Mein Vater ist nicht alt! Er ist reich!«

Gespräch über Neapel und Mallorca:

»Ich bin traurig. Bald werden meine Eltern aus Son Batle in ein anderes Haus umziehen.«

»Na ja, aber doch bestimmt in ein größeres Haus!«

»Weiß ich nicht. Es wird näher an der Schule sein. Und früher oder später müssen wir auch Mallorca verlassen und nach Neapel zurückkehren.«

»Und das tut dir auch leid?«

»Ja. Es wäre schön, wenn du mit nach Neapel kämest. Warum kommst du nicht mit?«

»Darum.«

»Neapel ist größer und schöner. Ich werde dir einen ganz reichen Mann suchen.«

»Na, wenn du ihn gefunden hast, läßt du's mich wissen, und ich komme.«

»Ich werde Päpstin werden. Dann schenke ich dir als Mitgift den ganzen Schatz des heiligen Januarius, den sie in aller Heimlichkeit nach Rom gebracht haben.«

»Und was hast du mir heute mitgebracht? ...«

Doch es kam eine Zeit, in der unsere Gespräche seltener und kürzer wurden.

Ich hüllte mich in langes Schweigen, und Conchita verschloß sich in Stummheit. Ich wünschte mir, sie würde mein Schweigen überwinden, meinen schönen Garten

betreten. Sie aber versiegelte mit ihrer Stummheit alle Türen. Dann sagte sie plötzlich:
»Ich muß gehen. Ich muß auf die Krankenstation.« Und ließ mich stehen.
In der Tat wurden uns die Medikamente in der Pause verabreicht.
Ein bißchen tat sie mir leid, weil sie krank war; ein bißchen jedoch glaubte ich ihr nicht. Und die Krankheit kam mir vor wie eine Laune, eine Gemeinheit von ihr, nicht nur, weil sie mir Conchita wegnahm, sondern auch, weil ich argwöhnte, es sei eine Lüge.

Eines Tages ertappte ich sie. Durch Zufall. Ich sollte den Ball aus den Zweigen einer Hecke zurückholen. Da sah ich sie hinter einer Pinie, neben einer anderen Bank, mit einer Klassenkameradin von ihr. Sie hatte sie mir einmal gezeigt und dazu gesagt: »Das ist Maria Antònia Torresauro, die Tochter eines Barons.«
Maria Antònia gefiel mir nicht. Sie hatte ein Pferdegesicht, vorstehende Augen, ein Lächeln, das ihren Mund ein wenig verzerrte. Die Schleife rutschte ihr in die Stirn, ohne jede Anmut. Und beim Spielen tat sie immer allen anderen weh.
Nun gut, ausgerechnet mit ihr hatte Conchita sich von den anderen abgesondert, und ich überraschte die beiden, unbemerkt, bei ihrem Gespräch. Was mich am meisten verletzte, war, daß sie sich auf mallorquinisch, meiner heimlichen Sprache, unterhielten, während Conchita mit mir immer Kastilisch gesprochen hatte.
»*Que llemuga*[4], du hast mich lange warten lassen!«

4 Schnecke

»Ich konnte die Italienerin nicht abschütteln. Sie gibt mir die Medaillons nie gleich, weißt du.«
Das war eine Lüge! An dem Vormittag war sie gar nicht zu unserer Verabredung gekommen!
»Na gut! Und wie viele Kröten hast du heute geschluckt, *bruixa*[5]? Aber du bist keine *bruixa*, du bist eher eine *xueta*, stimmt's?«
Conchita nickte mit einem selbstgefälligen kleinen Lächeln.
»Heute habe ich aber Lust auf eine *chuleta*! Wenn du dich nicht beißen läßt, nehme ich deine Medaillons nicht!«
Conchitas Lippen zitterten, sie wurde blaß.
»Mach schon!«
Folgsam drehte sich Conchita um, hob den Rock und zog die Unterhose herunter. Marie Antònia kniete sich hin und biß sie fest in den Po.
Dann nahm sie meine Medaillons.

5 Hexe

Die Biene und der Schmetterling

Die Kunde verbreitete sich rasch: Die Kleider waren gekommen! Vielleicht würden wir noch am selben Nachmittag hingeführt, um sie anzuschauen und anzuprobieren. Und so war es. Sie lagen auf den Sesseln des Festsaals aufgetürmt. Bienen- und Schmetterlingskleider, Dahlien-, Veilchen- und Orchideen-, Rosen- und Nelkenkleider. Die Kostümnonne, die diese Kleider entworfen und dann hatte nähen lassen, hatte mit Begeisterung die grellsten Farben gemischt, die verrücktesten und schreiendsten Zusammenstellungen gewählt, alle Karnevalsfeste, von denen sie je geträumt hatte. Sogar himmelblaue Nelken hatte sie machen lassen. Nur das Bienenkostüm war für alle gleich, eine Uniform, mit goldenen und schwarzen Streifen.
Eine nach der anderen ließen sie uns die Kleider hinter einem Vorhang anprobieren. Dann mußten wir uns in eine Reihe setzen. Wir hielten den Oberkörper gerade, wagten nicht, uns zu rühren, die Flügel der Schmetterlinge und der Bienen bebten nicht, und regungslos hingen denen, die welche trugen, die riesigen schwarzen Fühler bis über die Augen.
Die Choreographienonne, die auch den Text gedichtet hatte, stand vor uns und erklärte uns das Stück. Sie war blaß und schüchtern, doch an diesem Tag wirkte sie wie verwandelt; ihre Wangen glühten, ihre Augen leuchteten,

und sie machte Gesten, die wir noch nie bei einer Nonne gesehen hatten: Mit den Bewegungen ihres Oberkörpers und ihrer Hände erschuf sie Blumen und Insekten, sie deutete Tanzschritte an, klopfte mit dem Fuß den Takt.
Sie begann, den Teil des Prologs zu rezitieren, den später eine als Page gekleidete Internatsschülerin aufsagen sollte.

Jardín de bellas muchachas
¡O primavera rosada!
Ya está la tierra adobada
Y traen flores las matas.

¡Que bellas mariposas!
¡Que abejas atildadas!
Que volan o están posadas
Sobre claveles y rosas.[1]

An dieser Stelle sollten die Bienen und Schmetterlinge zwischen den Blumen zu tanzen beginnen. Dann würde erneut der Page auf die Bühne kommen und erklären, was es mit den Schmetterlingen auf sich hat.
Die Schmetterlinge glichen uns kleinen Mädchen, die wir, aus der Puppe geschlüpft, zu Frauen werden mußten. Zuerst sollten die Schmetterlinge paarweise tanzen, um das Eheglück darzustellen; und um das Eheglück zu tanzen, sagte die Nonne, müßten wir den *pas de deux* lernen. Dann hingegen würden vier Schmetterlinge, zwei größere und zwei kleinere, zusammen tanzen, um eine harmonische

1 Garten schöner Mädchen / O rosiger Frühling. Schon hat sich die Erde geschmückt / Und alles steht in Blüte. // Welch hübsche kleine Schmetterlinge! / Welch wohlgestalte Bienen! / Die fliegen oder sich niederlassen / Auf Nelken und Rosen.

Familie mit zwei Kindern darzustellen; dafür müßte man auch den *pas de quatre* lernen. Im Anschluß würde wieder der Page auftreten, um von den Bienen zu erzählen.

Die Bienen waren nicht sorglos, sie dachten nicht nur daran, von Blüte zu Blüte zu fliegen, zu heiraten und Kinder zu bekommen; sie erzeugten etwas für den Menschen Wertvolles, den Honig, und lebten in einer Art Kloster, dem Bienenstock. Sie stellten nämlich die Berufung zum klösterlichen Leben dar.

Am Ende würde der Prolog mit folgenden Worten schließen:

> *Hermosa mariposa,*
> *Dura un día tu belleza.*
> *La palabra de Diós*
> *Es como la miel de la abeja.*[2]

Es hatte sich also unter den Nonnen im Konvent eine Dichterin und Choreographin gefunden, und sogar eine Kostümnonne; es fand sich auch eine Nonne, die Klavier spielte. Aber eine Tanznonne fand sich nicht. Man mußte eine Tanzlehrerin in Ciutat suchen. Doch die Tanzlehrerinnen aus Ciutat standen nicht in dem Ruf, ehrbare Frauen zu sein; alle waren sie in der Jugend in Barcelona gewesen! Daher wandte man sich an einen Tanzlehrer – den einzigen, der in den guten Häusern im Barrio Catedraltico zugelassen war –, einen achtbaren Mann, der Frau und Kinder hatte.

Er war mager, graumeliert, elegant, trug ein weißes Lei-

2 Schöner Schmetterling, / Deine Anmut dauert einen Tag. / Das Wort Gottes aber / Ist wie der Honig der Bienen.

nenjackett und Gummischuhe. In einem Monat sollte er irgendwie Tänzerinnen aus uns machen, uns *plié*, *demi-plié*, *grand plié* beibringen, *battement tendu*, *battement jeté*, *ports de bras*, *pas de deux* und *pas de quatre*. Und er ermahnte uns ständig, wir sollten leichtfüßiger sein: *»Du ballon, mesdemoiselles!«*[3]

Mir hatte man eine Schmetterlingsrolle gegeben. Vielleicht, weil die Nonnen wußten, daß Papito es nicht gern sah, wenn man mich drängte, den Schleier zu nehmen. Und da ich brünett war, hatten sie ein rotes Kleid für mich ausgewählt, zart gelb gesprenkelt. Ich fühlte mich in diesem Kleid auf die gleiche Art glücklich wie die Schmetterlinge: leicht, unbeständig, flatterhaft, unbewußt, körperlos und ohne Zweck in der Luft schwebend, so frei von jeder Berechnung und jeder Vorsicht, daß ich mich an der Flamme hätte versengen können.

Doch es geschah etwas Schreckliches. Während ich bei den verschiedenen Übungen und Figuren sehr gut abschnitt – mein *battement jeté* war der gestreckteste und höchste –, war ich gänzlich unfähig, bei den Proben zu tanzen, weil ich mich vielleicht schon von einem imaginären Publikum beurteilt fühlte, oder mehr noch, weil ich mich gelähmt fühlte von Neid und Eifersucht, die wie kleine böse Geister unsichtbar zwischen unseren bunten Kleidern herumstrichen. Vergeblich versuchte ich, die Orchidee zu erreichen, die Blume, die mich anlocken sollte und die mir schwül und violett getupft aus der anderen Ecke des Saals die Arme entgegenstreckte. Ich fühlte mich wie in dem häufig wiederkehrenden Traum von der Stimme, die einem im Hals steckenbleibt: Man reißt den Mund auf, um

3 Mehr Leichtigkeit, meine Damen!

zu rufen, und merkt, daß kein Ton herauskommt! Innerlich war mir der Rhythmus des Tanzes klar, ich hatte ihn mir so anverwandelt, daß ich ihn im Geist antizipierte, ich wußte ganz genau, was man tun mußte bis zum Schluß, und doch gelang es mir nicht. Das gleiche Gefühl, das ich in der Kapelle empfand, wo ich nie mitsang – als ich es ein einziges Mal probiert hatte, kamen nur kreischende Laute aus meiner Kehle. Ich bewegte mich also hölzern oder schamlos wie ein Affe, vergeblich bemüht, dem Rhythmus nachzulaufen; oder ich nahm ihn anmaßend vorweg. Ich, die ich im Geist so ausgezeichnet sang und tanzte, daß ich den winzigsten Fehler der anderen, jede Trübung der Anmut bemerkte, ich glich einem jener Vögel, die ebenso geschickt im Fliegen wie plump auf der Erde sind. Ich begann, meinen Körper für immer zu hassen.

Der Lehrer verlor die Geduld. Die Choreographienonne ermutigte mich vergebens.

»He, los, hoch mit dem Füßchen! ... Und hoch! ... Und runter!« sagte sie in dem gleichen honigsüßen Befehlston, in dem die Krankenschwester mich aufforderte, das Rizinusöl oder den Lebertran zu schlucken.

Doch ich fühlte mich von einer geheimnisvollen, unsichtbaren Hand festgehalten und bewegungsunfähig gemacht von einem dunklen, strengen Gebot des Schicksals selbst, das mich nicht sorglos und glücklich wollte, schwebend in verführerischem Flug. Und ich hörte Papitos Stimme, die keine Widerrede duldete, als er damals, nachdem er mich ins Theater mitgenommen hatte, um das Ballett zu sehen, gesagt hatte: »Nein, du wirst nicht Tänzerin. Du wirst Bibliothekarin!« Und diese Bibliothek, auf die mein Vater anspielte, kam mir vor wie ein Königsgrab, in das sie mich lebendig einsperren wollten, damit ich hütete, was übrig-

blieb, wenn erst das freudige Geplauder, der Gesang und die Musik, das Rascheln des Tanzes verklungen waren.
Da die Choreographienonne nichts aus mir herausholen konnte, beschloß sie, mich eine Biene spielen zu lassen. Die Bienen mußten nämlich, abgesehen von einem kleinen Schwarm am Anfang, nicht tanzen, sondern mit gleichmäßigen Bewegungen das Leben im Bienenstock mimen und im leichten Rhythmus eines heiteren Marsches voranschreiten.
Ich widersetzte mich jedoch und sagte: »Ich will keine Biene sein.«
»Willst du eine Blume spielen?« schlug die Nonne vor.
»Nein«, antwortete ich. »Ich will gar nichts sein.«
Und ich blieb lange stumm, die Tränen zurückhaltend.
Ich wurde zur Oberin geführt, die mich überreden sollte.
»Glaub nicht«, sagte die Oberin, »daß ich, obwohl ich hier zurückgezogen bin, eure Angelegenheiten nicht verfolge. Ich habe dich nie so recht als Schmetterling gesehen, du bist nicht der Typ, du eignest dich besser zur Biene. Aber ich konnte nicht die Bemerkung deines Vaters außer acht lassen, der nicht will, daß wir dich ermutigen, den Schleier zu nehmen. Übrigens ermutigen wir niemanden, wer sich wahrhaft berufen fühlt, braucht keine Ermutigung. Doch er sorgt sich wegen deiner Frömmigkeit. Also habe ich der Choreographienonne gegen mein Empfinden geraten, dich einen Schmetterling spielen zu lassen. Dabei hatte ich recht! Etwas in dir lehnt sich auf bei der Idee, einen Schmetterling zu spielen. Jetzt sag mir, warum willst du keine Biene sein?«
Mit niedergeschlagenen Augen stand ich stumm da.
»Die Bienen«, sagte die Oberin, »stellen unsere Klostergemeinschaft dar. Hast du etwas gegen uns? Aber nicht nur,

weißt du. Sie stellen auch die Gabe der Beredsamkeit und der Intelligenz dar. Bienen setzen sich Philosophen und Dichtern bei der Geburt auf die Lippen.«

Während die Oberin sprach, weinte ich.

»Willst du die Bienenkönigin sein?« fügte sie hinzu.

Ich weinte weiter.

»Aber irgend etwas mußt du doch machen!« brach es ungehalten aus ihr heraus. »Alle deine Gefährtinnen haben eine Rolle in dieser Aufführung. Du kannst nicht abseits stehen!«

Ich weinte immer weiter.

»Wem ist es bloß eingefallen, die Kleider bringen zu lassen, bevor die Rollen festgelegt und geprobt worden sind … Im Theater macht man so etwas nie! Weißt du eigentlich, daß in vielen Städten die gefallenen Frauen Schmetterlinge genannt werden? Wie war es möglich, daß eine meiner Nonnen es für passend gehalten hat«, dachte sie laut, »meine Zöglinge als Schmetterlinge zu verkleiden! Weißt du, als ich ein junges Mädchen war, mußten meine Eltern meinen größeren Bruder nach Indochina schicken, weil er sich in eine gewisse Papillon de Bavière, eine liederliche Frau, verguckt hatte, für die er ständig Schulden machte.«

Sie klingelte, damit man mir einen Beruhigungstee brachte.

Die Aufmerksamkeit der Oberin und das lauwarme, stark gezuckerte Getränk hatten mich ein bißchen getröstet. Ich putzte mir die Nase.

»Und jetzt«, sagte die Oberin, »könntest du mir vielleicht erklären, warum du keine Biene spielen willst?«

»Ich will nicht Nonne werden«, sagte ich, »und auch nicht Bibliothekarin.«

»Du willst doch nicht etwa ein liederliches Frauenzimmer werden! Wie auch immer, man muß nicht zwangsläufig Nonne und noch viel weniger Bibliothekarin werden. Wer hat dir überhaupt diese sonderbare Idee in den Kopf gesetzt, daß du, wenn du groß bist, Bibliothekarin werden mußt?«

»Papito sagt das immer zu mir.«

»Was für ein Gedanke! Wie kommt er denn darauf? Im allgemeinen sind die Bibliothekare Bauernsöhne, die das Priesterseminar besucht haben, aber nicht Geistliche werden wollen, oder alte Philosophen oder auch gescheiterte Schriftsteller. Das ist keine Arbeit für Frauen. Da ist nichts für Mädchen!«

»Er will, daß ich studiere, wenn ich groß bin.«

»Nun, dann studierst du eben! Zum Beispiel kannst du Dichterin werden wie *sœur* Elisabeth und den ›Honig der Poesie‹ produzieren. Genauso hat sich *sœur* Elisabeth, die Nonne, die den Prolog geschrieben hat, ausgedrückt, als ich sie gerufen habe: ›Mutter‹«, und die Oberin begann, mit verstellt heiserer Stimme zu sprechen, »›Mutter, gewöhnlich widme ich den Honig der Poesie dem Lob Gottes, doch wenn Sie wollen, werde ich mich an einem profanen Thema versuchen …‹ Aber es gibt bessere, weißt du«, fügte sie, nun wieder in normalem Ton, hinzu, »bessere Dichter und Dichterinnen. Lamartine, Vigny! Und Louise Labé, die große Dichterin aus Lyon, meiner Stadt … Die mußte ich allerdings heimlich lesen! Aber wie auch immer, kommen wir zu uns zurück: Willst du jetzt eine Biene sein oder nicht?«

Sie hatte mich so überrascht mit ihrem Redeschwall, daß ich sagte:

»Na gut, dann spiele ich eine Biene.«

Ursula

Am Samstagnachmittag wurden die Internen von ihren Familien abgeholt. Um vier Uhr waren sie schon alle fort. Papito kam später, er war zu jener Zeit sehr beschäftigt in Kriegsangelegenheiten.

In diesen Stunden einsamen Wartens genoß ich eine große Freiheit. Das Internat wirkte ohne die Zöglinge leer. Manchmal kam es mir beängstigend vor, dem Limbus ähnlich, von dem die Großmutter mir erzählte, denn bestimmt hatten die Seelen der Zöglinge es vorgezogen, hierzubleiben und ihnen nicht in die verführerische Welt zu folgen. Dann wieder wie ein Kosmos, den es zu erforschen galt. Ich gab den verschiedenen leeren Räumen Namen: Der Schlafsaal war das Gespensterzimmer; die Klassenräume waren die Skelettzimmer; das Refektorium das Hexenzimmer; das Sprechzimmer war das Geisterzimmer; der kleine Empfangssalon mit seinen Sofas und seinen roten Vorhängen das Intrigenzimmer. Doch diesen stillen, verzauberten Räumen, die nun zwei Tage lang schlafen sollten, zog ich die Waschküchen vor, die Bügelzimmer, die Küchen, die Speisekammern, in die Ursula mich mitnahm, die Nonne, der ich anvertraut war.

Sie war keine richtige Nonne, in der Tat war sie grau gekleidet. Sie war klein, kaum eine Handbreit größer als ich, und sehr mager; die Hasenscharte und die stets wachsamen

Augen verliehen ihr den Ausdruck eines freundlichen Tierchens. Sie war Garderobiere. Doch wenn ich in diesen Stunden nicht bei ihr in der Kleiderkammer bleiben wollte, war es ihr erlaubt, mit mir im Internat herumzustreifen. Oft gingen wir in die Waschküche, wo die Nonnen mich lobten. Sie sagten, daß die Wäsche der Nummer 75 nie zu schmutzig und immer in Ordnung war. Schrecklich dagegen war die 88: Risse und Flecken ohne Ende! Aber wer die 88 war, wollten sie mir nicht sagen. Auf dem Boden lagen Berge von Laken. Laut rauschte das Wasser aus den Hähnen; graugekleidete Frauen klatschten die Wäsche kraftvoll auf das Waschbrett. Ursula wartete an der Schwelle auf mich; sie sagte, sie vertrüge die Dämpfe des mit Asche versetzten Wassers nicht, in dem die Wäsche zum Bleichen weichte. Einladend lächelte sie im Gegenlicht auf der Schwelle, sie schien, wie ein junges Tier, begierig, über die Wiese zu hüpfen. Ihr Lächeln, das ihr Zahnfleisch entblößte, glich dem von Conchita. Vielleicht war die Verlockung auch deshalb unwiderstehlich. Ich ging mit ihr in den Garten zurück, wo wir Ball oder Himmel und Hölle spielten.

Sie hinkte leicht, und einmal, als eine der größeren Internen angefangen hatte, sie nachzuahmen, um sie lächerlich zu machen – oder, wer weiß, nur deshalb, weil Hinken so ansteckend ist –, hatte die aufsichtführende Nonne die Schülerin an der Schulter gepackt, hatte uns einen Kreis bilden lassen, die Schuldige in die Mitte gestellt und gesagt: »Wenn du das noch einmal machst, lähmt der Schutzengel dich für immer.« Ursula trug keine Haube, weil sie nur die niederen Weihen empfangen hatte: Sie hatte ein im Nacken geknotetes weißes Tuch auf wie die Bäuerinnen. Sie war sehr blaß, hatte tief eingesunkene Augen mit rosig violetten Augenringen und einen bangen, eindringlichen Blick, als stünde sie immer kurz davor, einem etwas grundlegend Wichtiges mitzuteilen, das sie dann verschwieg, weil es ungehörig oder unpassend erscheinen konnte. Ihre Hand, die ich mir eiskalt vorstellte, war wider Erwarten warm und zärtlich, wie mir klar wurde, als sie mich einmal an der Hand nahm und in den Gemüsegarten führte. Hier bedachte sie die Kohlköpfe, die Kartoffeln, die Karotten und die Rettiche mit liebevollen Worten und ließ mich die glänzenden Stiele der Zwiebeln streicheln; fast als wären es ihre Kinder, erklärte sie mir den Charakter der Pflanzen, ihre guten und schlechten Eigenschaften, zählte Missetaten und Krankheiten auf, Tugenden und Laster. Dann nahm sie mich mit in die Küche, wo sie anfing, Kartoffeln zu schälen, und dabei plauderte und mich ausfragte. Alles war dort größer und mehr als in den häuslichen Küchen, und die Riesentöpfe machten mir angst. Sie bemerkte meine Beklommenheit vielleicht, denn sie unterbrach die Arbeit, nahm eine ovale Kartoffel, bohrte mit der Messerspitze Augen hinein und färbte sie mit ein bißchen Ruß, schnitt eine Kerbe für den Mund, steckte in die Mitte des Ovals einen Streichholzkopf als Nase, wählte ein langes Stück Schale für die Haare. »Hier ist deine Puppe«, sagte sie und hielt sie mir hin, ich aber, ihre Augenringe mit dem schwarzen Ruß in den beiden ausgehöhlten Augen der Kartoffel verbindend, fand, daß die Puppe ihr ähnlich sah, und wich zurück. Da ich ihr jedoch soeben gesagt hatte, daß ich Italienerin sei, fragte sie mich: »Bist du wirklich Italienerin?«, sprang wie verzückt auf, ließ die Arbeit liegen und sagte aufgeregt: »Komm, ich zeige dir was. Niemand wird merken, daß wir weg sind; die Schwestern sind alle in der Kapelle versammelt.« Daraufhin

führte sie mich durch lange, immer engere und mir immer unbekanntere Flure bis zu einer kleinen Tür. Wir stiegen eine schmale steinerne Treppe hinab, Ursula, die sich mit einer Hand an der Wand abstützte, vorneweg, ich hinterher, fest an ihre andere Hand geklammert. Zuletzt erreichten wir die Krypta der Kapelle, wo noch immer die verstorbenen Nonnen bestattet wurden. Am Boden waren frische Gräber, mit Blumen bedeckt, an den Wänden marmorne Grabplatten, mit einer Öffnung in Form gekreuzter Knochen versehen, durch die man Totenschädel erkannte. »Schau genau hin«, sagte Ursula zu mir, »denn so werden wir alle nach dem Tod. Knochen und Staub und Schluß. Deshalb bemühe dich, da du einer mächtigen Familie aus dem Land des Papstes angehörst, daß du nicht so endest wie ich, mit Gemüsebeete-Hacken und Kartoffeln-Schälen. Tu alles, damit du Äbtissin wirst.«
Es war das erste Mal, daß ich Knochen von Toten sah, denn bis dahin hatte ich Knochen immer mit lebendigen Elementen verbunden – ein kleines, hartes weißes Leuchten, gefaßt in Blut an dem verletzten Knie; der mit einem Faden ausgerissene Zahn, an dem das Blut, das dabei floß, das Versprechen glaubhaft machte, daß ein neuer nachwachsen würde; auch die Schulterblätter unter der Haut, die ich zum Spaß vorstreckte und wieder einzog, waren beweglich wie Füße und Hände, komisch noch dazu, also ganz besonders lebendig. Doch seit ich jene Knochen gesehen hatte, wußte ich, daß ich den Tod im Körper verborgen trug. Das Kruzifix, das ich zu der Zeit stets vor Augen hatte – im Klassenzimmer, im Bett, im Refektorium –, wurde zum Skelett Christi; und auf den Heiligenbildern, auf denen Christus sein Kreuz auf dem Rücken trug, sah ich ihn gebeugt unter dem Gewicht seines eigenen Skeletts.

Erst später begriff ich dagegen Ursulas weltliche Botschaft: Daß sich alles auf dieser Erde abspielt. Jedoch verstand ich sie nicht als Aufforderung, Reichtum und Macht anzuhäufen, sondern meinte, vielleicht aufgrund jenes ersten starken visuellen Eindrucks, sie beinhalte vielmehr eine Art geographischer Verschiebung des Jenseits, das sich nicht mehr unter der Erde noch im Himmel befand, sondern in mir.

Damals jedenfalls grübelte ich lange über den Sinn jener Worte nach, da ich nicht verstehen konnte, wie Ursula ihrem festlichen und magischen Garten die strengen Zimmer vorziehen konnte, in denen mich ab und zu die Äbtissin empfing, auch sie blaß und mit violetten Lidern und Augenringen, die mich damals unbewußt abstießen – jetzt dagegen glaube ich, den Grund dafür zu wissen, falls es denn legitim ist, einer unbestimmten kindlichen Wahrnehmung ein Bild zuzuordnen, das im Erwachsenenalter entstanden ist: Jene Augenlider und Augenringe erinnerten an die Farbe von Schamlippen, die ich in jenem Alter schon gut kannte. Ich hatte sie ja bei Hündinnen und Affenweibchen gesehen und hatte erfahren, daß deren Scham meiner eigenen ähnlich war, die ich von der Berührung kannte.

Als mich Papito an jenem Tag abholen kam, war ich fest entschlossen, ernsthaft mit ihm über meine Zukunft zu reden.

»Versprichst du mir«, fragte ich ihn im Auto am Ende einer langen Erörterung darüber, warum ich nicht Äbtissin werden wollte, »daß du mich nie nach Rom bringst, sondern nur nach Neapel?«

Papito lachte und antwortete: »Ich verspreche dir, daß ich dich in Rom nicht zum Papst bringe, sondern zur Piazza

Navona, wo ein Brunnen steht, der wie ein Schiff aussieht.«

Nicht gänzlich beruhigt, fragte ich: »Aber kann man mit diesem Schiff aus Rom hinausfahren?«

»Mit Schiffen«, sagte er halb ernst, »kann man noch viel weiter fahren ... Ich«, fügte er hinzu, »bin mit einem Schiff nach China gereist« – und mir schien, als sähe ich unter seinen Augen eine Träne. Denn ab und zu geschah es, daß Papito mich wie eine Große behandelte und weinte – wenn auch nur ein kleines bißchen.

Vierter Teil

Geschichte von der Traviata und anderen *males dones*

Jene Ferien standen im Zeichen der Unordnung. Es schien, als könnten alle – Personen, Tiere, Dinge – im Haus und außerhalb machen, was sie wollten. Wer weiß, was das Kreuz oben auf dem Dach von Son Batle dachte! Alles war in Aufruhr, weil man ein anderes Haus finden und umziehen mußte. Wenn wir wegen etwas um Erlaubnis fragten, hieß es: »Ihr seid groß genug, um …« Und fort! Papito und Mamita gingen jeden Morgen zusammen auf Wohnungssuche. Am Abend unterhielten sie sich über das, was sie gesehen hatten.

Etwas Passendes für uns gibt es eigentlich nur im Barrio Catedraltico, der zwar sehr herrschaftlich, aber düster ist, oder im Villenviertel am Meer«, sagte Mamita.

»Wenn wir in den Barrio Catedraltico zögen«, sagte Papito, »würden wir einen hervorragenden Eindruck machen. Dort stehen die ältesten Palazzi von Ciutat, wir können natürlich nicht verlangen, daß es gleich die Casa Oleza ist, aber bei all den heruntergekommenen und hoch verschuldeten Herrschaften müßte schon etwas Präsentables zu finden sein …«

»Aber diese Häuser sind so düster!« beharrte Mamita. »Du weißt doch, daß ich die Natur liebe. Dort würde ich verkümmern. Schon Son Batle aufzugeben ist für mich ein großer Schmerz.«

»Was ist Natur?« unterbrach ich sie einmal.
»Wie, du weißt nicht, was Natur ist? Natur ist da, wo es keine Häuser gibt, sondern nur Felder, Meer oder Berge. Wo es keine Menschen gibt.«
»Also willst du ein Haus suchen, wo es keine Häuser gibt?«
Mamita begann zu lachen.
»Ganz einfach«, sagte sie. »Ich suche ein Haus wie dieses, wo man rundherum keine Häuser sieht.«
»Und sind bestellte Felder auch Natur?«
»Ja, selbstverständlich.«
»Aber du hast doch vorher gesagt, Natur wäre, wo es keine Menschen gibt.«
Mamita verlor langsam die Geduld. Ich bedrängte sie weiter, ich spürte einen Knick in ihrer Argumentation. Sie schnitt mir das Wort ab: »Schluß jetzt! Ich will eine Villa mit einem schönen Garten. Und in Ciutat gibt es das nicht.«
Doch eines Abends schließlich sagte Papito, er habe ein Haus gefunden.
»Es ist absolut geschmacklos!« rief Mamita. »In einem Haus mit modernen Möbeln kann ich nicht leben! Es käme mir vor, als wohnte ich in einem Büro. Ledersessel, wie grauenhaft! Und wie grauenhaft diese Kommode mit lauter beschlagenen Schubladen. So etwas ist kein Möbel, das ist ein Container.«
Dann fand Papito ein Jugendstilhaus.
»Eine Schande!« sagte Mamita. »Du weißt doch, daß ich mich vor Insekten fürchte. Dort ähnelt jedes Geländer, jede Scheibe, jede Lampe einer Raupe, einer Blume, einem Schmetterling. Ich würde verrückt. Willst du, daß ich nervenkrank werde?«
Daraufhin schlug Papito ein Haus im gotischen Stil vor,

mit bemalten Scheiben, schweren Eisengittern, Zinnen und Wachtürmen aus grauem Stein.
»Das ist ein Grab!« sagte Mamita. »Wie kann es dir bloß einfallen, daß ich da drin leben soll! Die Häuser, die du mir anbietest, sind für Sekretärinnen, Lesbierinnen oder Verrückte gut. Dann kennst du mich also gar nicht, ich bin eine Fremde für dich! Ich will«, sagte sie und preßte eigensinnig die Lippen zusammen, »ein mediterranes Haus, innen und außen weiß, mit grünen Fensterläden, Balustraden, Arkaden und Bogengängen und antiken, aber ländlichen Möbeln.«
An jenem Abend war ein gutaussehender Herr bei uns, in weißes Leinen gekleidet, der mit gebieterischer Sanftmut sagte: »Dann weiß ich, wo Sie wohnen werden.« Und am nächsten Tag fuhr er mit ihr nach Porto Pí, ein am Meer gelegenes Viertel von Ciutat, um das Haus mit dem Grünen Dach zu besichtigen, das unser zweiter Wohnsitz auf Mallorca war.

Wenig später wurde mit dem Einpacken der Sachen und den unterschiedlichen Vorbereitungen für den Umzug begonnen.
Eines Tages, als ich Mamita gerade half, die gleich großen *fiches* in ihren Fächern zu verstauen, kam ein Flughafenangestellter mit einem Brief der Großmutter und einem Päckchen. Beides war für mich. Einen Militärflug nutzend, hatte die Großmutter mir im voraus ein Geschenk zu meinem bevorstehenden Geburtstag gesandt.
Sie hatte den Brief auf kariertes Papier geschrieben, mit einer geraden, großen und klaren Handschrift, um mir das Lesen zu erleichtern, aber die Großbuchstaben waren alle verziert – auf diese Koketterie zuungunsten der Klarheit

hatte sie nicht verzichten können. Die Tinte war violett, die Zauberfarbe der Großmutter. Auf einer Holzkiste sitzend, las ich laut vor, während Mamita die Schubladen der *arquilla* leerte.

Liebe Lucciola,
Neapel wird unablässig bombardiert. Aus den geborstenen Mauern kommen Scharen von Mäusen. Gestern habe ich die Häuser am Pendino besucht; von außen sah man, eine nach der anderen, die luxuriösen und die bescheidenen Wohnungen, ihren Verputz, ihre farbigen Fußleisten, ihre Tapeten. In manchen hingen noch Bilder oder Schränkchen an der Wand. Von der Straßenseite gegenüber konnte ich, als hätte sich ein großer Vorhang gehoben, in einem der Palazzi das Innere der Zimmer sehen, genauso wie man sich als Kind vorstellt, ungesehen in die Intimität jedes Hauses einzudringen. Zwischen den Trümmern lag eine große Menge zerfetzter Puppen. Die neapolitanischen Frauen sind nämlich in ihre Puppen verliebt, die groß und prächtig herausgeputzt auf ihren Betten thronen – sie bringen sie zusammen mit der Aussteuer in ihre ehelichen Wohnungen mit. Und es war fast, als erinnerten diese Puppen an all die Toten, als stellten sie die Leichen dar, die im Morgengrauen aus den Trümmern geholt und fortgeschafft worden sind.
Ich bete mit den Obdachlosen im Vittoria-Tunnel. Wir beten, daß der Krieg bald aufhören möge, und ich hoffe, du wirst dich zu uns gesellen, im Gebet. Die Gebete der Unschuldigen sind Gott besonders willkommen. Und ich bin eher eine Sünderin! Stell dir vor, in all dem Ruin sehne ich mich nach der Oper. Was, denke ich manchmal, hätte der große Maestro Giuseppe Verdi, der mit seiner

Aida die Ideale der Einheit Italiens darstellen wollte, angesichts dieses Massakers gesagt?
Mein Schwiegersohn, gerührt von meiner Sehnsucht nach der Oper, hat mir einige Schallplatten geschenkt. Ich besitze kein Grammophon und gehe zu meinem Neffen Chinchino, um sie anzuhören, muß aber oft unterbrechen, weil die Alarmsirenen heulen und wir hastig in den Keller eilen müssen. Vor dem Hinuntergehen blicke ich aufs Meer. Wer weiß, denke ich, ob ich es noch einmal wiedersehe! Und ich denke an dich auf deinem fernen Inselchen, jenseits des in Flammen stehenden Meeres, und danke Gott, weil du in Sicherheit bist.
Ich schicke dir zu deinem Geburtstag *La Traviata*, aus der ich dir ein paar Arien vorgesungen habe, weißt du noch? Es ist Verdis schönste Oper, eine echte Liebesgeschichte, von der Art, wie sie das italienische Theater nie zu erzählen vermocht hat, von den modernen Romanen ganz zu schweigen. Nur das neapolitanische Volkslied und die Oper kennen die Liebe.
Die Traviata war eine Sünderin wie Maria Magdalena, aber die Liebe hat sie erlöst. Ich will, daß du lernst, daß man niemanden verdammen darf. »Wer ohne Sünde ist, werfe den ersten Stein«, sagte Christus zum Volk, das die Ehebrecherin steinigen wollte …

»Was für verquere Vorstellungen deine Großmutter hat«, kommentierte Mamita. »Als ob man einem kleinen Mädchen solche Dinge schreibt! Deine Großmutter, fürchte ich, ist ein bißchen überspannt. Das war sie schon immer, aber sie wird von Jahr zu Jahr schlimmer. Vielleicht liegt es an der Verkalkung oder am Eindruck der Bombenangriffe.«

Ich wollte das Päckchen öffnen.
»Laß es«, sagte sie. »Hier herrscht schon genug Unordnung. Bring das Päckchen in den Salon, wir hören die Platte heute abend.«
Und zwischen all den verpackten Dingen machte mein Päckchen mich traurig, es wirkte nicht neu, sondern schon abgenutzt.
Ich fand auch, daß auf dem Zimmer ein diffuses Gefühl von Tod lastete, vielleicht auch wegen der Dinge, die Großmutter mir über den Krieg geschrieben hatte.

Mamita verpackte nun die böhmischen Gläser mit rotem Kelch und grünem Fuß. Sie traute niemandem bei dieser heiklen Aufgabe – die Gläser hatte ihr ein Verehrer, dessen Liebe sie nicht erwiderte, zur Hochzeit geschenkt. Während sie sorgsam damit hantierte, begann sie, mir zu erklären, wie man einen Umzug macht.
»Die Teller«, sagte sie, »trennt man mit Zeitungspapier voneinander; für kostbare Gläser wie diese braucht man Kartons mit Fächern innen, um zu vermeiden, daß sie aneinanderstoßen; die einfachen Gläser dagegen muß man nur in Zeitungspapier wickeln und mit Holzwolle in einen Karton legen; für Silberbesteck genügen, wenn kein entsprechender Besteckkasten vorhanden ist, leichte Flanelltücher; die Schubladen muß man mit Schnur an dem Möbelstück festbinden, sonst können sie beim Transport aufgehen; man darf allerdings nicht so viel hineintun, sonst ruinieren die Packer das Möbel beim Tragen, lassen es hier und da anecken, weil es zu schwer ist; wenn das Möbelstück schon als solches sehr schwer ist, darf man gar nichts in die Schubladen tun oder muß sie herausnehmen und einzeln als Behälter benutzen; die Stühle stapelt man auf-

einander und bindet sie zusammen, so« – und sie zeigte es mir. »Es ist allerdings nötig, daß man Beine und Lehnen mit Stroh und Stoff umwickelt, damit sie nicht verkratzen; für Gemälde und Spiegel muß man sich extra Gestelle aus Holz anfertigen lassen, die dann mit Stroh gepolstert werden; für Bücher schließlich soll man nicht zu große Kartons verwenden, weil Papier viel wiegt.«
Jetzt zurrte Mamita komplizierte Knoten fest, um die Kiste zu verschließen, die die Gläser aus Böhmen enthielt.
»Was heißt *Traviata*?« fragte ich.
»Das ist eine, die mit allen ins Bett geht«, sagte Mamita, während sie den Bindfaden abschnitt. Der Ausdruck »mit allen ins Bett gehen«, den ich nicht kannte, vermittelte mir, zusammen mit dieser Umzugssituation, in der jedes Ding aus den Angeln und aus seiner Ordnung gerissen wurde, den Eindruck von etwas Bewegtem, das nach Purzelbäumen, nach Abenteuern und Reisen schmeckte. Mir gefiel es außerdem in Wahrheit sehr, mit allen ins Bett zu gehen, ich hätte nämlich am liebsten gehabt, daß wir alle zusammen schliefen, Papito, Mamita, Dida, Pedrón, Don Felipe, Paco und dessen Hund. Aber mit allen ins Bett gehen konnte man nicht.

Insbesondere der Salon wirkte mit seinen aus ihrer gewohnten Ordnung herausgerissenen Dingen wie eine umgestürzte Pflanze, deren Wurzeln in der Luft hingen. Unter den Teppichen, die nach und nach aufgerollt wurden, würde gewiß, sagte ich mir, bald Gras wachsen.
Alles war in Pack- oder Zeitungspapier eingewickelt und mit Bindfaden verschnürt. Alles war wie verstümmelt oder bandagiert: Die mit Stoff vermummten Beine der umgekehrten Stühle sahen aus wie Stümpfe; die Statuen wie

Mumien; die Sofas und die Sessel dagegen trugen weiße Überzüge, ähnlich den Kitteln von Krankenpflegern.
Auf einem Tischchen jedoch hatte man, noch unverpackt, das Radio stehengelassen, um sich über die Kriegsereignisse auf dem laufenden zu halten.
Vom Speicher war zudem das Grammophon heruntergeholt worden, das, das früher in Christians Zimmer stand und das Ignasi, als er verrückt wurde, von den Vögeln hatte beschmutzen lassen. So schraubte Papito am Abend den Messingtrichter an, und wir setzten uns hin, um die Schallplatte zu hören, die mir die Großmutter geschickt hatte.
Papito wollte, daß ich neben ihm sitze, damit ich im Libretto mitlesen konnte.
Es war sehr feierlich. Denn in jenen Tagen kam es selten vor, daß wir uns alle im Salon versammelten. Der große, frisch polierte Trichter des Grammophons war das einzige, was zwischen all den verpackten Gegenständen glänzte. Mir schien er ein Ereignis anzukündigen, Anita eine Hexerei. Papito dagegen war einfach froh, daß ich mich »der italienischen Sprache und Kultur« annäherte. Deshalb verzieh er, sagte er, der Großmutter ihre »Extravaganz«. Mamita wiederum liebte weder Verdi noch die italienische Kultur. Aber sie hatte Heimweh nach Neapel und machte sich Sorgen um die Verwandten, die Bombenangriffen ausgesetzt waren. Carlito betrachtete hingerissen den Mond, der beinahe voll im Rechteck des weit geöffneten Fensters stand. Es war wirklich, als schickten der Mond und der Trichter des Grammophons sich an, einander etwas zu sagen. Und in der Tat, als die Oper begann, war sofort klar, daß diese Musik nicht uns galt. Alles hier im Raum war zu eng, um sie zu fassen.

Als wäre ich ein Tier gewesen, das sich bis dahin in unartikulierten Schreien ausgedrückt hatte und nun plötzlich das Wort entdeckte, so entdeckte ich, während ich die Arien der *Traviata* hörte und im Libretto mitlas, die Form für meine unartikulierten Gefühle. All das, was ich empfand, war also kein wirres Leid, es konnte ausgedrückt und erzählt werden. Wie konnte Verdi, dachte ich, wissen, was ich fühle? Und als wäre ich ein Tier, dem es, als es den wunderbaren Sinn des Wortes entdeckte, doch nicht gelang, Töne zu artikulieren, und das, trotz all seiner Bemühungen, nur kehlige Schreie und Stöhnen hervorbrachte, verging ich vor Traurigkeit.

Hatte ich im Internat, als es mir nicht gelungen war zu tanzen, einen brennenden Wunsch und eine Grenze meines Körpers entdeckt, so entdeckte ich beim Hören der *Traviata* einen brennenden Wunsch und eine Grenze meiner Seele.

Ich sah und empfand wunderbare und schreckliche Dinge.

Libiam ne' lieti calici
Che la bellezza infiora …[1]

… Und ich stellte mir Blumen und Schmetterlinge vor, die sich küßten, genau wie ich es als kleines Kind die Blumen und Schmetterlinge im Garten hatte tun sehen, als ich sie beobachtet und begriffen hatte, daß sie sich nicht aufaßen, sondern küßten. Aufgrund meiner unvollkommenen Kenntnisse der italienischen Sprache waren die *calici*, die Kelche, nämlich für mich Blütenkelche und nicht

1 Auf, schlürfet in durstigen Zügen / Den Kelch, von Schönheit umkränzt …

Trinkgefäße. Daher glich das Fest, das in meiner Erinnerung heraufbeschworen wurde, nicht einem von Mamitas Empfängen, sondern war eher ein Gartenfest. Gewiß, ich sah die Zeremonie der Küsse und Höhenflüge von Tierchen und Blumen auch ins Menschliche übersetzt, aber ich empfand sie wie das Streben eines jeden, die eigene Bedingtheit innerhalb der Ordnung des Universums zu überwinden.

Un dí, felice, eterea,
Mi balenaste innante,
E da quel dí tremante
Vissi d'ignoto amor.
Di quell'amor ch'è palpito
Dell'universo intero,
Misterioso, altero,
Croce e delizia al cor …[2]

… Und nun erschien mir Conchita im Kreis der Gefährtinnen, dann wieder das Pfauenweibchen Isabel auf dem Gartenweg, das Gespenst der Signora von Son Batle, dann Papito zur Zeit unserer Verlobung, als er mir jeden Abend ein Geschenk mitbrachte, dann Paco, als ich ihn zum erstenmal sah, dann die Schlange, die ganz nah an meinem Gesicht lachte. Ich bebte bei jenem *tremante*, »bebend«. Ich durchlebte noch einmal das Beben bei all jenen Erscheinungen.

2 An einem glücklichen, himmlischen Tage / Erschient Ihr mir / Seither lebt' ich, bebend / Von geheimer Liebe. / Von jener Liebe, die das Weltall bewegt / Das ganze Universum / Das geheimnisvolle, erhabene / Dem Herzen Schmerz und Wonne zugleich …

Pura siccome un angelo
Iddio mi die' una figlia …[3]

… Nicht ich war jene Tochter. Also war ich die Traviata. Ich hatte es immer gewußt.

Gran Dio, morir sí giovane …[4]

… Der Tod, der Krieg der Großmutter waren eins mit dem Bild von Conchita, als Maria Antònia sie in den Hintern biß. Der Tod war gierig wie der Krieg und hatte wie Maria Antònia Pferdezähne …

Die Musik war zu Ende.

»Wie hat er das erfunden?« fragte ich. »Sagt mir, wie er das erfunden hat!« schrie ich. Doch ich bekam keine Antwort.

»Er hat aus der *Kameliendame* abgeschrieben … der Geschichte von Marguerite Gautier … aus einem Schundroman von Dumas, einem Fortsetzungsroman«, sagte Mamita.

»Was heißt das?« fragte ich.

Mamita wollte mir erklären, was ein Fortsetzungsroman war (sie achtete stets darauf, alle Geschmacksfragen genau zu klären; die Welt teilte sich nämlich für sie in geschmackvolle und geschmacklose Dinge), aber Papito, der die Grenze zwischen gutem und schlechtem Geschmack irrational und willkürlich fand, unterbrach sie und sagte: »Jetzt erzähle ich euch die Geschichte der *Kameliendame* … Die Dame bekam jeden Tag einen Strauß rosa Kamelien …«

3 Eine Tochter, rein wie ein Engel / Schenkte mir Gott …
4 Mein Gott! / Sterben so jung …

»Warum«, fragte ich am Ende, »hat Mamita gesagt, es sei ein Schundroman?«

An dieser Stelle konnte sich Mamita nicht mehr zurückhalten. »Ein Schundroman«, platzte sie heraus, »ist eine erfundene Geschichte, die nicht wahr klingt. Oder eine wahre Geschichte, die falsch klingt. Er zeichnet das Leben schrecklich oder süßlich, rosa wie in Kitschromanen, schwarz wie in Schauerromanen, unheimlich wie in Kriminalromanen.«

Papito lächelte über Mamitas Sturheit.

Ich verzichtete darauf, verstehen zu wollen, und begann vielmehr, mir die beiden vom selben Schicksal fortgerissenen Frauen vorzustellen, auf der einen Seite die Kameliendame, auf der anderen Violetta mit ihren traurigen Blumen, die sang:

Di quell'amor ch'è palpito
Dell'universo intero,
Misterioso, altero,
Croce e delizia al cor ...[5]

... Und dann sangen Violetta und die Großmutter, die an ihrer Seite aufgetaucht war, die Arie gemeinsam.

So wurde für mich Violett zur Farbe des Lebens – des Lebens, wie es wirklich ist – und der wahren Geschichten. Rosa dagegen zur Farbe der falschen Geschichten und durch eine Assoziation auch zur Farbe von Linda Facchi, da sie ein rosa Frotteehandtuch besaß, in das sie nach dem

5 Von jener Liebe, die das Weltall bewegt / Das ganze Universum / Das geheimnisvolle, erhabene / Dem Herzen Schmerz und Wonne zugleich ...

Waschen ihre Haare wickelte; sie hatte sich eines Tages am Blinddarm operieren lassen, und seitdem sagte Mamita, wenn sich jemand aus ihrem Bekanntenkreis einer schweren Operation unterziehen mußte, immer: »Das ist eine ernste Operation, nicht wie die Blinddarmgeschichte von Linda Facchi.« So wurden auch die Blinddarmoperationen rosa, Mißgeschicke, die sorglose Mädchen trafen, während sie ihre Zeit zwischen Telefon und Fön verbrachten.

Am nächsten Tag begann Mamita, das einfache Silber einzupacken. Sie wickelte jedes Stück in Flanell und erklärte mir zwischendurch, daß der Umzug von Son Batle in das Haus mit dem Grünen Dach nur eine Generalprobe für den großen Umzug von Mallorca nach Italien war, den wir früher oder später machen würden. Und sie erzählte mir auch von einem Großen Umzug, den die Ägypter machten, wenn sie in die Andere Welt eingingen und in ihre neuen Wohnungen in Form von Pyramiden all ihren Hausrat mitnahmen. Sie hatte diese Pyramiden nämlich besichtigt.

»Wenn wir die Bücher einpacken und das Fotoalbum zum Vorschein kommt, wer weiß, wo ich es hingetan habe, dann zeige ich sie dir.«

Doch ich war mit ganz anderen Umzügen beschäftigt, denen von einem Bett ins andere. Daher fragte ich sie: »Kennst du solche Frauen wie die Traviata?«

»Ja«, sagte sie. »In Neapel zum Beispiel gab es Gipsy, die Tochter einer Bekannten deiner Großmutter.«

»Und wie war die?«

»Ihre Mutter, Signora Winspeare, war die Tochter von heruntergekommenen Bankiers englischer Herkunft. Früher gab es einmal viel ausländisches Kapital in Neapel. Ihr

Mann starb, und die Ärmste blieb mit sechs Kindern zurück. Gipsy war die Älteste. Sie war beim Tod des Vaters achtzehn Jahre alt. Sie war bildschön. Ich erinnere mich an sie, aufrecht, schlank, eine Lilie, in einem violetten Kleidchen mit gelbgrünem Besatz am Hals und an den Ärmelbündchen, der diesem Gewand etwas kostbar Geheimnisvolles verlieh … Wie diese violetten Lilien am Brunnen, weißt du? So war Gipsy. Damals trug man die Haare kurz, und sie hatte einen goldgelockten Bubikopf, den sie lachend schüttelte, fast aus Gewohnheit. Das Gesicht war vollkommen, rosig und der Teint samtig durch einen leichten blonden Flaum. Sie sah wirklich aus wie ein Engel von Gozzoli. Sie mußte sich um die Geschwister kümmern: sie in der Schule anmelden, sie zum Arzt oder ins Internat bringen, ihre Ferien organisieren. Und sie war es auch, die das wenige übriggebliebene Geld verwaltete. Sie verliebte sich in einen jungen Mann aus der guten Gesellschaft, der jedoch schon verheiratet war. Weißt du, es gibt Männer, die die Frauen gern wechseln wie ihre Anzüge. Nun gut, sie gingen zusammen ins Bett. Gipsy wurde schwanger. Sie war verzweifelt, wußte nicht, was tun. Sie zog in eine andere Stadt, wurde Haushälterin bei einem Industriellen, der Witwer war und sich in sie vernarrte. Er war häßlich, alt, rund wie eine Kugel; nur seine Augen waren interessant, zwei Falkenaugen. Er kaufte Gipsy. Für die Geburt schickte er sie in die Schweiz, übergab das Kind einem Waisenhaus, holte Gipsy wieder zu sich und bot ihr ein Leben im Luxus. Gipsy, die jedoch wenigstens geheiratet werden wollte, war verärgert. Sie wurde aufgeschwemmt und schlaff vom Alkohol, so als wolle sie die Ware entwerten, die er gekauft hatte. Doch sie ertrug alles und half ihren Geschwistern so lange bei der Ausbildung, bis sie heranwuchsen und unabhängig wurden. Dann eines Tages starb der Industrielle, ohne sie geheiratet zu haben. Denn er war überzeugt, daß es für eine Mätresse schwieriger ist, den Liebhaber zu betrügen, als für eine Ehefrau den Gatten. Und er verfolgte sie mit seiner kleinlichen Eifersucht sogar über den Tod hinaus: Er hinterließ ihr eine Leibrente – unter der Bedingung, daß sie nicht heiratete. Doch die arme Gipsy dachte gar nicht daran. Sie zog wieder zu ihrer Mutter, die, um zu verhindern, daß die Tochter sich betrank, die Whiskyflaschen versteckte. Ab und zu fuhr Gipsy in die Schweiz. Sie hatte herausgefunden, welche Familie ihr Kind adoptiert hatte, und beobachtete es heimlich hinter einem Parktor.«

Erschüttert lauschte ich dieser Erzählung, wie angenagelt auf der Kiste, auf der ich saß, von den schrecklichen Wörtern: »Betrug«, »ins Bett gehen«, »Liebhaber«, »Waisenhaus«, »aufgeschwemmt vom Alkohol«. Mamita hatte mit Nachdruck und voll Härte gesprochen.

»Und kennst du«, fragte ich, »noch andere Frauen, die wie die Traviata sind?«

Vielleicht dachte ich, ich würde besser verstehen, wenn ich mehr Einzelheiten sammelte.

»Ja«, sagte Mamita, die jetzt die chinesischen Lackschälchen in Seidenpapier einschlug, »ja, da gab es viele. Weißt du, der Krieg, der vor diesem, hatte die Sitten verdorben. Da war zum Beispiel Liza, die Nichte einer Nachbarin deiner Tante Ada. Sie stammte aus Arezzo, war aber, wer weiß, wie, als Witwe auf Capri gelandet. Sie lebte an den Rändern der guten Gesellschaft, war die Geliebte von Fürsten, Herzögen und Abenteurern. Noch im Alter ließ sie sich von einem Grafen aushalten, der ihr eine seiner Villen anvertraut hatte, und man wußte nicht, ob sie seine

Geliebte oder seine Haushälterin war … Über diesen Grafen, weißt du, wurde ganz anderes gemunkelt …«

»Wer waren«, fragte ich Mamita am nächsten Tag, »diese Gipsy und diese Liza?«

»Bekannte von Nachbarinnen oder Freunden der Familie, das habe ich dir doch gesagt.«

»Aber die Großmutter hat mir einmal gesagt, daß ich eine Tante hatte, die Liza hieß, und eine Cousine namens Gipsy!«

»In Neapel sind derartige Namen ziemlich häufig, weißt du.«

»Die Großmutter hat mir aber gesagt, daß Neapel voller Concettas, Immacolatas, Rosas und Assuntas ist.«

»Deine Großmutter hat doch keine Ahnung. Sie bewegt sich nur unter Bettlern, Fischern, Invaliden und Arbeitslosen. Wie soll sie da wissen, wie die Leute heißen!«

»Und kennst du noch mehr Geschichten von solchen Traviata-Frauen?«

»Ja, eine gewisse Marinella, eine Freundin von Gipsy. Sie fuhr mit ihrem Verlobten immer im Taxi spazieren! Eines Tages verließ er sie und heiratete einen Monat später ein sehr reiches Mädchen, mit der er in Wirklichkeit schon ein Jahr lang verlobt war. Stell dir vor, das Hochzeitsbankett fand im Excelsior statt, dem luxuriösesten Hotel von Neapel. Marinella verkehrte weiterhin in den Salons, aber sie war nun so mager, daß ihr die Kleider fast vom Leib fielen, und wenn sie sich eine Zigarette anzündete, zitterte ihr die Hand … Man darf nie mit einem Mann im Taxi fahren, merk dir das!« beschied mich Mamita.

»Aber du fährst doch auch Taxi mit Papito!«

»Das ist etwas anderes! Wir sind verheiratet! Ehrlich gesagt«, und sie begann zu lachen, »bin ich auch einmal mit ihm Taxi gefahren, als wir noch verlobt waren. Sicher, das tat man damals nicht, aber ich hatte ja schon ein gewisses Alter, ich war kein leichtfertiges, törichtes Mädchen. Wir fuhren vom Margherita-Park bis ans Ende des Corso ... Aber was für Geschichten erzähle ich dir da! Vielleicht ist es besser so, du mußt von nun an lernen, wie es in der Welt zugeht.«

»Und was heißt *Traviata* auf kastilisch?«

»Wie wird man das wohl sagen? Es fällt mir nicht ein ... Na ja, man kann sagen *puta*!«

Antònia packte unterdessen die einfachen Teller im Office ein. Ich ging zu ihr und fragte:

»Erzählst du mir eine Geschichte von einer *puta*?«

Antònia prustete los. »Was wird deine Mutter sagen, wenn ich dir Geschichten von *putas* erzähle!«

»Mamita hat mir selbst schon welche erzählt, lauter Geschichten von *putas* aus Neapel.«

»Und was sind das für Geschichten, laß hören.«

Ich erzählte sie ihr. Vor Staunen ließ sie einen Teller fallen.

»Jetzt erzähl mir eine Geschichte von *putas* aus Ciutat, ja?«

»Die sind doch alle gleich, diese Geschichten«, sagte sie und fügte dann in sibyllinischem Ton hinzu: »Die *putas* sind lauter Frauen, denen vor der Hochzeit ein Teller zerbrochen ist.«

»Wie sagt man *puta* auf mallorquinisch?« fragte ich, bevor ich wieder ging.

»Males dones.«

»Wie sind die *males dones*?« fragte ich Paco am nächsten Tag.

»Wie, wie sind die?« antwortete er. »›Alle Frauen sind *males dones*‹, sagt mein Onkel immer, der mit *zimbombes*[6] handelt

6 Tamburinen

und zum Verkauf auf alle Feste geht. ›Die Frauen‹, sagt er, ›muß man als Zehnjährige heiraten, wenn sie noch kleine Mädchen sind, und sie immer zu Hause eingesperrt halten. So machten es früher die Könige, und an Königen müssen die armen Teufel wie wir sich ein Beispiel nehmen.‹«

So kam es, daß ich, um der Gefahr zu entgehen, eine *Traviata* zu werden, beschloß, nicht zur Frau zu werden.

Leben mit den Affen

Wir waren vollkommen frei zu gehen, wohin wir wollten, auch außerhalb des Gartens. Im Hinblick auf den Umzug waren einige Dienstboten entlassen worden, daher hatten wir weniger Aufpasser.

Wir schlossen Freundschaft mit Signora Chotxco, einer Brasilianerin.

Wir lernten sie folgendermaßen kennen.

Ich war mit Carlito in einen Garten gegangen, um Trauben zu stehlen. Wir lagen mit offenem Mund unter einer Pergola und ließen uns von oben, gut gezielt, eine Weinbeere in den Mund fallen. Plötzlich hörten wir einen Klagelaut: »Fuhiiii! Fuhiii!«, und vor uns erschien eine völlig zerzauste, weißgekleidete Dame.

»Habt ihr«, fragte sie mit angstvoller Stimme, »habt ihr Fuhí gesehen, mein Äffchen?«

»Nein«, sagten wir, standen aber auf und schauten rundherum auf den Pergolen nach.

»Es ist sehr wichtig, es ist sehr wichtig, Fuhí zu finden«, sagte Signora Chotxco. »Milagros' Leben hängt davon ab. Fuhí ist am selben Tag weggelaufen, an dem Milagros ins Krankenhaus eingeliefert wurde. Ihr könnt euch nicht vorstellen, wie grauenhaft das war! Eine Ambulanz kam sie abholen, weiß wie die Angst, mit einem blutroten Kreuz darauf. Wenn Fuhí nicht gefunden wird, stirbt Milagros, da

bin ich sicher. Ihre Schicksale sind miteinander verbunden.«
Wir suchten tagelang. Fragten in jedem Haus. Einer hatte einen Fuchs gesehen, einer einen Hasen, einer einen Papagei, sogar den Werwolf hatten sie gesehen und ein Schwein von Catalina, das vor vielen Monaten weggelaufen war. Von Fuhí jedoch keine Spur.
Wir fanden sie etliche Wochen später. Tot in einem Graben, mit einem kleinen Loch im Bauch. Sie hatten sie erschossen, weil sie Trauben stahl. Jemand behauptete sogar, er habe Leute sagen hören, daß dieses Äffchen die Weinstöcke richtiggehend verwüstete, daß es mit Begeisterung die Trauben herunterriß und sie auf dem Boden zerquetschte.
Wir hatten nicht den Mut, Signora Chotxco zu berichten, was geschehen war. Wir sagten zu ihr: »Morgen suchen wir weiter.«
Und sie: »Beeilt euch! Milagros liegt im Sterben!«
Wir gruben ein Grab und beerdigten Fuhí. »Stellen wir ein Kreuz darauf oder nicht?« fragten wir uns. Wir beschlossen, ein Körbchen mit Erdnüssen darauf zu stellen: Die Erdnüsse hatten wir in der Tasche, das Körbchen bastelten wir aus Weinblättern, zusammengehalten von dürren Zweigen, die wir vom Boden aufgeklaubt hatten.
Milagros starb. Sie war eine alte Indio-Frau, die Signora Chotxco aus Manaus mitgebracht hatte.
Wir waren bei ihr zu Besuch, als die Nachricht eintraf, um ihr die soundsovielte Lüge über das Äffchen zu erzählen, daß wir es gesehen hatten, es uns aber nicht gelungen war, es zu fangen. Doch vielleicht waren es gar keine Lügen mehr. Wir glaubten schon selbst ein bißchen daran; manchmal war es mir sogar so vorgekommen, als sähe ich

Fuhí wirklich zwischen den Reben oder den Glyzinienranken verschwinden.
Signora Chotxco fütterte gerade ein verlassenes Kätzchen mit der Pipette. Das Telefon läutete. Es war das Krankenhaus.
Kaum hatte sie den Hörer abgenommen, streckte sie die Arme zum Himmel und begann, einen seltsamen Klagelaut auszustoßen: »Mué, Muéee!« So lief sie durchs ganze Haus, während ihre Tiere bei ihrem Vorüberkommen unruhig wurden. Hastig eilte die Frau des Gärtners herbei. Signora Chotxco wollte sich aus dem Fenster stürzen, und die Frau des Gärtners hielt sie am Rock fest. Sie ließ sich überreden, sagte, wir sollten dem Kätzchen weiter seine Milch, den Wellensittichen ihr Futter geben, und fuhr mit dem Gärtner im Auto davon Richtung Krankenhaus.
Milagros war ihre Amme gewesen. Eines Tages hatte Signora Chotxco zu uns gesagt: »Sie hat mir zusammen mit der Nahrung diese Liebe für Tiere und Pflanzen eingeflößt. Geschöpfe sind für Milagros nur die Dinge auf dem Land.«
Die beiden hatten immer zusammengelebt. Und als Signora Chotxco geheiratet hatte, hatte sie nicht ihre Mutter, sondern eben Milagros ins Haus ihres Mannes mitgenommen.
Dann hatte ihr Mann sie eines Tages hinausgeworfen, weil sie ihm die *finca* mit Indio-Kindern, Tieren und Kranken füllte.
»Ich habe genug«, hatte er zu ihr gesagt. »Entweder sie oder ich. Ich will ja nicht enden wie die Frau von Tolstoj! Während du die Rolle ihres Mannes spielst.« So war Signora Chotxco nach Mallorca gezogen, auf die Insel ihrer Hochzeitsreise.

Als er erfuhr, daß seine Frau sich auf der Insel ihrer Liebe niedergelassen hatte, war er gerührt und reiste nach Mallorca, um sie wieder zu sich zu holen. Doch sie wollte nicht zurückkehren. Sie sagte ihm, sie werde in der Erinnerung an diese Flitterwochen leben. Sie schrieben einander lange Briefe. Einmal alle zwei Jahre besuchte er sie. Und jeden Monat schickte er ihr Affen, Papageien, Korianderkörner und schwarze Bohnen.

Zu Milagros' Beerdigung kam ein Kind mit einer Amsel, die sie geheilt hatte. Signora Chotxco, weiß gekleidet, wurde von zwei Frauen gestützt. Dem Sarg folgten auch die Bauern, deren Maultiere Milagros behandelt hatte: Nur mit einer geschickten Geste und einem raschen, heftigen Ruck hatte sie die Knochen ihrer Beine wieder eingerenkt – manchmal nämlich stürzten die Mauleselinnen bös wegen der zu großen Last. Als der Pfarrer den Sarg segnete, bevor er in die Grube hinuntergelassen wurde, nahm Signora Chotxco den Käfig mit der Amsel und stellte ihn auf den Sarg. Auch die Amsel wurde gesegnet. Signora Chotxco betete nicht mit den anderen das Totengebet. »Mué, Mué!« flüsterte sie schluchzend.
Nach Milagros' Tod machten wir uns in Signora Chotxcos Haus breit. Son Batle, wo sie immer noch Vorbereitungen für den Umzug trafen, war für uns nur noch eine Schlafstätte.
Alle Abläufe im Haus der Signora war auf die Tiere abgestellt. Man brachte ihr die streunenden Katzen, die lahmenden Hunde, die kranken Kühe. Die Kunde von Signora Chotxcos und vor allem Milagros' tierärztlicher Begabung hatte sich weit verbreitet.

Uns kam Signora Chotxco vor wie eine Krankenschwester, eine Zauberin, eine Hexe, eine Fee, eine Prophetin, eine Amme, eine Medizinfrau. Manchmal tauchte sie so plötzlich und so leichtfüßig auf, daß sie wie ein Gespenst erschien. Darüber hinaus war sie eine Großmutter der Tiere, während meine Großmutter aus Neapel eine Großmutter der Menschen war. Und ich, fragte ich mich, zu welcher Spezies gehöre ich?
Signora Chotxco kümmerte sich nämlich um die Tiere, als wären es menschliche Wesen, und sagte seltsame Dinge. Zum Beispiel sagte sie: »Wenn die Esel keine Lasten mehr tragen werden, werden auch die Menschen keine Lasten mehr tragen.« Oder: »Wenn die Hunde nicht mehr geschlagen werden, werden auch Frauen und Kinder nicht mehr geschlagen.«

Eines Tages erzählte ich Signora Chotxco, daß Don Felipe einen Spatz getötet hatte. Das war so. Es gab einen Ort im Haus, den ich einer Gewohnheit geweiht hatte: den Treppenabsatz am Ende des Flurs, der die Schlafzimmer mit dem oberen Stockwerk verband. Dort war ein kleines bogenförmiges Fenster, das auf das Land hinausging, und vor dem Fenster stand ein niedriger Stuhl. Nichts sonst. Kein bunter Teppich auf dem Backsteinboden, kein Bild, kein Druck, kein Gobelin. Es sah aus wie in einer Zelle. Es gab keinerlei Schmuck dort, nichts Hinderliches, das mich daran erinnerte, wer wir waren inmitten der »ausländischen Nationen«. Morgens, wenn ich vor den anderen aufwachte, setzte ich mich gern auf dieses Stühlchen. Ich ging ins Badezimmer, pinkelte, noch ganz verschlafen, und der Urin war ein unterirdischer, schwefelgelber Strom, in dem die Nacht davonfloß und mich leer wie ein »Niemandsland« zurückließ, um auf das Kommen des Tages zu warten – Papito hatte mir nämlich einige Zeit zuvor erklärt, daß es zwischen Deutschland und Polen ein Niemandsland gab, genau wie dieses Land fühlte ich mich. Während ich also wartete, daß der Tag kam, hockte ich mich auf das Stühlchen und blickte über die Felder. Eines Morgens kam der Tag sofort. Und schrecklich. Ich sah weiße und graue Federn auf dem Boden liegen, weich und flaumig, und größere schwarze Federn; so als wäre die Nacht auf ihrer Flucht irgendwo hängengeblieben und hätte dabei Fransen ihres Gewands oder Strähnen ihres Haars verloren. Unter dem Stühlchen nahm ich ein Zittern und lauerndes Schweigen wahr. Don Felipe hatte sich mit einem Spatz zwischen den Zähnen darunter versteckt und blickte mich regungslos an in der Furcht, ich würde ihm den Vogel entreißen. Schreiend begann ich, dem Kater nachzulaufen. Er hielt den Spatz fest im Maul. Mamita, Papito, Anita und Carlito eilten herbei. Meine Eltern, auf der Schwelle ihres Zimmers, lächelten. Carlito dagegen rannte hinter mir her. Wir fanden sie im *patio*, Carlito und ich. Der Spatz war tot, Don Felipe schubste ihn mit der Pfote hierhin und dorthin, als spielte er mit einem Strohhalm.

Nachdem sie meine Geschichte angehört hatte, sagte Signora Chotxco, die Grausamkeit der Tiere sei unschuldig. Und wenn in ihrem Verhalten Bösartigkeit sei, so hätten sie diese bestimmt von den Menschen gelernt. Dann sagte sie einen Zauberspruch oder irgendeine andere magische Formel auf:

Homo homini lupus.
¡Mentida!
¡Mentida!

Malo es el hombre.
Repitan con migo:
¡Lupus lupo homo!
¡Lupus lupo homo![1]

Sie gebärdete sich wie verrückt, als hätte sie sich in den Versen des Spruchs verfangen, als fände sie nicht mehr heraus. Dann beruhigte sie sich und sagte: »Die Bewohner von Gubbio waren schlimmer als die Wölfe, deshalb fürchtete sich der Wolf vor ihnen. Der heilige Franziskus, der ein guter Mann war, freundete sich mit dem Wolf an, und von Franziskus nach Gubbio begleitet, lebte der Wolf mit den Bewohnern der Stadt, und stell dir vor, er ließ sich sogar von den Kindern füttern.«

So verschmolzen meine Großmutter, die auch die Großmutter der Menschen war, und Signora Chotxco, die die Großmutter der Tiere war, durch die Tatsache, daß sie beide vom heiligen Franziskus sprachen, in meiner Phantasie zu einem einzigen Bild.

»Die Tiere«, fügte Signora Chotxco hinzu, »sind unterhalb der Schwelle zum Gewissen. Sie kennen ein dumpfes Glück und einen dumpfen Schmerz. Der Spatz, den Don Felipe getötet hat, ist nicht Opfer einer absichtlichen Bosheit, weißt du, es ist, als wäre ihm ein Ziegel auf den Kopf gefallen oder als hätte ihn ein Komet gestreift.« Sie trat ans Regal und zeigte auf zwei Bücher. »Wenn du groß bist«, sagte sie, »mußt du lesen, was Fürst Kropotkin und Franz von Assisi über die Tiere geschrieben haben.« Sie hatte

1 Homo homini lupus. / Das ist nicht wahr! / Das ist nicht wahr! / Böse ist der Mensch. / Sprecht mit mir: / Lupus lupo homo! / Lupus lupo homo!

sich über die Bücher gebeugt, die Haare fielen ihr ins Gesicht.
»Signora Chotxco!« rief ich. »Ihre Haare! Ihre Haare! Sie sind ganz weiß geworden!«
»Merkst du das jetzt erst«, sagte sie. »Sie sind schon weiß, seit Milagros gestorben ist!«

Die Affen von Signora Chotxco lebten in einem Freigehege. Sie hatte fast die Hälfte ihres Gartens und das gesamte Gewächshaus mit einem langen, hohen Zaun einfassen lassen. Für diesen endlosen Zaun hatte sie viel Geld ausgegeben. Denn ganz frei durften die Affen nicht leben, weil sie auf den Feldern Schäden anrichteten, und daraufhin töteten die Bauern sie oder stahlen sie auch manchmal, um sie im Hafenviertel zu verkaufen. Es gab nämlich Frauen, die sich zur Erinnerung an bestimmte Matrosen ein Äffchen zulegten.
In den ersten Tagen wurden wir, von ihren Spielen fasziniert, wie diese Äffchen, strolchten wild und schamlos herum. Wir machten ihnen alles nach. Wir schnitten tausend Grimassen, gingen von einem Spiel zum anderen über, hängten uns gelenkig und blitzschnell an irgendwelche Äste und rannten. Doch so aufbrausend und anstößig wie sie waren wir nicht wirklich, wir taten nur so. Auch gelang es uns nicht, wie sie zu geifern.
So begannen wir, uns nach und nach von ihnen zu unterscheiden. Wir behandelten sie wie jüngere Geschwister. Und wir versuchten, sie zu zähmen. Durch diesen Abstand entdeckte ich dann eine beunruhigende Seite an ihrer Art zu sein. Waren sie unsere Karikatur, fragte ich mich, weil sie es nicht verstanden, alles so zu machen wie wir, und es vergeblich versuchten? Oder vielmehr, weil sie das, was

wir taten, nicht ernst genug nahmen, da sie einfach weiser waren? Manchmal nämlich wirkten sie viel schlauer als wir. Eins jedenfalls stand fest: Die Affen benahmen sich genau wie wir in der Schule, wenn wir die Lehrerin, sobald sie sich umdrehte, nachäfften. Doch wer war besser, wir oder die Lehrerin?

Eines Tages beschlossen wir dann, auf den Bäumen zu leben. Um es den Affen nachzumachen? Oder eher, um uns von ihnen zu unterscheiden? Um unsere ganze Menschenwürde zu behaupten?

Ganz hinten in Signora Chotxcos Garten stand eine Eiche. Ein kräftiger Ast bildete eine V-förmige Astgabel. Dort bauten wir unsere Hütte. Melchior Dureta, der Schreiner, gab uns Holzbretter und Nägel und lieh uns seinen Hammer. Doch da wir die Nägel dauernd verkehrt einschlugen, mußte er uns auch noch eine Zange leihen. Wir nagelten die Bretter fest, deckten das Dach mit belaubten Zweigen; wir arbeiteten in Unterhose und Hemdchen. Am Ende des Tages war das Hemdchen ganz schmutzig, die Unterhose gras- und erdfarben. Wir aßen *pa amb oli*[2], tranken frisches Wasser aus einem Tonkrug. Mit vier Ziegelsteinen bauten wir unter dem Baum eine Feuerstelle. Zuerst kochten wir uns nur Tee, weil das am einfachsten war. Aber wir waren entschlossen, alles selbst zu machen. Wir wollten die Signora Chotxco nicht mehr um *pa amb oli* bitten. Wir brachten eine Flasche Öl in die Hütte, Brot, ein Messer, ein paar Tomaten und ein Eimerchen mit Wasser, um sie zu waschen. Den Fenchel, den wir jedesmal frisch ernteten, aßen wir allerdings so, ohne ihn zu waschen. Wir beschafften uns einen Topf und begannen zu

2 Brot mit Öl und Tomaten

kochen. Mit größtem Genuß aßen wir unglaublich fade Brühen. Wir wußten nicht, wieviel Salz wir nehmen sollten. Im Zweifel ließen wir es ganz weg. Oder jeder entschied für sich.

Wir stellten uns vor, wir wären Bauern, Schreiner, Schmiede. Doch ich spürte, da war ein Knick in unseren Phantasien, ein Denkfehler oder etwas Dunkles, das den schönen, soeben gewobenen Bilderschleier erschlaffen ließ. Dieser Knick, dessentwegen ich mich nicht gänzlich mit Bauern, Schmieden und Schreinern identifizieren konnte, entsprach genau der Ritze in der Bretterwand der Hütte, durch die ich einmal, zusammengekauert, die Bauern auf dem Feld jenseits von Signora Chotxcos Garten beim Umgraben sah.

Das Licht, das plötzlich in meine Überlegung drang, glich ganz dem Lichtstrahl in dieser Ritze, durch die man das sonnige Feld erkannte und die Bauern, wie plötzlich erstarrt in ihrer Bewegung.

Ich sagte mir: Sie spielen nicht, sie arbeiten.

Und wie durch Zauberei war das Spiel für mich aus. Die Hütte machte mir keinen Spaß mehr.

Die Theatergruppe Cata Cata Pum

Mamita verbarg ihre Intimität oder ließ sie kostbar erscheinen. Wenn sie in ihrem glänzenden Morgenrock mit Kimonoärmeln dasaß, die Beine übereinandergeschlagen, die Fußnägel schon lackiert, in der Hand ein elegantes Scherchen mit gebogener Spitze, Lockenwickler auf dem Kopf und Ponds-Creme im Gesicht, sah sie aus wie eine Göttin oder eine Königin. Einzig und allein dadurch, daß sie es war, die etwas tat, konnte nichts häßlich oder lächerlich wirken.

Die Intimität der Italienischlehrerin dagegen hatte etwas Klägliches und Anstößiges an sich. Ihre Augen, gewöhnlich funkelnd, wie von einer Vision gefangen, offenbarten ab und zu eine unüberwindliche Panik, die sie zwinkern ließ. Unter den mit einem Netz umhüllten Lockenwicklern, mit denen sie ihre rotgefärbten Haare kräuselte, wirkte die von Creme glänzende Nase übertrieben groß, und durch einen unwiderstehlichen Gedankengang erschien mir die Lehrerin selbst übertrieben, obwohl sie doch so wenig Platz beanspruchte: ganz klein und rund, wie ein Kügelchen, dazu bestimmt, hierhin und dorthin zu rollen, von Afrika bis in die Marken, bis nach Mallorca.

Sie kreuzte die Beine nicht, hielt sie geschlossen, die Füße in die kanariengelben Plüschpantöffelchen geschoben wie in zwei Bettchen, gewissermaßen als Vorgeschmack auf

die weiche, laue Wärme des Bettes, in das sie bald schlüpfen würde, es war schon alles vorbereitet, das Laken dreieckig über den Decken zurückgeschlagen, viele Kissen übereinander, eine gestrickte Fußdecke, ein Roman von Virgilio Brocchi auf dem Nachttisch neben der Lampe, die mit einem rosafarbenen, an einigen Stellen ausgeblichenen Seidentuch verhüllt war – einem Seidentuch, sagte sie, von dem sie sich niemals trennte.
Und so war sie in Son Batle angekommen, wohin sie umgezogen war mit drei Koffern voller Sachen, von denen sie sich eben niemals trennte. Unsere Eltern hatten nämlich beschlossen, einen Monat allein in Eivissa zu verbringen, und die Italienischlehrerin gebeten, während ihrer Abwesenheit das Haus zu führen.
Mamita war eine Signora: eine Signora aus Neapel, Herrin über Son Batle, Herrin über Leben und Tod. Auch die Bäuerinnen herrschten über Feld und Haus, auch sie waren Herrinnen über Tod und Leben. Dida schließlich herrschte über alles, war Herrin über Erde, Sterne und Planeten. Die Italienischlehrerin dagegen war ein Frauchen. Deshalb schwankte ihr Blick zwischen Verzauberung und Entsetzen; doch manchmal nistete darin ein wahnsinniger Sarkasmus. Und mit Sarkasmus erinnerten die Lokkenwickler, mit denen sie sich abends die Haare aufdrehte, an die kümmerliche, flatternde Krause am Morgen.
Rasch bewegte sich ein Paravent, und Mamita erschien wie ein Affe. So war es auch bei den Bäuerinnen – in ihrem Fall verschob sich kein Paravent, sondern ein Vorhang. Bei der Lehrerin dagegen war es anders. Bis in den Halbschatten ihres Zimmers, bis in ihren nackten Körper hinein war sie ein Frauchen. Doch in der Falte des Dop-

pelkinns, in den Fettwülsten an den Handgelenken, in den Ringen unter den Augen, bevor sie sich schminkte, in den Falten auf der Stirn, im Zittern ihres Lächelns, mit dem sie sich vor uns Kindern – »meine kleinen Schüler« – und vor Papito – *Commendatore* – verneigte, verbarg sich dieser wahnsinnige Sarkasmus, weshalb es schien, als spiele sie Theater, stur und beharrlich entschlossen, nicht aus der Rolle zu fallen. Auch an Signora Facchi hatte ich einen solchen Sarkasmus und eine ähnliche Beharrlichkeit festgestellt: wenn sie mir die Bilder zeigte, die ihr Haus schmückten, und mir sagte, daß sie von großen Malern stammten – während Mamita boshaft bemerkte, es handle sich um lauter Fälschungen oder Maler mit schlechtem Geschmack. Es war der Sarkasmus, begriff ich später, der gesellschaftlichen Emporkömmlinge, denen die Anstrengung den Verstand schärft, oder derjenigen, die zwar wissen, wo ihr Platz ist, aber probiert haben, ihn zu verlassen, und es, sobald es geht, wieder versuchen.

Das Italien der Italienischlehrerin schließlich war ganz anders als die Italien, die ich kannte. Das Italien von Signor Facchi, eine Art Schlaraffenland, aus dem Parmesanräder und Bel Paese-Laibe und säckeweise Bonbons eintrafen. Das der sizilianischen Soldaten, ein Land voller Frauen, die beteten, damit der Krieg endete. Das der Flieger, ein Vaterland, das sich einen noch größeren Krieg wünschte. Das Italien der Großmutter, ein Land, durch das mit wehendem Mantel ein edler Räuber galoppierte und die Türen von Klöstern und Gefängnissen öffnete, während die Soldaten in altmodischen, lächerlichen Uniformen in Scharen davonliefen, wenn sie diesen Befreier Italiens erblickten, und die Frauen und Kinder in den Städten zu seiner Begrüßung Ölzweige und rote Tücher schwenkten. Und in diesem Italien lag Neapel, die Hauptstadt der meiner Großmutter bekannten Welt, mit seinen Schiffswerften, seinen majolikagedeckten Kuppeln, seinen geschäftigen Straßen, seinem Operntheater, der Menge seiner Armen, die Stadt, die Gott die liebste war wegen ihrer Armut und weil sie dem Krieg abhold war.

Papitos Italien war ein Italien der Großbuchstaben – »Unsere Nation«, »Unser Land« – und der Zitate aus hochtrabenden Versen: »Weh dir, Italien, Sklavin, Ort des tiefen Schmerzes / Schiff ohne Steuermann in großen Stürmen / Nicht Herrin von Provinzen, Haus der Schande! …« »Mein Italien heilt auch deiner Wunden / tödlich schweres Fieber / in dem schönen Leibe nicht mein Wort / …« »Weißes Kreuz Savoyens / Gott schütze dich und schütze den König …«

Doch es war auch ein Italien, das reiste, das ins Ausland fuhr auf Überseedampfern oder Kriegsschiffen, nach China, nach Amerika, nach Afrika, nach Australien. Und es war auch das Italien von Großmutter Anna und Papitos Schwestern, zwei armen Frauen, die er zärtlich liebte und die in jenem Land der Großbuchstaben und Abenteuer, der Armut, der Diplomatie und des Krieges lebten.

Mamitas Italien war ein Hof erwählter Herren und Künstler, die einander Besuche abstatteten und die Armen und Vagabunden, die sie umschwärmten, als lästige Fliegen oder Heuschrecken betrachteten. An diesem neapolitanischen Hof von Erwählten wurde nicht italienisch, sondern französisch gesprochen, und es war sehr schwierig, dort Zugang zu erhalten.

Das Italien der Lehrerin dagegen war das Italien der *Lumini*, der »Kleinen Leuchten«. Der »Verein der Kleinen Leuchten« war von den Eltern der Lehrerin und von anderen ehemaligen Lesern des *Corriere dei Piccoli*[1] gegründet worden. Die Kleinen Leuchten trafen sich einmal im Jahr in einer italienischen Stadt, wo sie große Bankette veranstalteten, Alpen- und Wirtshauslieder sangen und den Kleinen Leuchten, die nicht hatten kommen können, Postkarten mit charakteristischen Sehenswürdigkeiten schickten. Eines ihrer Lieblingslieder war das Volkslied *Die bucklige Familie.*

Die Kleinen Leuchten hatten keine Salons, sondern Salönchen. Sie reisten nicht auf Überseedampfern, sondern mit dem Bähnchen. Zum Frühstück gab es bei ihnen keinen Tee, keine Milchsuppe, weder heiße Schokolade noch Tomatenbrot, sondern Milchkaffee. Sie gaben weder Bälle noch Empfänge, sondern schwangen das Tanzbein im Kreis der Familie. Sie konnten weder Französisch noch Latein, sondern Deutsch und Englisch und kannten sich außerdem aus mit Maschinen, Buchhaltung, der Gabelsberger Kurzschrift und Elektrotechnik. Sie lasen *Die Elenden* und die Romane von Sibilla Aleramo. Geblümte Tapeten waren ihnen genauso wichtig wie eine gestärkte Hemdbrust. Außerdem waren sie Mitglieder in Jägervereinen und gingen zum Bergsteigen. Sie hatten runde Eßtische, so daß mehr Leute daran paßten. Und sie hatten häufig komische Nachnamen, mit denen sie sich gegenseitig neckten. Eine Schulkameradin der Lehrerin zum Beispiel hieß Sederino Rosa[2]. Wenn ein junges Mitglied der Kleinen Leuchten begeistert ein Musikinstrument lernte, dann aber merkte, daß es nicht genug Talent besaß, hörte es auf und ging als

1 Wochenzeitschrift für Kinder

2 Ital. *sederino*, Verkleinerungsform von *sedere* = »Hintern, Popo«, also heißt der Name »Rosa Popöchen« (Anm. d. Übers.).

Verkäufer in einen Laden. »Weise Entscheidung«, sagte es dann im Alter, ohne Bedauern in der Stimme.

In ihrer Jugend hatte die Lehrerin einer Laienspielgruppe angehört. Und so gründeten wir in jenen Tagen mit ihr die Theatergruppe Cata Cata Pum: Der Name stammte aus einem Kinderlied, das wir sangen, wenn wir auf Mamitas Bett tobten, während die Lehrerin, mit Lockenwicklern und glänzender Nase, vergeblich versuchte, uns zum Aufhören zu bewegen.

Cata Cata Catalina
Cata Cata Pum!

Wir hängten im Salon einen Vorhang auf. In dieser Umzugsatmosphäre konnten wir verschiedene Möbel und Nippes für unsere Kulissen verwenden.
Die Lehrerin schrieb zwei Stücke, eines nach *Die Blinde von Sorrent*, das andere nach *Der Besitzer der Eisenhütten*.
Ganze Tage verbrachten wir damit, die Rollen zu proben und uns zu verkleiden. Die Lehrerin verkleidete sich immer als Mann und spielte den Theaterdirektor, ich war die erste Schauspielerin, Carlito verkörperte, sich abwechselnd mit Cioffo, dem dicken Sohn eines Technikers, die verschiedenen Nebenrollen.
Eines Tages bat ich die Lehrerin, mir zu helfen, ein Stück über das Leben der Marguerite Marie Alacoque zu verfassen.
Ich spielte die Selige, als Kind und als Erwachsene, die Lehrerin die Mutter der Seligen oder die Oberin, Carlito Pater de la Colombière, Cioffo die Krankenschwester.
Doch hier der Text:

1. SZENE

Marguerite Maries Mutter und Marguerite Marie als Kind.

Möchtest du etwas essen?
Nein.
Nicht einmal die gebackenen Bananen, die ich für dich gemacht habe? Nicht einmal die Kartoffelkroketten und die fritierten Reisbällchen, die die Großmutter für dich gemacht hat?
Nein.
Nicht einmal die Pasta mit dicken Bohnen, die Dida für dich gemacht hat?
Nein.
Und was willst du dann?
Nichts.
Nimmst du wenigstens ein Stück Schwarzbrot?
Ja.
Und darf ich etwas Butter und Zucker drauftun?
Ja, das schon, sonst mache ich es nicht für Jesus, sondern für den Teufel.

2. SZENE

Pater de la Colombière und die Selige sitzen am Tisch vor einem Ei *à la coque*. Sie nehmen wohlerzogen jeder ein Löffelchen davon.

Ist deine Frömmigkeit fest?
Ganz fest.
Das gekochte Ei, das du mir hier anbietest, ist aber nicht fest.

Das wird schon noch, wenn sich mein Glaube weiter festigt.
Und was hältst du davon, den Kult des Heiligen Herzens Jesu einzuführen?
Au ja!

An dieser Stelle begannen wir allesamt, dem Heiligen Herzen Jesu in der Mitte der Bühne einen kleinen Altar zu errichten, mit Damasttüchern, Spitzenborten, Kerzen und einem großen Bild des Heiligen Herzens, das die Italienischlehrerin gemalt hatte und das Carlito und Cioffo dann als Zielscheibe für ihre Pfeile benutzten.

In diesen Tagen glich die Italienischlehrerin einem komischen Impresario mit rotem Schwanz – das rote Jackett, das sie trug, stand an ihrem Hintern ab. Sie lief durch den Salon, unter dem Arm eine Mappe mit den Texten, in der anderen Hand ihr *réticule*[3] – das sie aber »mein *ridicule*« nannte –, und daraus kramte sie Hände voll Geld hervor, das sie Pedrón gab, damit er in Ciutat Tapeten, Kleister und Farben für uns kaufte. Sie drehte sich nicht einmal mehr die Haare auf; jeden Augenblick mußte sie die Rolle und die Frisur wechseln. Und sie behandelte uns nicht mehr wie Schüler, sondern wie Kollegen.
Nach dem Erfolg der Inszenierung über das Leben der Marguerite Marie Alacoque beschloß sie, ein ganz von ihr selbst erfundenes Theaterstück zu schreiben, *Das Geheimnis der Lehrerinnen und Lehrer.* Der erste Teil hieß: *Luisa und der Lehrer.*
Hier der Text:

3 Netztäschchen

LEHRER: Sie haben die Prüfung glänzend bestanden. Sie werden die Schule verlassen ...

LUISA: Wenn Sie wüßten, wie ich das bedaure, Herr Lehrer ...

LEHRER: Natürlich, das ist immer so ... Man möchte noch einmal Kind sein ... Aber Sie werden sehen, die Universität ... oder der Verlobte ... Sie werden die Schule und Ihren Lehrer vergessen ...

LUISA: Nein, ich werde Sie nie vergessen!

Der Dialog ereignet sich, während der Lehrer der Schülerin zum Abschied die Hand gibt, er zögert jedoch, die Hand loszulassen, und als Luisa zu ihm sagt: »Nein, ich werde Sie nie vergessen!«, drückt er sie, führt sie an seine Brust, die Schülerin lächelt ihn an, darauf ruft er: »Aber dann lieben Sie mich ja auch!«

Die beiden heiraten und werden eine glückliche Familie.

Bei der Aufführung dieses Stücks, sagte die Lehrerin zu uns, sei es sehr wichtig, die Bedeutung der Auslassungspünktchen zu lernen und sie sowohl mit der Stimme als auch mit der Mimik auszudrücken.

Der zweite Teil des Stücks hieß *Margherita und der Schüler*.

LEHRERIN: Herr Rossi, Sie haben die Prüfung glänzend bestanden, Sie haben ein schönes Zeugnis erhalten, Sie werden meinen Unterricht verlassen ...

SCHÜLER: Wenn Sie wüßten, wie ich das bedaure, Signorina!

LEHRERIN: Natürlich, das ist immer so ... Man möchte immer weiter die Schulbank drücken, weiterlernen ... Doch Sie werden sehen, die neue Arbeit, die Beförderung ... die

Verlobte … Sie werden die Schule und Ihre Lehrerin vergessen …

SCHÜLER: Nein! Ich werde Sie niemals vergessen!

LEHRERIN: Warum? … Doch, bestimmt, Sie werden sehen … Sie werden bald eine hübsche Verlobte finden …

SCHÜLER: Niemals!

LEHRERIN: Niemals?

SCHÜLER: Mein Herz ist in eine hoffnungslose Liebe verstrickt!

LEHRERIN: Warum? Lieben Sie etwa eine verheiratete Frau?

SCHÜLER: Das ist ein Geheimnis!

LEHRERIN: Wollen Sie sich Ihrer Lehrerin nicht anvertrauen?

SCHÜLER: Sie haben alles für mich getan, ohne Sie hätte ich das Abitur nie geschafft … Mir Autodidakten haben Sie zu einem Zeugnis verholfen. Doch mehr können Sie nicht tun, nein, nein, Sie können mich nicht trösten!

LEHRERIN: Ich könnte es versuchen … In diesen Jahren habe ich Sie kennengelernt, Sie sind mir sehr lieb …

SCHÜLER: Wie? Könnte es …

LEHRERIN: Aber ich liebe Sie!

SCHÜLER: Sie liebt mich! Oh, was höre ich! Ich bin verwirrt! Entschuldigen Sie, ich werde heute abend wiederkommen! *(Überstürzt ab.)*

Der Vorhang fällt. Der Vorhang geht wieder auf. Im Zimmer der Lehrerin brennt ein Licht; über dem Lampenschirm hängt ein rosa Seidentuch. Die Lehrerin geht in einem enganliegenden schwarzen Kleid mit einer Blume am Ausschnitt im Zimmer hin und her, stellt einmal ein Tablett mit Kannen auf eine Konsole, dann rückt sie auf

einem Tischchen eine mit Wasser gefüllte Kristallvase zurecht, wie in Erwartung eines Blumenstraußes. Oder sie setzt sich aufs Sofa, probiert, halb liegend, verschiedene Haltungen aus und seufzt. Oder sie öffnet das Fenster, als wollte sie hinausspähen.
Plötzlich hört man ein großes Geschrei unter dem Fenster, wie von Betrunkenen. Es ist der Schüler der Lehrerin mit seinen Freunden. Sie singen folgendes Lied:

Die Augen der Lehrerin
Die Haare der Lehrerin
Der Mund der Lehrerin
Die Titten der Lehrerin
Der Arsch der Lehrerin
Die Zwetschge, die Zwetschge
Die Zwetschge der Lehrerin!

Abrupt schlägt die Lehrerin das Fenster zu. Dann sinkt sie auf das Kanapee, den Kopf zwischen den Armen verborgen. Das Licht wird allmählich dunkler – dafür sorgte Cioffo, indem er aus der Kulisse heraus mehrere dunkle Tücher über die Lampe warf.
Der Vorhang fällt. Man hört in der Ferne Lärm, in den sich zeitweise die letzten Worte des Lieds mischen. Das waren Carlito und ich: Aus dem Zimmer – wo wir hinter einem Paravent so taten, als würden wir unter dem Fenster der Lehrerin herumschreien – hatten wir uns inzwischen in den Flur geschlichen, ganz ans Ende.

Möbel und *bibelots* in Unordnung

»Sigisie degesenkegesen gagasar nigisicht dagasaragasan!« bedeutete: Sie denken gar nicht daran!
»Nogosò nogosòs quiegheséreghesén magasàs!« bedeutete: *No nos quieren más.*[1]
Papito und Mamita kehrten mit einem Geheimnis aus Eivissa zurück. Es war sonnenklar, daß sie ein Geheimnis hatten. Sie unterbrachen das Gespräch, sobald jemand von uns hereinkam. Oder Papito zog bei unserem Erscheinen die Hand weg, die er zum Beispiel auf Mamitas Knie gelegt hatte. Manchmal, bei Tisch, trafen sich ihre Blicke; sie sahen einander lange wortlos mit glänzenden Augen an. Mamita hatte seit ihrer Rückkehr einen verträumten Blick und war launisch. Papito spielte ihr nur liebevolle Streiche, stellte ihr zum Beispiel ein Bein, um sie dann aufzufangen. Und er vergaß, mit uns zu spielen.
Deshalb erfanden auch wir eine Geheimsprache für uns, die Gasàghesé-Sprache. Carlito und ich sprachen sie sehr schnell, Anita buchstabierte sie eifrig, machte aber dauernd Fehler. Doch wir, durch das Geheimnis mit ihr verbunden, verloren nicht die Geduld, brachten sie nicht zum Weinen. Manchmal überraschten wir sie beim Üben in einer Ecke. Sie sagte zum Beispiel: »Agasanigisitagasa igisist

1 Wir haben uns nicht mehr lieb.

ligisib«, was bedeutete: Anita ist lieb. Nur vor den anderen hinderten wir Anita daran, so zu sprechen, sonst wäre unser Geheimnis herausgekommen.
Eines Tages wurde Papitos und Mamitas schönes Geheimnis häßlich. Sie plauderten nicht mehr, sondern stritten lebhaft. Ihre Blicke kreuzten sich voller Besorgnis und Angst. Einmal schlug Papito sogar ungeduldig eine Tür zu. Und Mamita schluchzte einmal auf dem Bett. Wenn sie abends auf dem Sofa saßen, streichelte Papito nicht mehr Mamitas Knie, sondern legte ihr beschützend die Hand auf die Schulter. Mamita trug keine bunten Kleider mehr, und Papito vergaß, sich wie gewohnt eine Blume aus dem Garten ins Knopfloch zu stecken.
Da begannen Carlito, Anita und ich, uns mit Codewörtern zu verständigen.
»Sie hat wieder *Kurzwarenladen* gesagt!« flüsterte einer von uns, der gelauscht hatte, den anderen zu, die sich hinten im Flur versteckten.
»Kurzwarenladen« hieß: Ich erwarte ein Kind – weil Mamita einmal in einem Kurzwarenladen neue Kindersöckchen gekauft hatte.
»Sie haben wieder *Kreuz* gesagt!« flüsterte ein anderer. »Kreuz« bedeutete: Was machen wir bloß, wenn wir im Krieg noch einen Sohn bekommen? – denn, so hatte ich vorgeschlagen, wenn Krieg ist, dann stirbt er, und wir machen drei Kreuze.
Diesem Eindringling gegenüber fühlten wir drei uns solidarisch, als hätten wir ein schreckliches Ereignis vor uns.
Ich hatte sogar ein richtiges Komplott gegen ihn geschmiedet, das aus Beschwörungen und anderen Zauberformeln bestand. So daß Mamita ihn eines Morgens zum Markt zurückbringen mußte, der neben einer Klinik lag.

In jenen Tagen begannen, während wir Kinder unsere Geheimsprache erfanden, zudem auch die Erwachsenen, eine eigene Sprache zu erfinden, um sich zu verständigen, welche Möbel und Nippes verpackt und welche dagelassen werden sollten.

Es herrschte eine babylonische Verwirrung.

Vor allem fingen sie an, stur zu sagen: »Das ist meins!« »Das ist seines/ihres!«

»Das ist meins!« waren die Sachen von Mamita. »Das ist seines/ihres!« waren die Sachen der Señora von Son Batle oder des neuen Besitzers.

Auf diese Weise offenbarte sich mir der Begriff des Eigentums. Bisher hatte ich nämlich darunter etwas ganz anderes verstanden. Ein Spielzeug war meins, weil ich damit spielte, ein Kleid war meins, weil ich es anzog, ein Bonbon war meins, weil ich es lutschen sollte. Der neue Besitzer von Son Batle aber würde seine Sachen nicht benutzen, ehrlich gesagt, war er überhaupt nicht da. Und außerdem konnten weder die schöne Señora, die ständig durch die Welt reiste, noch das traurige Gespenst, das in Son Batle umging, sich damit aufhalten, diesem unbekannten Besitzer zu sagen: »Das ist meins!« Wer legte eigentlich fest, wem die Dinge gehörten? Mamita äußerte sich zielsicher in dieser neuen Sprache der Dinge. Und während sie sie unterschied und voneinander trennte, hatte sie einen verstimmten oder begehrlichen Ausdruck im Gesicht.

Ebenso, sagte ich mir, mußte es einen schrecklichen Herrn der Welt geben, der einen jeden Augenblick aus dem Paradies vertreiben konnte. »Darf ich wenigstens einen Apfel mitnehmen?« fragte Eva. »Nein«, sagte der Herr. »Das ist meiner!«

Dann begannen die Dinge, sich von Haus und Garten zu

lösen, mit denen sie bis dahin eins gewesen waren. Ein jedes schien zu sagen: »Ich bin's, wirklich ich!« Und plötzlich wurde es monströs und sperrig oder verführerisch und beunruhigend.

So aus ihrer Ordnung herausgerissen, verleiteten die Gegenstände uns Kinder dazu, sie auf bizarre Weise zu benutzen. Die Truhe zum Beispiel diente nicht mehr dazu, Decken und andere Textilien, darunter die italienische Fahne, in Naphthalin aufzubewahren, sondern war zu einer Kiste geworden, mit der wir »Tod durch Ersticken« spielten. Der große Lampenschirm, von seinem hohen, gedrechselten hölzernen Ständer abgeschraubt und auf einen Karton gelegt, war nun für uns eine monströse bunte Blume, die uns fürchten ließ, daß aus dem Garten Schmetterlinge der gleichen Größe hereinflattern könnten. Der Ständer wiederum, beleuchtet von der noch oben sitzenden, nackten Glühbirne, kam mir vor wie ein ungeheures Glühwürmchen. Zusammengeschnürt in eine Ecke geworfene Kissen dagegen waren das Bündel eines zerlumpten Riesen. Wir stellten eine Blumenvase mit einem Strohhut darauf vor den Spiegel einer Konsole, und die Vase wurde für uns Signora Gopio, die Frau von Papitos Sekretär, die zu Besuch kam. Eines Tages befestigten wir die italienische Fahne an einem Türstock und stellten uns vor, sie hinge über einem Schlachtfeld, auf dem wir besiegt worden waren – Papito hatte uns nämlich gesagt, wenn die Zeitung schreibe: »Die italienischen Truppen haben günstigere Stellungen bezogen«, bedeute das, sie würden flüchten. Einige Gegenstände wurden so, von ihren Funktionen getrennt, unnütz und haltlos, doch manchmal offenbarten sie auch ungeahnte Qualitäten. Ich entdeckte zum Beispiel die Anmut des gebogenen Eisens, das unter der

Tischplatte der *arquilla* verlief, ähnlich manchen sich gabelnden Stielen von Glockenblumen. Auch die Tierkreiszeichen, die als Intarsien die kleinen Schubladen der *arquilla* schmückten, erlangten eine magische Bedeutung. Und die sehr irdischen, auf die Schubladen einer anderen *arquilla* geschnitzten Mönche waren nun für mich in die Anbetung Gottes versunkene Mönche. Selbst die Jungfrau mit dem Stier war kein einfaches Gemälde mehr, sondern erwies sich als die wahrhaftige Inkarnation der Schutzpatronin der Toreros.

Darüber hinaus fühlte ich mich allmählich nicht mehr in Sicherheit zwischen diesen Gegenständen, die mir immer unvertrauter wurden. Ich spürte nämlich, daß auch wir im Begriff standen, zu Gespenstern zu werden wie Christian und die Señora von Son Batle.

In dieser neuen, zufälligen Anhäufung von Dingen, in dieser Unordnung kam es jedoch vor, daß ein Gegenstand die Eigenschaft erlangte, ein helles Licht auszustrahlen, das die staubige Atmosphäre durchdringen konnte. Jenes Licht war ein Erinnerungsblitz, das plötzliche Auftauchen eines Ereignisses, eines mit jenem Gegenstand verbundenen Bildes. Son Batle bildete also nicht, wie ich dachte, als ich im Internat war, eine einfache Zwischenstation in meinem Leben.

Ich entdeckte zum Beispiel ein kleines, zufällig auf einem Möbel abgestelltes Gießkännchen mit einst leuchtendroten, nun verblaßten Streifen und fragte mich: Wer hat das im Garten weggenommen und dort hingestellt? Und ich sagte mir, vielleicht war es ein Familienkobold, Freund der Kleinen und Hüter ihrer Kindheit. Ich sah mich nämlich auf einmal mit diesem Gießkännchen in der Hand – kleiner, pausbäckig und rundlich, noch mit Locken – neben dem Brunnen stehen; ich konnte noch nicht gut damit umgehen, hielt es ein wenig schief; das Wasser rann mir auf die Füße. Ich fühlte die nassen Zehen in den Schuhen und vernahm ein lähmendes Platsch Platsch. Ich empfand dieses Gefühl zum erstenmal und blieb vor Staunen wie festgenagelt stehen, wie verzaubert. Und all das hatte etwas Erschreckendes. Diese neue Empfindung war so ausufernd, daß ich sie nicht fassen konnte, sondern vielmehr sie mich faßte, mich einsog und mich weitete: Es war wirklich, als machte die ganze Welt platsch, platsch.

Als ich aber an einer Wand die von den fortgeräumten Möbeln und Bildern hinterlassenen helleren Flecken bemerkte und mich zurückbesann auf eine Zeit, in der die ganze Wand heller und neuer gewesen war, da wurde mir klar, daß die Zeit als Makel und Zerrissenheit auch in das kompakte Universum von Son Batle Einzug gehalten hatte, wenngleich es sich gewiß um eine andere Zerrissenheit handelte als die im Internat erlebte, wo die Zeit von Uhren und Kalendern angezeigt und zerhackt wurde.

Umziehen, begriff ich, bedeutete nicht nur, sich von einem Ort zu trennen. Ich war dabei zu sterben.

Und zuletzt verließen Anmut und Unschuld die Dinge gänzlich.

Die Kuchenformen in Fisch-, Vogel-, Blumenform kamen mir plötzlich wie perverses Spielzeug für Erwachsene vor, das um so verstörender war, als niemand je damit gespielt hatte. Unser Haus war voll mit solchen Spielsachen: die Öllämpchen aus Messing, die an der Wand hingen und nie angezündet wurden; die Bücher mit Pergamenteinband und Goldschnitt in der Bibliothek, in denen nie jemand geblättert hatte, genau wie in den Miniaturbüchern, die in meinem Puppenhaus im Regal standen; die kleinen Kirchenkuppeln, die die beiden nie benutzten Tintenfäßchen aus Kristall verschlossen; die afrikanischen Halsketten, die Mamita nie getragen hatte, weil sie, wie sie sagte, zu schwer waren. Und in Papitos Schublade die Pistole, die er nie benutzte, vielleicht, weil seine Feinde schon alle tot waren.

Nachrichten vom Krieg

Inés hatte gekehrt, abgestaubt, den Boden gewischt. Doch in der Ecke zwischen dem Fuß der Truhe und der Wand hatte sie vergessen sauberzumachen, und dort war eine Kugel aus Zeitungspapier liegengeblieben (die brauchte sie zum Fensterputzen: Sie bereitete ein Häufchen davon vor, legte sie aufs Fensterbrett, tauchte sie nach und nach ins Wasser und rieb). Bestimmt hatte der Wind die Papierkugel da hinuntergeweht. Mir gefiel es, die Hände in solche verborgenen Ecken zu stecken. Man fand immer etwas. Staub, Federn, verschlungene Fäden. Dies waren auch die Orte, wo die Hexen kauerten, wenn das Haus aufgeräumt wurde. Der ganze Wirrwarr von Dingen, die dort nisteten, gehörte zur anderen Seite des Lebens, quasi zur Rückseite einer Tafel, wo, glaubte ich, alle Geheimnisse enthüllt wurden, die die Erwachsenen vor mir verbargen, von denen ich aber, wenn ich hinspähte, um sie zu entziffern, nur undeutliche Spuren, vage Anzeichen, trügerische Beweise fand.

Diese Kugel aus Zeitungspapier, so schien mir, barg, eben weil ich sie an diesem Ort gefunden hatte – und auch, weil ich die Bonbons, die ich Carlito entwendete, in zusammengeknülltem Papier zu verstecken pflegte –, die Enthüllung eines Geheimnisses, während die Zeitungen, die Papito oder Mamita auf dem Tischchen oder auf dem Sofa liegenließen, in Reichweite aller, gewiß nichts Derartiges enthalten konnten. Deshalb begann ich, nachdem ich das Papier glattgestrichen hatte, auf dem Bauch liegend, zu buchstabieren: »Operationsbereich … in den Krankenhäusern begibt sich der Truppenführer, nachdem er den Verwundeten Trost gespendet hat, ans Bett der Wöchnerinnen und beugt sich mit väterlicher Zuneigung über die Wiegen … Der Angriff auf Großbritannien steht bevor … Biologische Ursachen für die französische Niederlage: Alkoholismus, Geburtenrückgang, Rauschgiftgenuß … 4. November[1] mit kriegerischem Pomp begangen …«

Eines Tages dann, als der Drachen kaputtging und wir kein buntes Seidenpapier mehr hatten, nahmen wir ein Stück Zeitung und klebten es über den Riß; auf dem Drachen erschien die Schlagzeile: AUF DEM WEG ZUM SIEG.

Die Italienischlehrerin hatte uns beigebracht, wie man Masken aus Pappmaché machte; einmal stand auf der letzten Schicht Zeitungspapier von der Stirn bis zur Nase und von einem Ohr zum anderen: BOMBEN AUF DIE IN DEN HAFEN VON ALEXANDRIA GEFLÜCHTETE ENGLISCHE FLOTTE … AN DER KYRENÄISCHEN FRONT FEINDLICHE PANZERWAGEN IN BRAND GESETZT … ENGLISCHE FLIEGER IN MASSAUA ABGESCHOSSEN … DER KÖNIG UND KAISER NIMMT DIE PARADE EINES HEROISCHEN TORPEDOFLUGZEUGVERBANDES AB … ENGLISCHE PANZEREINHEITEN IN MARMARIKA MEHRFACH UNTER MASCHINENGEWEHRFEUER GENOMMEN … Wir überklebten alles mit weißem Papier und malten die Masken an.

Mamita wollte nicht, daß Papito im Bad Zeitung las, doch

1 Feier des Sieges im Ersten Weltkrieg (Anm. d. Übers.)

er hörte nicht auf sie, und eines Morgens fand ich auf dem Waschbecken eine liegengebliebene Zeitung, ein bißchen mit Wasser bespritzt. Es roch nach Zigarette. Ich setzte mich auf die Kloschüssel, nahm die Zeitung und las: »Das Geheimnis des Sieges ... Die männliche Standhaftigkeit Genuas ... Der britische Zynismus ... Mit inbrünstigem Glauben ... Weitere 26 feindliche Schiffe im Eismeer versenkt ... England beherrscht nicht mehr die Meere, auch nicht Wind und Sand ... Gibraltar noch einmal von den Kampfschiffen unserer Marine geschändet ... Aufstände in ganz Indien ...«

Der Krieg war eine Reihe von Vokabeln aus Metall: Zerstörer, Kreuzer; Panzerfahrzeuge, Truppenkolonnen, feindliche Konvois; Panzerabwehrraketen, Flieger, fliegende Festungen, Jäger; Sonden, U-Boote; Bomber, Leuchtspurbrandgeschosse.

Oder eine Anhäufung von noch nie gehörten Städte- und Ländernamen: Marmarika, Bassora, Tokio, Cyrenaika; Biserta, Alagir, Orano; El Alamein; Stalingrad. Melilla, Gibraltar.

Vor allem aber war der Krieg eine Stimme.

Besser gesagt, eine Stimme, die im Radio sprach: »Bis zur glühendsten Demütigung habt ihr den Stolz derjenigen gebeugt, die einmal die Beherrscherin der Meere war, ihr habt ihr Ansehen und ihre Macht geschmälert. Das italienische Volk ist stolz auf euch ...«

Oder er war die Stimme von Papito, der, auf dem Sofa unter dem großen Lampenschirm sitzend – Hunderte von Nachtfaltern flogen an jenen Sommerabenden herein und setzten sich flach auf die erleuchtete Wand, wo sie eine bebende Tapisserie bildeten, eine bewegliche und aufgeregte

Landkarte –, die Schlagzeilen auf der ersten Seite der Zeitung vorlas, während Mamita mit übereinandergeschlagenen Beinen in der entgegengesetzten Ecke des Salons saß – weit weg vom Licht, weil sie sich vor den Nachtfaltern fürchtete –, rauchte und ins Leere blickte.

»Stalingrad bis spät in die Nacht bombardiert, lodernde Brände überall ... Mächtiger deutscher Druck auf Stalingrad ... Die deutschen Truppen 25 Kilometer vor Stalingrad ... In den Straßen und Häusern von Stalingrad wird gekämpft ... Der hartnäckige Widerstand der Bolschewiken in Stalingrad verzögert den Fall der Stadt ... Mond- und Sonnenfinsternis ... Der rote Diktator läßt die Brücken über die Wolga zerstören ... Die Kämpfe gehen unvermindert weiter, um den fanatischen Widerstand der Bolschewiken zu brechen, die jede Straße und jedes Haus in eine befestigte Schanze verwandelt haben ... In den Trümmern der Stadt wird Mann gegen Mann gekämpft ... Blutiges Getümmel in der verwüsteten Stadt ... Die entsetzliche Agonie der großen Industriestadt ...«

Mallorca, wie von einer Seifenblase umschlossen, befand sich schon außerhalb des Krieges. Es befand sich außerhalb der Zeit. Auf Mallorca war der Krieg zu Ende. Aber unsere Familie konnte jeden Augenblick gezwungen sein, dorthin umzuziehen, wo Krieg war. Damals verstand ich, was Ausdrücke wie »unser Vaterland« und »unsere Familie« bedeuteten.

Ich dachte: Was für ein Glück! Gott hat uns vergessen und uns hiergelassen!

Auf Mallorca war der Krieg schon Erinnerung. Eine Erinnerung an unsägliche Dinge: einen Finger im Hintern; die italienischen Piloten, die sich damit amüsierten, die Bäuerinnen zu erschrecken und im Tiefflug zur Übung dem

Tod ins Auge zu sehen; das Flugzeug, das mich beinahe zerquetscht hätte; Maria Antònia, die Conchita in den Hintern biß; die Bombardierung des Friedhofs.
Aber auch die Erinnerung an glitzernde, bewegte Dinge: Militärparaden; die Ankunft von Schiffen im Hafen; Uniformen; Medaillen; dröhnende Flugzeuge; heulende Sirenen.
Und es war, als ginge uns dieses Spiel nun nichts mehr an.
Als ginge uns die Stimme nichts mehr an.
Als gingen uns die Wörter nichts mehr an, die an den Krieg erinnerten.

»In der ganzen Stadt haben die Scheiben gezittert«, schrieb die Großmutter. Oder: »Neapel zittert.«
Der Krieg war Neapel, das zitterte, ein Beben von Wasser und Kristall, von Sirenen und wahnsinnig gewordenen Delphinen, die glänzten, wenn sie aus dem Wasser sprangen, und auch von knienden Frauen, die in den Gassen beteten oder fluchten.
»Stalingrad verteidigt sich mit Klauen und Zähnen«, hatte Papito kommentiert.
Der Krieg war ein metallenes Raubtier, das sich in Schnee und Schlamm wand und das Carlito und ich »Würgezahn« nannten. Und so verkleideten wir uns als Hexe Zitter und Menschenfresser Würgezahn und lieferten uns Schlachten, bewaffnet mit Zweigen und Tonnendeckeln.

Fünfter Teil

Die Rätsel von Malaquìas

Erst bei Sonnenuntergang kamen Carlito und ich vom Meer herauf. Doch anstatt über die Privattreppe in das Haus mit dem Grünen Dach zurückzukehren, wohin wir nun schon seit einigen Monaten umgezogen waren, nahmen wir lieber die Treppe, wo auf dem Belvedere, vor der Kirche San Pedro Claver, Malaquìas saß.

Gebeugt saß er da, die weißen Haare fielen ihm ins Gesicht. Und mit finsterem, bestürztem Blick schaute er auf das Meer. Bald hielt er die Augen geschlossen, bald öffnete er sie, bald verharrte er reglos, bald bewegte er sich heftig. Manchmal bekam er Lust, etwas zu essen, und dann schickte er uns Feigen kaufen – die er eine nach der anderen verschlang – oder Trauben oder eine halbe Flasche Wein und trockenes Brot. »Der Wein«, sagte er, »hilft, das Blut kreisen zu lassen.«

Seine Haut war dunkel, die Adern an Handgelenken und Händen traten knotig hervor. Er ähnelte seinem Hund Ali, der zu seinen Füßen lag, und hatte einen bald verschlagenen und schläfrigen, bald wachsamen Blick. Auch der Hund hatte ein weißes Fell.

Malaquìas kleidete sich nachlässig, wusch sich nicht. Er war voller Groll und Bosheit, voller Geheimnisse und Wunder, Gemeinheiten und gutmütigem Lächeln, dem man nicht trauen konnte. Er sprach in Rätseln.

Er sagte: »›*¡Arriba España!*‹ hat Er ausgerufen. Und hier sind wir angekommen!« Oder: »Alí ist für mich Frau, Vater und Sohn in einem.« Oder: »Der Mörder des Vaters ist der Sohn.« Oder aber: »Ich wollte gehen, aber mir hat immer der Fuß gefehlt.« Oder auch: »Man muß den Katzen lauwarmes Futter geben, sonst fangen sie die lebenden warmen Mäuse nicht.«

Fast alle Rätsel Malaquìas' blieben uns dunkel. Es geschah immer, daß ein einzelnes Wort, indem es die anderen verdrängte, für uns eine Bedeutung gewann, die wir für entscheidend hielten. »Er« zum Beispiel, oder »der Generalissimo«, war ein böser Zauberer, der Malaquìas unterjocht hatte, aber anstatt ihn in Ketten zu legen, hatte er ihn mit Arthritis geschlagen und hielt ihn so gefangen. Der »Fuß« war ein riesiger magischer Fuß, wie der in den Siebenmeilenstiefeln. Der »Mörder« schließlich trug einen Turban und seidene Gürtel, in denen er Dolche und Gifte versteckt hatte. Und er war nicht der, der den Vater tötete, eher der gedungene Knecht des Vaters.

Doch eines Abends, während ich versuchte einzuschlafen, offenbarte sich mir das Rätsel des lauwarmen Futters für die Katzen. Und die Offenbarung war erschütternd. Auch die Menschen aßen warme Speisen, um sich daran zu gewöhnen, lebende, noch warme Menschen zu fangen.

»Und Adam«, sagte Malaquìas, »freut sich seines Verderbens.«

Malaquìas war viele Jahre lang Matrose gewesen. Manchmal sagte er zu uns: »Ich habe nichts zu erzählen.« Andere Male jedoch erzählte er uns Geschichten.

»Ich war achtzehn, als ich nach Barcelona kam. Überall in der Stadt wurde eifrig gebaut. Ich suchte die Schiffswerften und die neuen Viertel auf, die am Rand der Ramblas

entstanden waren. Noch nie hatte ich so viele Geschäfte, Werkstätten und Lagerhallen gesehen; vor allem die Artikel für Boote und Schiffe faszinierten mich. Ich fand Arbeit als Schiffsjunge. Vor dem Auslaufen, sagten die Gefährten zu mir, müsse ich nach Monserrat pilgern, dessen Madonna die Seeleute beschützt. Doch ich wollte nicht hingehen. Statt dessen stieg ich auf den Montjuich. Von dort oben sieht man ganz Barcelona. Die Stadt lag mir wie dienstfertig zu Füßen, als ahne sie etwas von meinen Unternehmungen.
Wir erreichten Casablanca. Meine Gefährten und ich liefen sofort zum Bazar. Wie wurde da gehandelt und gefeilscht, wie viele Waren gab es da, sichtbare und unsichtbare. Die Frauen waren verschleiert. Der Schleier glich dem, der die Waren vor meinen Händen schützte, die zupacken wollten. Und die Augen der Frauen schienen zu blinken wie Münzen, sie forderten uns auf, sie zu kaufen und zu stehlen. Eine von ihnen nahm für mich den Schleier ab. Und während ich sie genoß, merkte ich, daß sie einen vertrauten Geschmack hatte, sie schmeckte wie mein Zuhause, wie meine Mutter und meine Schwester. Und ich wühlte in ihr, suchte nach der glitzernden Münze, fand sie aber nicht. Ich hätte sie am liebsten aufgeschlitzt, wie ein Dieb ein Gewand aufschlitzt, wenn er denkt, darin sei ein Schatz versteckt. Und um diese Münze zu finden, gingen meine Gefährten und ich in jedem Hafen an Land, und statt dessen ließen wir dort unsere Gesundheit, unser Geld, unseren Samen …«
»Malaquìas«, fragte ich ihn manchmal, »warum hast du gesagt, der Mörder des Vaters ist der Sohn?«
»Weil es so ist«, erwiderte er. Oder: »Weil mein Sohn wirklich ein Mörder gewesen ist. Ich dagegen habe nie in mei-

nem Leben jemanden getötet. Mein Sohn ging zur Falange. Daran waren auch die Wirren der Zeit schuld. Damals verstand man nichts, es war für einen jungen Mann leicht, Fehler zu machen. Stellt euch vor, es gab sogar zwei Generale Franco, einen Roten und einen Weißen, und noch dazu war der Rote als Weißer verkleidet[1], und wie um dieser Maskerade treu zu bleiben, starb er unter geheimnisvollen Umständen nicht weit von hier. Wenn niemand so recht den einen General vom anderen unterscheiden konnte, wenn es in einer Familie zwei so unterschiedliche und doch kaum erkennbare Brüder gab, wie konnte man da verlangen, daß ein armer, ohne Vater aufgewachsener Junge etwas begriffe! Ich war auch mit schuld. Was wollt ihr, ich sah meine Frau und meine beiden Kinder nie. Ich war immer auf See. Und wenn ich zurückkehrte, kümmerte ich mich kaum um sie, sie waren ja sowieso immer da, so wie die Mole mit der Kathedrale im Hintergrund. Warum ich überhaupt geheiratet habe? Wer weiß! Vielleicht, weil es dazugehörte, vielleicht, weil es alle so machten, weil meine Mutter gestorben war, weil meine Frau ein bißchen Geld hatte, weil alle Matrosen irgendwo eine Frau hatten, eine Ehefrau, eine Mutter, eine Schwester. Sogar die Priester haben eine Frau, was weiß ich, eine

1 General Francisco Bahamonde Franco hatte einen Bruder, Ramón. 1936 war Ramón ein Beamter der spanischen Botschaft in Washington und sympathisierte mit der Linken (er wurde bezichtigt, Kommunist zu sein). Bei Ausbruch des Bürgerkriegs übernahm Ramón Franco, der auch ein berühmter Pilot war, das Kommando (rein theoretisch, denn wer das Kommando hatte, waren in Wirklichkeit die Italiener) der kleinen Luftflotte auf Mallorca. Ambivalent in seinen politischen Sympathien, starb er am 28. Oktober 1938 bei einem ungeklärten Flugzeugunglück auf der Höhe von Formentor, auf Mallorca.

Nonne, eine Haushälterin ... Deshalb ist mein Sohn zum Mörder geworden, weil ich nur Langeweile oder Traurigkeit mit nach Hause brachte oder Raserei. Mein Leben war nicht leicht, und ich ließ meinen Zorn an meiner Frau aus. Eines Tages hat sich die Ärmste ins Bett gelegt. Sie war lebensmüde, hatte genug von meiner Gewalttätigkeit ... Krank zu werden ist für Frauen die einzige Möglichkeit zu streiken. Und am Anfang der Agonie jagte sie mich fort. Sie wollte mir nicht verzeihen. ›Schickt ihn weg‹, sagte sie zu den Verwandten, sich im Bett aufsetzend. ›Laßt mich in Frieden sterben!‹ Und so hat sie wenigstens im Augenblick des Todes ihre Erlösung gefunden. Unsere beiden Kinder waren die Frucht dieses ganzen Elends. Was für eine Schande: Einmal, stellt euch vor, hatte ich sie geschlagen, war gegangen und hatte die Tür zugeknallt. Am nächsten Tag war die Tür verriegelt. Ich griff zu einer List. ›Mach auf‹, bat ich sie mit verstellter, honigsüßer Stimme. Die Ärmste öffnete. Und kaum war ich eingetreten, biß ich sie in den Mund. Ich war eifersüchtig, zu Unrecht, zu Recht, ich weiß es nicht. *Males dones* und ehrbare Frauen sind zwei Seiten derselben Medaille. Schuld sind wir Männer. Anstatt diese Muschel, die die Frau ist, vorsichtig zu öffnen und darauf zu achten, die beiden Hälften nicht zu trennen, nicht die fragilen Bänder zu zerreißen, die sie zusammenhalten, reißen wir sie sofort brüsk entzwei. Versucht morgen am Meer einmal, auf dem Sandboden eine dieser Muscheln aufzusammeln, sie zu öffnen, auszuleeren und zu polieren, ohne die beiden Hälften zu trennen. Ihr werdet sehen, wie schwierig das ist.«

»Und was ist aus deiner Tochter geworden?«

»Sie setzt irgendwo, wo, weiß ich nicht mehr, das traurige Los ihrer Mutter fort.«

»Malaquìas, erzähl uns vom Krieg!« forderten wir ihn ab und zu auf, und manchmal antwortete er nicht. Manchmal sagte er: »Es ist wie bei den Frauen, Krieg und Frieden sind die beiden Seiten derselben Medaille. Wenn Krieg ist, gibt es Länder und Personen, die sich aus dem Getümmel heraushalten. Und wenn Frieden herrscht, bekriegen sich Reiche und Arme.«

Wenn er jedoch dazu aufgelegt war, erzählte er uns Fakten. »Im Grand Hotel in Palma«, sagte er zum Beispiel, »wohnten italienische Piloten und Mechaniker. Abends spielten sie sich im Hafen als die Herren auf, nicht anders als wir Matrosen, wenn wir in fernen Häfen an Land gingen. Und wie wir dort, stellten sie den Frauen nach, unseren Frauen ...« Oder er sagte: »Im Hafen lag damals ein Wasserflugzeug aus Holz, das den Feind ablenken sollte ... Und die Flugzeuge am Flughafen waren mit Planen und belaubten Zweigen zugedeckt ... Kriege bestehen nicht nur aus Blut, sondern auch aus List, Betrug und Täuschungsmanövern ...« Oder auch: »Stellt euch vor, einmal ließen sie die vierzehn Leichen von der *Almirante cervera,* die bombardiert worden war, durch die Straßen von Ciutat tragen; es sah aus wie die Karfreitagsprozession. Sie wollten den Menschen Haß gegen die Republikaner einimpfen; doch die Leute gewöhnten sich immer mehr an den Krieg ...« Und einmal sagte er unter anderem zu uns: »Als alles vorbei war, machten die Männer, die als Soldaten aufs Festland geschickt worden und heil davongekommen waren, eine Wallfahrt nach Lluch; dort angekommen, rutschten sie den ganzen Kreuzweg vom Heiligtum zum Berg auf Knien, die sie mit Dornenkronen umwickelt hatten ... Mein Sohn war auch dabei, und da sah ich, in derselben Person vereint, Opfer und Henker ...« Dann, als wollte er seine Worte abmildern, fügte er hinzu: »Da hier alle wissen, daß ich meinen Sohn hasse, hat mir eines Tages jemand lachend erzählt, daß er mit einer Frau lebt, die ihm Hörner aufsetzt und ihm jeden Morgen den Kaffee mit solcher Wucht auf den Tisch knallt, daß er in die Untertasse überschwappt und ihm beim Trinken aufs Hemd tropft. Dann schreit sie ihn prompt an: ›Immer machst du auf alles Flecken!‹«

Sehr gern besuchten wir Malaquìas zu Hause. Und manchmal sagte er, wenn wir klopften: »Geht weg!« Andere Male dagegen ließ er uns herein. Seine Bleibe bestand aus einem Zimmerchen, das auf einen Felsen gebaut war und von zwei Streben gestützt wurde, weil, so hatte er uns erklärt, sein Großvater beim Bau etwas falsch gemacht hatte: Wegen des übergroßen Gewichts des Gewölbes und der Feuchtigkeit, die aus der darunterliegenden Zisterne in die Mauern zog, war es nämlich einsturzgefährdet, doch er hatte die Idee mit den Stützstreben gehabt. Innen lag alles in großer Unordnung durcheinander. Zum Schlafen hatte er sich ein Lager auf dem Boden ausgebreitet. Manchmal aber, wenn ihm die Knochen nicht weh taten, schlief er in der Hängematte. »Wenn es mir gelingt, hier drin auszuruhen«, sagte er, »denke ich, daß ich noch jung bin, daß meine Knochen noch elastisch sind und sich jeder Bewegung und Form anpassen können.«
Darüber hinaus wirkte es, als wüßte er nicht recht, wozu Gegenstände dienten. Er benutzte sie nämlich auf seltsamste Weise. Alles bei ihm zu Hause schien zufällig und behelfsmäßig, provisorisch. Damit zum Beispiel seine Kleider, die er gelegentlich wusch, nicht von der Leine flogen, befestigte er sie mit Gabeln, und wenn er aß, nahm er die

Bissen mit der Hand oder spießte sie mit einem Messer auf. In den Schubladen der Kommode hob er tausenderlei Krimskrams auf; die Wäsche dagegen häufte er auf einem Stuhl. Aus einem Stück Seife hatte er eine Nippesfigur in Form eines Gesichts geschnitzt. Die Hacke wiederum stellte er immer in ein Becken voller Wasser, aus dem Alí trank. Es war, als fragten alle Dinge in diesem Haus ständig: »Wer bin ich? Wozu bin ich da?« Viele Gegenstände schienen nicht nur lebendig zu sein, sondern sogar gleichzeitig mehrere Leben zu leben. Andere dagegen schienen für immer tot. Wie der Wecker, der nicht funktionierte.

Einmal, als Malaquìas uns, wie so oft, zum Traubenkaufen schickte, gab uns der Obsthändler eine große Traube, die an einem verholzten Stück Rebe hing. Darauf lehrte er uns – nachdem er uns getadelt hatte: »Was soll das, da laßt ihr euch auch das Holz mitwiegen!« –, wie man sich die Sachen wiegen lassen mußte: Schinken und Preßsack nur mit Ölpapier; ohne die Weinblätter die Feigen; und das Brot mußte gut durchgebacken sein, ohne das teigige Weiche, das noch voller Wasser war; und das Fleisch ohne Fett und Sehnen; bei den Zwiebeln schließlich mußten die Triebe abgeschnitten werden. »Sonst lassen sie euch auch noch das Stroh bezahlen!« rief er aus.

Er hängte die Traube an einen Haken. »Aber die sieht ja«, sagte er nach einigen Tagen plötzlich, »wie die in Stein gehauenen Trauben in der Kathedrale aus!« Er aß sie nicht und ließ sie dort am Haken hängen.

Einmal schließlich zeigte er uns die Männchen, die man erkennt, wenn man einen Kakikern genau in der Mitte teilt. »Man möchte die Männer vergessen«, sagte er, »und statt dessen, seht ihr, verschwört sich alles, um einen an sie zu erinnern!« Er spuckte auf den Boden und fügte hinzu: »Und um sich an die Frauen zu erinnern, braucht man nur einen Seeigel zu spalten!«

Krebse, Fische und Klippen

Im Haus mit dem Grünen Dach begann unser Tag frühmorgens, gleich nach dem Frühstück. Manchmal sprangen wir sogar direkt aus dem Küchenfenster ins Meer. Es war schöner, das Haus auf diese Art zu verlassen. Doch weder Papito noch Mamita noch die Köchin noch Antònia taten es je. Und Don Felipe war alt geworden: Er blickte uns voller Neid und Bedauern nach. Anita hätte es gern getan, traute sich aber nicht; sie konnte noch nicht schwimmen.

Da wir jeden Morgen aufs Geratewohl loszogen, änderten wir unsere Namen. Ich hieß Bastiana und Carlito Alítschuffo. Bastiana war ein korsischer Name, und wir glaubten damals, Korsen und Korsaren seien dasselbe. Alítschuffo dagegen entstand so: Carlito hatte anfangs den Namen Alí für sich gewählt, weil er Seeräuber mochte. Da er aber auch Lokomotiven mochte und, mit einem Stück Holz in der Hand, anstatt Boot häufig Zug spielte und dazu »Tschuff! Tschuff!« machte, taufte ich ihn in Alítschuffo um. Und ihm mißfiel der neue Name nicht.

Teils schwimmend, teils zu Fuß zogen wir jeden Tag von Bucht zu Bucht. Einmal kamen wir, Richtung Norden, über Terreno hinaus bis zu den *Ataranzas*[1]; ein andermal gelangten wir, Richtung Süden, bis nach Sant Agustí.

1 Werften

Bei diesen Ausflügen kam es uns oft vor, als seien die Dinge in einen Zauberkreis eingeschrieben. Wir waren an den Rändern oder innen. Wir bemerkten zum Beispiel einen Fischer, der selbstvergessen dahockte, und blieben reglos stehen, konnten uns nicht mehr von der Klippe rühren, auf der wir gerade waren, bis der Mann aufstand oder uns sah und grüßte. Es war uns einfach nicht möglich weiterzugehen, wir fühlten, daß jede Geste ein Zuviel gewesen wäre. Entweder bemerkte es nur einer von uns oder beide, und dann sagten wir, einstimmig: »*¡Mira!* Da ist der Kreis!« Kam man dann zu einer Bucht, mußte man einen Augenblick innehalten, bevor man ins Wasser ging. Der Halbkreis der Bucht war nämlich die Zaubergrenze. Das Wasser war so bewegungslos, daß es wirklich zwei Meere gab, eines außer- und eines innerhalb des Halbkreises. »Springen wir rein!« sagten wir, nachdem wir ein wenig am Rand jenes Zaubers gezögert hatten, und schwammen in die Bucht hinein. Wir blieben unter Wasser, wagten nicht aufzutauchen, um auf diese Weise dazusein und zugleich nicht dazusein. Und es war, als fragten wir uns: Will diese Bucht uns so plötzlich in ihrer Mitte haben? Scheu tauchten wir auf; wir fühlten uns zu einem anderen Leben geboren. Was wird uns jetzt passieren? dachten wir, wenn wir schließlich am Ufer im Sand saßen. Dann verwandelte sich die Bucht in ein soeben erreichtes und nie erforschtes Land einer neuen Welt. Wir wandten uns um, blickten hinter uns nach oben; man sah Häuser. Deren Bewohner, stellten wir uns vor, gehörten einer anderen Rasse an. Und auf den Felsen rundherum wuchs Wermut. Es war der Duft einer anderen Zeit. »Vielleicht steht ein Königsschloß zwischen diesen Häusern«, sagten wir zueinander, »und vielleicht wohnt darin auch ein König, dem wir gefallen.« Und wir beschlossen, vor sein Angesicht zu treten und ihn zu bitten, an seinen Unternehmungen mitzuwirken. Wir wußten nicht, was wir anziehen sollten. »Es gibt so viele Muscheln! Schade, daß wir keinen Nagel haben, um ein Loch hineinzubohren, und keinen Faden, um sie aufzureihen!« Also bastelten wir uns aus Algen falsche Locken, Ketten, Ohrgehänge. Dann gelangten wir über Felsen und Pfade zu den Häusern. Wir entdeckten ein kleines Feld mit winzigen Tomaten ... Die wurden bestimmt von Zwergen gezogen. Wir fanden eine ganz verrostete Dose ... Hier hatten gewiß Menschen gewohnt. Und dann gab es eine Menge Kapern. Wer weiß, wie Rosa sich gefreut hätte, eine fliegende Händlerin, die jeden Morgen um fünf die Kapern auf dem Feld ihrer Nachbarn stahl. Und es gab auch Felsen, die Stufen bildeten. »Hier könnte man ein Haus bauen«, sagten wir, »die Treppe ist schon vorhanden.« Dann ragten pünktlich zwei Pinien vor uns auf, die wir »die zwei Feinde« nannten, weil sich ihre Kronen voneinander abwandten, als wollten sie sich verächtlich den Rücken kehren. Oder wir stießen auf das Haus von En Xim oder den Turm von Vallcarca oder auch auf die Villa des Nabobs! Und daraufhin sahen wir uns beschämt an. Da gab es ja überhaupt nichts zu erforschen. Wir fingen an zu lachen. Kehrten um. Und alles begann von vorn in einer neuen Bucht.

Eines Tages angelten wir. Auch Anita angelte. Auf einer Klippe, mit Angelruten. Wir hatten schon vier oder fünf Fische gefangen. Wir würden sie selbst in der Küche braten. Das durften wir. Anita war schon ziemlich gut; rasch zog sie die Leine hoch. Aber der Fisch war sehr lebendig. Er bäumte sich auf, schnellte herum und biß Anita in den Arm, neben dem Grübchen am Ellbogen. Es ging alles so schnell, war so schrecklich und freudig, daß wir völlig verdutzt waren. Anita schrie nicht einmal bei dem Biß. Und wir, Carlito und ich, eilten ihr nicht zu Hilfe. Erst als der Fisch dann herunterfiel, stieß Anita einen Schrei aus. Da gingen wir zu ihr. Nun öffnete der Fisch das Maul nur noch mit Mühe. Vielleicht war es ein verwunschener Fisch.

»Schwimmen wir bis zu den Bojen?«
Die Bojen sahen gleichzeitig wie Ampullen von Zauberern und wie Kriegsgerät aus. Der Name erinnerte außerdem an Dinge aus Gummi und Luft. Sie waren orange und rot, wie riesige Seesterne und Purpurrosen. Wir schwammen schnell. Sie schienen unerreichbar. Doch dort war das Gelobte Land, die Rettung, das Ziel! Uns ging die Luft aus. Wir spielten »Toter Mann«, um uns auszuruhen. Und wenn auch wir uns in Bojen verwandeln würden? Wir schwammen weiter. Wir verloren das Maß für Raum und Zeit. Die Bojen wurden zur Fata Morgana, aber eine beunruhigende Fata Morgana. Waren sie Kaktusfeigen oder enthauptete Gummipuppen, wie man sie am Strand findet, ohne Augen und mit verblaßten Farben? Schließlich erreichten wir sie. Man mußte nur den Arm ein wenig ausstrecken. Wir stützten uns auf die Boje. Und es kam vor, daß wir es beide im selben Augenblick taten, daß sich unsere Hände sogar berührten. Dann hatte ich jedesmal das Gefühl, die Hand, die ich streifte, wäre ein Meerestier. Die Boje sank leicht. Doch eine Kraft drängte sie nach oben. Man konnte mit der Boje nicht weit herumfahren, ihre Bewegungsmöglichkeit war beschränkt. Eine Kraft nahm ihr nämlich die Freiheit, die die anderen Schwimmkörper genossen. Wir tauchten am Seil hinunter zum Meeresgrund. Dann ließen wir abrupt los. Wir ließen uns

in die Tiefe hinabziehen und stiegen wieder zur Wasseroberfläche empor. Wir hätten nie aufhören mögen, mit der Boje zu spielen. Die Fingerkuppen wurden schrumpelig, die Lippen blau. Wir mußten zurück. Wäre Carlito nicht dabeigewesen, blaugefrorener und mit runzligeren Fingern als ich, wäre ich dann so bald wieder ans Ufer zurückgekehrt? Wäre ich aber ohne Carlito überhaupt je zu den Bojen geschwommen?
Es gab nämlich Zauberkreise, in die man zu zweit eintrat, solche, in die man in der Gruppe eintrat, und solche, in die man allein eintrat.

Und dann waren da die Krebse. Die normalen Krebse, innen weiß wie die Gliedmaßen von Prinzen. Die riesigen, behaarten, die sich regungslos in die Algen duckten, um sich zu verstecken, oder drohend näher kamen. Papito drückte einmal eine Zigarette in einem Krebspanzer aus, den wir gesäubert hatten. Von da an sagten wir zu ihnen: »Wir lassen euch in Frieden, wir wollen nicht, daß ihr Aschenbecher werdet.«
Die Muscheln dagegen waren klingende Ohren. Die von den Stacheln gesäuberten Seeigel waren die Eier der Welt. Wir hatten viele davon in unseren Zimmern angehäuft, wo ein Riesengötze, von uns *el Mamitón* genannt, sie ausbrütete, indem er einen langen Penis um sie schlang, wie ein Nest. Wurde Mamitón jedoch wütend, stieß er ein Gebrüll aus, und der Penis richtete sich auf. Arme Eier! Arme Welt!
Die Quallen zerflossen auf der Klippe. »Das geschieht euch recht!« riefen Carlito und ich. Doch wo war, fragten wir uns, ihr Gift hingekommen? Konnte man am nächsten Morgen den Felsen berühren? Konnte man den Fuß darauf setzen? Nein, nie wieder, sagten wir uns. Bis wir es zu-

letzt vergaßen, bis der Fels nicht mehr glänzte, unheilvoll und violett.

Die Sturheit, mit der die Tintenfische unbedingt Professor Pardo, einem unserer Nachbarn, ähneln wollten, konnte man nicht als lobenswert bezeichnen. Professor Pardo hatte einen stechenden, lüsternen Blick. »Gebt acht«, sagte Mamita. »Es gehen häßliche Gerüchte über ihn um. Es heißt, ihm gefallen kleine Mädchen.« Der Tintenfisch war allerdings viel, viel klüger als er. Anstatt daran zu denken, kleine Mädchen zu fangen, schlüpfte er davon, um nicht von ihnen gefangen zu werden. Welchem Professor Pardo des Meeres mußte demnach ich ähneln in den Augen des Tintenfischs?

Um nicht gefangen zu werden, versuchten sie, Gespenstern zu gleichen. Und selbst, wenn sie gekocht waren, taten sie alles, um für etwas anderes gehalten zu werden als das, was sie in Wirklichkeit waren. Sie sahen in der Tat wie etwas nicht Eßbares aus, wie Servietten- oder Gummiringe.

Die Seesterne, entdeckte ich, waren ungeheuer gefräßig. Sie ernährten sich von Fischen, Polypen, Muscheln; und wenn eine Napfschnecke sich ein wenig öffnete, kurz zerstreut war, saugten sie sie sofort heraus. Ich bemühte mich mit aller Kraft, mich nicht von ihrer schönen Form blenden zu lassen. Andererseits waren auch die Sterne am Himmel gefräßig. Sie verzehrten alles Feuer der Welt. »Wenn die Sonne einmal ausgebrannt ist«, hatte ich Mamita sagen hören, »wird die ganze Welt erfrieren.«

Zumindest die Napfschnecken gaben sich mit wenig zufrieden; sie waren wie die arme Miseria. Ihnen genügte schon ein Schluck Wasser. Wir dagegen aßen Berge davon, von dem Miseria-Fleisch.

Am faszinierendsten waren jedoch die Fische. So beweglich und schnell waren sie, daß sie nichts ähneln konnten. Denn die Dinge glichen anderen, wenn sie sich selbst langweilig fanden, dachte ich, wenn sie anfingen zu sterben. Den Fischen dagegen passierten dauernd schreckliche Sachen. Schon allein um zu atmen, mußten sie ständig in Unruhe sein, wie erst, wenn es um Fressen oder anderes ging. Deshalb tarnten sie sich. Am Bauch waren sie silbrig, sagte ich mir, um am Himmel, am Rücken dunkel, um im Meer nicht aufzufallen.

Eines Morgens sah ich auf dem Küchentisch einen großen Fisch, den die Köchin gerade aufschnitt. Er war voller Rogen und kleiner Fische. Und die Fische, die noch geboren werden sollten, waren vermischt mit den gefressenen, toten Fischen. Genau in diesem Augenblick wurde mir bewußt, daß auch ich einmal in einem Bauch gewesen war, in Mamitas Bauch. Als etwas Gegessenes, fragte ich mich sogleich, oder als etwas, das geboren werden sollte? Mamita hatte ja bestimmt auch etwas gegessen, wie der Fisch. »Aber Mamita«, sagte ich zu dem Fisch, »hat ihre Kleider, ihre Parfüms, ihre Bücher, ihre Zigaretten, sie gibt Empfänge, schlägt die Beine übereinander, betrachtet das Meer, raucht. Sie und ich haben wirklich nichts gemeinsam!«

Sofort lief ich in mein Zimmer, warf den Badeanzug auf die Erde, zog mich bis aufs I-Tüpfelchen an: Sandalen, Strümpfe, sogar eine Bluse zog ich unter das Kleid – ein ausgeschnittenes Trägerkleid –, und zuletzt band ich mir eine Schleife ins Haar. Mit einem Buch der Scala d'Oro setzte ich mich in den Salon. Ich roch an meinen Händen, sie dufteten nach Seife. Sie stanken kein bißchen nach Fisch.

Drei Tage lang ging ich nicht ans Meer. Carlito schmollte. »Was, du willst nicht mitkommen?!« Und er ging alleine los. Er rief mich ab und zu von unten und zeigte mir, um mich zu locken, Krebse, die er mit zwei Fingern hochhielt, Körbchen mit Fischen, auf Stöcke gespießte Polypen, Quallen, Seesterne, Riesenmuscheln. Mamita nutzte die Zeit, um mir das Nähen beizubringen, und ließ sich dabei aus den Büchern erzählen, die ich las, um zu prüfen, ob ich sie verstanden hatte; eines Tages lehrte sie mich sogar, den Tisch zu decken, wie es sich gehört.

So waren seit jener Geschichte mit dem Fisch noch keine drei Tage vergangen, da wollte ich ans Meer zurück. »Gehen wir fischen?« fragte ich Carlito. »Heute werden wir so viele Fische fangen, daß wir heute abend gebratenen Fisch für die ganze Familie machen können!«

Es war wirklich langweilig, eine Frau oder ein Mann zu Hause zu sein, fast genauso langweilig vermutlich, wie Gott im Himmel zu spielen. Zum Glück liegt zwischen Menschen und Himmel das Meer, sagte ich mir, am Strand sitzend.

Von da an brachten wir jeden Abend zum Zeichen unseres Bündnisses mit dem Meer Talismane mit heim: seltene Steine; abgeschliffene Glasscherben; Muschelketten, und deren schönste Muschel war die »Seele« der Großmutter, die in Neapel »Seelenqualen« um uns litt; zweiflügelige Muscheln, die wir mit Bimsstein abgeschliffen hatten, ganz vorsichtig, damit sie nicht entzweibrachen; Seesterne, die, an einem Nagel vors Haus gehängt, dann tagelang stanken; Aschenbecher aus Krebspanzern, die wir Papito schenkten; und viele, viele Seeigelschalen.

Carlito brachte Mamita außerdem eines Nachmittags eine große rosa Muschel. Mamita hielt sie sich ans Ohr, Carlito näherte sich mit dem Mund und begann zu sprechen, während sie so tat, als hörte sie ihn durch die Muschel; dann tauschten sie die Rollen.

Der zerbrochene Spiegel

Zu Hause passierten in jenen Tagen immer Mißgeschicke. Als erstes ging der Spiegel kaputt. Carlito und ich hopsten auf Mamitas Bett herum. »Jetzt springe ich so hoch«, sagte ich, »daß ich bis auf den Schrank komme.« So sprangen wir gemeinsam bis zum Schrank, klammerten uns oben fest. Der Schrank fiel auf uns, der Spiegel zerbrach. »Wir hatten sieben glückliche Jahre«, sagte Mamita. »Jetzt beginnen die sieben schlechten Jahre.« Und wie sie schimpfte!

Dies geschah ganz am Anfang, als wir gerade erst in das neue Haus eingezogen waren. Die Sprünge auf dem Bett, Ursache für das Unglück, das uns, laut Mamita, nun in Kürze ereilen würde, gehörten, so kann man sagen, zu den Abenteuern des Umzugs. Unsere Betten waren nämlich noch nicht aufgestellt worden.

Das Haus mit dem Grünen Dach hatte nichts, das es Son Batle ähnlich machte. Vor allem war es ein richtiges Haus, es glich weder einer Kirche noch einem Kloster. Und sein Dach, gedeckt mit grünen, glänzenden Majolikaziegeln, war ein echtes Dach. Es erinnerte, um genau zu sein, an die Dächer, die in den ABC-Fibeln abgebildet waren; doch da die Herrschaften exzentrisch waren – nicht einfach wie die Bauern des »Gutshofs« –, waren die Ziegel grün statt rot, wie die Schuppen eines Drachen, der sich zwischen den Kronen der Pinien tarnen wollte.

Jeder Raum war unmißverständlich für einen bestimmten Gebrauch vorgesehen; die Zimmer gingen nämlich nicht ineinander wie in Son Batle.
Die Küche glich der im Internat, mit Marmorplatten, weißen Schränken, lackierten Stühlen, Herd mit Gasflammen und Elektroplatten. Jedes Gerät war zudem gut versteckt. Man sah weit und breit keinen Topf, keinen Teller, keinen Schöpflöffel, keinen Zuber; es klirrten keine Eimer, Wasser floß nur aus den Wasserhähnen. Kurzum, diese Küche ähnelte eher einem Eisschrank. Und sie war gewiß kein Treffpunkt der Dienstboten. Dies lag vielleicht auch an der Rivalität zwischen denen, die aus Son Batle mitgekommen waren, und den neu eingestellten, jedenfalls zog sich nach der Arbeit jeder in sein Zimmer zurück, das winzig klein und mit einem Stockbett ausgestattet war, oder ging heim nach Ciutat. Die Köchin paßte außerdem genau auf, daß, sobald sie ihren Dienst beendet hatte, alles an seinen Platz geräumt war und glänzte. So roch es nicht nach Holzfeuer, wenn man hereinkam, sondern nach Soda und Putzmittel. Nicht einmal mit viel Phantasie konnte man sich in dieser Küche in den Ecken aufgestapelte Holzstöße vorstellen, auf Stroh ausgebreitete Äpfel, Säcke, auf die man Anita betten konnte, wenn sie müde war. Sogar die Pommes frites waren hier kein Fest. Denn die Köchin war sehr streng; wehe, wenn man ein frisch gebratenes Kartoffelstück stibitzte. Daher aß man sie letztlich immer schlaff. Mamita mißfiel dies alles jedoch nicht. Ab und zu saß sie in der Küche, erfreut über so viel Sauberkeit, ein aufgeschlagenes Buch vor sich auf dem Tisch, den *Talismano della felicità*[1], in dem es nur ein einziges Foto gab,

1 Berühmtes Kochbuch von Ada Boni (Anm. d. Übers.)

vor dem Vorwort: die Büste einer Frau aus weißem Marmor mit einem Kind auf dem Arm.

Der Salon war schmal und lang. Er war nicht wie in Son Batle ein Durchgangszimmer, sondern lag im Erdgeschoß und war immer zu. Deshalb betraten wir ihn nie und Mamita nur, wenn sie Besuch hatte. Es gab auch keinen *patio*. Es gab vielmehr eine dunkle Vorhalle: Sie bekam durch grün, gelb und blau bemalte Scheiben Licht und stand voll immergrüner Pflanzen, die traurig ihr Dasein im Halbschatten fristeten, so streng wie die im Internat. Ständig knirschte auf dem Boden der Sand, den wir vom Meer mit heraufbrachten, unter den Füßen, und Mamita schimpfte ununterbrochen. Und jedesmal fügte sie hinzu, als wolle sie Ärger auf Ärger häufen: »Diese Pflanzen kann ich auch nicht leiden! Man kommt sich vor wie bei der Schneiderin im Vorzimmer. Früher oder später lasse ich sie wegbringen.«

Das Eßzimmer war ganz in einen Winkel des Hauses gedrängt und hatte eine sonderbare, dreieckige Form. »Die modernen Architekten«, klagte Mamita, »haben keine Ahnung. Hier lassen sie uns in einer Ecke essen, und stellt euch vor, in einem Haus habe ich einen Tisch gesehen, der an der Wand stand, so daß die Tischgenossen gezwungen sind, beim Essen die Mauer anzuschauen. Nicht einmal in einer Fabrikkantine wird so gegessen! Welchen Sinn haben meine Putten aus Capodimonte in diesem kleinen Raum! Ich werde sie besser einpacken, bevor sie kaputtgehen.« Dann trat sie auf den Balkon hinaus, tröstete sich: »Zum Glück haben wir das Meer!«

Am Ende des Korridors, an dem die Schlafzimmer lagen, gab es nämlich eine Veranda zum Meer hin, eine Art Pseudo-Salon. Mamita gefiel er eben wegen des Panoramas.

Dort hatte sie ihre Bücher untergebracht, ihre Handarbeiten, ihre Blumen: Tagetes, Zinnien, Federnelken. Das waren die Blumen, die Mamita gefielen; Rosen und Gladiolen mochte sie dagegen überhaupt nicht. »Heutzutage«, sagte sie, »gibt es keine Blumen mehr; sie sehen aus wie in einer Geschenkefabrik hergestellt.« Und in hämischem Ton fügte sie hinzu: »Man muß sich damit abfinden. Die Welt ähnelt immer mehr dem Traum der *midinettes*[2]!« Ich versuchte, sie zu reizen, ihre Rivalität mit der Großmutter zu schüren. »Großmutter mag aber Rosen und Gladiolen«, sagte ich. Und so gab mir Mamita eines Tages eine Antwort, die mich erstaunte, und wetterte nicht, wie ich erwartet hatte, gegen die Großmutter. »Deine Großmutter«, sagte sie, »ist eine Dame aus einer anderen Zeit. Sie kann es sich sogar erlauben, Gladiolen zu mögen. Und wenn ihr danach ist, kann sie sogar ein Lamékleid tragen.« Jedem Möbel, Nippes oder *bibelot* fehlte etwas; irgendein Stück war immer bei der Señora von Son Batle zurückgeblieben; und einige Gegenstände hatten gar die Seele verloren. Die Truhe zum Beispiel wirkte ohne den bunten Gobelin wie ein Sarg. Mamita breitete ein weinrotes Damasttuch darüber und stellte ein Holzkästchen in die Mitte, auf dessen Deckel der Name des Urgroßvaters eingelegt war, und so sah die Truhe schließlich noch mehr aus wie ein Katafalk. Die geschnitzten Mönche auf den Schubladen der *arquilla* wiederum waren alle der Badezimmertür zugewandt, so als wären sie zu Aufpassern geworden, wie die Nonnen im Internat. Und das Himmelbett, das in dem winzigen Gästezimmer stand, glich wirklich einer Art Geschenk in einer Schachtel, schön verpackt für die

2 Kleine Näherinnen

kleine Tochter eines Riesen. Sogar Papitos Jadebuddha nahm hier sehr beunruhigende Züge an; er spiegelte sich in der Rauchglasplatte auf der Kommode und sah nicht mehr wie ein Heiliger aus, sondern wie ein Fettsack, der Frauen nachstellte in einer verrufenen Spelunke am Hafen.

In der Bibliothek fehlten die zehn Bände *Tausendundeine Nacht* in Leder mit Goldschnitt. Mamita las mir in Son Batle ab und zu eine Geschichte daraus vor; und ich wußte, in was die schöne Zaibab, die Schwindlerin, verwandelt worden war: in das Mäuschen, das manchmal hinter den Büchern in Papitos Bibliothek piepste. Ebenso fehlten die Werke von Rommel, einem deutschen Kalifen, der einem Italiener eine halbe Stadt zum Regieren gegeben hatte. Es verschwanden auch die venezianischen Fächer mit den Szenen aus Märchen, Komödien und der *Traviata*. Mamita hatte gesagt: »Hier sind Fischer und der Hafen in der Nähe; durch jedes Fenster kann man in dieses Haus einsteigen, um zu stehlen.« Und sie hatte die Fächer mit anderen »Wertsachen« im Tresor eingeschlossen. Nur wenn sie Besuch empfing, holte sie sie heraus, um die Nischen zu schmücken, und räumte sie sofort wieder weg, kaum daß der letzte Gast gegangen war. So begannen diese schönen Damen in bauschigen Krinolinen, die Schäferinnen, die Feste auf dem Markusplatz, die Blumen, die nachdenklichen Herren unter Buchen und Eichen, den Figuren zu ähneln, die als Wasserzeichen die Banknoten zierten. Mamita sagte: »Dieser Fächer ist mit reinstem Gold überzogen.« Und ich fragte sie dann, wieviel dieser Goldstaub, zu einem Häufchen gesammelt, wert sein könnte.

Dafür gab es in diesem Haus viele überflüssige Dinge, die den Besitzern gehörten. Dutzende von Silberrahmen – quadratische, rechteckige, ovale, mit einer Stütze aus Leder

oder Pappe auf der Rückseite –, die Fotos jener Herrschaften enthielten: als Kinder, als Erwachsene, im Alter, einzeln aufgenommen oder gemeinsam bei Festen, angezogen oder im Badeanzug, auf dem Maultier bei einem Ausflug oder zu Pferd anläßlich einer Parade. Mamita konnte sie nicht leiden, sie fand sie irgendwie aufdringlich. »Die«, sagte sie, »muß man unbedingt beseitigen!« Sie tat es aber nie. Dann räumte sie sie jedoch eines Tages tatsächlich weg, legte sie alle zusammen in einer Schachtel in eine Truhe. Sie seufzte erleichtert auf und sagte: »Neureiche, niederes Volk! Mit zu vollen oder zu hohlen Wangen, wie Leute, die sich erst vollstopfen, anstatt zu essen, und dann Schlankheitskuren machen! Unsere Großmütter magerten aus Liebe ab, und wir Mädchen, endlich frei, nahmen vom vielen Spazierengehen ab. Nicht wie diese Parvenus, die alles tun, um der besseren Gesellschaft zu gleichen!«
Außerdem gab es noch zu viele Spiegel. Spiegel an den Schranktüren, innen und außen; Spiegel über dem Waschbecken und gegenüber vom Waschbecken; getönte und nicht getönte Spiegel; gerahmte Spiegel in den Repräsentationsräumen und Spiegel ohne alles in den Badezimmern; gerade Spiegel und geneigte Spiegel. »Es fehlt bloß noch«, sagte Mamita, »ein großer Spiegel vor dem Ehebett! … Mit diesem ganzen Meer vor der Tür!« fügte sie hinzu. »Es genügte ihnen nicht, ihre Dummheit im Meer zu spiegeln. Das Meer nimmt alles an, auch die Dummheit. Spiegel dagegen sind erbarmungslos, sie vervielfältigen sie!« In solchen Augenblicken sprach Mamita mit Nachdruck. Deshalb sagte ich einmal zu ihr: »Deine Stimme klingt wie die von Großmutter.« Sie wurde wütend. Verärgert erwiderte sie: »Und deine wird eines Tages wie

meine klingen!« Und es war nicht klar, ob sie mit mir sprach oder mit sich selbst. Sie ging davon, und als sie an einem Spiegel vorbeikam, drehte sie sich verächtlich zur anderen Seite.

Obwohl wir erst seit sehr kurzer Zeit in dem Haus lebten, schien es manchmal, als würden wir gleich wieder ausziehen. Alles, hatte ich Papito sagen hören, hing von der Stimme im Radio ab. Auf jeden Fall war Italien im Begriff, den Krieg zu verlieren.

Einstweilen kam Papito, der einen kleinen Balilla fuhr, mich nach dem Büro von der Schule abholen, und wenn wir in Terreno anlangten, bei der Abzweigung nach Génova, die nach Son Batle führte, tat er immer so, als irrte er sich, und lenkte den Wagen einen Moment nach rechts. Der Steinbruch, der stets ausgetrocknete Wildbach, die Brücke dicht an der Kurve hatten etwas Trostloses, Bedenkliches, es war, als würden sie zu öden oder gefährlichen Abenteuern oder zu finsteren Verabredungen mit undurchsichtigen Gestalten einladen. Jedoch vermittelte jene Stelle, die zu dem halb verlassenen Steinbruch und dem ausgetrockneten Wildbach führte, auch den Eindruck von Dingen in Veränderung, von Dingen, die auch anders hätten sein können als das, wozu sie geworden waren, und man sah auch, deutlich ausgeprägt, die Spuren rein menschlicher Werke – die Brücke wies ja auf das Vorhandensein des Baches und die mögliche Gefahr, die er darstellte, hin und war somit wie ein Zeichen für die Weitsicht der Menschen. Die staubige Kurve, die nach Son Batle führte und sogleich von einem hohen Erdwall verschluckt wurde, war für mich außerdem das Bild des verlorenen Glücks – die Straße war weiß – und der trügerischen Aufforderung, es erneut zu suchen. Ist es möglich, daß eine Kurve, die zurückführt, das ganze Leben lang in die Seele eingegraben bleibt?

Ich war nun über sieben Jahre alt, und obgleich ich innerlich bereits vage dieses Unbehagen spürte, mußte ich mit Papito lachen, der am Steuer Faxen machte und es in letzter Minute heftig herumriß und die Straße am Meer entlang nahm, gesäumt von Villen, Fischerhäusern und Läden. In dem Verkehr, zwischen anderen Autos, fliegenden Händlern, Angestellten, Hausfrauen und Karren plauderten Papito und ich, wie man so sagt, über alles und nichts – denn alles war überflüssig im Vergleich zu jener unmöglichen Rückkehr, und nichts übertraf die Neugier, die jener vielfältige, bunte Verkehr *callejero*[3] in mir weckte, denn ihn flüchtig aus dem Autofenster zu sehen konnte meine Begierde, mich in das Treiben zu mischen, nicht stillen.

Das Haus mit dem Grünen Dach war, wie wir erst nach einer Weile merkten, voller Mäuse. Eines Morgens, als wir eben das Frühstück beendet hatten und Papito gerade gehen wollte, kreischte Mamita: »Da ist eine Maus!«, und flüchtete zur Tür. »Da ist eine Maus unter dem Teewagen!« Anstatt zu antworten, mußte Papito lachen. Carlito und ich stimmten mit ein. »Macht die Tür zu«, sagte er dann und begann, hinter der Maus herzulaufen, die zum Fenster hin flüchtete, die Scheiben hinaufkletterte. Sie glaubte vielleicht, dort sei die Rettung! Resolut schloß Papito den Fensterladen und drückte fest zu. Und lange. In einer Ecke rang Mamita erschrocken die Hände. Sie zitterte, stieß kleine Schreie aus. Wir dagegen warteten

3 Auf der Straße

stumm, daß alles seinen Lauf nahm. Papito drückte weiter. Er sah nicht mehr fröhlich und zum Scherzen aufgelegt aus, sondern runzelte die Stirn. Und, ich bemerkte es zum erstenmal, sein Kinn hing herunter. Entschlossen klappte er den Fensterladen auf. An der Scheibe klebte Blut und etwas Schwarzes. Die erdrückte Maus fiel zu Boden. Da begriff ich, was ein Satz bedeutete, den ich im Radio gehört hatte: »Alle unsere Feinde sind von unserer Übermacht erdrückt worden.«

In dem neuen Haus gab es außerdem einen Tresor, in dem Papito seinen Revolver verwahrte. Und neben dem Revolver hatte ich einmal auch Banknoten und Wertpapiere liegen sehen. Es waren schöne Papiere voller pastellfarbener Arabesken, vor allem Rosa und Ocker. Sie ähnelten den Landkarten eines Goldgräbergebiets oder irgendeines Schlaraffenlandes.
Eines Tages sah ich, wie Papito den Safe öffnete, und blieb stehen, um ihn zu beobachten. Mamita stand neben ihm. Im Zimmer herrschte eine große Stille, fast als hätten sich, für einen Augenblick, alle Dinge darauf geeinigt zu schweigen. Mamita trug ein dunkles Kleid, am Hals eine Kette aus Perlen, die ebenfalls still schimmerten. Gewiß waren sie zum Essen eingeladen. Papito sagte: »Wir haben den Krieg verloren.« »Nein, noch nicht«, wandte Mamita ein. »Sei nicht kindisch«, sagte Papito. Und wiederholte: »Italien hat den Krieg verloren. Dieses Geld und diese Wertpapiere sind bald gar nichts mehr wert. Man muß englische Pfund kaufen. Aber wer wird dieses Papiergeld wollen? Wir werden uns mit einem ungünstigen Wechselkurs zufriedengeben müssen.« Er steckte sämtliche Papiere in die Tasche. »Ich gehe auf die Bank«, sagte er, »oder zu einem Juden.«

Dann, in der Nacht, brachte jemand die Pfund Sterling in Gold. Die Gäste waren längst gegangen. Papito sagte zu Mamita: »Komm das Gold anschauen.« Ich kroch ebenfalls aus dem Bett und folgte ihnen auf Zehenspitzen in den Salon. Ich lauschte wie ein Dieb. Papito nahm eine Handvoll Sterlingmünzen, ließ sie herabfallen; sie klimperten. Er lachte. Dann wurde er ernst. »Allerdings«, sagte er, »war der Wechselkurs miserabel. Anders ging es nicht. Jedenfalls besser das hier als die Papiere. Mindestens für ein Jahr werden wir eine gewisse Sicherheit haben. Der Krieg war ein miserables Geschäft.« (Auch wenn ihm bei Tisch ein Gericht nicht schmeckte, sagte Papito: »Es ist miserabel.« Und mir gefiel dieses Wort nicht. Es klang hohl für mich. Wie andererseits »exzellent!«.)
Goldmünzen hatte ich bisher nur in Märchenbüchern gesehen. Es gibt sie, sagte ich mir voll Staunen, also auch außerhalb der Märchen! Und sie dienten dazu, einem das zu geben, was Papito »Sicherheit« genannt hatte, und ich wußte zwar nicht genau, was das war, aber in der Märchensprache bedeutete es, nicht arm zu sein. So, durch das Glitzern, das ich durchs Schlüsselloch sah, und das Klimpern, begriff ich, an die Goldmünzen im Märchen und ihren Mangel in der *Historia de Miseria* erinnert, was es hieß, reich und arm zu sein. Die Kinder aus Sant Augustí, denen wir uns heimlich anschlossen und mit denen wir in ich weiß nicht wie viele Zauberkreise eintraten, waren sicherlich arm, sagte ich mir. Und es war nicht gerecht, daß wir reich und sie arm waren, da wir in die Zauberkreise schließlich gemeinsam eintraten.
Auch Mamita hatte in ihrem Zimmer eine Schublade, in der sie Geld verwahrte, einfache Pesetas natürlich, keine fremden Währungen. Aber die Schublade war nicht abge-

schlossen. Man mußte unbedingt ein bißchen davon nehmen und es den Kindern aus Sant Augustí geben. Sie hatten uns auch mehrmals dazu aufgefordert. Aber wir dachten, wir hätten nichts, wir hätten unser ganzes Geld für den Umzug ausgegeben. Als ich entdeckte, daß wir doch welches hatten, sagte ich zu Carlito: »Komm, wir stehlen das Geld.« Und zu denken, daß wir Geld hatten, und es zu stehlen, war für mich eins. Auch Carlito trat schließlich mit den Kindern aus Sant Augustí in den Zauberkreis ein. Was für ein Genuß, mit diesen Pesetas umzugehen! Jeden Samstag machte sich unsere Bande nach Ciutat auf den Weg, zum Einkaufen. Man mußte dort kaufen, wo uns niemand kannte. Bonbons, Schokolade, Nougat, Kastanien, Haselnüsse. Eines Nachmittags erreichten wir mit der Bande sogar den Paseo del Borne. Das Café de la Unión, wo Mamita mit uns zum Eisessen hinging, schien einer anderen Welt anzugehören, uns dort blicken zu lassen fiel uns gar nicht ein. Aber in den Gassen am Hafen kauften wir *Las fablas de Esopo, El bautizo de Cristo*[4], ein Lippenstiftetui aus Messing, eine Ente aus Pappmaché auf Rädern, ein hölzernes Karussell und viele kandierte Äpfel, für jeden zwei, die aßen wir, auf einem Mäuerchen am *paseo* sitzend, jeder mit seinem Holzstöckchen in der Hand, so leicht, daß es, bevor es schließlich auf dem Wasser landete, in der Luft schwebend zögerte, unschlüssig zwischen Meer und Wind.

Dann wollte ich bei einem Straßenhändler für alle ein Eis kaufen. »Paß auf! Dieser Verkäufer ist ein *embullador de pagesos*[5]!« sagte ein kleines Mädchen zu mir. »Paß auf!« hatte

4 *Die Fabeln des Aesop, Die Taufe Christi*
5 Bauernfänger

gerade auch ein Junge zu mir gesagt. »Sie haben dich reingelegt, sie haben dir zuviel abgeknöpft!« »Paß auf«, sagte noch einer. »Du hast ein Loch in der Tasche und verlierst Geld!«

So kam es, daß Carlito und ich beschlossen, das gestohlene Geld jedesmal dem Bandenchef zu geben, dem die Aufgabe zufiel, die Sachen zu kaufen und zu verteilen. Uns gaben sie nur die Krümel, und wir drohten, kein Geld mehr mitzubringen. Für Anita blieb nie etwas übrig. Und Anita wurde wütend, sie sagte es Mamita. So flog alles auf.

Wir hatten jedoch eine Konkurrenz beim Geldstehlen. Das hatten wir genau gemerkt, während wir hinter dem Vorhang im Schlafzimmer abwartend lauerten, bis niemand in der Nähe war. Antònia. Auch sie schlich auf Zehenspitzen ins Zimmer, sah sich heimlich um, raffte das Geld an sich. Und husch! Aber Antònia, sagte ich mir, hatte kein Recht darauf, sie hatte mit der Bande nichts zu tun; und außerdem waren nur Kinder und die alte Miseria arm. Damit die Sache ein für allemal herauskäme, bedienten wir uns folgender List. Wir gingen ins Zimmer und zeichneten mit einem Bleistift einen sechszackigen Stern auf Mamitas Scheine. Wir hatten gehört, das sei ein Erkennungszeichen, das man bestimmten Personen anheftete.

Dann begleitete ich Antònia einmal, als sie Kämmchen und Haarnadeln kaufte. Sie bezahlte mit einer markierten Banknote. »Was für ein seltsames Zeichen!« bemerkte ich und blickte sie frech an. Antònia errötete. Sie sagte: »Ja, die Leute zeichnen oder schreiben oft etwas auf die Scheine ... Hast du noch nie welche gesehen, wo draufsteht: ›Ich liebe Maria oder Consol oder Felipe ...‹?« »Nein«, antwortete ich, »das habe ich noch nie gesehen.« Aber ich traute mich nicht, ihr die Wahrheit zu sagen.

Als Anita uns anschwärzte, versuchten wir jedoch, Antònia die Schuld in die Schuhe zu schieben. Mamita glaube uns nicht, sie glaubte lieber Anita.
Papito legte uns nacheinander übers Knie und versohlte uns den Hintern. Es war das erste Mal, daß er das tat. Ich fühlte keinen Schmerz, sondern Scham. Da begriff ich die Bedeutung des Wortes »versohlen«. Vorher war es ein beliebiges Wort gewesen. Von dem Moment an versuchte ich, die wahre Bedeutung jeder Vokabel zu erfahren. So fiel dieser entblößte Hintern mit der Entblößung der Wörter zusammen. Und in der Tat sagte Papito zu Mamita: »Ich habe ihnen eine Lektion erteilt!«
Aber wer war dieser Papito, der nicht mehr mit uns spielte, sondern begonnen hatte, Lektionen zu erteilen? »Wer hat die Wände vollgeschrieben?« sagte er und zeigte auf die Schnörkel, die wir im Salon an die Wand gekritzelt hatten. Wir gingen nämlich heimlich hinein und schrieben, wer weiß, warum, an die Wand. Vermutlich jedoch hatten wir den Salon genau deshalb gewählt, weil Papito uns, damit wir uns das Einmaleins besser merkten, einen Reim beigebracht hatte, der so lautete:

Sechs mal acht
Ist achtundvierzig,
Im Salon schmeckt der Finger
Besonders würzig.

Auch Papito bohrte mit dem Finger in der Nase. Aber wehe, wenn wir es taten. Er wollte der Herr über die Scherze sein. Letztlich hatte er uns ja zum Beispiel beigebracht, Mamita zu bestehlen. Wie ein geübter Taschendieb zog er ihr unbemerkt das Portemonnaie aus der Handta-

sche, um uns zu beweisen, wie zerstreut sie war oder wie geschickt er war. Und er war es auch, der uns beigebracht hatte, auf die Wände zu schreiben. Einmal, als kein Papier parat war, hatte er eigenhändig ein Wortspiel an die Wand geschrieben: FISCHERS FRITZE FISCHT FRISCHE ... Ich erriet es und malte an die Stelle der Pünktchen ein paar Fische. Es freute mich, an der Wand seine Handschrift und meine vermischt zu sehen. Doch: »Holt den Radiergummi«, sagte er schroff, »sonst merkt es Mamita.«
Und jetzt wollte er auch Herr über die Regeln sein. Als reichte nicht schon Mamita! Zumindest beachtete Mamita alle Regeln, kannte weder Scherze noch Ausnahmen. Warum machte es Papito dann Spaß, sie wie ein Kind zu behandeln?

Eines Nachmittags gab es bei uns einen Empfang. Das Wetter war mild, die Erfrischungen wurden im Garten gereicht. Mamita stand an der Balustrade in Gesellschaft eines Herrn im weißen Leinenanzug – dem, der das neue Haus für sie gefunden hatte. Der Herr trug keine Krawatte, sondern ein dunkelblaues Seidentuch mit kleinen weißen Rauten, als hätte er Halsweh. Er war schmächtig, leicht gebeugt. Am Finger hatte er keinen Ehering, sondern einen Siegelring. In seinem Knopfloch steckte, wie immer, ein ganz einfaches Blümchen, Jasmin oder Vergißmeinnicht vielleicht oder ein Gänseblümchen. Jedenfalls wählte er keine Nelke, keine Kamelie oder große *pensée* wie Papito, wenn er uns zum Scherz ein Lied in neapolitanischem Dialekt vorsang und dazu Tarantella tanzte. Dieser Herr hörte zwar allen sehr aufmerksam zu, sogar zu uns beugte er sich ehrerbietig herunter, aber gleichzeitig wirkte seine Aufmerksamkeit etwas übertrieben, so daß ich argwöhnte, daß er sich in Wirklichkeit recht wenig aus seinen Gesprächspartnern machte. Zu Mamita jedoch war er anders; auch beugte er sich nicht zu ihr, sondern hatte sich bei ihr eingehängt, während sie sich an der Balustrade unterhielten; ihre Gesichter konnte man nicht sehen.

Das Fest endete, als der Abend kam. Papito hatte vorgeschlagen, bis spätabends zu feiern und Lampions im Garten anzuzünden. Mamita hatte gesagt: »Was für eine Geschmacksverirrung! Solche Feste überlaß dem Griechen!«

Nun, vor dem Abendessen, standen Mamita und Papito an dem Geländer, wie Mamita am Nachmittag mit dem eleganten Herrn. Papito gestikulierte, sprach leise, aber aufgeregt. Mamita verharrte bewegungslos, vorgebeugt, sie wandte sich nicht Papito zu, sondern blickte aufs Meer. Papito nahm sie am Arm, drehte sie zu sich herum. Schweigend sahen sie sich an. Dann sagte er etwas zu ihr. Und wer weiß, was Mamita antwortete. Er gab ihr eine Ohrfeige, eine heftige Ohrfeige. Mamita schwankte. Dann griff sie sich ans Ohr. Ihr Ohrring war heruntergefallen. Sie bückte sich, um danach zu suchen. Papito entfernte sich, verschwand in seinem Zimmer. Das Abendessen verlief schweigend.

Nach dem Obst warf Papito seine Serviette auf den Tisch und ging. Vielleicht wollte Mamita die Stimmung nutzen, die aufgekommen war. »Ab ins Bett, sofort«, sagte sie zu Carlito und mir. »Und ich sage es euch ein für allemal, ich will nicht, daß ihr mit den Kindern aus Sant Augustí herumzieht!«

Doch ich antwortete herausfordernd:

»Wieso nicht?«

Schließlich hatte vorher sie eine Ohrfeige bekommen, nicht etwa ich.

»Weil sie schmutzig und ungezogen sind.«
»Bis jetzt haben wir unsere ganze Zeit«, sagte ich dreist, Mamita anblickend, selbst erstaunt über meinen Gedanken, »mit Dida, Pedrón, Inés, Francesca und Antònia verbracht; die Kinder aus Sant Augustí sind genau wie sie, als sie klein waren!«
Mamita antwortete: »Schluß jetzt!«, und stampfte mit dem Fuß auf.
Kurzum, das Leben im Haus mit dem Grünen Dach war schwierig geworden. Und all das konnte nicht so weitergehen. Zu Hilfe kam uns wie immer die »göttliche Vorsehung« – wie die Großmutter zu sagen pflegte. Italien verlor den Krieg. Und wir, Carlito und ich, waren froh, daß er zu Ende war, dieser ferne Krieg, der bis zu uns nach Haus vorgedrungen war. Außerdem mußten wir nicht in die Schule zurück, sondern Koffer packen und nach Italien abreisen. Doch Papito und Mamita schienen gar nicht erfreut zu sein, daß der Krieg aus war. Daher konnten Carlito und ich es, vor ihnen, nicht ständig glücklich wiederholen. Also erfanden wir ein Geheimwort für »Der Krieg ist aus«. Mit dem Ruf »Dekriá, Dekriá!« rannten wir zwischen Kisten und Koffern durchs ganze Haus.
Jede Mahlzeit geriet zum Fest. In jenen Tagen wurden in aller Eile sämtliche Hühner und Tauben verspeist. Und eines Abends beim Abendessen sagte Papito, während er fröhlich das soundsovielte Huhn zerteilte: »Da fällt mir eine Geschichte ein, die ich als Kind erlebt habe. Wir wohnten noch in Messina, ich muß sechs oder sieben Jahre alt gewesen sein, es war also vor dem Erdbeben. Mein Großvater starb. Er lebte in Kalabrien, und so fuhren wir alle nach Vibo. Sie zogen uns schwarz an, man mußte traurig sein. Im Haus des Großvaters gab es viele alte Frauen,

die sich die Haare rauften und schrien. Dann endete das Weinen und Klagen. Leute mit Platten voll Köstlichkeiten kamen ins Haus. Wir setzten uns alle zu Tisch zum Essen. Ein wahres Fest! Fleisch, Pasteten, Torten, Würste!«

Papito wurde immer fröhlicher. An jenem Abend ließ er sich sogar eine Flasche guten Wein aus dem Keller bringen. »Und morgen«, sagte er zu Mamita, »probieren wir etwas Neues aus! Laß doch die Tauben *en lit de curé*[6] zubereiten, wie kürzlich die Wachteln.«

»Aber Taubenfleisch«, sagte Mamita, »ist dafür nicht fett genug!«

»Das macht nichts«, erwiderte Papito, »sehen wir mal, wie es schmeckt. So werden neue Gerichte ja erfunden, durch Ausprobieren.«

»Verfluchter Rabe«, sagte Mamita am nächsten Morgen, während sie in der Küche im *Talismano della felicità* nachschlug und im Garten unbeirrbar der Rabe krächzte. »Verfluchter Rabe! Und er hat sogar in der Pinie sein Nest gebaut. Wenn ich es rechtzeitig bemerkt hätte, hätten wir dieses Haus nicht genommen! … Aber was rede ich da?« fügte sie hinzu. »Wir reisen ja sowieso bald für immer ab. Es ist nicht der Rabe, der uns Unglück bringt.«

Sie zündete sich eine Zigarette an und vertiefte sich, nervös rauchend, erneut in das Kochbuch.

6 »im Pfaffenbett«: französisches Rezept, Wachtel- oder Geflügelsalmi auf Croutons

Mamita wirft die Schlüssel ins Meer

Die letzte Nacht schliefen wir im Grand Hotel in Palma. Am Abend kamen viele Damen und Herren, um sich von uns zu verabschieden. Uns Kindern brachten sie Päckchen mit Bonbons und Keksen mit. Papito ging zwischen ihnen umher, küßte den Damen die Hand und bedankte sich wie auf einem Empfang. *Pare* Alcover hatte ihm aus der Bibliothek ein Buch von Ramon Llull geschenkt, der Herzog von Vilafranca eine alte Landkarte, die die Neue Welt darstellte. Die Italienischlehrerin hatte Tränen in den Augen. Die Arme voller Bonbon- und Kekspäckchen, die wir geschenkt bekommen hatten, begleitete sie uns in unser Zimmer.

»Cata Cata Catalina / Cata Cata Pum!« schrien wir, von einem Bett zum anderen springend, nicht wirklich fröhlich, als wären wir, nicht anders als die Herrschaften unten im Salon des Hotels, zur Generalprobe eines Stücks gezwungen, das nicht aufgeführt werden sollte, sondern längst aufgeführt worden war, das wir alle auswendig kannten und das uns vielleicht schon langweilte.

Um uns zu beruhigen, erzählte uns die Lehrerin dann die alten Geschichten: *Die Blinde von Sorrent, Der Besitzer der Eisenhütten, Die beiden Waisenkinder.* Anita und Carlito schliefen sofort ein. Die Lehrerin schlich auf Zehenspitzen aus dem Zimmer. Ich vernahm das Klappern ihrer Schrit-

te auf dem Fußboden und einen Seufzer, ich wüßte nicht zu sagen, ob des Bedauerns oder der Erleichterung.
Ich stand auf, ging ins Nebenzimmer, das Papito und Mamita für sich genommen hatten, und kauerte mich in einem Sessel zusammen. Links von mir starrte mich der abgeschaltete Ventilator an; so reglos, sah er vor den leicht beschlagenen Scheiben aus wie ein monströses Insekt.
Plötzlich löste sich Mallorca von seinen unterirdischen Wurzeln und trieb davon, mich allein in meinem Sessel zurücklassend. Ich stand auf, um der Insel nachzulaufen. Ich kam unten an, wollte schreien: »Mallorca hat sich losgerissen! Lauft!« Aber die Stimme blieb mir im Hals stecken. Es roch nach Portwein und Zigaretten. *Pare* Alcover nahm mich auf den Arm, legte bei Mamita ein gutes Wort für mich ein. Er ließ sich erklären, was geschehen war. Mich immer noch im Arm haltend, sagte er dann zu Mamita: »Lesen Sie das Buch, das ich Ihrem Mann geschenkt habe, *Die geistige Welt der Primitiven* von Lévy-Bruhl. Sie werden das Verhalten der Kleinen verstehen. Die Primitiven verwechseln, wie die Kinder, Ursache und Wirkung, Subjekt und Objekt. Die Kleine weiß, daß sie Mallorca verlassen wird, und nun kommt es ihr so vor, als verließe Mallorca sie.«
Danach wandte *Pare* Alcover sich erneut mir zu und fragte: »Wohin wollte Mallorca denn deiner Meinung nach, als es davonschwamm?«
»In das Land, aus dem man nicht zurückkehrt.«
»Und welches Land ist das?«
»Das Land, wo man groß wird.«
»Und warum«, sagte *Pare* Alcover, »wolltest du dorthin?«
»Weil ich sonst allein bleibe.«
»Und ich«, fragte er, »bin ich deiner Meinung nach groß oder allein?«

»Ich weiß es nicht.«
»Na gut, ich bin groß und allein.«
Und dieser Satz von *Pare* Alcover bewirkte, daß meine Abreise von Mallorca nicht nur nach Bonbons, Waffeln, Kölnisch Wasser, Portwein, Zigaretten und verstaubten alten Kulissen schmeckte. Er machte mir Lust darauf, abzureisen, diese schreckliche Sache kennenzulernen, diese Welt, in der man groß wurde und allein war.
»Ich kenne«, sagte ich unvermittelt zu *Pare* Alcover, »noch jemanden, der auch groß und allein ist.« Und ich erzählte ihm von Malaquìas.

Am nächsten Tag, auf der Mole, kam, außer Atem, Signora Facchi angelaufen, um sich von uns zu verabschieden. In der Hand trug sie einen Strauß Rosen, eine Reihe größerer und kleinerer Päckchen und schließlich noch eine riesige Brioche, die sie selbst gebacken und mit Karamelzukker verziert hatte, so daß das Backwerk der Kathedrale am Ende des Hafens glich.
Lange schwenkte sie an der Mole das Taschentuch, während sich das Schiff entfernte. Bis sich das Taschentuch zuletzt in eine Taube verwandelte und auf uns zuflog. Also, dachte ich, hat sie uns wirklich gern.
Kaum hatte das Schiff abgelegt, mußten Anita und Carlito Pipi machen. »Begleite du sie hinunter«, sagte Mamita zu Papito. »Ich will bis zuletzt alles sehen.« Sie konnte sich nicht von der Reling lösen, ich sah es genau. Sie blickte in die Ferne. Sie war nicht mehr da, hatte sich verloren. Doch dann kam sie wieder zu sich. Entschlossen öffnete sie ihre Handtasche. Aus einem Etui zog sie einen Schlüssel. Ich erinnerte mich gut an ihn. Es war der große alte Schlüssel zu der hölzernen Haustür von Son Batle. Und während das

Schiff den Hafen verließ, hielt Mamita diesen Schlüssel eine Weile fest in der Hand, und dann warf sie ihn ins Meer. Danach sagte sie, zu mir gewandt: »So glücklich wie hier werden wir nie wieder sein!« Sie drehte sich um, nahm mich schroff an der Hand und ging auf ihren hohen Absätzen, obwohl das Schiff heftig schlingerte, mit entschiedenem Schritt auf die Treppe zu, die zu den Kabinen führte. Doch Carlito und ich eilten sofort wieder hinauf an Deck.

»¡Mira la catedral!« sagte ich.

Sie lag nun schon in der Ferne und war gleichzeitig Kathedrale, Festung und alter Kalifenpalast. Dort stand sie, wachte über die Christenheit und den Hafen, ganz aus rosa Stein, vor einem Himmel, so hoch und blau, daß er wirklich unerreichbar zu sein schien. Und die Kathedrale, die das wußte, sehnte sich danach, bemühte sich, leichter zu werden, beinahe durchsichtig, wie eine Vision.

»*¡Mira!* Man sieht das Haus mit dem Grünen Dach!«

»*¡Mira!* Man sieht das Castillo de Bellver und dahinter, wenn du noch ein Stück gehst und gehst, kommt Son Batle!«

»*¡Mira!* Dort ist die Kirche Sant Pedro Claver! Wer weiß, ob Malaquìas uns zuschaut!«

Das Schiff glitt unterdessen weiter an der Küste entlang, entschloß sich nicht, ins Offene hinauszufahren. Wie viele kleine Buchten, die wir noch nie gesehen hatten, die wir nicht erforscht hatten!

»*Mira*, wie groß diese Grotte ist! … *Mira*, diese hier! … *Mira*, das sieht aus wie eine Tür, die Tür von Ali Baba und den vierzig Räubern! … *Mira*, so viele Kaktusfeigen! Sie sehen aus wie Trauben, wie Rosenbüsche! Wenn wir dort geblieben wären, hätten wir uns den Bauch damit vollgeschlagen, wir hätten Körbe voll gepflückt, um sie in Ciutat auf den Straßen zu verkaufen! Wir wären reich geworden! Von wegen zu Hause bleiben!«

Die Möwen hockten auf den Felsen. Sie flogen auf das Schiff zu, dann kehrten sie um. Und schrien. Sie riefen uns.

»Wir können nicht kommen!« riefen wir zurück. *»Ciao! Ciao! Adiòs! Adeu!«*

Der Mund war klebrig vom Schreien und vom Salz. Wenn wir weiter so gebrüllt hätten, hätten sich die Schreie bestimmt in Federn verwandelt, und das Salz hätte sich so lange abgelagert, bis Schnäbel daraus geworden wären. Und dann, Schiff ade, Flugzeuge ade, dann hätten wir fliegen können!

Der Puig Mayor war das letzte, was wir sahen. Er war genau wie die Kathedrale aus rosa Stein, doch er schwebte zwischen den Wolken, eine höhere Kathedrale, aber immer noch unangemessen.

»*¡Mira!* Aus den Wolken dort kommen ganz gerade Strahlen herunter! Wie direkt von Gott!« Es gab nichts mehr zu sehen, nur das Meer.

Die rosa Wolken, die ineinander zerflossen, bildeten am Horizont Hunderte von Mallorcas, Kathedralen, Puig Mayors.

Auf dem Meer zitterten winzige Schaumkronen, als überliefe es ein festlicher Schauer.

»Ich will die Motoren sehen«, sagte Carlito.

Wir gingen sie suchen und fanden sie sogleich, als wir, geleitet vom Dröhnen der stampfenden Kessel, durch eine Luke hinuntersahen. Wir riefen einem Matrosen zu: »Braucht ihr Hilfe?«

Exotische Tiere, Torpedos und andere Wunderdinge

Das Schiff hatte einen Fischschwanz, der kraftvoll das Meer durchpflügte. Der Fisch war Mallorca, und wir reisten im Bauch dieses Fisches, der Spanien hinter sich gelassen hatte, um nach Italien zu schwimmen. Es war ein Zauberfisch. Von Valencia, wo er seine Gestalt änderte und bald in Zug-, bald in Taxi-, bald in Busform auftrat, gelangte er nach Madrid, von Madrid nach Toledo, von Toledo nach Sevilla, und dann hinunter bis nach Gibraltar. Gibraltar lag am Ende der Welt. Doch unser Fisch schwamm nicht zwischen den Säulen des Herakles hindurch; es gab sie nicht mehr. Ab Gibraltar nahm das Schiff mit einem einzigen Schlag seines Schwanzes wieder seine Gestalt an und fuhr über Afrika. Und dann gelangte es, langsam, geduldig, bis nach Taranto. Wir konnten Malta erahnen. Wir kamen an Skylla und Charybdis vorüber. Aber wir sahen sie nicht. Nicht einmal sie gab es noch. Taranto war nichts Besonderes, es hatte bloß eine Drehbrücke. Aber jedenfalls gab es den Ort.

Bevor wir dort ankamen, machten wir häufig Station – übernachteten in verschiedenen Hotels –, mußten vielen Gefahren trotzen und riskierten mehrmals, Dinge verschwinden zu sehen, von denen wir wußten, daß es sie geben mußte, und statt dessen Dinge zu sehen, die es gewiß nicht geben konnte …

Die gläserne Drehtür eines Hotels: Kristalle, in denen sich das Licht der Kronleuchter brach, glänzendes Kirschholz mit rötlichen Reflexen; draußen war Nebel, innen ein einziges Gefunkel und ein Geruch nach Brühe. Die Stühle, die Lampen, die Bilder, die Sofas und die Spiegel in der Empfangshalle – die in das erleuchtete Restaurant mündete – schienen aus Nebel gemacht. Der Mann in Livree am Eingang mußte ein Zauberer sein; er hatte auf den Nebel gehaucht, hatte ihn ein wenig mit den Händen modelliert und ihn damit in ebendiese Stühle, Lampen, Bilder und Sofas verwandelt. Alles, was ich an diesem Abend berührte, war körperlos, es schien mir, als könnte ich durch alles hindurchgehen. Sieht wirklich aus wie ein Möbelstück! dachte ich. Wie Samt, wie Spiegel!

Wir hatten das Hotel getrennt betreten. Mamita war in ein Abteil der Drehtür geschlüpft. Ich hielt ihre Hand. Auf einmal spürte ich, daß mir etwas die Finger quetschte. Ich fand mich, von ihr losgelöst, im nächsten Abteil. Jeder von uns ging so hinein, allein. Auch trennte die Tür, das wurde mir sofort bewußt, das Innen vom Außen. Doch Mamita, in der Mitte der Halle, war gleichfalls aus Nebel. Der Mann in Livree hatte sie soeben modelliert, während er sich verbeugte. Sie hatte zugestimmt, denn sie hatte ihm mit einem leichten Neigen des Kopfes geantwortet.

Wer war Mamita überhaupt? Nur eine unsichere, zitternde Gestalt, die ein Mann mit einem Hauch erschaffen hatte?

Als ich an ihm vorbeikam, neigte der Mann in Livree erneut den Kopf. Ich dachte: Jetzt erschafft er mich! Und ich ging aufrecht, achtsam, keine Fehler zu machen, ich durfte nichts Ungehöriges tun. Hinter mir lachten Anita und Carlito fröhlich, tauschten Bemerkungen über die Drehtür aus, die sie noch nie gesehen hatten. Ihr Lärm war das

Geräusch des Lebens, das Geräusch Mallorcas, das des rudernden Fischschwanzes. Ich war etwas anderes.
Die Tür drehte sich weiter, viele Leute gingen aus und ein. Ein Herr im Regenmantel – er machte einen bescheidenen Eindruck – blieb einen Augenblick geblendet stehen. Doch sogleich wies ihn der Mann in Livree mit einer herrischen Handbewegung zurecht und zeigte auf die Rezeption. »Siehst du«, sagte Mamita, »dieser Herr hat eine typische Judennase.« »Es gibt«, erwiderte Papito, »keine typische Judennase. Aber es gibt«, fügte er zu mir gewandt hinzu, »den romanischen Bogen, der allerdings nicht so weit ist wie der katalanische Bogen, den ich dir in Valencia gezeigt habe.«

Im Hotelrestaurant servierten sie mir am Abend einen *Vol-au-vent*, so groß wie der Ekel, plaziert in der Mitte eines weißen, vorgewärmten Porzellantellers mit feinem Goldrand. »Es gibt Leute, die behaupten, daß sie die Juden in Öfen verbrennen«, hatte Mamita gerade gesagt. Doch sofort erwiderte jemand, daß das nicht stimme. Jemand anders ließ sich ein Augenzwinkern entschlüpfen, ein Lächeln. Das Thema wurde fallengelassen. Aber der *Vol-au-vent* blieb vor mir stehen, ekelerregend. Das Geheimnis des *Vol-au-vent*, grenzenlos schmierig und süßlich, war der Geruch nach verbranntem Fett.

Das Gepäck, das wir in der Halle abgestellt hatten – darunter auch der Koffer aus rotem Leder, der meine persönlichen Dinge enthielt –, war unser Zuhause, wir glichen einer Familie von Luxuszigeunern. In Papitos Koffer befand sich unter anderem eine ovale Haarbürste aus ziseliertem Silber, auf der hohe Bambuszweige und winzige Männchen dargestellt waren; die Borsten waren leicht ölig

und rochen nach Brillantine. Mamita dagegen besaß einen Kölnisch-Wasser-Zerstäuber, ebenfalls aus Silber. Bei der geringsten Widrigkeit sprühte sie sich ein bißchen mit diesem Kölnisch Wasser ein; so lösten sich »die Gedanken« und die Migräne in Luft auf.
Jetzt stand Mamita neben dem Gepäck, aufrecht unter ihrem Federhut. Sie überwachte den Transport, zählte die Koffer. An allen prangten viele Aufkleber mit Dampfern, Hotelfassaden, Sehenswürdigkeiten: Palmenstrände, Pyramiden, eine Sphinx, Capri, Venedig, ein gotisches Gebäude in Dresden, der Kreml ... Papito und Mamita hatten viele Reisen gemacht, sie konnten alle Sprachen, fühlten sich in jedem Land, in jedem Hotel zu Hause. Und zu Hause, wird mir klar, lebten sie wie im Hotel.
Geld und Paß waren daher sehr wichtig. Man brauchte sie, um die Welt in einen Touring Club zu verwandeln, um die Spuren von Urin, Schweiß und Blut zu tilgen. »Und gebt acht«, hatte Mamita uns ermahnt, als wir noch auf dem Schiff waren. »Auf Reisen darf man nicht krank werden!« Und ich biß die Zähne zusammen und atmete tief, um nicht krank zu werden. Denn ich bekam Lust, mich in einem Bett zu vergraben, da, wo es am wärmsten war, mitten im Bauch des Fisches, der uns beförderte.

Als wir auf unserer Reise nach Italien in Madrid haltmachten, brachte eine Witwe in flaschengrünem Kostüm und mit weinrotem Hütchen, das wie ein umgekehrtes Schiffchen aussah, uns Kinder jeden Morgen in den Park. Unsere Begleiterin übernahm verschiedene kleine Arbeiten für das Hotel: Sie flickte die bestickten Deckchen an den Stellen, wo sie von Zigaretten verbrannt waren; sie übersetzte für französische Touristen, die kein Kastilisch

konnten; sie machte mit den Kindern einen Stadtrundgang, wenn die Mütter zum Einkaufen oder ins Museum gingen. Sie hatte graue Haare und ein graues Herz, vom Schmerz ausgebleicht – von kleinen, alltäglichen Schmerzen, denen es nicht gelungen war, ihr das Herz mit einem kräftigen Biß herauszureißen. Einmal zeigte sie uns auch den Zoo von Madrid. Ein Hotel für Tiere aus anderen Ländern, jedes in seiner Tracht: die der Zebras war gestreift; die des Leoparden gefleckt; zu der des Elefanten gehörte ein Apparat zum Essen, was mich an Papitos Freund erinnerte, der am Hals an Krebs operiert worden war; und genau wie wir Kinder zu Karneval waren einige Affen gekleidet, bei denen ich an die vor dem König tanzenden Affen denken mußte, die ich in einem Märchenbuch gesehen hatte. Doch überall herrschte ein strenger Geruch nach mit Exkrementen und einer Art Schweiß getränktem Sägemehl und Sand, ganz ähnlich hatte das Körbchen von Don Felipes Frau gerochen, als sie unter dem Bogen des *patio* neben dem Dienstboteneingang ihre Kätzchen zur Welt gebracht hatte. Auch in einem schlechten Hotel, in das wir zufällig gerieten, roch es in dem Stehklo nach Sägemehl und Urin – beißend jedoch und herb, nicht warm und süßlich. Deshalb vielleicht drang dieser Geruch nicht, wie der im Zoo, bis zu den Türen meines Innersten vor. Aber ich schlug diese Türen barsch zu; ich wollte nicht, daß auch noch die Tiere hereinkamen! Es wäre besser gewesen, daß alle diese Tiere in ihre Heimat zurückkehrten, wie wir es früher oder später auch tun würden.
Ich sah bei unserem kurzen Aufenthalt in Madrid auch El Escórial, erkannte aber die gitterartige Form nicht wieder. Wir betraten das Schlafgemach der Könige, wo sie vom Baldachinbett aus, in hohe Kissen gelehnt, nur leicht den

Vorhang hebend, der Messe beiwohnen konnten. Ich fragte mich: Stand im Nachttisch ein Nachttopf oder nicht?
Im Museo del Prado sah ich ein Gemälde, darauf war ein kleines Mädchen dargestellt, das ratlos seine Puppen betrachtete. Wie wollen sie mich? Welche soll ich für sie sein? fragte ich mich. Die schönste, die runde, die selbstsichere, aber nicht unverschämte – doch wer weiß, ausgezogen wäre sie es vielleicht doch. Die mit dem gebauschten Rock ähnelte Anita. Spöttisch überließ der Vater auf der Schwelle die Kleine ihren Überlegungen, gewiß, daß sie es früher oder später so machen würde, wie er wollte. Während ich das Bild betrachtete, empfand ich das gleiche Gefühl wie beim Hören der *Traviata*. Woher, dachte ich, wußte dieser Maler, was ich fühle?
In den Prado war ich allein mit Papito und Mamita gegangen. Während wir am Ausgang des Museums auf die Straßenbahn warteten, holte Papito eine Zeitung. Er kehrte mit einem Buch mit buntem Einband zurück, das *La historia de Miseria* hieß. »Das hast du mir doch schon geschenkt«, sagte ich, als er es mir hinhielt, »in Son Batle, als ich krank war!«
»Es ist eine andere Geschichte«, erklärte Papito mir. »Es gibt viele Varianten der *Historia de Miseria*!«
»Nur die glücklichen Völker haben keine Geschichte«, scherzte Mamita. »Und jetzt, da wir den Krieg verloren haben, werden auch wir unsere *Historias de Miseria* erleben.«
Wir stiegen in die Tram, die ratterte und klirrte. Ich betrachtete die schönen farbigen Illustrationen und ab und zu meine neuen, glänzenden roten Schuhe. »Wann beginnt denn unsere *Historia de Miseria*?« fragte ich Mamita. Sie antwortete: »Ich weiß nicht, aber es ist immer so, nach jedem Krieg kommt die Inflation.« Papito hielt mir eine

komplizierte Rede, um die Inflation zu erklären. Ich verstand nichts. »Na ja«, sagte Mamita, »in Berlin gingen die Leute nach dem Ersten Weltkrieg mit einem Koffer voll Geld zum Einkaufen und kamen mit einem Kilo Kartoffeln und zwei Zwiebeln nach Hause!« Dann, zu Papito gewandt: »Und du, wirf kein Geld zum Fenster hinaus, kauf nicht so viel Eis und so viele Spielsachen!« Papito setzte eine zerknirschte Miene auf, doch kaum wandte Mamita sich ab, um hinauszusehen, zwinkerte er mir zu, als wollte er sagen: Mach dir keine Sorgen.

Auch Weihnachten verbrachten wir noch in einem Hotel. Es war menschenleer. Das ganze Fest fand an unserem runden Tisch statt, er war mit einem blütenweißen Tischtuch gedeckt, und in der Mitte standen rote Kerzen. Papito ging am Ende des Essens aufs Zimmer und kam mit einem Korb voll Nougat, Rosinen, Walnüssen und getrockneten Feigen zurück. Mamita schalt ihn, er aber bestellte beim Kellner eine Flasche Champagner und lud ihn zusammen mit dem Hoteldirektor ein, mit uns anzustoßen. Auch uns Kinder ließ er an jenem Abend eine der berühmtesten Champagnermarken kosten. »Dein Vater spinnt«, flüsterte mir Mamita ins Ohr. »Es ist ein Veuve Cliquot!«
Während er sein Glas erhob, deklamierte Papito:

Quant'è bella giovinezza,
che si fugge tuttavia!
Chi vuol esser lieto, sia:
del doman non c'è certezza.[1]

1 Wie schön ist die Jugend, / die dennoch flieht! / Wer froh sein will, der sei es: / was morgen ist, ist ungewiß.

»Und da wir«, fügte er hinzu, »nicht wissen, wo und wie wir Dreikönig feiern, werden wir es gleich mitfeiern!« Er verschwand erneut und erschien dann im Salon, als Befana[2] verkleidet, mit einem langen Rock von Mamita und Kopftuch. Auf einen Besen gestützt, hinkte er mit kleinen Schritten herein, auf der Schulter ein Bündel – einen Kopfkissenbezug. Als er am Tisch ankam, schüttete er Dutzende von Spielsachen und Überraschungen vor uns aus. Sogar an den Hoteldirektor und an den Kellner hatte Papito gedacht: Dem einen schenkte er ein Halstuch aus Seide, dem anderen eine Pfeife. »Und wo ist, wo ist denn«, fragte er zuletzt den Direktor, »die exzellente Köchin?« Der Direktor wehrte ab, sagte, die Köchin sei nicht vorzeigbar, so häßlich sei sie. Doch Papito bestand darauf. Nach einer Weile betrat eine Frau, groß wie ein Turm, den Speisesaal, ganze Haarbüschel waren ihr ausgefallen, und sie hatte einen Schnurrbart. Stocksteif stand sie da vor unserem Tisch, aufrecht auf ihren behaarten Beinen, die unter den kurzen Hosen hervorsahen. Papito drückte ihr eine Packung Nougat in die Hand. Sie riß die Augen auf und wußte nicht, was sie machen sollte. Papito reichte ihr galant den Arm, gab ihr ein Glas Champagner. Sie leerte es auf einen Zug und hielt ihm das Glas erneut hin, damit Papito es füllte. Mehrmals tat sie das. Doch der Direktor packte sie am Arm und befahl ihr, sich in die Küche zurückzuziehen. »Ich habe mir erlaubt, sie fortzuschicken«, sagte er dann, »denn wissen Sie, unsere Köchin hat ein Laster, sie schaut gern zu tief ins Glas.«

2 Märchengestalt, die auf vorchristliche Bräuche zurückgeht; eine Alte, die den Kindern in Italien in der Dreikönigsnacht Geschenke bringt (Anm. d. Übers.)

An dem Tag, als wir aus dem Hotel abreisten und schon alle zusammengepfercht im Taxi saßen – das Gepäck wurde noch aufgeladen –, kam die Köchin außer Atem auf das Auto zu. »Einen Augenblick, einen Augenblick!« rief sie, öffnete die Tür und legte uns Körbchen aus Stroh voller Bonbons, in Cellophan verpackt, in den Arm. »Gute Reise«, sagte sie mit Tränen in den Augen und küßte Mamita die Hand. Auch Papito wollte sie sie küssen. »Ich bin doch kein Bischof«, rief er aus, nahm ihre Hand und küßte sie. »Ein gutes neues Jahr!« sagte er zu ihr. »Und vergessen Sie mein Risotto nicht!« Papito hatte ihr nämlich beigebracht, Risotto *alla milanese* zu kochen. Während das Taxi dann davonbrauste, sagte er zu Mamita: »Sorge dich nicht um die Zukunft! Wie du siehst, werde ich immer eine Arbeit finden. Ich kann auch als Koch gehen.« »Du Narr!« brummte Mamita und schwieg die ganze Fahrt über.

Wir kamen nach Toledo, wo ein levantinischer Maler Bilder gemalt hatte, und die Himmel darauf glichen den Stahlklingen, die in der Stadt hergestellt wurden und funkelten, wenn die Händler sie im Gegenlicht auskippten, als Drohung oder um einen Kunden anzuspornen, sie zu kaufen. Und Mamita sagte zu mir, daß es in Neapel eine Straße gebe, die »Toledo« hieß, die aber nun in »Via Roma« umbenannt worden sei. »Ein schrecklicher Name!« kommentierte sie. Doch sie, fügte sie hinzu, ging nie in diese Straße, weil sie nie den Ponte di Chiaia überschritt; nur einmal hatte ein »sehr intelligenter, wenn auch ziemlich ungehobelter« Freund – er beschäftigte sich mit Film – sie überredet mitzukommen und sie in die Galerie dort geführt, um ihr zu zeigen, wie die Schauspieler engagiert wurden. In Toledo bestiegen wir einen Bus voller Italiener, die nach

Süden fuhren. Ich hatte noch nie so viele Italiener zusammen gesehen. Die Sprache, die wir bisher nur in unserer Familie gehört hatten, beinahe ein liebevoller Jargon, der Zugehörigkeit und Wiedererkennen signalisierte, war also auch die Sprache vieler anderer Leute!

Wir fuhren durch weites, sonnenbeschienenes Land. *»¡Cuánto trigo!«*[3] riefen Carlito und ich. Auf Mallorca hatten wir nie so große Weizenfelder gesehen. »In Italien gibt es noch viel mehr Weizen!« sagte ein fetter Junge, der uns lehren wollte, wie die Welt gemacht ist, und er sagte auch: »Wenn ich groß bin, werde ich General. Und bestimmt werde ich mich nicht so verhalten wie dieser miese General Badoglio[4]!« Und weil er fett war und uns immer kniff, beschlossen Carlito und ich, ihn *Badoglione* zu nennen. Und er sagte zu uns: »*Non mi rompete i coglioni!* – Geht mir nicht auf den Sack!« Deshalb änderten wir seinen Spitznamen und riefen ihn *il Bacoglione* – überhaupt hatten wir bei diesen Italienern viele neue Wörter gelernt: »Sack«, »Trampel«, »Torte«, »Stube«, »der Butter« anstatt »die Butter«, »das Teller« anstatt »der Teller«, »Sapperment« und »Zefix«, »Vati!«, »Opi«, »es nieselt«, »Sonnenscheinchen«, *Ossobuco*, »Wach- und Schließgesellschaft«.

Ich blickte wieder auf das Kornfeld. Einen Augenblick lang verlor ich mich darin. Ich war der Weizen, leicht nach einer Seite geneigt wegen des Windes; die Ähren, auch übereinander geneigt, zitterten, und die Körner klangen,

3 Wieviel Weizen!

4 Pietro Badoglio wurde nach der Verhaftung Mussolinis 1943 vom König mit der Regierungsbildung beauftragt und handelte mit den englischen und amerikanischen Befehlshabern die italienische Kapitulation aus. Der Spitzname »Badoglione« bedeutet »großer, dicker Badoglio« (Anm. d. Übers.).

wenn sie zusammenstießen. Nachts dann würde das irdische Kornfeld sich im himmlischen, mit Sternen übersäten Kornfeld spiegeln. Als ich wieder zu mir kam, verspürte ich eine große Leere. »Ich habe Hunger«, sagte ich zu Mamita, die mir ein angeknabbertes Schinkenbrötchen reichte, von dem ich mittags kaum einen Bissen gegessen hatte. Violette Schatten senkten sich über das Feld.

Am nächsten Tag sahen wir auf einem Feld vor einer *finca* einen kahlen Kakibaum, ohne Früchte und Blätter. An seinen Ästen hingen Teile eines geschlachteten Schweins: der Kopf, die Haxen, die langen Lenden; darunter kochte ein Kessel; bestimmt, um das Schmalz zu schmelzen.
Dann erschien auf einer abschüssigen *carretera*[5] in einer Staubwolke Miseria mit ihrem Bündel, schwarz gekleidet und auf einen Stock gestützt. Wie gelähmt blieb sie am Straßenrand stehen, verschränkte vor Entsetzen die Arme über der Brust. Als wir vorbei waren, bekreuzigte sie sich. Der Bacoglione machte das Hörnerzeichen. »Meine Güte«, sagte er, »wir hätten sie zerquetschen können, ohne es überhaupt zu merken!«
Sogar ein Insekt, dachte ich, macht ein feines, knackendes Geräusch, wenn man es zerquetscht, ein unmerkliches Knistern … Wer weiß, wie die arme Miseria geklungen hätte. Uns allen und dem Bacoglione wäre bestimmt das Trommelfell geplatzt!

Oh, wie viele Türme, wie viele Paläste, wie viele Gärten, wie viele Schlösser – vielleicht von der Señora von Son Batle für mich gestickt auf ihren Reisen!

5 Fahrstraße

Wir mußten schon in Córdoba sein.
In einem Sträßchen mit lauter Uhrmachern und Goldschmieden sah ich auf dem Tresen eines alten Uhrmachers – ich war mit Mamita in seinen Laden gegangen – ein Glas voll kaputter Uhren stehen; alle Uhrwerke waren freigelegt und glichen seltsamen Früchten in Alkohol, gewachsen am Baum des Gehirns.
Im Restaurant eines Hotels aßen wir an einem Tisch, der direkt am Fenster zur Straße hin stand. Zwischen den immergrünen Zierpflanzen sahen wir auf einmal die Gesichter von Straßenkindern, die uns anstarrten; sie drückten sich die Nasen an der Scheibe platt, man sah, lebendig und geheimnisvoll, ihre Nasenlöcher. Wir Kinder lächelten. Die Kinder draußen lösten sich von der Scheibe. Nur eines erwiderte, sein Zahnfleisch entblößend, unser Lächeln. »Machen Sie die Vorhänge zu!« sagte Mamita zum Kellner.

»Und hier«, sagten sie zu uns, als wir Gibraltar erreichten, »stehen die Säulen des Herakles!«
Mächtige, felsige Bollwerke bewachten die Meerenge, aber keines davon hatte die Form einer Säule. Zum Ausgleich jedoch war Gibraltar voller Magots, die im Hafen an die Touristen verkauft wurden. Sie ließen sich streicheln. Sie hatten Höschen und gestreifte Hemdchen an und trugen Kettchen um den Hals, Armreifen am Handgelenk und an den Fesseln Glöckchen. Sie konnten alles mögliche: Rollschuh fahren, Ball spielen, Pfeife rauchen, Bananen schälen, Bonbons auswickeln, und vor allem verstanden sie sich darauf, Geld einzustecken. Doch Mamita wollte uns keinen kaufen. »Das fehlt uns gerade noch«, sagte sie, »daß wir in Neapel, im Haus anderer Leute, mit einem Affen ankommen!«

Erneut verließ das Schiff, als es seine Metamorphosen aufgegeben hatte – nicht mehr Bus, Straßenbahn, Zug oder Hotel –, das Festland und fuhr aufs offene Meer hinaus. Wir erreichten den Hafen von Tanger, wo es ein paar Tage liegen blieb. Zwei Schaluppen näherten sich unserem Schiff, eine Leiter wurde heruntergelassen, elegante Offiziere kletterten an Bord. Der Kapitän und die Matrosen, auf Deck angetreten, salutierten. Die Offiziere, die Engländer waren, wurden von unserem Kapitän in den Salon geführt, wo Papito und die anderen italienischen Passagiere des Schiffs in Sesseln saßen. Einer der englischen Offiziere durchquerte im allgemeinen Schweigen den Salon. Nacheinander wurden die anwesenden Herren in die Kabine unseres Kapitäns zum »Verhör« geleitet. Hinter einem Tisch, einige Register vor sich, erwartete sie ein weiterer Offizier.

Papito kam an die Reihe. Er trug einen dunklen Anzug mit einer blau-silbern gestreiften Krawatte. Mamita und ich blieben ängstlich vor der Tür stehen, die nur angelehnt war. Papito sah ernst aus, doch bevor er hineinging, zwinkerte er uns zu. Was werden sie mit ihm machen? dachte ich. Ich fragte Mamita. »Nichts. Jetzt, siehst du, fragen sie nach seinem Paß.« Während der englische Offizier in dem Paß blätterte, schrieb Papito etwas in eines der Register.

Die Seiten von Papitos Paß waren gespickt mit Siegeln, Stempeln, viereckigen und runden, Unterschriften und Daten. Und ich wußte nicht, ob das gut oder schlecht war. Ich bat Mamita, mir alles zu übersetzen. Sie sagten:

»Sie waren also sehr lange in China!«

»Ja, dreizehn Jahre habe ich dort verbracht, meine ganze Jugend. In der Konzession Tientsin, dann in der Gesandtschaft von Shanghai und zuletzt in Peking, weil ich eine

Brustfellentzündung bekommen hatte und nicht in dem feuchten Klima dort bleiben konnte.«

»Der Chef der englischen Gesandtschaft in Tientsin war mein Onkel, wissen Sie«, bemerkte einer der Offiziere.

»O ja! Wir sahen uns oft. Er spielte gern Schach. Er hätte gern ganze Nächte durchgespielt und fand nicht leicht Gesellschaft. So spielten wir ab und zu Schach zusammen. Wir tranken Portwein. In der nächtlichen Stille vernahm man nur das Brummen des Ventilators und das Summen der Schnaken. Um uns vor ihnen zu schützen, spielten wir unter einem großen Moskitonetz. Ich verlor fast immer, wenn auch ehrenvoll, so daß es ihm Genugtuung bereitete. Doch solche Spiele liegen uns Südländern nicht, das Klima lenkt uns von dieser Art Konzentration ab.«

Der englische Offizier blickte ein wenig nachdenklich. Dann las er die Erklärungen in dem Register. Er hob die blauen Augen.

»Tut mir leid«, sagte er, »wir müssen Sie verhaften. Es ist eine reine Formalität, wissen Sie. Das müssen wir mit allen hohen Beamten im Ausland tun. Aber machen Sie sich keine Sorgen, es wird nicht lange dauern, es gibt schon entsprechende Abkommen zwischen der Regierung Badoglio und den Alliierten. Sie haben nur, wie ich, Ihrem Land gedient. Und unterdessen können Sie mit meinem Cousin, der das Sammellager in Tanger leitet, Schach spielen. Ich werde ihn Ihnen baldmöglichst vorstellen.« Papito lächelte und senkte den Kopf. *»Vae victis«*, fügte er, immer noch lächelnd, hinzu. »Und glauben Sie ja nicht«, sagte der englische Offizier, »daß England nur als Sieger aus dem Krieg hervorgeht. Sie werden sehen, zusätzlich zu den zerstörten Städten werden wir unsere Kolonien verlieren. Dafür gibt es viele Anzeichen. Indien ist in Aufruhr. Sie

werden sehen, Sie werden sehen, ob sich meine Vorhersagen nicht bewahrheiten.« Sie erhoben sich gleichzeitig und schüttelten einander die Hand. »Meine besten Grüße an Ihren Onkel«, sagte Papito zuletzt. »Leider werde ich sie nicht bestellen können«, erwiderte der Offizier.
Papito kam heraus und sagte zu Mamita nur: »Hilf mir beim Kofferpacken!«
Alle Frauen und Kinder gingen an Deck, um der Abfahrt der Männer beizuwohnen. Einer nach dem anderen stiegen sie die Leiter hinunter, in ihren dunklen Anzügen, Mantel und Schirm über einen Arm gehängt und in der anderen Hand den Koffer. Viele dort an Deck weinten. Wir nicht. Papito gab uns einen leichten Kuß, dann, lächelnd und mit dem Finger drohend, ermahnte er uns, wir sollten Mamita nicht ärgern. Mamita fühlte sich einen Augenblick völlig verloren, hilflos klammerte sie sich an ihn. Papito schob sie von sich, sagte, weiter lächelnd: »Sobald ich zurückkomme, fahre ich mit dir nach Capri«, und ging rasch auf die Leiter zu.
»Ich habe Kopfschmerzen«, sagte Mamita zu mir, als Papito fort war. »Paß auf Anita auf. Ich gehe eine Weile in die Kabine.« Und dort blieb sie, mit essiggetränkten Lappen auf der Stirn, bis zum Ende der Reise.

Auf dem Schiff gab es zwei Welten: die der Familien der italienischen Angestellten und Beamten, die wie Papito in Tanger gefangengenommen worden waren, und die der Matrosen. Die Mitglieder der Familien stanken nach Dingen und nach Häusern. Außerdem mußten sie sich dauernd übergeben. Sie hatten Angst vor allem, nicht nur vor den Torpedos. Ihre Kinder durften sich keinen Schritt bewegen ... Carlito und ich wählten sofort die Welt der Matrosen.

Vor allem hatten diese magischen Wesen eine zweifarbige Haut: dunkelbraun von den Fingern bis zur Hälfte des Arms, von den Füßen bis zum Knie, am Hals und im Gesicht, und schneeweiß am Rest des Körpers. Darüber hinaus waren sie, um zu zeigen, daß sie einer anderen Rasse und einem anderen Volk angehörten und wie weit sie von den Beschränktheiten unserer Welt entfernt waren, voller Tätowierungen, die sie mit den Mächten des Meeres und des Himmels verbanden. Und vor den Gefahren schützten sie ihre Talismane, als da waren durchbohrte Muscheln, Korallenstücke, Spieldosen, Glaskugeln mit Wallfahrtskirchen, auf die es schneite, Flaschenschiffe, Halsketten mit Kreuzen und Medaillons, die zwischen den Haaren auf der Brust verschwanden.

Wir liefen hinter ihnen her, von Backbord nach Steuerbord, vom Laderaum an Deck, wetteiferten darin, ihnen Schwämme, Besen, Eimer, Acetylenlampen, Körbe voll Kartoffeln, Schraubenzieher und Hämmer zu reichen, gefolgt von ihren vielen Affen und Papageien – die hatten sie aus Afrika mitgebracht – und von dem Hund Stella, der in Wirklichkeit kein Hund, sondern ein Fuchs war.

Diesen Fuchs hatte Totonno mit aufs Schiff gebracht. Und eines Tages erzählte er uns haarklein, wie die Sache vor sich gegangen war. Vor dem Einschiffen stand er auf der Mole, begleitet von seiner Frau, die ihren kleinen Sohn im Arm hielt; er aber hielt Stella im Arm. Er weinte. Zufällig ging genau in dem Moment der Kapitän an Bord. Liebevoll stupste er das Kind an, zu Totonno sagte er barsch: »Benimm dich nicht wie ein Weib. Du wirst ja bald wieder heimkommen. Der Krieg dauert nicht mehr lang. Deine Frau ist ein braves Mädchen, sie wird den Kleinen schon versorgen, und wenn du zurückkommst, ist er grö-

ßer und kräftiger!« »Ich weine nicht nur wegen ihr und dem Kind«, sagte Totonno. »Es ist auch wegen Stella. Das Kind hat meine Frau aufgezogen, aber Stella habe ich aufgezogen!«
»Und wie kommt es, daß du dir diesen Fuchs herangezogen hast?«
»Ich wohne in Vietri«, sagte Totonno, »und mein Haus steht etwas außerhalb des Dorfes. Auf den Feldern unter meinem Fenster versammeln sich zur Paarungszeit, zwischen März und April, die Füchse. In einem Jahr bekam ich Lust, mir einen zu fangen. Seitdem lebt er ständig bei uns, als wäre er wirklich ein Hund. Meine Frau hat immer noch Angst vor ihm. Anfangs sagte ich zu ihr, es sei ein Hund, aber meine Schwester hat mich verpfiffen, sie hat ihr verraten, daß es ein Fuchs ist. ›Paß auf, er beißt, er beißt das Kind!‹ hat sie zu ihr gesagt. Sobald ich fort bin, wird sie dafür sorgen, daß er sich im Wald verirrt, da bin ich sicher.« »Dann nimm ihn mit aufs Schiff!« rief der Kapitän. Der Kapitän, behaupteten die Matrosen, war sehr gutmütig, hatte ein offenes Ohr. »Das Leben«, sagte er, »ist an sich schon hart genug, und als würde das nicht reichen, ist auch noch Krieg.«
Abends fuhr das Schiff mit Verdunkelung, nicht einmal ein Lämpchen durfte man brennen lassen. Tagsüber und nachts, wenn der Mond schien, wurden außerdem Tarnplanen über die Metallaufbauten gezogen, damit wir nicht von den Flugzeugen gesichtet wurden.
Bei seinem lauten Dröhnen würde ein Flugzeug jedoch niemals eine Ziehharmonika hören können. Deshalb spielten und sangen die Matrosen am Abend. Aber sie zeigten uns auch die Sterne und ihre Konstellationen. Sie brachten uns bei, zwischen freundlichen und feindlichen

Flugzeugen zu unterscheiden. Zum Glück waren fast alle Flugzeuge, die vorüberflogen, Freunde. Und wir, Anita, Carlito und ich, standen an Deck, um ihnen zuzuhören. Dann, zu einer bestimmten Zeit, brachte Totonno uns in die Kabine. »Da sind sie wieder!« sagte er vor der Tür, und wir schlichen ganz leise in das Zimmer, das nach Essig roch.

Auf dem Oberdeck brach eines Morgens eine Brieftaube entkräftet zusammen. Die Matrosen brachten sie zum Kapitän. Doch die Botschaft, die ihr anvertraut worden war, hatte unterdessen keinen Wert mehr. Das Radio war schneller gewesen. Sie legten die Taube in einen Korb zwischen wollene Tücher; sie fütterten sie. Die Taube nahm nichts. Sie starb gleich darauf. Die Matrosen banden ihr eine mit Wasser gefüllte Flasche um den Hals und warfen sie ins Meer. Sie wollten nicht, daß sie noch lange auf dem Wasser trieb. Sie sagten: »Eine Taube, die eine Botschaft bringt, ist wie ein Mensch.« Das Wasser war durchsichtig, die Taube sank, von der Flasche gezogen, hinunter wie ein Fisch an einer Angel, die jemand auf dem Meeresboden hielt.

Es war sieben Uhr morgens. Das Deck war noch feucht. Der Geruch von Malzkaffee und Dosenmilch drang aus der Küche. Der Koch sagte: »Heute nacht sind wir noch mal glücklich davongekommen! Fast hätten wir zwei Torpedos gestreift.«

»Was sind Torpedos?« fragten wir Totonno. Er sagte: »Torpedos sind direkt unter der Wasseroberfläche versteckte Bomben. Wenn das Schiff sie berührt, explodiert es. Die Sirenen früher waren da besser. Man starb zwar auch, aber wenigstens verzauberten sie dich vorher. Die Torpedos siehst und hörst du nicht, sie kündigen sich nicht mit schönen Frauenkörpern und Gesang an. Sie sind ein plötzlicher und hinterhältiger Tod, dem du nicht ins Gesicht siehst. So ist der Krieg von heute.«

»Und hast du die Sirenen gesehen?«

»Nein«, sagte Totonno und lachte. »Einmal habe ich eine Wasserhose gesehen. Wir nennen sie ›Taifune‹.«

Die, die ich gesehen habe, war wie eine in lauter Schleier gekleidete Frau. Meine Freunde und ich flohen, wir ruderten alle vier. Zum Glück waren wir nah am Hafen. Ich drehte mich einen Augenblick um, wollte prüfen, ob sie uns folgte. Sie glitt über das Wasser auf uns zu, ähnelte aber nicht mehr einer Frau; sie sah eher aus wie eine riesige, über das Wasser erhobene Krake mit runden, bösartigen Äuglein.

Als der Hafen von Taranto in Sicht kam, wartete das Schiff, bis die Brücke sich drehte. Die Matrosen waren froh, sie rieben sich die Hände. Für sie war der Krieg zu Ende; das Schiff takelte ab.

Wir blieben auf der Mole stehen in Erwartung des Gepäcks, das wenig später auf einen klapprigen grünen Militärbus geladen wurde. Rundherum wimmelte es von Soldaten und Zivilisten, die tausend verschiedene Sprachen sprachen. Da waren Engländer, Amerikaner, italienische Soldaten, Weiße, Schwarze; sie hatten Tarnanzüge an, Lappen an den Füßen, und manche waren ganz ohne Schuhe; in den Händen trugen sie verschnürte Kartons, Taschen, Köfferchen, Bündel. Es waren auch viele dunkelgelockte Verkäufer da, die köstliche Dinge anboten: Ricotta, Meeresfrüchte, Zitronen.

»Oh, Mozzarella!« Freudig ging Mamita auf den Verkäufer

zu. »Sieben Jahre lang habe ich keine Mozzarella mehr gegessen, und ihr habt sie noch nie probiert!«
Sie verhandelte mit dem Verkäufer, kehrte mit einem tropfenden Päckchen zurück, war aber nicht mehr fröhlich, ihre Augen blickten finster.
»Wie soll das werden«, rief sie aus, während sie mit ihren hohen Absätzen auf das Trittbrett des Busses kletterte. »Wie soll das werden! Die Mozzarella kostet sechzig Lire!«

Kurze Notizen zum Spanischen Bürgerkrieg auf Mallorca

1. 1931 wurde die Spanische Republik ausgerufen. In den Jahren der Republik gab es auf Mallorca weder von seiten der Linken noch der extremen Rechten, die sich 1933 in der Falange organisierte, nennenswerte politische Aktivitäten. Die Inselbewohner schienen vor allem an der Wahrung ihrer kulturellen Identität und ihrer Autonomie interessiert zu sein.

2. Im Juli 1936 putschten die Generäle der in Spanisch-Marokko stationierten Truppen, angeführt von Francisco Franco, gegen die Republik und rückten von Marokko nach Mallorca vor, wo sie ohne Widerstand die Macht übernahmen, vor allem weil General Goded, Befehlshaber der auf Mallorca stationierten Truppen, seinen Treueeid gegenüber der Republik brach. Dennoch wurden weder die Putschisten noch die Republikaner von der Bevölkerung unterstützt, und selbst einige der Militärs und Politiker, die sich am meisten kompromittiert hatten, waren zeitweise unschlüssig. Viele hätten gern einen Rückzieher gemacht. Gegen die Putschisten gab es kleinere militärische Widerstandsaktionen, vor allem bei den Carabinieri und der Luftwaffe von Pollença. Die Republikaner und die Vertreter der Linken dagegen hofften, daß die konstitutionelle Legalität bald wiederhergestellt würde. Was die Position der Intellektuellen betrifft, so war zum Beispiel der berühmteste Schriftsteller Mallorcas, Llorenç Villalonga, wie viele andere der Meinung, daß es sich um eine der vielen Regierungskrisen handelte, die das Leben der Republik gekennzeichnet hatten.

3. Durch die Haltung des Zivilgouverneurs der Insel, García Ruiz, und des Militärgouverneurs, Ramos Unamuno, entstand, unterstützt von den örtlichen Falangen, denen sich rasch viele Männer angeschlossen hatten, und von einigen Abteilungen des Heeres, ein für die neuen Verhältnisse günstiges Klima. Und bald war man auf Mallorca sogar in der Lage, gegen die Republikaner auf Menorca, in Barcelona und Valencia zu kämpfen.

4. Trotz der überstürzten Flucht von Republikanern und Linken füllten sich die Gefängnisse und Konzentrationslager mit Häftlingen. Allgemein war es eine Zeit schlimmster Unterdrückung, die vom Verabreichen eines Liters Rizinusöl bis zu Exekutionen ohne ordentliches Gerichtsverfahren reichte.

5. Im August 1936 versuchte Kapitän Bayo, ein Anarchist, der Jahre später Militärberater Fidel Castros wurde, von Barcelona aus auf Mallorca zu landen, um die Insel für die Republik zurückzuerobern. Trotz der Unterstützung vieler Mallorquiner mißlang das Unternehmen. Es

scheiterte weniger an der militärischen Stärke der örtlichen Putschisten als vielmehr an der schlechten Organisation des Unternehmens, dem Mangel an Informationen und den Meinungsverschiedenheiten unter den Anführern. Entscheidend war jedoch vor allem die Veränderung der militärischen Lage nach dem Eintreffen der italienischen Truppen und dem Beginn der Gegenoffensive unter Führung von García Ruiz und Graf Rossi. Graf Rossi, so genannt wegen seines dichten roten Barts, hieß in Wirklichkeit Arconovaldo Bonaccorsi, ein Faschist und persönlicher Freund Mussolinis, der 1920–22 die faschistischen Sturmabteilungen in der Emilia Romagna angeführt hatte und später in Rom unbehelligt bis zu seinem Tod 1962 seinem Beruf als Rechtsanwalt nachging. Unter seinem Kommando übten die örtlichen Falangisten so brutale wie wahllose Repressionen aus, daß sogar der katholische rechte Schriftsteller, der Franzose Georges Bernanos, der seit vielen Jahren auf Mallorca lebte und dessen Sohn zu den Anführern der lokalen Falange gehörte, aus Empörung ihre Methoden in dem dokumentarischen Roman *Die großen Friedhöfe unter dem Mond* anprangerte. Das Buch erschien 1938 in Frankreich (dt. Arche 1983).

6. Die Ankunft der Italiener, durch die sich die Insel in einen wichtigen Luftwaffenstützpunkt verwandelte, stieß international auf Ablehnung. Mussolinis Ziel war es zweifellos, dauerhaft Marine- und Luftwaffenstützpunkte auf den Balearen einzurichten. Franco seinerseits zog die gesamte Flotte in Palma zusammen, wohl um seine Vorherrschaft über die Insel zu behaupten. Dadurch wurde sie zum Zentrum der Mittelmeerblockade, sowohl im Flugverkehr (hier waren die Legionen der italienischen, deutschen und spanischen Luftwaffe stationiert) wie auch in der Marine. Im November 1936 war es daher angesichts der massiven Präsenz italienischer Streitkräfte notwendig, auf Mallorca eine offizielle italienische diplomatische Vertretung einzurichten. Kurz darauf wurde der Honorarkonsul, der bisherige Vertreter Italiens auf der Insel, durch einen von dem faschistischen Außenminister Ciano ernannten Konsul ersetzt.[1]

7. Mallorca trug entscheidend zum Krieg gegen die Spanische Republik bei, indem es ständig Männer und Materialien jeglicher Art aufs Festland schickte.

[1] 1936, nach dem Krieg des faschistischen Italien gegen Äthiopien, verhängten Frankreich und England eine Blockade, weshalb Mussolini eine Politik der Autarkie anstrebte, die ihm auf Mallorca See- und Luftwaffenstützpunkte gegen die Sanktionen sichern sollte.

8. 1939, nach Francos endgültigem Sieg, mußten die italienischen Truppen von den Balearen abziehen. Doch Mussolini gab seine Bestrebungen nicht auf. Am 19. September 1940 fand in Rom ein mehrstündiges Treffen zwischen ihm und dem damaligen deutschen Außenminister von Ribbentrop statt, bei dem Mussolini unter anderem betonte, daß durch ein Eingreifen Spaniens in den Krieg Italiens Stützpunkte auf den Balearen auf Dauer garantiert worden wären. Doch Franco vermied mit seiner unentschiedenen Politik Spaniens Eintritt in den Krieg und damit die Rückkehr der italienischen Faschisten nach Mallorca.

Diese Informationen stammen aus dem Buch von Josep Massot i Muntaner, *La guerra civil a Mallorca*. Barcelona: Publicacions de l'Abadia de Montserrat 1976 (Biblioteca Serra d'Or, 9).

Nachbemerkung

Die drei Musketiere und die drei Brüder Karamasow, Gigí und Eugénie Grandet, Claudine und Anna Karenina, der Graf von Monte Christo und Fürst Myschkin, die Prinzessin von Clèves und Mademoiselle de Maupin, Kapitän Fracasse und Kapitän Ahab; und auch malaiische Piraten, rote Primeln, schwarze Korsaren, Nigger von der *Narcissus*, Nonnen auf der Flucht aus dem Kloster, fröhliche Weiber, zigarrendrehende Zigeunerinnen, streitbare junge Mädchen, unbußfertige Sünderinnen, verschleppt nach Virginia oder nach Louisiana; und viele Kinder: Rotfuchs und Gavroche, Mowgli und Kim, David und Tristram, Alice und Nanà, Cosette und Nelly, Ombretta und Sophie; und auch der sprechende Goldene Esel, der bösartige weiße Wal, das Schwein Napoleon, der linkische und schlaffe Albatros, die geflügelte Schlange, ein überaus sonderbarer Rabe, dandyhaft und blasphemisch, melancholisch und verzweifelt, verhängnisvoll und fatal, der einen Grabgesang anstimmt: *»Nevermore, nevermore!«*; und auch das Geisterschiff und das trunkene Schiff, der Hof der Wunder und der von König Artus, ein Klavier auf den Alpen, der verborgene, aber für alle sichtbare Buchstabe und der scharlachrote, als Schandmal auf die Brust geheftete Buchstabe »A«, bewaffnete Windmühlen und marschierende Wälder; und wie viele Inseln! Die von Paul und Virginie und die von Robinson, die Schatzinsel, die Feeninsel und die der Stimmen, die geheimnisvollen Inseln und die Inseln der Seligen, die Insel der Frauen und die der Männer.

Dies waren in der Jugend meine liebsten beseelten und unbeseelten Freunde, deren Geschicke ich mit Leidenschaft verfolgt habe und mit denen ich in ferne Länder gereist bin.

Einige Jahre später habe ich das dringende Bedürfnis empfunden, selbst andere, ähnliche Freunde zu erfinden und sie der Gesellschaft vorzustellen.

Um aber ihre Geschichten in italienischer Sprache erzählen zu können, war es nötig, mich einem Übergangsritual zu unterziehen: der zuerst geduldigen, dann leidenschaftlichen Lektüre von Dante und zwei Wörterbüchern, dem Tommaseo und dem Zanichelli. Und so groß ist in den letzten Jahren meine Verehrung für Wörterbücher geworden, daß ich mich ab und zu in die etymologischen Bände von Giovanni Semerano vertiefe, die auf den semitischen Ursprüngen der indoeuropäischen Sprachen beruhen. Eine faszinierende Reise in Gesellschaft des kühnsten modernen Abenteurers in den grenzenlosen Räumen der Wörter.

Fabrizia Ramondino

Fabrizia Ramondino im Arche Verlag
Übersetzt von Maja Pflug

Althénopis. Kosmos einer Kindheit
368 Seiten. Gebunden

Die Vögel des Narcís
Zehn Erzählungen
310 Seiten. Gebunden

Ein Tag und ein halber. Roman
323 Seiten. Gebunden

»Nicht sehr verläßlich zu Haus …«
Erinnerungen an Neapel
155 Seiten. Gebunden

»Steh auf und geh!«
Kosmos eines Lebens
346 Seiten. Gebunden

Im Spiegel einer Insel
240 Seiten. Gebunden

Jedes Wesen schreit stumm
Die Frauen in der Via Gambini
380 Seiten. Gebunden

»Eine in der Fülle der Wahrnehmungen opulente Erzählerin …« Barbara von Becker, DIE ZEIT